人口減少社会と寺院

ソーシャル・キャピタルの視座から

Buddhist Temples in Depopulating Japan:
From the Perspective of
Social Capital Theory

櫻井義秀
川又俊則
編

法藏館

人口減少社会と寺院――ソーシャル・キャピタルの視座から◇目次

第Ⅲ部　寺と地域社会

人口減少社会と寺院

——ソーシャル・キャピタルの視座から

Buddhist Temples in Depopulating Japan :

From the Perspective of Social Capital Theory

Edited by

Yoshihide SAKURAI

Toshinori KAWAMATA

HOZOKAN

2016

はじめに

櫻井義秀・川又俊則

人口減少と高齢化によって地方の寺院が消えていくと言われて久しい。「寺が消える」というNHKのテレビ番組が放映されたのは一九八八年。中国山地の過疎集落を取材した特集番組だった。それから約三〇年後の現在、地方自治体の約三割が消滅する可能性があると報道される。増田寛也と日本創成会議・人口減少問題検討分科会（「消滅する市町村五二三――壊死する地方都市」『中央公論』二〇一四年六月号）による予測は、二〇歳から三九歳の女性人口の推移に着目して子どもの自然減や社会減を加味した人口予測である。日本は過疎化が進行する地方と都市の格差が問題化する時代から、日本全体が少子高齢化する人口減少時代にいたったのである。

宗教学者の石井研士が増田報告に記載された消滅可能自治体に所在する宗教施設数を調べたところ、北海道・東北では約七割の施設が「限界宗教法人」となり、秋田県ではすべての宗教法人が限界に直面するとされる（1）。ジャーナリストの鵜飼秀徳による『寺院消滅――失われる「地方」と「宗教」』では、失われた寺院と地域の実態が克明に報告されている（2）。

過疎地域はもとより地方都市に立地する寺院では、檀家による護持が期待しづらい時代になった。檀家の世帯も子どもたちが他の市や町に転出して老親ばかりが残るようになり、寺院から護持会費の徴収やお手伝いを願うこともだんだんと難しくなる。都会で暮らす子世代が親の信仰を継承して檀家でありつづけてくれる例はさらに少なくなるだろう。そもそも家の墓という概念や檀家という制度自体が、現代の家族になじまないものとなっている。転出した先の近場で霊園や墓苑を探すのが一般的であり、死後の祀りを子どもに託すよりは永代供養墓を探して「終活」する生真面目な人たちが増えているのである。家ではなく病院で、家族に最期をみとられるのでもなく、いわば個人として死ぬ人が増えている。地域から人がいなくなることに加え、寺や墓で追悼をしない人たちが増えていることのほうが寺院仏教の存続にとって脅威となるのではないだろうか。現在は死者数の増加＝墓苑事業の拡大＝檀家の増加によって経営基盤が安泰に見える都市立地の寺院であっても、早晩、葬送儀礼にかかわる余地が狭まってくる。直葬・家族葬の増加は単独世帯・高齢世帯の増加を示しているが、都市型寺院の支え手もいずれ減少する。

ここで本書が用いる寺院仏教という言葉を説明しておきたい。五来重によれば、日本の寺院は、①国家や貴族の祈願寺（壮大な伽藍《がらん》と寺領を有する名刹《めいさつ》で国宝級の仏像や建築を有する寺院）、②勧進聖《かんじんひじり》や講によって栄えた庶民信仰の寺（巡礼道場や著名な縁起を有し、参詣客が絶えない寺院）、③市中・村落の葬儀寺や道場（日本の大多数の寺）に分けられる。(3) 本書では、主に③の寺院によって護持されてきた先祖祭祀を中核とする日本仏教を寺院仏教と考えておくことにする。

日本の仏教文化を伝統として伝えてきたのは、①の大寺だろうし、行政による文化財保護と観光によって今後とも維持されることは想像に難くない。庶民信仰や民俗宗教と言われる人々の宗教的情熱は参詣や巡礼という形で今後とも②の寺院を支えていくだろう。現代の寺院仏教において危機に瀕《ひん》しているのが、③の類型に属する市井《しせい》の寺院であり、全国に約八万カ寺ある寺院の九割五分を占め、宗門の財政を賦課金で支えている。これらの寺院の運営基盤が危なくなるということは、本書で宗派の状況を解説している曹洞宗・浄土真宗・浄土宗・日蓮宗といった日本の寺院仏教が総体的に危機的状況にあるということを意味する。

運営基盤という言葉は抽象的に過ぎるかもしれない。寺院の伽藍・庫裡《くり》の維持管理、檀信徒が参加する檀務や法務、そして住職家族の生活費が、護持会費とその時々の布施では賄いきれなくなるということである。そんなことは昔から当たり前で住職は兼職しながら寺院を護持してきたのだから甘えるなという話もあるかもしれない。しかし、現代では就業環境が厳しくなり、檀務・法務に時間を割ける仕事に就くことも難しい。そもそもそこまでの苦労をしながら寺院を護持する覚悟をもつ市井の寺院の子弟がどれだけいるだろうか。ここに世襲による寺院護持の限界がある。日本の家制度はおろか家族の共同性すら維持できない今日、寺だけが世襲されるわけがないのである。

寺院の世襲という慣行は、浄土真宗教団を除けば、明治五年に太政官布告によって僧侶の蓄髪・妻帯が自由とされて後、宗門内で提起された賛否両論による討議を経て明治中期以降に広がり、戦後に一般化したことが知られている。しかし、仏教の世俗化は国の法律や教団内部における宗風の論議だけで生じたわけではない。すでに述べた③の市中・村落の葬儀寺や道場が寺院としての体裁を整え、僧侶の家族生活が可能になる経済的基盤を確保するにいたって、寺族の生活を安定化させるべく寺院の世襲を行う寺院が増えてきたのである。

近代日本の人口変動からこのことを見ていこう。明治初期から百年を経て人口が約三倍になった。その理由は、太平洋戦争が終わるまで五人を上回る平均出生率を維持してきたからにほかならず、その後人口置換率をはるかに下回る一・三人程度まで下がり、当面上昇する見込みがない。したがって日本の人口が二〇〇六年の一億二七〇〇万人余りをピークとして今後百年にわたって減少する。日本の寺院仏教は近代化と高度経済成長期を経て、特別な檀那によらず個々の檀家によって護持され、伽藍の新築・維持管理、住職家族の生計をも支えるほど豊かな時代を経験してきた。人が増え、その人々が豊かになったのだから当然である。この体験を基準とすれば今後の寺院仏教は坂道を転がり落ちるように衰退局面に陥ることは避けられないように思われる。

本書の射程は、現代日本において市井の寺院や檀家が、人口減少に象徴される地域の衰退と伝統的な葬送意識・儀礼の衰退、そして寺院の世襲による護持の困難という三つの事態をどのように受け止め、これからどのようにして二〇年後、三〇年後も寺院仏教を維持していくかを展望することにある。その意味で本書は現代仏教の趨勢を包括的に扱うものではない。現代仏教を語るのであれば、寺院仏教を含む伝統仏教のみならず、創価学会や立正佼成会のような仏教系新宗教（および関係する政治団体）や、社会支援・福祉に特化した仏教系ＮＧＯ・ＮＰＯを視野に収めた議論が必要だが、ここでは寺院仏教に対象を限定する。また、マスメディアや評論家、一部の仏教学者が「葬式仏教」と揶揄したり、逆に仏教の癒やしや葬送の社会的役割に期待したりするような論議を起こすことも本書では目的としない。寺院仏教の趨勢を社会調査の資料にもとづいて正確に平明に記述し、この事態を住職と檀家（門徒）が自分たちの家族と地域社会の課題としてどのようにとらえ、何をなそうとしているのかについて記録しておきたいと執筆者たちは考えている。もちろん、各章ごとの考察や行間に現代仏教に対する思いや期待がちりばめられていることは、僧侶として宗教研究者として避けられないことではあるが、可能なかぎり記述に徹しようと努めている。

本書において現代の寺院仏教の将来像や指針が明確に示されることはない。人口減少社会をどう生きていくのかという人類未曾有の途方もない課題を突きつけられているのは、寺院仏教だけではなく、日本の自治体・企業・学校などのほか、ありとあらゆる社会制度・社会組織なのである。寺院仏教だけが現状維持で生きのびるすべがあるはずもなく、部分的にであれどのように時代に適応し、他方で時代や社会をつくり替えていくことに貢献できるのかというところではないか。みなで知恵を絞り、試行錯誤を重ねていくしかない。

前置きが長くなりすぎた。本書の構成の説明に移ろう。

第Ⅰ部「人口減少社会と宗教」は、これまで述べてきたように、日本が人口減少社会に転換し、それ以外にもさまざまな変化を遂げていることを社会学的に説明し、そこで日本人の心のあり方や宗教心がどのように変容していくのかを述べる第一章と、過疎問題に諸宗教がどのように対応してきたのかを宗教専門紙の分析を通して過疎対策の三〇年間を概観する第二章で構成される。

第Ⅱ部「宗派の現状と課題」では、真宗大谷派・浄土真宗本願寺派・真宗高田派・日蓮宗・曹洞宗・浄土宗の各宗派によってなされた宗勢調査や事例調査にもとづいて、寺院仏教が過疎と人口減少問題にどのように対応しているのかを叙述する六つの章を設けている。宗門・教区レベルでの過疎対策、数十軒の檀家と地域に根を張る寺院の運営、住職の兼職と継承の方策、法務・檀務に腐心する寺院と檀家の期待、供養や寺院の行事に参加する人々の意識が調査資料にもとづいて詳しく説明される。

第Ⅲ部「寺と地域社会」には、六本の事例研究が収められており、寺院仏教と地域社会の関係を共に取り上げている。寺院が地域に社会関係資本＝ソーシャル・キャピタル（信頼・互恵性・つながり）を醸成できているのか、どのような行事や機会創出でそれを可能にしているのかを宗教講、ビハーラ活動のボランティア、坊守の日常的ふるまい、傾聴活動から考察していく四つの章と、限界を超える過疎・人口減少に対抗しつつも適切な幕引きの方法を檀家・門徒とともに模索する住職の姿を描く二つの章から構成されている。

以下では各章の内容を概観していくことにしよう。

第一章「人口減少社会における心のあり方と宗教の役割」では、日本を覆う閉塞感を人口減少社会への心がまえが十分にできていないことに求め、とりわけ宗教界では家族・地域社会の構造的変化と宗教心の世俗化に対応が迫られていることを述べる。そして、地域社会を活性化する特効薬としての役割が期待されている社会関係資本＝ソーシャル・キャピタルの議論を紹介し、現代宗教が醸成するソーシャル・キャピタルの事例研究に本書が位置づけられることを述べる。

第二章「過疎と宗教――三〇年をふりかえる」において冬月律は、地域社会の空洞化や伝統的な宗教文化の希薄化が、仏教と神道の共通課題であることから、過疎をどのように受け止め、対策を立て、実行しているのかについて、宗教専門紙を通じて把握する。仏教各宗派では、切実な実態をもとに継続的な調査が行われ、さまざまな対策も検討された。神社界では、本庁と各神社の緩やかな関係こそが対策の課題と示された。

第三章「過疎と寺院――真宗大谷派」では、まず北海道における過疎化の現状を概観した後、櫻井が実施した真宗大谷派北海道教区の調査事例から、急激な人口減少に対応しながら地域社会に根づいた活動を継続する地方寺院と、檀家を増加させつつも都市的生活様式のなかで法務・教化活動の新展開を迫られる都市型寺院の現況を対比させて報告する。そのうえで寺院仏教のソーシャル・キャピタルを考える際、目立った社会活動を「する寺」に加えて、そこに「ある寺」という役割の果たし方も考えるべきではないだろうかと提言する。地域社会に残る高齢者たちはそこに居つづけることで人生の区切りをつけようとしているからである。

第四章「信頼は醸成されるか――浄土真宗本願寺派」では、那須公昭が滋賀県山間部一七カ寺（滋賀教区）の事例から、会計を門徒が管理し、選挙で責任役員を選出するなど寺院の「見える化」が見られ、門徒が一年ごとに寺院の世話をする年番制は、門徒自身に宗教的満足感を与えていることを確認した。他方で、「しがらみ」の強さ、地域外への働きかけの不足、門徒の後継者などの課題もあるとする。

第五章「住職の兼職と世代間継承——真宗高田派」において藤喜一樹は、三重県亀山市の第一五組二〇カ寺を対象に市中心部、郊外農村部、山村部と異なる地域に立地し、兼業しつつ檀務・法務を行う住職たちの姿を浮き彫りにする。真宗高田派は大谷派や本願寺派と比べて柔軟な信仰や行事の実践があることで地域に定着してきた経緯も詳述する。

第六章「宗勢調査に見る現状と課題——日蓮宗」では、『人口減少時代の宗門——宗勢調査にみる日蓮宗の現状と課題』（平成二四年度に実施）にもとづきながら、日蓮宗が対応すべき課題を灘上智生・岩田親静・池浦英晃・原一彰がまとめている。教区ごとの檀信徒の増減とその要因を分析すると小規模寺院ほど減少していることがわかる。出家する「志」をもつ次世代・次々世代の人材確保が宗門の課題であることを確認する。

第七章「過疎地域における供養と菩提寺——曹洞宗」において相澤秀生は、曹洞宗が実施した「宗勢調査二〇〇五」および「檀信徒意識調査二〇一二」という二つの大規模調査をもとに、過疎地寺院の現状とそれを取り巻く問題を考察した。過疎地域に居住する檀信徒にとって菩提寺が死者や先祖供養に不可欠な存在と認識されているにもかかわらず、寺院の存続が危ぶまれる状況がある。供養文化を誰がどのように継承するのかと問うた。

第八章「寺院の日常的活動と寺檀関係——浄土宗」で大谷栄一は、浄土宗滋賀教区寺院四七〇カ寺に実施した質問紙調査から、寺院と檀家との紐帯づくりに、日常的な法要・行事、教化活動がどのように機能しているのかを検証した。また、二〇一〇年に始まった「近江米一升運動」の成果も報告する。現時点では講参加者の再生産や家庭内信仰継承が課題だと指摘した。

第九章「門徒が維持してきた宗教講——真宗高田派七里講」において川又俊則は、真宗高田派の三重県鈴鹿市の門徒が担う講を考察した。鈴鹿市内一二カ寺の門徒による七里講は、年九回の四日講（各寺持ち回りの勤行）・灯明まいり（本山参詣）、本山専修寺でのお七夜報恩講における法主警護などを長年継続しているが、住職・門徒たちは人口を維持できている地方都市であっても、近い将来こうした講の維持が困難になると推測している。

第一〇章「抵抗と断念――地方寺院はなぜ存続をめざすのか」の章は、日本の浄土真宗寺院と地域社会とのつながりを人類学的なフィールドワークで記述するカナダの大学院生、ダニエル・フリードリックによる考察である。アメリカ社会におけるキリスト教と過疎化の研究を対照させながら、北海道農村の変わりゆく姿に寄りそう住職家族の生き方を重ねて叙述していく。

第一一章「廃寺――寺院・門信徒の決断」において、坂原英見は、中国山地の過疎地域にある四つの寺院にかかわり、廃寺問題を内側から経験してきた僧侶として実態と対応の難しさを述べる。廃寺となって荒廃した本堂・伽藍を抱えた集落において、寺院が育んできた信仰はどうなったのか。人口の過疎化は止められないが、「心の過疎化」を止めることは寺院の責務ではないかと述べる坂原の言葉は重い。

第一二章「仏婦がつくる地域――ビハーラの可能性」では、猪瀬優理が広島県北部で行われているビハーラ活動、とくに仏教婦人会が中心となって担ってきた病院ボランティアの活動を報告する。猪瀬は婦人会の指導者やボランティア参加者の声を拾いながら、過疎地域において減退傾向にある社会関係を仏縁や互助縁によって維持し、仕事が一段落した高齢女性たちの新たな活動の場がどのように形成されているのかを丹念に叙述している。

第一三章「坊守がつなぐ地域――寺院は女性で支えられる」において、横井桃子は、滋賀県、千葉県、埼玉県の八カ寺で調査した結果から、多くの住職・坊守は何らかの社会参加を行っており、坊守という「見えにくい存在」も地域社会におけるソーシャル・キャピタルの蓄積プロセスに大きくかかわっていることを明らかにしている。

第一四章「傾聴する仏教――俗世に福田を見る」において、櫻井は、現代人が求める承認欲求に応えようという傾聴の実践――傾聴ボランティア、教誨と内観、グチコレ、臨床宗教師の事例を概観した後、秋田県藤里町において実践されてきた自殺予防の傾聴活動と引きこもり支援事業から、地域福祉の担い手として寺院住職・檀家や地域の人々・社会福祉協議会の果たす役割を考察した。人間関係の密度は高いが人口減少を免れない地域社会と、社会的支援から排除され孤立しがちな人々が多い都市の双方に対して、地域の中にある寺院、僧侶という立場でなしうるケアには、まだまだ社会活動としての可能性があると提言する。

本書は以上のようにⅢ部構成になっているが、各章とも具体的事例にもとづいた独立した論文でもあり、どの章から読んでいただいても構わない。そして、それぞれ読み進めていくと、宗派地域を問わず、共通した課題を眼前にしながら私たちが今を生きていることが確認されるであろう。

註

(1) 限界宗教法人とは消滅可能自治体に存している宗教法人のことであり、人口一万人未満の自治体が多い都道府県は自治体・宗教施設共に深刻な人口減少や信徒の減少を免れえない。限界宗教法人の割合は全国平均が約三五%であるが、四国は五〇%を超え、近畿・中国・九州は三〇%台、関東・中部は二〇%台である。神奈川・愛知・東京・滋賀・沖縄が数%となっている。石井研士「宗教法人と地方の人口減少」(『宗務時報』一二〇号、一七―三五頁、二〇一五年)。

(2) 鵜飼は全国の三割から四割の寺院が消滅すると予測しており、個別寺院や宗門ごとの対応事例から、寺院が社会との接点を広げ、外の風を入れることに期待している。鵜飼秀徳『寺院消滅――失われる「地方」と「宗教」』(日経BP社、二〇一五年)。

（3）　寺院の多くは縁起や創建の古さを誇るが、現在のようにどの寺も本堂・山門・鐘楼・会館や庫裡を備え、立派な構えになったのは近年のことであり、庶民信仰の寺院のように崇敬者がいないために檀家の寺になったのである。五来重『善光寺まいり』（平凡社、一九八八年）。

第I部

人口減少社会と宗教

第1章　人口減少社会における心のあり方と宗教の役割

櫻井義秀

一　はじめに

日本社会は衰退に向かうのか

『週刊東洋経済』は二〇五〇年の未来予測を「作家の司馬遼太郎が『坂の上の雲』で描いたのは、二〇世紀初めの日露戦争までの数十年間だった。……一〇〇年後の日本は、司馬の描いた時代と正反対に、人口も、経済も、世界的な地位も、縮小、低下していく。まるで明治時代や昭和の高度成長期に駆け上がった坂道を、今度は数十年かけてゆっくりと下っていくかのようだ。この「下り坂」の時代をどうソフトランディングさせるか。……世界が経験したことのない事象に立ち向かう日本人の知恵と処方箋が今こそ求められている」[『週刊東洋経済』編集部　二〇一三：一六七頁〕と結んでいる。

こうした予測は大方の国民の実感にも沿う。しかも他国から言われると深刻さの度合いが増す。英『エコノミスト』誌は「二〇五〇年の世界」というレポートにおいて日本についても予測している。①「日本の高齢者比率は長い間世界最高を維持しており、今なお比率は高まっている。二〇一〇〜五〇年期に、日本の被扶養者率は四〇ポイント上昇し、二〇五〇年までには、被扶養者数と労働年齢の成人数が肩を並べるだろう」〔英『エコノミスト』編集部 二〇一二：三七頁〕。②「二〇一〇年には、世界経済の五・八％を占めていた日本のＧＤＰ（国内総生産）は、二〇三〇年には、三・四％になり、二〇五〇年には、一・九％になる。経済成長のスピードも西ヨーロッパを下回り、今後四〇年を通して、一・一％から一・二％で推移する」〔前掲：二七九頁〕。数値だけでは実感に乏しいかもしれないが、一人あたりのＧＤＰはアメリカを一〇〇としたときに、韓国が一〇五、日本が五八・三、中国が五二・三と予測される。

日本の国力を減じる二つの要因にはもう少し解説が必要である。日本の総人口は二〇〇四年の一億二七八三万人を頂点に減少に転じ、二〇四七年には一億人を割り込み、六五歳以上の高齢者が全人口の約三九％を占める超高齢化社会に達する〔国立社会保障・人口問題研究所編 二〇一二〕。戦後に人口ボーナス（年少者と高齢者の被扶養人口よりも生産年齢人口が相対的に多い時期）を享受して高度経済成長を遂げた日本は、逆に人口の負荷期を迎える。これは日本のみならず、出生率と移民による人口増加がない社会では必然の流れであり、成長著しい中国も遠からずその時期に入る。医療と年金という社会保障が充実している国ほど人口高齢化にともなう負担が大きくなる。だからこそ子や孫の世代と負担を分かちあう知恵と気力が中高年に求められる。

経済のグローバル化はその主役である世界総生産の約四分の一を稼ぎ出すといわれる多国籍企業によって牽引さ

れている。企業は先進国の高い人件費と労務的保障、および為替相場の状況から途上国に生産拠点を移し、市場拡大に期待がもてる中進国・途上国に進出する。先進国のGDPは産業空洞化・雇用機会喪失によって縮小するが、中進国・途上国には雇用と市場が生まれ、多国籍企業に利潤が蓄積されていく。日本企業全体の経済活動が縮小するわけではないが、仕事と生活の場を海外に拡大できる人とできない人との所得格差が出てくる時代である。

いずれにせよ、未来予測は現在の諸条件がそのまま推移するという前提があり、人口変動にしても経済のグローバル化にしても、対応いかんによってまったく異なる未来になることは論をまたない。「三丁目の夕日」に皆が上を向いて歩いた時代を懐かしんでも仕方がないので、いかにして下を向かずに歩けるか、その知恵を出しあいたいものである。

生きのびる宗教

人間社会においてもっとも耐久性のある制度が宗教である。宗教は人間社会の文化的ＤＮＡとでもいうべきもので、人間が社会生活を始めてこのかた数千年から数万年という時間で維持されてきた。宗教制度や宗教団体は国家よりもはるかに耐久性がある。ただし、個々の宗教は興隆と衰退を繰り返すので、あくまでも宗教文化として長期間存続してきたということである。

なぜ、宗教に持続性があるのか。進化生物学的知見を借りれば、「人」は利己的・個人的行動を取るよりも互助的・社会的行動を取るほうが生きのびる確率が高かった。この学習によって文化的ＤＮＡとして「人」に互助的情動が生みだされたという。そして、「人」が「人間」として社会を形成する規模が親族・部族から首長制の氏族社会へと拡大するにつれて、祖先神や土地の守り神から氏族・民族の守護神に変わり、その後複数の民族が混住する多元性を増した社会において、より普遍的な宗教文化に洗練されてきたという［Wade 2009＝二〇一一］。宗教文化の核心は、互酬性の規範や相互扶助の精神にあるという見解である。

ところが、宗教文化には、「真理は我に有り」という排他性と「正しいことは皆でやるべき」という正義感が往々にして含まれるために、地域・民族間の紛争の発端になることが歴史上少なからず見受けられた。そこで宗教的相違を争いの理由としないという世俗化の規範と制度化がドイツ宗教戦争を境に進められ、ヨーロッパでは政教分離や公共的領域の非聖化（ライシテ）が生まれたのである。その意識的形態として無神論や信教の自由という権利意識も芽生えてきた。ヨーロッパにおいて人々が伝統的なキリスト教信仰や教会への帰属意識を薄れさせてきたのは、福祉国家の政策によって生活保障の制度が拡充されてきて以降のことである。もちろん、社会的混乱期や新世界へ移動する移民にとって宗教は頼りになる。エスニック教会として心の安寧のみならず生活にかかわる情報や支援を供給するからである［Davie 2007：46–66］。

後節でふれる宗教のソーシャル・キャピタル化という動向もまた、ポスト福祉国家以降のソーシャル・サービスの担い手を模索するなかで生じた宗教の活性化現象なのである。

ともあれ、宗教は社会構造や社会状況の変化に合わせて生きのびてきた。社会的条件や人々の要請に応える形で柔軟に対応してきた宗教組織のほうがより多く残っていることは言うまでもない。変化を拒まない柔軟性こそが、他の社会集団同様にサバイバルの肝《きも》となる。

しかし、単に生き残ればいいというものではない。人口減少時代において個々の宗教としてのあり方を維持しながら、社会的要請にも配慮しつつ、どのような持続的成熟の方針や戦略をもてばよいのか。現代宗教の悩みどころである。このことを本章で改めて考えてみようと思う。

二　現代宗教の趨勢

人口と家族の変化

過疎の問題をここでは人口的過疎と信仰的過疎の二点から考えてみよう。信仰的過疎というのは修辞的な言い方になるが、宗教意識の低下や世俗化の意味あいも含んでいる。

二〇〇〇年に策定された過疎地域自立促進特別措置法によれば、過疎地域の要件として、①五〇年間の人口減少率が三割を超す、②高齢者比率が三〇％以上（若年者は一五％以下）、③財政力指数が約〇・五以下（自治体の財政収入が財政需要の半分に満たない状態）が挙げられている。二〇一〇年における全国の過疎地域の動向をみると、過疎地域の市町村数四五％、人口八・七％、面積五七・二％、財政力指数〇・二八である［総務省自治行政局過疎対策室　二〇一二］。人の多さが経済的活力に直結していることがよくわかる。

過疎の主因は都市化・工業化といった産業構造の変化と教育や就業機会を求めて地方から都市へ向かう人々の社会移動である。人は人生のチャンスを求めて有利な場所へ自由に移動できるが、宗教施設はそれができない。地域の氏神に他所《よそ》へお移り願うことや、教区・地域単位で檀徒・信徒を守っている寺院のあるところへ住職が移動することは難しい。現代日本において人口急増地域でしかも宗教施設がほとんどないフロンティアを求めることは不可能に近い。宗教施設の運営は人口の変化に脆弱である。

宗教にとって地域社会の人口数が減少することは、氏子・檀家・信徒の減少に直結するので深刻な影響が出る。しかし、それ以上に大きな影響を与えるのが家族と地域社会の構造的な変化である。宗教施設ごとに被る影響について大まかに述べれば次のとおりである。

神社神道では、地域内で施設を維持管理するに足るだけの崇敬者を集めることが難しくなる。地方の神社は、もとより神職の兼務や地域の人々の献身によって維持されており、過疎には強いとみなされてきた。しかし、現在、神宮大麻《じんぐうたいま》を町会が頒布するやり方に抵抗感のある住民が増えている。神宮大麻を「天皇と国民とのきずな」「国民のあかし」（財団法人伊勢神宮崇敬会ホームページ）として考える市民はそう多くはない。郊外に戸建てをかまえる人々と都心のマンションに住む人々の数が増える時代だからこそ、地域に根ざす神社神道のあり方が問われる。

寺院仏教では葬儀・法要をますます手放さなければならない状況が出てくる。葬祭業や墓苑業は寺院の領域にくい込んだとしても協働関係を維持していた。問題は、直葬といって正式な葬儀・法要を営まない（営めない）人が増えてきたことと、墓の維持管理が根本的に無理な世代が登場してきたことである。

二〇三五年の日本の家族構成として、三七・二％の単独世帯と二一・二％の夫婦のみの世帯、親子で住むのはわずか三四・七％と予測されている（その他が六・九％。国立社会保障・人口問題研究所発表）。年老いて後、子どもが近場にいるというのは、もはや贅沢《ぜいたく》な望みである。葬送を自由に行うとか自分らしいエンディングといったライフスタイルの問題から寺離れが進んでいるのではない。「終活」という言葉に典型的に示されているが、子孫に葬儀や法事を頼めないから自分で万端用意しなければならないということなのである。これでは世代を超えた寺檀関係を結ぶ檀家にはなれない。永代供養の依頼だけでは檀家とは言えないのではないか。三〇年後、五〇年後に檀家による護持会費はもとより、法務による布施は寺院にとってあてにならぬものになろう。

キリスト教や新宗教は、概して個人の信仰に基盤をおく宗教であるため、親世代から子世代へ信仰継承が進むか否かが教勢を大きく左右する。親世代が感じたおかげも救済感もない子世代が信仰を継承するのは本来難しいものである。しかも、一〇年、二〇年単位で時代の価値観が相当に変化する現代では、親世代の価値観を子世代が受け継ぐことは少ない。信徒の献金だけで支えられる教団は、信仰のあり方によって存続の基盤を根こそぎ奪われかねないのである。教団宗教特有の問題は、いずれ近いうちに仏教寺院も経験することになるのではないか。檀家によらず、信徒や参拝者の布施で維持することができている寺院は残っていくだろう。

要するに、社会構造的な変化によって家族や地域社会に基盤をおく既成宗教が存続する条件が厳しくなっている。観光化された古刹名刹は例外としても、信者・崇敬者に長らく支えられてきた社寺や教団宗教にしても、この状況を正確に認識しておくことが今後の宗教施設の運営方針を考えるうえで重要である。ここまでは宗教の入れ物としての制度・組織を説明してきたが、宗教の中身、信仰心の話に移ろう。

世俗化と宗教意識の変化

現代の日本人の七割が無信仰・無宗教を自認する。しかし、新聞社による各種調査によると、戦後は七割の人々が信仰有りと回答していた［石井　二〇〇七：四頁］。宗教意識の低下は顕著である。伝統的な宗教文化にかかわる慣習も廃《すた》れつつある。これは、宗教に対する社会的ニーズが全般的に低下していることを意味している。科学技術の発達や人々の高学歴化によって迷信・俗信を含む宗教的習俗の信憑性が疑われたこと、戦前に宗教団体が担っていた教育・医療・福祉などの社会事業が戦後に社会福祉として制度化されたことなど、宗教の社会的役割を減じる要因はいくつも考えられる。しかし、主たる要因は多くの日本人が幸せになってしまったというシンプルな事実である。

戦後の価値変動期には多くの新宗教が現れ、キリスト教も大いに教勢を伸ばし、価値の大変動期に対応した。戦後の日本人は、幸せな生活を求めて懸命に働き、社会のあり方を問う運動もし、世界経済のトップランナーとなるべく走りつづけてきた。一九六一年には国民皆保険・皆年金の仕組みづくりに成功し、「健康で文化的な最低限の暮らし」を国が保障するにいたったのである。租税負担率約二二％の日本が同程度のアメリカ（約二四％）と比べれば格段の高福祉を実現しており、西欧（ドイツ約二九％、イギリス約三七％、フランス約三六％）や北欧（スウェーデン約四七％）より落ちるにしてもほぼ税額に見合った福祉制度を維持できている［財務省　二〇一五］。

もちろん、貧困や格差の問題がなくなったわけではないし、むしろ徐々に拡大している。高齢者の医療費が無料だった時代（一九七三〜八三）や国立大学の学費がタダ同然だった時代と比べれば、現在、国民の負担は重く受益の度合いは減った。しかも、近年、日本人の幸せ感は薄れ、不満や閉塞感は高まっていると言われる。それでも偶然のめぐりあわせによって命を落としたり、食事を満足にとれなかったり、医者にかかれなかったり、教育を受けられないといった状況は大いに改善されてきた。年金や健康保険の持続可能性に黄色信号が点灯しつつあるのは確かだが、社会保障の担い手としての国家の役割そのものが疑問視されるまでにはいたっていない。

宗教の国際比較研究が明らかにしたところでは、宗教施設への参加の度合いは、個人の不安と社会の不安定さに強い相関があるという。他の影響因は親の躾《しつけ》や国の宗教文化である［Ruiter, S. and Tubergen, F. V. 2009］。階層間の格差が大きく、治安が悪く銃器を手放せないアメリカは、先進国において傑出した宗教意識の高さを誇る。国への愛国心と信頼をここまでやるかというくらいに表現するアメリカ。そのじつ、国に頼ることはできないと多くの人が考えているがゆえに、教会に足繁く通い、教会付設の慈善団体に参加する。いつか助けるものが助けられるものになるかもしれないという不安からだ。

それに対して、日本では国家や政治家、公務員への信頼度はかなり低いと言わざるをえないが、他面、行政的サービスや政府の経済政策に頼る意識は強い。日本の福祉は宗教団体による社会事業ではなく、行政による社会福祉である。その結果、日本人が宗教に求めるものは世俗的な給付よりも心理的な安寧や癒し、高度な精神的充足感に変わってきた。宗教は宗教そのものの価値から評価されていると考えれば、日本における世俗化は、宗教の社会的役割が減少したことに加えて、日本人の宗教性そのものに変化が生じている可能性があるということである。

伝統宗教において宗教団体への所属と宗教性は強い関連をもっていた。だからこそ、教勢拡大のための布教が主たる宗教活動と考えられたのであるし、教線が延びて宗教的フロンティアが消失してしまえば、親世代から子世代への信仰継承が宗教文化や制度の維持そのものとみなされてきたのである。しかし、これは現在自明なことだろうか。

宗教性とスピリチュアリティ

近年、日本では個人に内在する聖性という意味でのスピリチュアリティや、医療・教育現場における人間の尊厳や価値、アイデンティティにかかわる感性的な概念としてのスピリチュアリティが評価されている［島薗 二〇一二、樫尾 二〇一二］。西欧でも、教会に所属し信徒として敬虔な宗教生活を送る信仰から、自己の内面を自然や人とのつながりのなかに希求する動き（belief without belonging）へと進んでいるとされる。世俗化する社会においても理知的であれ感覚的であれ、宗教的価値が評価されているのは喜ばしいことだが、教団宗教にとっては寂しいことでもある。この人たちは宗教的権威（祖師や本山、師匠）に道を求めようとしない。こうした人々に宗教的資源を提供するのが、精神世界や宗教に関する書物を刊行する出版メディア、スピリチュアルな世界の水先案内人による講演会やセミナー、および愛好家や実践家同士の緩やかなネットワークである。なによりも自己愛的な自己探求が動機付けとなっているので、自己という実体を否定したり、共同体的道徳を説いたりする伝統宗教とは合わないのである。

もちろん、伝統的宗教は拡散したスピリチュアリティをメディアや素人の新興勢力に根こそぎ取られているわけではない。伝統的な巡礼地では自分探しの巡礼者をしっかりと受け止めているし、霊威に与《あずか》ろうとして神社仏閣や怪異な自然物を経巡る若者に照準を合わせて、境内地のパワースポットを宣伝する宗教施設も少なくない。また祭礼はツーリズムとの相性も悪くない〔岡本 二〇一五〕。そういう意味で浮遊するスピリチュアルな愛好家をその都度つかまえることで伝統宗教にも維持存続の道が生じている。

しかしながら、西欧で生まれたスピリチュアリティへの流れは、日本において必ずしも個人の解放された霊性を求める動きとはなっていない。オウム真理教に典型的だが、解脱や自己の精神の完成をめざしながら、教祖崇拝によって隷従的信仰におちいったり、陰謀論によって世界の破壊を救済と錯誤したりするなどのカルトの事例があった。そして、自己よりも霊性そのものへ固執（ときに嗜癖《しへき》）する人々がいるし、癒し系商品や霊感商法の被害がけっしてなくならないどころか、むしろ拡大していると言っても過言ではない。先ほども述べたように、日本では個人化が進む一方で、個人の自立化は必ずしも意識されておらず、頼るところがないことを無縁化（NHK報道番組による無縁社会化）と呼び、依然として「大きな政府」に経済の復興や国民の扶養を期待する声が強い。その結果、スピリチュアリティへの希求においても自立よりも依存の対象を求める傾向が強くなり、市民がスピリチュアル・ビジネスの餌食《えじき》となるケースが出てくるのである〔櫻井 二〇〇九〕。

いささか隠喩的な表現になるが、日本人がこころのよりどころを失いつつあるという意味でこころの過疎化も進行しているのではないか。ごく普通の人間にとってこころなるものの平衡状態を独力で保つことは難しいもので、同じ心持ちの人たちのなかでこそ安定する。家族、地域社会、職場、教団宗教といった対面的で煩わしい人間関係から解放され、自由を得たはずの現代人が、一人静かに時を過ごすのではなく、ネットで友人を探し（フェイスブックなどのソーシャル・ネットワーキング・サービス〈SNS〉）、毎日何時間かをネットでの知りあいへの連絡か個人のつぶやき（ツイッター等）に費やさねばならない状況を見るにつけ、こころの空隙を埋めるのが強い個人主義ではないことがわかる。ネットの世界に居場所を見つけるだけではすまず、そこからさらにSNSを利用したカルトや振り込め詐欺・ネット占いなどの悪徳商法に勧誘される被害も後を絶たないのである。

ここまでは現代日本人の宗教性について概観したので、人口減少期・低成長期における心のあり方についてもう少し考察を進めていきたいと思う。

三　成長を望めない時代に生きる

格差社会の不安

二〇〇〇年代の日本では、「不平等社会」「格差社会」という言葉が流行《はや》った［橋木　一九九八、佐藤　二〇〇〇］。二〇〇九年の時点でOECD加盟三〇カ国中（現在は三四カ国）、日本の貧困率（等価可処分所得が中央値の半分以下）は第四位（一六％）である。世代で見るといわゆる「ロスジェネ世代」（就職氷河期で非正規労働に多くが就いた二〇～三〇歳代の青年層）と高齢者層（資産と年金の格差が大きい）に貧困層が多い。生活保護受給世帯数も一九九〇年の六二万世帯から二〇一四年には約一六一万世帯を超えた。他方で、日本人の海外旅行者数は一九九〇年代から年間一六〇〇万人台を維持しており（二〇〇〇年代には二〇～三〇代女性が減って、代わって高齢者層が増えており、若年労働者の可処分所得に余裕がなくなり始めたことがわかる）、高額所得者向けの商品やビジネスもある。いわゆるアベノミクス（円安・株価高）は海外向け輸出企業や個人投資家に恩恵をもたらしたことだろう。

日本は戦前に貧富の格差がはなはだしかったものの、一九七〇年代には一億総中流と喧伝されるほど消費生活の向上と生活様式の平準化が進んだために、近年の格差拡大の傾向と貧困層の増加は容認できない水準にあると考える人が少なくない。正規雇用に就く壮年世代であってもリストラ、老後の不安は隠せない。「年越し派遣村」や「ネットカフェ難民」といった話題は他人事ではないし、社会のセーフティーネットに対する関心は高まっている。

格差社会の問題を解決するには道は二つしかなく、経済の全体的な底上げか、社会保障の充実である。経済政策にも配慮しながら社会保障と税の一体改革をなしていくのは、自民党であっても民主党であっても容易ではない。その成果がなかなか見えてこないところで、現代人のこころは揺れている。

低成長の時代における価値観の諸相

成長なくして財政再建なし、少子高齢社会への対応もできないというのはそのとおりである。経済界・企業人は安倍政権の政策目標を支持している。二〇〇九年に自民党から政権交代した民主党の鳩山・菅政権の二年半では、東日本大震災直後ということもあり、地球温暖化対策や脱原発を政策目標に掲げて新しい経済成長の戦略を模索していた。政府は元来の政治理念に加えて国民の支持を取りつけるべく政策を立案するが、政権交代は国民の政治意識や社会意識の急激な変化を示すものではなく、併存するさまざまな価値観のバランスが変わったことを示すものである。

低成長の時代に日本社会をいかに維持・発展させていくのかというのが政策であれば、いかに生きのびていくの

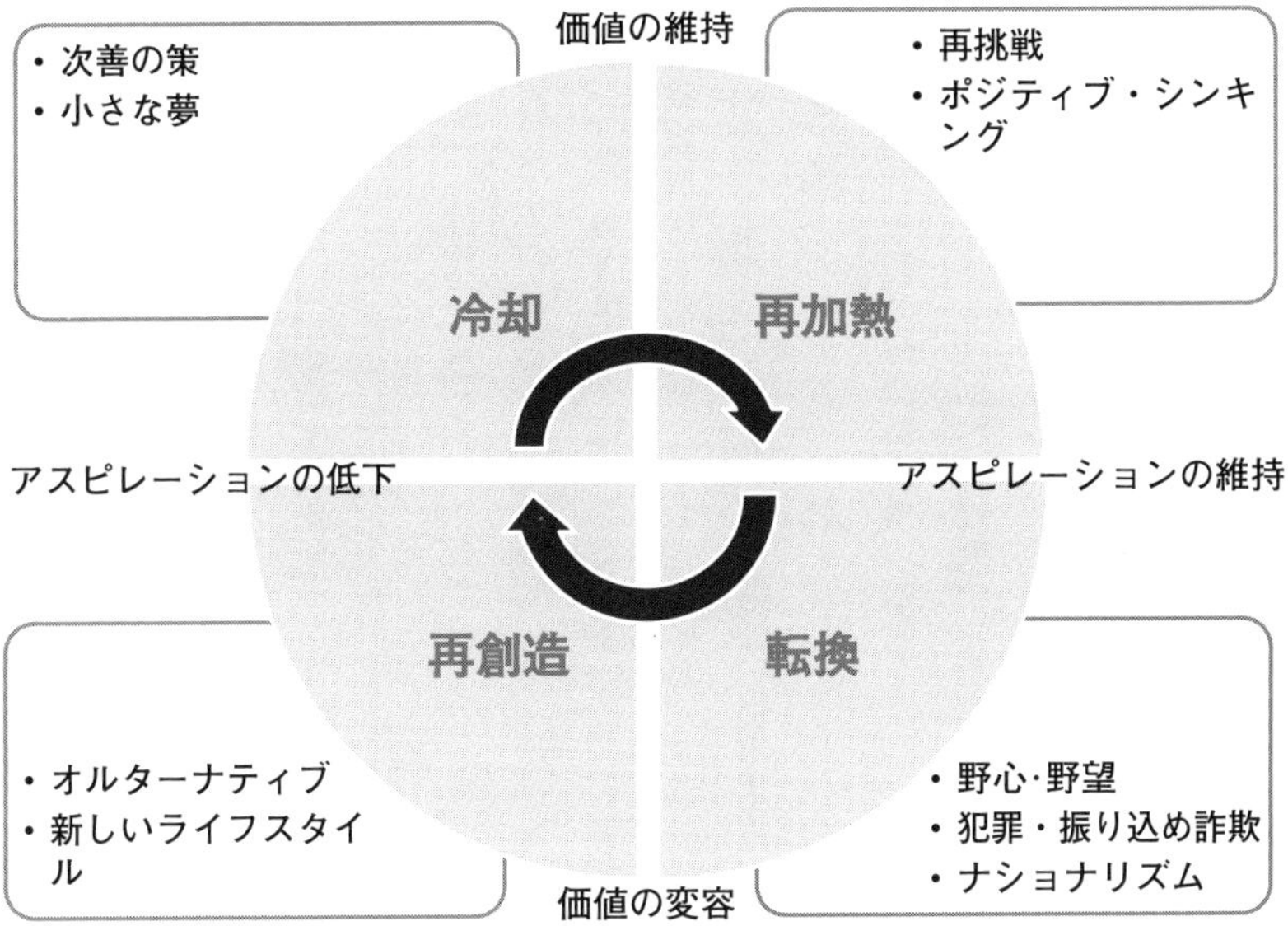

図　いかにして現代人は低成長の時代に適応していくか

かという戦略を人は「生き方」として構築する。上図に示した「生き方」の類型では、従前の価値観を維持するか、変容させるか、従前の達成欲求（アスピレーション・レベル）を維持するか、低下させるのかの二つの軸をもちいて、それを直交させた四類型を考えてみた。

落ち込んだとしても成長・成功への夢を捨てずに積極思考（ポジティブ・シンキング）で挑戦しつづけるのが「再加熱」の類型である。相当の自信があるか、逆に落ちることへの恐怖に動機づけられる。社会の多数派ではないが発言力は大きく、リーダーシップを取る人たちに多い。多数派は、達成欲求を落としながら時代への適応を図る（欲求の「冷却」、クールダウン）。その典型は低成長時代しか知らない若い世代に多く見られる。社会的上昇志向や海外を相手にするという野心などもたずにほどほどの生活に満足する。受験競争や就職活動を勝ち抜いたグループであっても居心地の良さを確保することが生活の目標なのである。

逆に、達成欲求を落とさずに価値観の「転換」を図る類型として、なりふりかまわずに利潤・金銭的成功をめざすブラック企業（新入社員を使い倒して成長する企業）や振り込め詐欺（元締めと協力する人々）がわかりやすい例である。また、低成長の原因を特定の国や集団のせいであるとして過剰に反発する矮小《わいしょう》なナショナリズムがある。ネット上の自称ナショナリストや街頭に出る「在日特権を許さない市民の会」のような人々は、国家に運命共同体的幻想を仮託して救済を望むか、自分がその救済をなす戦士として自己の尊厳を確認する［安田　二〇一二］。

このような類型とは異なり、達成欲求をクールダウンし、しかも価値観の転換を図る生き方もある（「再創造」）。グローバル経済で成功する企業ではなく、社会的に必要とされる仕事をやり、なおかつ仕事をやる人間が報酬を受けられるようにするという社会的起業。ボランティア活動の長期継続をめざして設立されたＮＧＯ／ＮＰＯ。こうした領域に働き場所を探す若者が多いことも現代の特徴であり、東日本大震災後にできることを探しにとりあえず被災地に分け入った多くの若者がいる。二〇一一年夏に学生たちと宮城県石巻市に行き、冬にも出かけたが、数カ月間自腹で滞在してさまざまな活動に従事する二〇代の若者を目にした。

宗教的理念に導かれて活動する人々は、どの領域で活躍しているのだろうか。再創造の領域において、震災後の日本を作りなおすべく被災地で活動したり、原発に依存しない地域や産業のあり方をうったえたりしている教団は多数ある。しかし、同時に達成欲求を下げずに信仰と人生の成功を結びつけたり、教説に陰謀論を組み込んだりして信者を煽《あお》る教団があることも確かである。人間の欲のあり方を見つめながら、クールダウンの生き方を説く仏教に人々の関心が集まるのも時代のなせるわざとも言える。

人々の価値観が多様化している現在、宗教的言説や価値観も多様化することは何ら不思議ではない。しかし、日本という社会を維持・発展させていくという役割を宗教が意識するならば、社会状況や人々の意識の変化に適応するだけでよいわけがない。上記の四つの価値意識が社会にどのような影響を及ぼすのかを理解したうえで、信者や一般社会にどのような価値観を発信していくのかが重要だろう。

人口減少時代における宗教のあり方を展望するためには、既存の宗教施設を維持・存続させるための方途だけを考えるのではじり貧におちいる。宗教施設があることで地域社会に何がもたらされるのか、宗教団体に所属することでそれは成員に対してどのような人生の満足と展望を与えることができるのかを、自前の言葉で語りだすことが求められているのではないか。伝統行事を維持することにどんな意味があるのか、宗教的な共同性は何を生みだすのか。そこで生みだされた共同性は宗教の領域にとどまるものか、地域社会や一般社会にまで波及するものなのか。

現代の寺院仏教が突きつけられている問いはいたってシンプルである。現代家族の個人化（非婚化・未婚化、少子化、独居高齢世帯の増加など）や職業・生活の不安定化（非正規雇用が労働者の三分の一、教育・仕事のために転出・移動する人々など）に合わせて伝統的な葬送儀礼を変えてもよろしいか。すなわち、葬儀は家族葬や直葬、法要は永代供養でよろしいか。戒名は死者の冥福に必須のものか。継承者を想定した墓はつくらずともよいのではないか。こうした問いに対して僧侶が丁寧に答えていけば、葬式仏教批判や葬式無用論が定番の売れ筋本となることもないのではないか。

そこで、社会に積極的に語りかける僧侶や寺院が着目される。雑誌『月刊住職』や仏教への期待が語られる単行本には、社会活動が顕著な僧侶や寺院が登場する［上田　二〇〇四、秋田　二〇一一、磯村　二〇一一］。伝統的な葬儀・法要・月参りといった法務・檀務の域を超えて活動の領域を広げた寺院である。しかし、現場の多くの僧侶は、縷々《るる》語るよりは実践ということで日々の勤めに励んでいるのかもしれない。そうはいっても、現代は言葉でもって相手に説明しなくては納得してもらえない時代である。

宗教研究者もまた、自身の研究が現代社会の課題とどのようにかかわっているのかを語るべきだろう。以下では、宗教という制度・団体・文化が地域社会の創成や活性化とどのように結びついているのかを宗教とソーシャル・キャピタルの議論を通して説明していきたい。

五　宗教とソーシャル・キャピタル

地域社会とソーシャル・キャピタル

ソーシャル・キャピタルとは、社会資本もしくは社会関係資本と訳され、（社会や他者への）信頼、互恵性の規範、ネットワークの総体を示す概念である。地域社会における経済活動、社会福祉や公衆衛生、市民活動や政治参加、社会問題への取り組みへの意欲やパフォーマンス、効果を上げるためにソーシャル・キャピタルの形成や活性化が重要と考えられている［Putnam　2000, Lin　2001］。

このような考え方が出てきた背景としては、先進国におけるポスト福祉国家論と途上国を含む地域開発論の進展がある。①社会保障にかかる経費をすべて国家が負担することは日本を含む低成長の先進国において限界に達しており、行政、ＮＧＯ／ＮＰＯ、地域住民による各種団体による協働なしに地域社会は支えられない。この協働の基盤となるのが行政・制度への信頼や地域への愛着、互いに支えあう互恵的な関係である。②地域開発のために巨額の投資を行っても（途上国ではＯＤＡやＮＧＯによる支援、先進国では公共投資）、地域社会にチャンスを生かす人材や社会集団が形成されなくては持続的発展が望めない。投資が終われば事業も終了することになる。自力で発展を志向する地域社会に変わってこそ地域開発は成功する。

日本でも近年欧米のソーシャル・キャピタル論の紹介や、この理論をもとにした実証研究が、経済（地域振興、開発援助）、教育（学力の向上、市民性教育）、市民社会（政治参加、NPO活動やボランティア）、医療や公衆衛生（健康、疾病予防、出生率）、地域環境（災害復興、犯罪、ゴミ処理）といった多くの領域で進められている［稲葉他 二〇一一、山内・田中・奥山編 二〇一一］。

しかし日本では、ソーシャル・キャピタルの源泉は何か、何がソーシャル・キャピタルを醸成するのかという研究において、ソーシャル・キャピタルを生かした事例そのものに現実味はあるものの、源泉を指し示す言葉が「ふるさと」「コミュニティのつながり」「社会力」といった抽象的な概念で表される傾向がある［西川 二〇〇九、広井 二〇〇九、門脇 二〇一〇］。おそらく、伝統的な文化や地域社会に根ざしたものを指しつつも、今さらイエ・ムラ・クニといった運命共同体に戻るわけにもいかず、旧弊に囚《とら》われない新しい「つながり」「支えあい」の空間と働きを創出しようという志向性が、こうした概念を使用させているものと思われる。個人と地域の仲介機関をNGO／NPOに、善意や互助の志向性をボランティアに求めているのも同じ構図だろう。

私は仮構的な地域概念や互助共同性をソーシャル・キャピタルとするのではなく、既存の社会制度や社会関係が当該領域でのみ排他的に利益を共有するのでもなく、開かれた制度や関係としてソーシャル・キャピタルになることが可能かどうかを再検討しようと考えている。具体的には、葬式仏教と揶揄《やゆ》され、傑出した僧侶の活動や寺院のみ注目される伝統仏教だが、日本仏教の特徴である寺檀制度を地域密着型であるがゆえのソーシャル・キャピタルと捉えなおす試みである。同じことは、地域の伝統的共同性と民俗文化を福祉の基盤として社会事業を行い、現在も地域福祉を模索する神社神道についても言える［藤本 二〇〇九、板井 二〇一一］。伝統宗教のみならず、キリスト教や新宗教による社会事業や社会福祉も日本においてソーシャル・キャピタルの形成に大いに寄与してきたものと思われる。

宗教とソーシャル・キャピタル

無信仰・無宗教を自認する人々が七割を占め、司法・行政・教育において厳格な政教分離の制度化がなされてきた日本では、宗教制度・組織とソーシャル・キャピタルの関連を問うという発想や研究に対して違和感をもつ人が少なくない。しかしながら、アメリカでは一九九六年の福祉改革法でCharitable Choice（州が福祉活動を宗教団体に委託することを認可すること）が認められると、Faith Based Organization（教団の外郭組織）のサービスは拡大し、教会への所属とボランティア／社会活動／投票行動との関連等を問う研究が増加した。『ソーシャル・キャピタルとしての宗教――公益の創造』[Smidt 2003]という論集では、宗教団体が形成するソーシャル・キャピタルの特性を問い、教派ごとの特徴を実証的に分析している。そこで得られた知見としては、①宗教参加（礼拝出席率）の高さは教会活動へのコミットメントを示しており、そこでボランティアの経験を経ることによって市民活動への参加が高まっている、②教会活動により社会的スキルを習得し、そこの社会関係資本を生活に役立てているのは黒人教会をはじめ、エスニックな教会に多い、③教会への所属とボランティア経験との関連を比較すると、アメリカでは黒人教会>伝統型教会>福音派教会>カトリックの順で関連が強いとされる。アメリカ社会では低階層の人々に信仰熱心な人が多いが、教会がソーシャル・キャピタルとして機能しているからこそ頼られるのである。

現在、慈善活動やソーシャルサービスにかかわるキリスト教（西欧）・人間《ジンカン》仏教（中国・台湾）・Engaged Buddhism（東南アジア）・イスラーム圏（ワクフ等）において、教義、宗教意識、教団によるネットワーク形成と市民社会形成・社会活動との関連を問う国際比較研究も行われている。筆者は、大阪大学大学院准教授の稲場圭信との責任編

表 『叢書　宗教とソーシャル・キャピタル』の事例一覧

第1巻　『アジアの宗教とソーシャル・キャピタル』

宗教	個別事例	ソーシャル・キャピタル
日本仏教	総合調査	檀家／仏教意識と住民組織参加・地域活動の有無
キリスト教	賀川豊彦	キリスト教的精神と社会事業
キリスト教	従軍チャプレン・自衛隊	キリスト教の平和主義と軍人の宗教的人権の相克
チベット仏教	仏学院の地震被災者救援活動	チベット仏教による漢人とチベット人の融和
ロシア正教	ロシア政府と正教会の復興	共産主義政権崩壊後の政治的正統性
タイ上座仏教	ヨーロッパのタイ寺院	タイ移民のためのエスニック・チャーチ的機能
華人の宗教	中国と東南アジアの善堂	善堂の地域福祉的機能と華人社会
イスラーム	サウジアラビアの宗教福祉	包括的宗教による宗教・福祉政策
ヒンドゥー教	インドのヒンドゥー教	福祉的発想の限界とヒンドゥー教改革運動
タイ上座仏教	開発僧	地域開発の資源となる寺院・僧侶の信頼
キリスト教	韓国キリスト教	福祉的社会事業の実態
キリスト教	ソロモン諸島のアングリカン教会	宗教者による地域政治への協調的介入

第2巻　『地域社会をつくる宗教』

宗教	個別事例	ソーシャル・キャピタル
神社神道	祭礼と講組織	コミュニティの結節点としての神社
日本仏教	葬祭の日常と寺のイノベーション	檀家の寺からネットワーキングする寺
コリアン寺院	生駒朝鮮寺、祭儀とネットワーク	トランスナショナリティを支えるエスニック宗教
神社神道	NPO法人ちんじゅの森	伝統芸能の復興、森作り
日本仏教	北海道の過疎地域と寺院	寺院・住職の地域福祉的機能
地域宗教	支縁のまちネットワーク	諸宗教による貧困社会、震災後社会への支援活動
キリスト教	キリスト教系NPOのホームレス支援	FBOによる共同性の創出と自立支援
宗教意識	ボランティア活動と宗教意識	利他主義的態度と支援活動の相関
日本仏教	NPO法人エンディングセンターと桜葬	集合墓を基点とする新しい関係性（墓友）の創出
日本仏教・神社神道	宗教施設のインターネット活用	Web活用による情報発信と交流、相談業務
地域宗教	Soul in 釜ヶ崎	野宿者問題を考える宗教者連絡会の活動
日本仏教	ひとさじの会による困窮者支援	支援と祈りによる共同性の創出

第3巻　『ケアとしての宗教』

宗教	個別事例	ソーシャル・キャピタル
日本宗教	教誨師の現状と課題	受刑者の復帰支援と塀の中を外へつなぐ
キリスト教	病院チャプレン	終末期医療とスピリチュアルケア
日本仏教	自死対策と遺族のケア	かかりつけ寺院の提案と希死念慮者・遺族・社会をつなぐ
医療	在宅緩和ケア	お迎えの死生観
新宗教	天理教の里親活動	おたすけとファミリーホーム事業
神社神道	鎮守の森の保育園	宗教的情操、保護者間の絆、境内での遊び
神社神道	終末期の傾聴	感性によるつなぎ・共在
神社神道	神道福祉	共同性の文化的資源とゆとり
専門職	終末期医療	医療・福祉・宗教の協働可能性

第4巻　『震災復興と宗教』

宗教	個別事例	ソーシャル・キャピタル
日本仏教	宗派ごとの復興支援事業	被災者支援と宗派・地域間の協働
神社神道	被災地神社の避難所	神社を核に救援・復興の地域活動を展開
キリスト教	教派ごとの復興支援	キリスト教会による救援・支援活動
新宗教	諸教ごとの復興支援	国内外の諸教による救援・支援活動
地域宗教	伝統宗教による地域ネットワーク化	講とSNSによるネットワーキング
宗教間連携	宗教者災害支援連絡会	実践宗教学寄附講座宗教者と研究者の連携
諸宗教	宗教者の救援・支援活動	被災地のアクション・リサーチ
宗教系大学	宗門と大学による被災地支援	教員と学生と地域の連携
諸宗教	阪神淡路大震災における宗教の活動	宗教による心のケアの可能性
台湾仏教	台湾における震災復興と仏教慈済基金会	宗教団体が担う災害復興モデル
芸能と聖地	雄勝法印神楽や虎舞	民俗芸能の復興が被災者の心の支えに

集で、『叢書　宗教とソーシャル・キャピタル』全四巻（明石書店、二〇一二～一三年）を企画した。このなかで、宗教制度と組織が生みだすコミュニティや互助協働への志向性を検討してみたが、多くの論考は地域の宗教施設や宗教者の地道な取り組みを調査したものである。研究者の論考のみならず、地域福祉や医療現場、NGO／NPOやボランティア活動の実践を行っている方にもコラムやインタビューという形で現状と課題について語ってもらっている。

この本のなかで取り上げたケースとソーシャル・キャピ

タルとして考えられた項目とのかかわりを表として記載したので参照していただきたい。

ソーシャル・キャピタルは地域文化や歴史によって醸成されたものである以上、短期日の人為的な営みによって信頼関係やネットワークが構築できるものではない。その意味では行政的な働きかけよりも既存の社会関係や社会集団を活用するやり方のほうがはるかに効果的である。歴史と文化、政治的背景から宗教が社会形成の前面に出てくることを拒む日本でも、宗教者や宗教団体の活動のあり方次第で一般市民との間に信用と信頼を獲得し、教団が市民社会と協働することも可能な事例はいくらでもある。ソーシャル・キャピタルは人々の意図的な働きかけによって醸成可能な信頼・社会関係でもある。ここから、宗教が形成してきたソーシャル・キャピタルと、これから宗教が築きあげるソーシャル・キャピタルの二つの局面について展望を述べることはあながち的外《まとはず》れなことではないと考える。

では、寺院仏教がソーシャル・キャピタルとしての役割を果たすかどうかに関して、どのような点が問題になるのかを次にまとめておこう。

寺院仏教とソーシャル・キャピタル

日本仏教の特徴である寺檀制度を地域密着型であるがゆえにソーシャル・キャピタルと捉えなおすのはそれほど的外れなことではない。二〇〇〇年から毎年実施されている日本版社会総合調査（Japan General Social Survey）の累積データや一九八一年から五年ごとに実施されている世界価値観調査によれば、宗教人口が相対的に少ない日本では、宗教心のある人、教団に所属している人のほうが日本人一般よりも有意にボランティア・市民活動に参加することがわかる。創価学会の信者の人は他の宗教の人や一般市民よりも政治活動に熱心であることはデータからも裏づけられるが、創価学会の信者を除いた伝統仏教でも檀家となっている家は非檀家よりも社会活動への参加が活発であるという［寺澤 二〇一二］。ただし、計量研究ではなぜ仏教信仰をもつ人や檀家になっていることが、町内会やボランティアなど地域の社会参加と関連するのか、性別・年齢・職業・地域等の影響を考慮しても因果関係が不明である。推測されることは、日本の地方都市や村落、および都市でも古いエリアでは檀家や氏子の組織、町内会と地方政治の地盤、地域産業の団体組織が重層的に重なっている可能性が高く、そのために地域の祭礼や旦那寺の行事に熱心な人は地域活動にも熱心に取り組むのではないかということである。

このような社会関係の重層性とそのシンボルともなる宗教活動との関連については、課題探索的な事例研究からヒントを得たほうがよい。具体的に述べれば、次の三点が課題として挙げられよう。

①寺院は地域社会の檀徒やそれ以外の住民とどのような関係を取り結び、日常の法務や行事においてどのような関係の維持・強化を図っているのか。

②寺院の住職や家族（寺庭婦人／坊守などの寺族）は地域社会でどのような公職（民生委員や教育委員など）やボランティア的な社会活動を担い、地域社会の活性化に寄与しているのか。

③仏教寺院の存在が地域の人々に提供する物心両面の意義とは何か。震災時には緊急避難場所になったこと、慰霊・追悼の拠点であることが改めて確認されたが、平時において地域の人々は寺の存在をどのように認識し、それぞれの人生観や社会観とかかわらせているのだろうか。

このような諸点が明らかにされれば、寺院仏教が地域社会のソーシャル・キャピタルとなる可能性を指摘してよいのではないだろうか。本書に収録された事例研究は、この点を明らかにしようとしたものである。

六　おわりに

本章では、グローバル化した経済において低成長を余儀なくされている日本社会が、人口減少時代のなかで今後どのような社会発展の道をたどることになるのかという問いを立てた。実際、日本ではどの世代も低成長期に対応した人生観や社会観を構築することに困難を抱えており、とりわけ若者は格差・不安定社会において生きる辛さをうったえている。

このような時代の価値観が定まらない状況において、現代宗教にはどのような役割が期待されるのか。この問題を考える思考の補助線として、人口減少社会時代における宗教の役割を考えてみた。過疎と寺院といった宗教施設の維持・存続だけを考える問題の設定ではあまりにも狭いし、発展性がない。そこで、ソーシャル・キャピタル論を参照しながら、現代宗教の可能性として地域社会に信頼、互恵的社会関係を取り戻すネットワークづくりという新たな課題を提示してみた。その方策は諸教団、諸施設、個人ごとにさまざまなものとなるだろう。

現代宗教は、宗教者や宗教団体がサバイバルできればよしとするのではなく、社会とともに在るために何をなしていくのか、積極的な発言と実践の内実が問われる時代に入ってきた。

参考文献

秋田光彦　二〇一一『葬式をしない寺——大阪・應典院の挑戦』新潮社。

Davie, Grace　2007　*The Sociology of Religion*, Sage, London.

英『エコノミスト』編集部著、船橋洋一解説、東江一紀・峯村利哉訳　二〇一二『二〇五〇年の世界――英『エコノミスト』誌は予測する』文藝春秋。

藤本頼生　二〇〇九『神道と社会事業の近代史』弘文堂。

広井良典　二〇〇九『コミュニティを問いなおす――つながり・都市・日本社会の未来』筑摩書房。

稲葉陽二・大守隆・近藤克則・宮田加久子・矢野聡・吉野諒三編　二〇一一『ソーシャル・キャピタルのフロンティア――その到達点と可能性』ミネルヴァ書房。

石井研士　二〇〇七『データブック　現代日本人の宗教（増補改訂版）』新曜社。

磯村健太郎　二〇一一『ルポ　仏教、貧困・自殺に挑む』岩波書店。

板井正斉　二〇一一『ささえあいの神道文化』弘文堂。

樫尾直樹編　二〇一二『文化と霊性』慶應義塾大学出版会。

門脇厚司　二〇一〇『社会力を育てる――新しい「学び」の構想』岩波書店。

国立社会保障・人口問題研究所編　二〇一二『日本の将来推計人口――平成二四年一月推計』厚生労働統計協会。

Lin, Nan　2001　*Social Capital : A Theory of Social Structure and Action*, Cambridge University Press, NY., 筒井淳也・石田光規・桜井政成・三輪哲・土岐智賀子訳　二〇〇八『ソーシャル・キャピタル――社会構造と行為の理論』ミネルヴァ書房。

西川一誠　二〇〇九『「ふるさと」の発想――地方の力を活かす』岩波書店。

岡本亮輔　二〇一五『聖地巡礼――世界遺産からアニメの舞台まで』中央公論新社。

Putnam, Robert D.　2000　*Bowling Alone : The Collapse and Revival of American Community*, Simon & Schuster, NY., 柴内康文訳　二〇〇六『孤独なボウリング――米国コミュニティの崩壊と再生』柏書房。

Ruiter, S. and Tubergen, F. V.　2009　"Religious Attendance in Cross - National Perspective : A Multilevel Analysis of 60 Countries," *American Journal of Sociology* 115(3) : 863–895.

櫻井義秀　二〇〇九『霊と金――スピリチュアル・ビジネスの構造』新潮社。
櫻井義秀・稲場圭信責任編集『叢書　宗教とソーシャル・キャピタル』（全四巻）、櫻井義秀・濱田陽編　二〇一二『アジアの宗教とソーシャル・キャピタル』。大谷栄一・藤本頼生編　二〇一二『地域社会をつくる宗教』。葛西賢太・板井正斉編　二〇一三『ケアとしての宗教』。稲場圭信・黒崎浩行編　二〇一三『震災復興と宗教』。以上、明石書店。
佐藤俊樹　二〇〇〇『不平等社会日本――さよなら総中流』中央公論新社。
島薗　進　二〇一二『現代宗教とスピリチュアリティ』弘文堂。
Smidt, Corwin　2003　*Religion as Social Capital: Producing the Common Good*, Baylor University Press, TX.
総務省自治行政局過疎対策室　二〇一一『平成二一年度版　過疎対策の現況』総務省自治行政局過疎対策室。
『週刊東洋経済』編集部　二〇一三「二〇一三年大予測&二〇五〇年未来予測」『週刊東洋経済』六四三七、三八―一八三頁。
高橋卓志　二〇〇九『寺よ、変われ』岩波書店。
橘木俊詔　一九九八『日本の経済格差――所得と資産から考える』岩波書店。
寺澤重法　二〇一二「現代日本における宗教と社会活動――JGSS累積データ二〇〇〇～二〇〇二の分析から」『日本版総合的社会調査共同研究拠点研究論文集』一二、一二九―一四〇頁。
上田紀行　二〇〇四『がんばれ仏教！――お寺ルネサンスの時代』日本放送出版協会。
山内直人・田中敬文・奥山尚子編　二〇一一『ソーシャル・キャピタルの実証分析』大阪大学大学院国際公共政策研究科ＮＰＯ研究情報センター。
安田浩一　二〇一二『ネットと愛国――在特会の「闇」を追いかけて』講談社。
Wade, Nicholas　2009　*The Faith Instinct: How Religion Evolved and Why It Endures*, Penguin Press HC. 依田卓巳訳　二〇一一『宗教を生みだす本能――進化論からみたヒトと信仰』ＮＴＴ出版。

財務省　二〇一五「租税負担率の内訳の国際比較」財務省ＨＰ　http://www.mof.go.jp/tax_policy/summary/condition/021.htm（二〇一五年五月二日閲覧）、二〇一〇年次比較（二〇一三年でも日本は二三％）。

付記

本章は、櫻井義秀論説「人口減少社会における心のあり方と宗教の役割」（『宗務時報』一一五号、一―一八頁、二〇一三年）を部分的に改稿したものである。

第2章　過疎と宗教——三〇年をふりかえる

冬月　律

一　はじめに

農村から都市に人口が流れたところは過疎地域となり、それによって人口が増加したところは過密化が進行する。そのプロセスのなかで起きる人々の信仰の変化に関する問題は、都市化にともなう核家族化の進行と密接な関係にある。人口問題が引き起こしたものが過疎なのであり、都市化や核家族化が進むなかで農村から都市に人口が移動すると、農村の氏子関係や寺檀関係からも離脱することになる。このような慣習的に継続してきた宗教環境から切り離されていく現象を、仏教学者の藤井正雄は「宗教浮動人口」と表現しており、その議論が高度経済成長期の終焉を迎えた時期に活発化したと述べている［藤井　一九七四］(1)。

全国津々浦々に鎮座する寺院と神社は、ともに古くから人々の年中行事や人生儀礼（通過儀礼）と深く関わりをもちながら長年地域に存在しつづけてきた。そのような存在であった寺院と神社が現代では、過疎化（限界集落化を含む）・少子高齢化などによって消滅の危機にさらされていることは数々の調査からも明らかになっている。

急激に変貌する現代社会の伝統仏教と神社神道において共通する「地域社会の空洞化」と「伝統的な宗教文化の希薄化」は、今後の護持運営において重大な問題であろう。地域社会の空洞化は、過疎化にともなう檀家（檀信徒）と氏子（地域住民）の減少、祀り手を失った墓の増加、祭りの担い手不足による祭祀の中止などの問題をもたらした。社寺のもつ共通問題として、①過疎地域（限界集落を含む）では経済的に維持が難しくなっている、②東京をはじめとする大都市の人口密集地では、家から個へという信仰形態の変化により、氏子・檀家離れが起きつつある、などがあげられる。

一方で、伝統的な宗教文化に対する檀信徒と氏子の意識も変化を見せた。宗教学者の石井研士は、多数の世論調査の結果を通して戦後の日本人の宗教意識・宗教行動の変化を、「信仰あり」「宗教は大切」の減少、「高齢者の宗教性の低下」、「宗教団体への批判的態度の増加」、個人的な宗教性の拡大、の四つに分けて指摘している［石井二〇〇七：三一―四頁］。

以上のことを踏まえ、本章では「過疎」を社会変動による問題のなかに位置づけ、その過疎問題について日本の伝統宗教、とくに仏教界ではどのように受け止め、対策にはどのようなものがあるのかを、宗教専門紙から把握していくことを目的としている。ただし、日本のもう一つの伝統宗教である神社神道においても長年にわたって過疎対策がなされていることを看過することはできない。そのため、本章の後半では神社専門紙も取り上げながら、仏教界と神社界における対策の差異などについてもみていくことにしたい。

二　過疎法の沿革および変遷について

周知のとおり、過疎とは、人口減少のために一定の生活水準を維持することが困難になった状態をいう。過疎化の進行にともない、過疎地域に認定されると、その地域の人口減少は、やがて人口密度が低下し、年齢構成の老齢化が進み、従来の生活パターンの維持が困難となるとされているのである。さらに、一九九〇年前後に社会学者大野晃が提唱した限界集落論では、六五歳以上の高齢者が集落の半数を超え、独居老人世帯が増加すると社会的共同生活の維持が困難な「限界集落」となり、この状態がやがて限界を超えると、人口・戸数ゼロの集落消滅にいたるとされている。

では、そのような過疎を我が国はいつから本格的に意識し、どのように取り組んできたのか。本題に入る前に、過疎法の変遷について改めて確認しておこう。

過疎という用語自体は、一九六六年に経済審議会の地域部会中間報告で初めて公式に登場している。しかし、過疎地域については、一九七〇年に過疎法（過疎地域対策緊急措置法）が制定されてから、総務省によって認定・公示されている。一九六〇年代以降、日本経済の高度成長の過程において、地方の人口が急激に大都市に流出したために生じた地域社会の諸問題に対処すべく、過疎地域を対象にした過疎対策立法が制定され、過疎対策事業が行われてきた。これまでに、法律による過疎対策は、一九七〇年に「過疎地域対策緊急措置法」（一九七〇年度～七九年度）、一九八〇年に「過疎地域振興特別措置法」（一九八〇年度～八九年度）、一九九〇年に「過疎地域活性化特別措置法」（一九九〇年度～九九年度）、二〇〇〇年に「過疎地域自立促進特別措置法」という、四次にわたる限時法（いずれも一〇年）が議員立法として制定されてきた（これらは一般に「過疎法」と総称される）。そして、現行法であった「過疎地域自立促進特別措置法」が二〇一〇年三月末で期限切れを迎えたものを、その失効期限をさらに六年間延長した。過疎地域の要件の追加、過疎対策事業債のソフト事業への拡充、対象施設の追加などを内容とする「過疎地域自立促進特別措置法の一部を改正する法律」が制定されたわけである。さらに、二〇一一年三月の東日本大震災の発生により、被災市町村において、各事業の進捗に大幅な遅れが生じ、法の期限内に施策の展開が困難になったため、失効期限の五年間延長を内容とする「過疎地域自立促進特別措置法の一部を改正する法律」が二〇一二年に施行された。これによって、一〇年間の時限立法であった現行法は、結果的には有効期限が二〇二一年三月までとなり、その法律のもとでさまざまな対策がとられている。

ちなみに、現行の過疎法において過疎地域とされる市町村数は二〇一四年度四月一日現在七九七にのぼり、市町村の約五割（四六・四％）をも占めている。過疎地域とされる市町村数の内訳については、全国市町村の合計一七一八のうち、過疎地域市町村が六一六、過疎みなし市町村が三〇、過疎のある市町村が一五一となっている。総務省発表の過疎地域は「過疎地域市町村」（過疎法の二条一項）のほかに、「過疎地域とみなされる市町村」（三三条一項）、「過疎地域とみなされる区域のある市町村」（三三条二項）の三区分で表示されている。それに沿ってみると、平成の大合併後の現在の日本は、神奈川県を除いて何らかの区分けによって過疎地域市町村に該当していることになる。(2) 二〇一四年四月現在（人口、面積は、総務省統計局が公表している二〇〇五・二〇一〇年国勢調査によるもの）、これらの市町村の人口の合計は日本の総人口のわずか八・九％に過ぎないものの、面積の合計は約六割（五八・七％）にものぼっている。つまり、日本の面積の半分を超える土地に日本の人口の一割に満たない人が暮らしていると同時に、大都市への一極集中問題が頻繁に指摘される背景を如実に表わしているのである。

表1　「過疎」を報じるメディアの総数（筆者作成）

全国紙（全国紙地方版を含む）	地方紙	宗教専門紙	雑誌・その他（週刊・月刊・機関紙）
64	76	11	52

詳細は次節以降に述べるが、筆者の宗教専門紙における過疎関連記事は一九八六年から二〇一二年二月二三日までを扱っている。宗教専門紙とは、幅広い宗教教団の話題を専門に扱っている新聞のことであり、一般紙は含まない。そうすると、ほかのメディアでは過疎をどのように報じているのかが当然知りたくなる。ここでは、論旨の流れを乱さないよう、本題に入る前に、過疎がどの程度メディアに取り上げられているのかを確認しておきたい。

三　過疎と宗教との関係――メディアが報じる過疎

現在国内のマスコミ四媒体（新聞・雑誌・テレビ・ラジオ）のうち、定期的・継続的に刊行されている新聞・雑誌を対象に、過疎問題を扱っている記事を抽出してみよう。なお、検索期間は、宗教専門紙の調査期間との重複を避けるべく、二〇一二年二月一日から二〇一四年一一月二六日までの約三年間と設定した。その期間において「過疎」をキーワードに検索をかけた結果、ヒットした記事数は一三〇一件（記事総数七二二四の一八％を占める）にも及んだ。報道内容はもちろんのこと、メディアの種類も新聞（地方紙も含む）は一四〇、宗教専門紙一一、機関紙などを含む雑誌・その他が五二種類にものぼる、まさに多種多様であった（表1）。

内容紹介は省略するが、検索対象の期間が二〇一一年三月一一日の東日本大震災以降であったことと、震災と過疎との関連記事がしばしば確認できたことから、この一三〇一件という膨大な記事数には東日本大震災の影響が大きいことは確かであろう。そのうち、宗教専門紙に限定して検索した結果、三九八件もの記事がヒットした。たしかに、震災のようなある種特殊な変数が加わり、二〇一二年以降は「過疎」関連記事が増大している。しかし、重要なのは連続的に「過疎」が報道されており、「過疎」は現代の日本社会を代表するターム（用語）として一般化していることである。

1　宗教界では過疎をどのように捉えてきたか

都市への人口集中と農山漁村の人口減少（社会減）による過疎問題を、一般社会では深刻な問題として認識して報道し、政府は時代に応じた過疎対策に取り組んでいる様子がうかがえる。では、宗教界はどうであろう。日本には複数の宗教（一般に日本の宗教は、神道、仏教、キリスト教、新宗教、無宗教に分けられる）が存在する。以下では、とりわけ伝統仏教と神社神道において過疎問題がどのような影響を及ぼしているのかについて、今一度確認しておこう（現代日本の宗教の趨勢については、第1章の櫻井論文を参照されたい）。

伝統仏教の場合、過疎地域の伝統仏教寺院がかかえる問題については、星野元興が「過疎地域において特に廃寺問題が深刻化している」［星野　二〇一三：一〇三頁］と指摘しているように、人口減少にともなう檀信徒の減少、構成人員および住職の高齢化、そして後継者不在などによる廃寺問題などがあげられる。それと合わせて、「寺院仏教では、葬儀・法要をますます手放さなければならない状況が出てくる」［櫻井　二〇一三：三頁］とする櫻井義秀の指摘からは、檀家の墓・寺離れなどによる寺院護持の困難などが深刻な問題であることがわかる。

神社神道の場合、氏子の減少によって生じた経済的基盤の弱体化を補うために、社殿や境内建物を高層化した神社が、東京都内（ある程度の広さの境内地を有する神社）にはいくつも存在する。そのような、いわゆる神社のビル化は当面の経済基盤を確保する方法の一つであるといえる。しかし、氏子や崇敬者を前提にしない、このような神社のあり方は私たちに、「生き残りさえすれば手段は問わなくていいのか」という問いを投げかけている。一方で、過疎地域（主に中山間地域）の神社は、もとより神職の兼務や氏子を含む地域住民に支えられている場合が多い。さらに、地方の神社の多くは、信仰の場であると同時に、集落行事の場でもあるため、人口の変化による影響は神社存続の問題に直結する。今まさに、地域に根ざす神社神道のあり方そのものが問われているのである。

このように、伝統仏教と神社神道がおかれた事態は深刻かつ広範囲的に及んでいる。今後ますます、人口は減少し、少子高齢化の進行などの社会構造的な変化によって、過疎地域の諸宗教の存続条件がより厳しくなってくるだろう。その状況を正確に把握しておくことは、これからの宗教施設における対策構築を考えるうえで重要であると考える。

次節では、実際、過疎がどのように報じられてきているのかについて宗教専門紙から概観していく。ちなみに、本章で取り上げる主なデータソースとして宗教専門紙を選んだ理由は、新聞がもつデータソースとしての有効性［野呂他　二〇〇〇：一一一頁］、つまり時間的な継続性、情報収集方法の一貫性、アクセスの容易さのほかに、宗教を専門的に扱っていることが加わった点である。

2　宗教専門紙が報じる過疎——三〇年をふりかえる

戦後の激しい人口流動によって生じた過疎化に、一九九〇年代に入ってからは少子高齢化も加わり、現代の日本社会がかかえている諸問題においてその大きな要因の一つが過疎問題であることは、これまでに述べたとおりである。以下では、実際の宗教専門紙において過疎がどのように捉えられてきているのかを詳細にみていくことにしよう。

これから取り上げている主なデータソースは、宗教情報リサーチセンター（以下「ラーク」）[3]が収集し、データベース化を進めている九種類の宗教専門紙（神道系の『神社新報』、仏教系の『仏教タイムス』、超宗派系の『中外日報』『文化時報』、諸宗教系の『キリスト新聞』『カトリック新聞』『クリスチャン新聞』『祭典新聞』『新宗教新聞』[4]）のうち、『祭典新聞』を除いた八種類の新聞である。[5]そして、「ラーク」収蔵のデータベースの「キーワード検索」および「見出し検索」で抽出された記事（過疎に関するものに限る）は、可能な限り紙面のコピーを取り寄せて記事内容の分類・検討作業を行った。

次節では、仏教界三大新聞といわれている『中外日報』『仏教タイムス』『文化時報』（次節では『中外』『仏教』『文化』と称する）の記事内容において、仏教教団が取り組んでいる過疎対策と特徴を中心にみていく。

四　仏教界専門紙が報じる過疎

『中外』『仏教』『文化』に限定して抽出した結果、「過疎」関係の記事は、五七四件がヒットした。表2は、その五七四件を宗派別に分類した結果である。抽出結果を現代における主要仏教宗派、つまり真言宗、天台宗、日蓮宗、浄土宗、浄土真宗、時宗、曹洞宗、臨済宗に限定してみると、掲載記事からヒット件数がもっとも多いのは真宗であり、次いで日蓮宗、曹洞宗、浄土宗、真言宗、臨済宗、天台宗、時宗の順になっていることがわかる。

次に、内容提示が可能であった四〇九件の記事内容と過疎との相互関係性を基準に、宗派別に主な内容について検討を行う。[6]ちなみに、検索にヒットした記事のなかには過疎とは無関係のものも含まれており、内容分析の事前作業として全記事（五七四件）のうち、内容検討が可能であった四〇九件（七一・二五％）から過疎と無関係な記事

表2　仏教系記事の宗派別分布（筆者作成）

宗派＼専門紙		仏教タイムス	中外日報	文化時報	合　計
1	真言宗	11	23	1	35
2	天台宗	—	7	3	10
3	日蓮宗	19	30	17	66
4	浄土宗	2	24	10	36
5	浄土真宗	12	154	48	214
6	時宗	—	2	—	2
7	曹洞宗	16	20	9	45
8	臨済宗	—	22	5	27
9	その他	37	94	8	139
合　計		97	376	101	574

を割り出した。その結果、一二三件（三〇％）を除く二八六件は記事が短く、過疎とは関係が低いものであることがわかった。紙幅の関係で、すべての記事内容を紹介することはできないが、ほとんどの記事から各宗派の独自の調査による結果に基づいて議論されている様子がうかがえた。とくに将来的に後継者不足や帰属意識の低下などによって護持できなくなると危惧されるなか、寺院護持の施策や檀信徒の教化などに関しては、いずれの宗派でも言及されていることが確認できた。

仏教教団におけるさまざまな過疎対策

内容検討によって過疎との関連性が高い記事が全体の四〇九件のうち三割の一二三件であることは前述のとおりである。以下では、各宗派が過疎対策にどのように取り組んでいるのかについてみていく。

まず、記事内容から抽出した、比較的に過疎に関して詳細に述べているものに限定し、内容から仏教界におけるこれまでの取り組みを分類・整理してみよう。過疎対策の初期段階では、それぞれの宗派において宗会開催、過疎対策本部設置、実態調

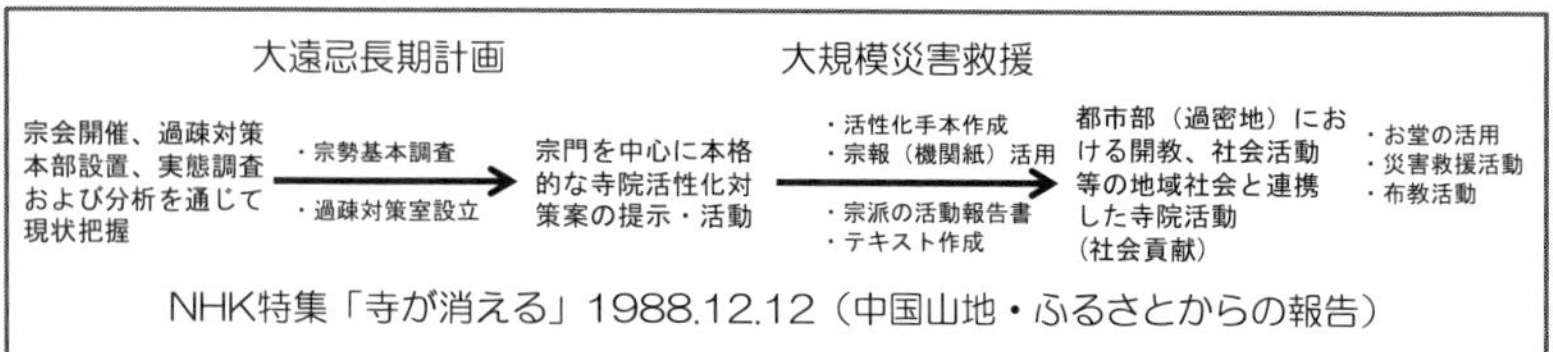

日蓮宗	1978・1982・1987・1990・1994・1997年、『宗勢調査報告書』刊行 1989年、日蓮宗現代宗教研究所『過疎地寺院調査報告書　ここまで来ている過疎地寺院、あなたは知っていますか？』刊行 1990年、「過疎地域寺院活性化検討委員会」設立 2010年、『実践研究　元気な寺づくり読本──寺院活性化の事例と手引き』刊行、全寺院に配布
浄土真宗本願寺派・真宗大谷派	1965・1971・1977・1991・1997・2004・2011年、[宗務基本調査報告書」（浄土真宗本願寺派）、1963・1971年、『教勢調査報告（書）』（真宗大谷派）刊行 2007年、寺院活動事例集『お寺はかわる──新たな始まり』刊行 2010年、青少幼年センター開所 2013年、『寺院活動事例集　ひろがるお寺──寺院の活性化に向けて』刊行
曹洞宗	1998・2008年、『曹洞宗宗勢総合調査報告書』刊行（2015年実施中） 2014年、『曹洞宗檀信徒意識調査報告書』刊行

図1　仏教界による過疎対策の概要（筆者作成）

査などによる現状把握を中心とした取り組みから始まる。その後「宗勢基本調査」や「過疎対策室設立」といった宗門を中心に本格的な寺院活性化対策案の提示・活動による活性化手本作成、宗報（機関紙）活用、宗派の活動報告書、テキスト作成などが加わっていく。そして、そのような活動は、近年の地域住民を対象としたお堂の活用、災害救援活動、布教活動にみえる社会（貢献）活動をはじめ、都市部（過密地）における開教、社会活動などの地域社会と連携した寺院活動にまで展開されていることがわかる（図1）。

また、『中外』『仏教』『文化』の記事内容から、仏教界（主に日蓮宗・浄土真宗・曹洞宗）においてこれまでに行ってきた（きている）過疎問題の取り組みは、宗勢基本調査（八件）、過疎対策（二九件）、寺院活性化（一四件）、実態調査（一九件）、大遠忌・長期計画（三三件）といった五つの項目に分けて分類することができた。具体的には、①宗勢基本調査の場合、過疎・過密地域における調査、門徒戸数調査など、②過疎対策の場合、過疎地寺院における不活動法人対策、過疎対策、首都圏開教対策など、③寺院活性化の場合、過疎地（地方）寺院の活性化など、④実態調査の場合、過疎地の全寺院調査、無住・兼務寺院の調査、寺院問題調査、過疎地寺院の所得調査など、⑤大遠忌・長期計画の場合、長期計画に基づく過疎地寺院・不活動法人対策などの活動が中心となっている。

次に、過疎対策について宗派別に詳細（図1）をみていくと、日蓮宗の場合、①『宗勢調査報告書』（一九七八・一九八二・一九八七・一九九〇・一九九四・一九九七年）、②『過疎地寺院調査報告書　ここまで来ている過疎地寺院、あなたは知っていますか？』（日蓮宗宗務院、一九八九年）を刊行し、③一九九〇年には「過疎地域寺院活性化検討委員会」を設立した。そして、④二〇一〇年には『実践研究　元気な寺づくり読本――寺院活性化の事例と手引き』を刊行して全寺院に配布している。浄土真宗の場合は、①教勢調査（浄土真宗本願寺派は一九五九年から五年ごとに、真宗大谷派が一九六〇年から一〇年ごとに実施し、報告書としてまとめており、多くが『宗報』に掲載されている）をはじめ、②寺院活動事例集『お寺はかわる――新たな始まり』（二〇〇七年）を刊行し、③二〇一〇年には青少幼年センターを開所している。一方、曹洞宗は、①『曹洞宗宗勢総合調査報告書』（一九九八・二〇〇八年。ただし、調査自体は一九六五年から一〇年ごとに実施し、それぞれ報告書を刊行）、②『曹洞宗檀信徒意識調査報告書』（二〇一四年）を刊行している。このように、対策の方針が拡大し、その内容も実態調査を踏まえたものへと具体化していくことがわかる。

一方で、浄土宗においても、二〇〇八年から過疎地域にある浄土宗寺院への聞き取り調査を行っており、二〇一二年には「過疎地域における寺院へのアンケート調査」を実施し、報告書としてまとめている（『教化研究』二〇〜二三、二〇〇九〜一二年）。浄土宗総合研究所の名和清隆によれば、調査の結果、過疎地域の寺院に生じている経済的問題（兼職、役僧出仕機会の減少、檀家減少、檀家範囲の拡散化の問題）と寺院の今後についての問題（檀家減少の予想、寺院後継者）によって、過疎という状況が寺院にさまざまな側面において大きな影響を与えていることが明らかとなったと述べている〔名和　二〇一五〕。

五　神道専門紙が報じる過疎とその対策――仏教界との対比

本節からは、本章のもう一つの目的である神社界の現状を仏教界と比較しながら概観していく。過疎化のスピードが速まるなかで、集落の機能の衰退化が著しく進み、やがて消滅することは、そこに祀られる神社も地域から消滅していく（合祀を含め）ことに直結する。そのような状況に鑑みると、今日の氏神信仰そのものが揺らいでいるのではないかと思われる。

過疎地域と神社神道との関係を考える場合、過疎地域に起きた問題はじつにさまざまで、「過疎」がもつ要素すべてを網羅する研究は、個人レベルでは困難な作業である。また、神社神道の変容において、「変容」とはいっても見る角度によって多岐に分かれており、研究蓄積が数多く存在する。それらを大胆にまとめるならば、「地域社会の変化にともなう信仰の変容またはあり方」を問い、その答えを究明したものであろう。そして、それらの研究における「社会変動」が「過疎」に代表されているのであり、そのうえで信仰の変容が論じられているのである。しかし、はたして「過疎」を単なる社会構造の変動が生みだした一語として扱うことでよいのだろうか。現代において、信仰の変容が社会情勢によって止まることなく多様化すると同時に、「過疎」も多様化している。そのため、過疎と信仰の関係を追うときには、一定の時間もしくは空間的基準を定める必要があると考える。

1　調査結果の概要と分析

まず、神社界唯一の新聞である『神社新報』を対象に「過疎」関連記事を抽出した結果は、仏教界のようにいくつもの宗派に分かれていないため、多様な分析には適していない点を念頭において結果を概観していく。

調査結果からは、過疎地域における神宮大麻頒布数の減少に不安の声が出ていることが記事から確認できた（仏教界においては、主に檀家の減少による寺院運営の不振といった経済的要因が記事の大半を占めている）。ただ、神道では伝統文化の喪失に対する懸念を訴えるなど、経済的不安が伝統文化に及ぼす影響を絡めての記事が多かったことに注目したい。紙幅の制限によってすべての記事の紹介はできないが、例として、①「伝統文化継承の旨を各団体へ送り、訴える」（『神社新報』二〇〇八年九月一五日付）、②「伝統祭りの衰退、担い手・神輿担ぎ手不足などを真剣に問題として受け止め、対策が必要であると述べる」（同）、③「神宮大麻頒布モデル支部対策担当者会での議論を扱った記事が多数ある」（『神社新報』二〇〇八年一〇月六日付）があげられる。

次に、仏教界同様、神社界がこれまでに取り組んできた過疎対策は、記事内容から、過疎対策（三件）・実態調査（二件）・モデル支部対策（六件）・教学研究大会（二件）・連絡協議会（四件）の五つに分けることができた。その内容は次のとおりである。①過疎対策の場合、共同体再構築に向けた神社・神職の役割を再検討、不活動神社対策（文化庁との合同調査を含む）、②実態調査の場合は、新潟・山口・埼玉・山形における後継者調査、③モデル支部対策の場合、祭り振興や神職意志昂揚、神宮大麻増頒布、モデル神社宮司研究会、④教学研究大会の場合、神職子弟「求められる人材」、人材育成と社会的役割、神社と神社人にできることは何か、⑤連絡協議会の場合、奉賛活動の継承など、活動を中心にして過疎化対策に向けての施策と課題の理解を深めていることがわかる。(7)

2　仏教界と神社界における過疎対策の差異について

以上のように、伝統仏教では、過疎地域の寺院の様相が以前から切実な問題として取り上げられてきた［渡辺二〇一四：一頁］。過疎地域における寺院の実態調査は、曹洞宗総合研究センター、日蓮宗現代宗教研究所、浄土宗総合研究所などによって継続的に行われ、今後のあり方について検討がなされてきた。それぞれの調査の結果、過疎地域では、檀信徒の減少、寺族の生活苦、住職不在、後継者不足、寺院建築物の維持困難という事態が起きており、伝統仏教では過疎は寺院の存立基盤を揺るがす問題であることが明らかになった。一方で、神社神道でも、伝統仏教同様、早い段階から過疎地域の現状把握と対策構築を目的として、実態調査が行われている。その内容については、以下で詳しくみていく。

神社界における過疎対策

今現在、困っているとの話は聞くが、実際に消えた神社はほとんどなく、毎年の祭りが行われている状況にある。住民らもなかには年金で生計を立てている人もいるが、日々何らかの仕事で忙しい生活を送っている様子が共通して多く見受けられるのが現状ではなかろうか。ただし、問題は今後である。一〇年後か二〇年後かはっきりした数字は出せないが、これまでの実態調査の結果から、確実に年数回もしくは一回の祭りができなくなる集落が出てくることは間違いない。その対策としてはどのような取り組みがあげられるだろうか。

その代表的なものに、神社本庁主導で一九七五年度から継続して行われている「神社振興対策」があげられる。一九五五年以降、日本の近代化、工業化、都市化などにともなう大きな社会変革の波に、神社界もさらされることを余儀なくされ、神社本庁でもその対応として『神社運営法』（一九六三年）、『都市団地と神社』（同年）を刊行、さらに続いて高度経済成長の歪みによって引き起こされた過密・過疎問題に対しては、一九五九年以来、調査対策（「過密と過疎地帯の神社の実態調査」一九六九年、「過疎地帯神社実態調査報告」一九七七年）が講じられてきた経緯がある。それらの調査をもとに、具体的な対策として設けられたのが「神社振興対策指定神社制度」（モデル神社制度）である。そして、時代の様相を的確に捉え、今後に備える対策の樹立が神社人の急務とされ、一九七五年度より各都道府県に指定神社を指定し、その神社の活動を報告してもらい、小規模神社、あるいは過疎地帯の町村の実態等について成果をまとめたのが『神社振興対策指定神社活動報告』（神社本庁調査部）である。

このモデル神社制度をもう少し具体的にみていくと、一九七五年に「神社振興対策指定神社制度」が導入されてから、調査は一九七五年度から三カ年を一期として始まって二〇一四年現在、第一三期を迎えている。第七期までの間に、四六三社・八支部が実施されてきた。報告書には、指定を終えた神社の追跡調査の要望をはじめ、周辺神社への波及対策強化などの反省点や課題も多数指摘されている。また、とくに指定されたことによって氏子の神社に対する意識が深まり、この認識が境内地の整備、神社施設の改修、祭礼行事の復活、奉賛会等の組織づくりに大きな力となったことが共通して報告されている。

ちなみに、神社本庁が打ち出した「神社振興対策」の詳細をみていくと、表3のとおりである。

ほかにも、①経営対策として神宮大麻の頒布数を増やす、②敬神生活の高揚を図る、③神職の能力を向上させる、④地域と氏子との間をつなぐ役割を果たすべく努力する（神職に対し）、⑤氏神信仰・氏子意識の高揚を図り、積極的に神社祭祀・年中行事へ参加するなど、神社の運営護持について、神職と氏子に求められている点があげられる。

しかしながら、地域ごとに異なる文化様式や経済格差などの理由があって、これらの活動をすべてかつ短期間に取

表3 「神社振興対策」の概要（『神社振興対策指定神社活動報告　第二輯』（一九八五年）より筆者作成）

第一、祭典の振興	家庭祭祀の普及、諸祈禱や雑祭等の啓蒙、そして氏子参加の祭典を工夫することに加え、神棚の斡旋頒布、年中行事を奨励し、伝承保存に努めること。
第二、神社の維持運営に関する協力団体の組織化の推進	敬神婦人会、氏子青年会、世話人会といった団体の組織と、総代会との融和を図ること。
第三、神社財政の確立	奉賛会や崇敬講、あるいは互助会のような奉賛団体の組織化を図り、基本財産の蓄積、山林等の取得に努めること。
第四、教化活動	とくに広報宣布活動の推進に努力することで、社報の刊行、あるいは本庁、神社庁の発行する小冊子印刷物等の氏子への頒布、『神社新報等』の回覧配布、社頭講話活動や講演会の実施とマスコミを利用した啓蒙活動に努めること。
第五、社殿および境内整備と清浄化	協力団体の組織化による神社財政の向上とあいまって総代会、一般氏子および老人クラブ、子ども会といったような団体の協力を得て、常時清浄を保つことに努力すること。
第六、氏子並びに地域社会と神社との緊密化を図ること	いわゆる社会奉仕活動、たとえば民生委員、児童委員、社会教育委員、社会福祉協委員などの役場への志願と関与、商店会や農業団体などの諸団体との交流または連絡協調を図ること。

り組むことはいくらなんでも無理がある。さらにいえば、神社界ではこれまでたびたび協議会や研究会が行われている割には、仏教界（日蓮宗・浄土真宗・曹洞宗など）が行ってきた実態調査（過疎地寺院）・研究のような実践があまりなされていない。

仏教界と神社界における対策の違いとその要因

それゆえに、前記のような神社本庁の方針はあっても、多くの現場（地方）での教化（振興）活動は各神社の裁量に任せられている傾向が強く、実情の把握はきわめて困難である。たとえば、仏教教団では宗勢調査が定期的に実施されており、その結果は報告書としてまとめられている。それは宗派ごとに調査が行われており、集計・分析を経て報告書としてまとめるのに長期間を要する場合が多い。二〇一五年現在、曹洞宗では全寺院を対象に、宗勢調査を実施中であるが、事前準備を含めて報告書作成までには三年ほどかかると見込んでいる。一方で、神社界はどうであろうか。宗派ごとに対象とする寺院の数は、もっとも多い所でも二万カ寺ほどで、それ以上の寺をもつ宗派は、まずない。神社の場合、全国におよそ八万一〇〇〇社あり、数自体は寺院とそう変わらない［文化庁編 二〇一五］。しかし、仏教教団と異なる点として、神職（宮司）数が少ないことと、宗派がないことがあげられる。神道学者の牟禮仁《むれいひとし》によれば、神社の場合、全国の神社がおよそ八万社（二〇一三年一二月現在、神社本庁包括下の神社）に対して、宮司は約一万人であり、その数も年々減少傾向にあることを実態調査で明らかにしている。単純計算でみると、約七万の神社が兼務社となっている。つまり、地方神職（宮司）が、本務社のほかに兼務社をもっていることはごく一般的であることがわかるであろう（むろん、仏教教団の場合も兼務寺はある）。その対策として急に神社の合併をすすめることもできず、今後も神社界において「一つの神社に一人の宮司」は考えにくい。まず、これが対策構築を困難とさせる一つの原因であろう。

二つ目に、宗派がないことによる神社本庁の負担があげられる。これは仏教の本山と末寺の間のような明確な上下関係がないことと類似する点であるが、神社界にも緩やかな縦の関係は厳然として存在する。しかし、この緩やかな関係は事務レベルに限ったものであり、各神社の信仰的な事柄や活動についてはまったく機能しないことが、仏教団体を含む諸宗教の組織と異なる点であるといえよう（機能の有効性を判断するものではない）。つまり、各神社での活動は、各神社の裁量に委ねられており、その詳細を神社庁に報告する義務はない。そのため、神社本庁が各神社のことを細部まで知ることはできない。また、前述のように、神社界では過疎問題が神社界に及ぼす影響について、早い段階からその対策に取り組んできた［冬月 二〇一三］。しかし、対象の規模があまりにも大きく、小規模神社を含めた地域神社の全体を把握するには、不十分であると言わざるをえない。各神社がおかれた状況がいまだに正確に把握できていない段階で、現代社会がかかえている過疎問題の解決策（改善策）に対応すべく、何らかの「決断」が神社本庁や各神社庁に要求されることは確かである。これまでに緩やかな関係は、神社界ではそれなりにうまく機能してきた。しかし、今ではそのような緩やかな関係が、対策構築においては、むしろ新たな課題（神社間でのコミュニケーションが必要）となっているように思う。

3　不活動宗教法人対策について

過疎地域における宗教法人の解散・合併は、どの宗教法人でもありうることだが、ここでは神社界の対応を事例としてあげる。

一九九五年の宗教法人法の一部改正以降、不活動宗教法人とみなされた宗教団体は、宗教法人法第八一条による解散命令の対象となる可能性が生じるようになった。そのため神社本庁では、一九九六年から五年間、宮司欠員神社の実態調査を行い、各神社庁の協力のもとにその解消に向けて説明会、研修会、連絡会等を開催するなどして欠員神社の削減に努めた結果、この一連の調査によって不活動神社の実態が次第に明らかになってきた。不活動状態にある主な理由として六点があげられる。①宗教活動の皆無、②礼拝施設の滅失、③代表役員の欠員、④過疎化や離散による氏子皆無または減少、⑤法人であることに対する氏子の無理解、⑥合併承認後の手続き未了、の六点である。その不活動神社対策として神社本庁では、一九九七年、一九九八年、二〇〇〇年に神社庁事務担当者を対象として「不活動神社対策に関する連絡会」を開催した。また、やむをえず合併をせざるをえない場合をも想定して

「不活動神社対策と合併の手引」（一九九七年）を作成して、各神社庁に配布した。さらに、本庁職員を現地に派遣して調査を行うなど、さまざまな活動を進めてきた。

しかし、現在でも不活動神社は全国に数百社も存在しており、そのことは行政側からも報告されている。ちなみに、ここでいう「不活動神社」とは、「不活動法人と化している神社」を指す（詳細は、月刊『若木』神社新報社、二〇〇六年九月号を参照）。

他方、不活動法人対策については『中外日報』「不活動法人対策と「宗教行政」の範囲」（二〇一一年九月一日、社説）においても報じられている。同紙によれば、文化庁は二〇一一年度から不活動宗教法人対策推進事業を実施しており、都道府県単位で対策委員会を設け、不活動法人「整理」の効果的手法確立をめざしている。記事には、明治初期の神仏判然令をはじめとした廃仏毀釈の大きな流れにみる不活動法人と、明治初期の廃仏毀釈運動や明治後期に国家神道政策の一環として行われた「神社合祀」によって、地域社会のなかで現実に息づいていた信仰、伝統文化が破壊された影響の大きさが歴史の一端からもうかがえる。さらに、現在も増えつづける不活動法人に対し、有効な対策が今必要であることは言うまでもないが、行政の裁量が信教の自由の領域に踏み込んではならない（無論、神社合祀などとは歴史的背景もまったく異なるが）とし、不活動法人対策が宗教法人法の許容する範囲を超えることがないよう、関係者には慎重を期してほしいとも述べられている。

六　このまま過疎化が限界まで進むと、宗教団体は消えるのか？

これまでに述べてきた内容を踏まえたうえで、過疎化と宗教団体の関係についていくつかの事象を紹介し、若干の見解を述べてみよう。

二〇〇七年八月に、過去七年の間に過疎地域だけで一九一の集落が消えたという国の発表は、マスメディアの報道によって大きな反響を呼んだ。しかし、内容をみてみると、ダム・道路による移転や集団移転事業、自然災害等が含まれており、高齢化が原因で共同生活に支障が生じ、消滅にいたった集落が一九一あったというわけではないことがわかる。また、現在日本創成会議座長を務める増田寛也は、著書『地方消滅』〔増田 二〇一四〕において、人口減少に苦しむ過疎地域六万二〇〇〇集落のうち、四％強にあたる二六四一集落が消えると述べた。このような予想は、今後の宗教団体とどのように関係するのだろうか。その問いの答えは、すでに宗教学者の石井研士が独自な調査方法で割り出した将来消滅可能市町村における宗教団体数の結果に示されている。石井は、過疎市町村における宗教施設数を調べ上げ、そこから消滅可能地域の宗教法人数を割り出している。調査の結果では、三割強（三五・六％、一七万六六七〇のうち六万二九七二）の宗教法人が消える、なかでもそれぞれ三割（三一・〇％）の寺院と四割（四一・〇％）の神社が、日本創成会議が予想した二〇四〇年までに日本の地域社会から消えることが明らかになったと述べている(8)。上記におけるいずれの数値も、収集した資料の単純集計によって算出された予想である。しかし、今後の伝統仏教と神社神道において、過疎化と限界集落化がいかに深刻な影響を与える要因であるのかを示唆するには十分な結果であろう。

一方で、過疎地域における宗教団体の対策構築もそうであるが、社会学者の山下祐介も指摘しているように、ともかくもまずは一口に過疎集落としてまとめるにしては、各地域の事情は大きく異なっていることを認識することが先決であろう。集落の規模、地形的条件、歴史的経緯、文化やものの考え方、そこに暮らす人々の性格もまた地域によって大きく異なる〔山下 二〇一二：一〇一頁〕。生活の糧を生む本来の生業のあり方も違うし、漁村、山村などを入れると、そのバリエーションはあまりにも多彩すぎる。過疎・限界集落の現状と対策を考えるためには、まずは各地の細やかな実態調査が必要であることは明らかである。このことを怠って、有効な対策はありえないという山下の主張について筆者もまったく同感である。

これまでに過疎地域・限界集落の調査が全国的にまったくされてこなかったわけではない。総務省や国土交通省などの政府機関や研究者による調査研究は継続して行われている。なかでも研究者の連携によって一九七六年に刊行された『過疎の実証分析』は、全国の過疎地域のうち東北地方・関東地方・北陸地方・中部地方・中国地方・四国地方・九州地方・北海道地方の一三県、一八市町村（いずれも典型的な過疎地域）を対象に実態調査を行っている。さらに、その結果に基づいて東日本と西日本における共通点と差異についての比較分析もなされており、実証的研究として有用な先行研究であると考える。しかし、先述のように、事情はすべて異なる。同じ過疎地域・限界集落などは一つもない。調査はそれぞれ個別に行われる必要がある。つまり、これまでの調査研究だけではまだまだ全国の過疎地域の実態を把握するには不十分であり、統計結果による予測が精一杯なのが現状である。

以上のことから、過疎化によって宗教団体が消えるかどうかについては、先述したように先行研究の蓄積はあるものの、いずれも「このまま放っておけば危機が来るかもしれない」という将来のリスク（注意喚起のためのものを含む）を示すにとどまっている。これでは過疎地域における宗教団体の先行きを見通すことは非常に困難である。(9) データで示された結果はあくまでも想定されるものであって、内実を究明しない限り、本当のことはわからないし、有効な対策を講じることもできない。継続的な実態調査が必要である背景はまさにここにあると考える。

七　おわりに

以上、本章では伝統仏教と神社神道が「過疎」をどのように捉え、どのように取り組んでいるのかを、約三〇年間にわたる宗教専門紙の報道内容から可能な範囲で整理して概観した。また、本章の最後には、これまでの調査結果を踏まえたうえで、宗教団体の過疎対策について所見を述べた。

調査結果では、まず、現在にいたるまでの両宗教界の過疎問題について、これまでにさまざまな対策を講じて現在も継続的に実施している様子がうかがえた。その一方で、過疎地域の状況が改善されることなく、むしろ深刻化していく恐れがあることや課題が山積していることも調査の結果で明らかになった。その問題の解決または改善のために、さまざまな対策も展開されてきたことは先に述べたとおりであり、なかには有用な対策もあった。しかし、全国津々浦々に分布する寺院と神社を取り巻く状況はおのおの異なるため、これまでの調査報告では、全体を客観的に把握することは難しい。対策をめぐる議論も複雑化するであろう。今後は広域規模の調査に加え、さらに個別の宗教団体への、一歩踏み込んだ実態調査が今以上に期待されよう。

註

（1）藤井によれば、「宗教浮動人口」化は、高度経済成長期における人口移動の激化やライフスタイルの変化から、慣習的に継続してきた寺檀関係や氏子関係と切り離された人、とくに都市に移転した人々のことを指している（九一頁）。

（2）過疎地域は人口要件と財政力要件に該当している市町村の区域をいう。過疎法とともに現行の過疎法（過疎地域自立促進特別措置法）の要件も二度（二〇一〇年と二〇一二年）の改正がなされた。参考として、以下に二〇一二年改正による過疎要件を提示しておく。

(1)人口要件：①一九六五年～二〇一〇年の人口減少率が三三％以上、②一九六五年～二〇一〇年の人口減少率が二八％以上かつ高齢者比率（六五歳以上）が三二％以上、③一九六五年～二〇一〇年の人口減少率が二八％以上かつ若年者比率（一五歳以上三〇歳未満）が一二％以下、④一九八五年～二〇一〇年の人口減少率が一九％以上。ただし①②③の場合、一九八五年～二〇一〇年の二五年間で一〇％以上人口増加している団体は除く。

(2)財政力要件：人口要件のいずれかに該当し、かつ、二〇一〇年度～一二年度の三カ年平均の財政力指数が〇・四九以下で、公営競技収入が四〇億円以下（施行令第一条）であること。

なお、二〇一四年四月一日時点での過疎地域市町村等一覧（総務省発表）によれば、神奈川県のみが過疎地域市町村に該当しないとされているが、同県内の市町村でも局地的には過疎問題に直面している地域がある。

（3）調査対象としてラークのデータベースを採用した理由は、同機関が日本で刊行されている宗教関連の新聞・雑誌記事を網羅的に収集し、データベース化を進めている唯一の機関であり、このような機関で蓄積されたデータベースをもちいることで、報道媒体を通じて分析する際の偏りを軽減ないし回避できると考えたからである。ちなみに、宗教情報リサーチセンター（ＲＩＲＣ、通称「ラーク」）は公益財団法人・国際宗教研究所（ＩＩＳＲ）の業務の一環として一九九八年に発足した機関である。主な業務としては、①宗教情報のリサーチと提供、②インターネットによる情報提供、③宗教問題に関するネットワーキングの三つに分かれ、新聞（全国紙・地方紙）や雑誌の学術情報に加え、教団刊行物等について、資料収集、データベース作成、および公開などを通じて、現代宗教に関する幅広い情報の収集と整理・分析を行っている。詳しくは「ラーク」ホームページ（www.rirc.or.jp）および国際宗教研究所のホームページ（www.iisr.jp）を参照。

（4）各宗教専門紙の基本情報については次のとおり。①『神社新報』一九四六年七月八日創刊、毎週月曜日発行

(http://www.jinja.co.jp/)、②『仏教タイムス』仏教伝道の機関紙、一九四六年七月二五日創刊、毎週木曜日発行(http://www.bukkyo-times.co.jp/index.html)、③『カトリック新聞』一九二三年一月一日に創刊、毎月三回発行(http://www.cwjpn.com/cwjpn)、④『クリスチャン新聞』一九四六年四月二七日創刊、毎月四回発行(http://jpnews.org/pc/)、『キリスト新聞』一九四六年四月二七日創刊、毎週土曜日発行(http://www.kirishin.com/)、⑤『新宗教新聞』新日本宗教団体連合会の機関紙、一九五二年五月五日創刊、月一回発行(http://www.shinshukyo.com/)、⑥『文化時報』一九二三年二月二日創刊、毎週水・木曜日発行、ホームページ不明、問合せ先(info@bunka-jiho.co.jp)、⑦『中外日報』京都に総本社をおく中外日報社が発行する宗教専門紙、一八九七年一〇月一日創刊、毎週三回火・木・土曜日発行(http://www.chugainippoh.co.jp/)。

(5) ただし、「ラーク」収蔵のデータベースには、一九九〇年から一九九八年までの記事は未整理・検索不可のため、集計結果にその間のデータは含まれていない。さらに、検索はできても実際の記事が入手できたのは二〇〇五年から二〇一二年までの記事であり、その間の記事を分析対象としている。また、神道系・仏教系・超宗派系・諸宗教系の分類は筆者が便宜上分けたものである。

(6) 二〇〇五年より以前の記事に関しては、見出し検索はできるものの、原本が入手不可だったために内容の確認まではいたらなかった。その結果、本章では、二〇〇五年以降の記事内容に限定して分析を試みている。

(7) 一方で、近年、京都府神社庁が独自に実態調査を行い、二〇一二年度にも二回目の調査が予定されている。さらに、文化庁においても不活動宗教法人対策推進事業が計画されている点からも、実態を踏まえたうえでの調査が重視されてきていることがわかる。

(8) 詳細は石井研士「神社神道と限界集落化」『神道研究』二三七号、二〇一五年、一—二四頁を参照。また、その内容は第六八回「神道宗教学会」(二〇一四年一二月七日、第三部会「限界集落化と神社神道」石井研士、國學院大學)においても報告されている。石井が提示した資料では全国の宗教法人を、神社本庁・黒住教・御嶽教・金光教・神道系その他・天台宗・高野山真言宗・智山派・豊山派・浄土宗・本願寺派・大谷派・時宗・臨済宗妙心寺派・曹洞宗・黄檗宗・日蓮宗・日蓮正宗・仏教その他・日本基督教団・キリスト教その他・天理教・諸教その他の二三の項目に分類している。そのうち、本章における宗教法人数と割合については、仏教寺院は天台宗・高野山真言宗・真言宗智山派・真言宗豊山派・浄土宗・浄土真宗本願寺派・真宗大谷派・時宗・臨済宗妙心寺派・曹洞宗・黄檗宗・日蓮宗・日蓮正宗・仏教その他の一四のデータから、神社は、神社本庁のデータから算出している。

（9） 限界集落論が社会に及ぼす影響について、山下は「その警告から二〇年経って、集落が現在もいまだに維持されていることを考えると、この［高齢化→限界］図式による集落消滅の予言は当然のことながら再検討されなければならない」［二〇一二：四二頁］と述べている。

参考・引用文献

石井研士　二〇〇七『データブック　現代日本人の宗教（増補改訂版）』新曜社。
櫻井義秀　二〇一三「人口減少社会における心のあり方と宗教の役割」『宗務時報』一一五号、文化庁文化部宗務課。
浄土宗総合研究所　二〇〇九～一二『教化研究』二〇～二三号。
高見富二男　二〇一〇「過疎対策の現状と課題――新たな過疎対策に向けて」『立法と調査』三〇〇号、参議院事務局、一六一―一二九頁。
名和清隆　二〇一五「地域変動と仏教寺院――特に「過疎化」による寺院への影響」『大正大学研究紀要』一〇〇号、五七―六六頁。
野呂大志郎・西城戸誠　二〇〇〇「社会運動イベントデータベースの構築――その手順と方策」『北海道大学文学研究科紀要』北海道大学大学院文学研究科、一〇二号。
藤井正雄　一九七四『現代人の信仰構造――宗教浮動人口の行動と思想』（日本人の行動と思想〈三二〉）評論社。
冬月　律　二〇一三「過疎地域と神社をめぐる実態調査研究史」『國學院大學研究開発推進センター研究紀要』七号、

國學院大學研究開発推進機構研究開発推進センター、一五九―一九七頁。
文化庁編　二〇一五『宗教年鑑』平成二六年版、ぎょうせい。
星野元興　二〇一三「過疎地域における寺院経営――種子島・信楽寺を事例として」『地域政策科学研究』一一号、鹿児島大学、一〇一―一一九頁。
増田寛也　二〇一四『地方消滅――東京一極集中が招く人口急減』中央公論新社。
山下祐介　二〇一二『限界集落の真実――過疎の村は消えるか？』筑摩書房。
渡辺雅子　二〇一四「新宗教における過疎・高齢化の実態とその対応――金光教と立正佼成会を事例として」『宗務時報』一一七号、文化庁文化部宗務課、一―二六頁。

第Ⅱ部

宗派の現状と課題

第3章　過疎と寺院——真宗大谷派

櫻井義秀

一　北海道の過疎と将来

地方と人口減少社会

筆者は山形県上山《かみのやま》市という城下町に生まれ、かみのやま温泉の共同浴場に通い、自宅新築にともない郊外に移ってから高等学校の卒業まで、一八年間を人口三万人余の田舎町で過ごした。その後、学生時代から札幌市の各処に居住して三六年になる。東京・名古屋・大阪といった大都市暮らしをしたことがない田舎者である。札幌を田舎と言うと北海道民、とくに札幌市民は怒ると思う。しかし、私が上山市で経験したことが札幌市でも生じているところからすると、ここは都市圏とは言えないことがわかる。

上山市には一九九二年に新幹線が通ったが、街の商店街は櫛の歯が欠けるように店舗跡が駐車場に替わり、かろうじて郊外のショッピングセンターに親子連れを見かける。すっかり人気《ひとけ》のない街になってしまった。上山市はこの五十年近く人口をほぼ平衡状態に保ったものの、高齢化率は三〇％に達している。

札幌市も三十数年の間に人口が一二〇万人から一八〇万人に拡大したが、増加分は北海道内の旧産炭地域や道北・道東の農村・地方都市から職や病院などを求めて移り住んだ人々である。札幌市の高齢化率は二〇％、北海道全体では二七％に達する。札幌市では市街地の拡大が一段落し、都心回帰を象徴する中心部のマンション開発が目立つものの、大通りやすすきのなどの繁華街に往事の賑《にぎ》わいはない。北海道新幹線が札幌に延伸する二〇三〇年に札幌市の高齢化率は三〇％になる。札幌開業時に沿線住民は半減しているのではないか。

北海道では今後二〇年ごとに人口が一〇〇万人ずつ減っていくことが予想されており、二〇四〇年には高齢化率が四〇％に達すると予測されている。地方都市は深刻な過疎化と高齢化によって財政が悪化しており、市民病院では産科をはじめ複数の診療科が閉鎖されて、次世代が安心して子どもを産み育て、高齢者が病院通いを行える状況が失われている。

北海道庁は二〇一五年六月に人口減少問題対策局を設置し、二〇一四年度から行われてきた「北海道の人口減少問題に関する有識者会議」の議論を踏まえて人口減少緩和の対策を本格化させる予定である。すなわち、①実効性のある子育て支援策、②医療福祉の体制改革、③地域における雇用創出、④大学卒業後道外に移動する若者をどう地域にとどめるか、を支庁や自治体と連携して実践していくということだが、困難が予想される［北海道庁　二〇一四］。北海道の人口減少は近年生じたことではなく、中長期にわたる趨勢《すうせい》だからである。

既に、北海道のみならず日本の少子高齢化にかかわる社会学的研究、子育て支援やアクティブ・エイジングという高齢者の新しいライフスタイルにかかわる提言は金子勇によって二〇年来なされてきたが［金子　二〇一四a・b、二〇一六］、現実の対応は後手にまわり、日本創成会議・人口減少問題検討分科会による一連の報告によって尻に火がついた状況となっている［増田　二〇一四］。本章では、北海道の過疎化についてのみ言及する。

北海道の過疎化

二〇一一年における北海道の過疎地域の市町村数の割合は七九％（一四三市町村）であり、全国四五％に比べ格段に多い。当然、過疎地域の面積も七五・二％（全国五七・二％）、人口は二一・九％（全国八・七％）と多い。市町村全体の財政力指数は〇・二三であり、全国〇・二八より低い。北海道の過疎化は全国と比べて深刻度が高いのである［総務省過疎対策室　二〇一〇］。

北海道の面積は九州の約二倍あるが、人口は約四割で、そのうち半分が札幌圏に集中していることを考えると、北海道の地方はきわめて人口が疎《まば》らと言える。隣の町まで車で一時間、隣の集落までも歩いては行けず、大規模な酪農・畑作地域では隣の家まで百メートル以上もある。しかも、北海道は半年が本州でいうところの冬であり、降雪期間は五カ月に及ぶ。独居高齢者が暮らしにくく、社会的入院が増えるゆえんである。北海道の寺院について一言付け加えるならば、宗派によらず専業率が高い。ひとえに檀家が点在する地域が広すぎること、兼職の機会が得にくいことによるものである。

こうした地方においてさらなる過疎化が進行しているのである。一九六〇年と二〇〇五年を比べると、過疎地域では二六五・四万人の人口が一二八・八万人に半減したが、若年人口が一六・四％まで減ったのに対して高齢者人口は三一・二％まで増えた。既に過疎の町村では高齢化率が三〇～四〇％に達するところがめずらしくない［北海

道庁　二〇一〇]。

北海道の行政においては、政府の過疎法と補助事業によって過疎化をくいとめることが施策の要《かなめ》でもあった。これまで過疎地域対策緊急措置法（一九七〇～七九）一兆三七一〇億円、過疎地域振興特別措置法（一九八〇～八九）二兆八三六〇億円、過疎地域活性化特別措置法（一九九〇～九九）五兆二三七〇億円、過疎地域自立促進特別措置法（二〇〇〇～〇四）二兆四七七〇億円、北海道過疎地域自立促進都道府県計画（二〇〇五～〇九）約二兆円規模の予算（日本全体で四〇年間に約八二兆円）によって過疎地域の産業・生活基盤を整備し、地方でも住める環境を整えてきた［北海道庁　二〇一〇］。さらに、北海道には過疎対策事業以外にも国土交通省北海道開発局（旧北海道開発庁）による事業が一九五二年以降行われ、第一期から六期まで年間一兆円相当の北海道総合開発事業があった。

これほどの財政措置にもかかわらず、産業構造の変動にともなう社会移動を主因とする過疎化をくいとめることはできなかったし、TPPによる北海道農業への打撃は生産減少額で四七六二億円、二・三万戸の農家と一一・二万人の雇用が影響を受けると予測されている［北海道農政部　二〇一三］。そして、何より国はもう地方を存続させるために巨額の国費を注ぎ込む余裕がない。年金や医療などの社会保障関連予算は国の歳出の過半を占め、地方交付税交付金と公共事業費は減る一方である。

二〇五〇年の北海道

国土交通省の推計によれば、二〇五〇年には北海道の人口は約三一九万人（四〇％減）、現在人の住んでいる地域の五二％が無居住化すると考えられている［国土審議会政策部会長期展望委員会　二〇一一］。北海道民の二人に一人は札幌市民となり、札幌市では一五歳以下の子どもと六五歳以上の高齢者の人口は現役世代と同数になることが予測される。

北海道は今後どのように人口減少社会に備えたらよいのか。弥縫策《びほうさく》ではない抜本的な発想の転換が必要ではないのか。ここで北海道民として私見を述べることをお許し願いたい。

①ゾーン化（札幌市・中核都市・農漁村）による行政経費の節減が求められる。都市部は郊外開発をやめ都心部再開発で人口と都市機能の集約化を図るコンパクトシティに徹する。農漁村は農協・漁協が事業体単位で規模の拡大と就業者を募集する。家族経営では後継者確保もままならない。北海道で今後地価が上昇するとは考えられないが、開発利益や事業集約にともなう利益が特定個人に集中しないように行政が規制することも同時並行的になされるべきである。

②六五歳以上を高齢者とする発想を捨てる。労働者一人につき高齢者一人分の年金と医療費負担を求めること自体に無理があり、年金の減額給付（もしくは給付年齢を上げる）と、医療費の国民一律三割負担が不可避ではないか。交通機関の割引、施設の各種優待料金の設定自体も廃止となろう。そして定年まで働いて後は年金生活という勤め人のライフコースの見なおしも必須となろう。地方や農漁村ではあたりまえな六〇代、七〇代の人も働ける雇用形態を都市部でも創出すれば、将来の労働力不足といった問題も解消できるし、精神衛生や健康、家計のためにも働きつづけたほうがいいだろう。生活保護費などの公的扶助は低所得の人から働けない人にまで定額ではなく段階的に広く給付して、ウェルフェアからワークフェアへ転換しなければ、北海道はもたないのではないか。

③医療と介護、福祉の包括的ケアを策定実施する。道民の健康維持、健康寿命の長期化を医療関係者・道民ともに取り組むとともに、独居高齢者に対しては成年後見や資産管理を行政がきめ細かく手当てして、振り込め詐

欺や悪徳商法に身ぐるみをはがされる事件を予防すべきである。同時に、地域福祉こそこれからの主要な業種・職種になるのであるから、地域振興経費はもっぱらこれにあて、介護従事者の平均給与を看護師並みに上げるべきである。

④北海道の地域振興は道民自ら心がけるべきだろう。ファストフードや安価な食料・衣料・家電製品に取り囲まれた生活を送れば、日本や北海道の雇用が減る。道民は日本の食料生産地として地産地消の先頭に立ち、安心安全な食料をアジアのブランドにするくらいの気概をもちたい。北海道の牛乳や農産物は高級食材として中国産の数倍の値段でも購入されているのである。道民はよそ者・ばか者の意見に耳を傾けながら、中央の金で本州並みの生活をしたいという甘えを捨てたうえでの自立をめざすべきではないだろうか。

以上、発想の転換によっては、世界でいち早く高齢社会・人口減少社会になる北海道でも生き残ることができるのではないかと考える。何もしなければ、地方が立ち枯れになるだけである。自分だけはこのままのやり方で終わらせてほしいという地域や業界、世代の既得権益をどのように手放してもらうのか。政治家・官僚からお仕着せの、実現不可能な人口減少阻止のプランを待つのではなく、道民自ら展望を語りだしてよいのではないか。

このように考えていくと、北海道の過疎・人口減少にどう対応していくのかという課題に対して、仏教寺院が無関心・無関係ではありえない。北海道がこれから二〇年、三〇年で大きく変わっていく時代に、北海道の仏教寺院はどのように対応していくのだろうか。以下では、真宗大谷派の北海道教区における過疎の認識と対応を紹介し、人口減少社会日本のさきがけとなる寺院仏教の将来像を展望したい。

二　過疎と宗教施設

北海道の宗教

北海道は近世初期にハリストス正教会とカトリックが主としてアイヌ伝道を行った宣教活動を除けば、すべての宗派・教派が開拓民とともに来道し、明治以降、ともに宣教・教化活動を開始したといってよい。北海道はアイヌ先住民の宗教に加えて諸宗教が同じ条件で宣教を競いあう、日本では希有な地域である。北海道神宮（札幌神社）には北海道鎮護・開拓守護のために大国魂神《おおくにたまのかみ》・大那牟遅神《おおなむちのかみ》・少彦名神《すくなひこなのかみ》の三神が奉遷されたが、集団入植した地域でもそれぞれに母村から村落祭祀を移入し、ムラの氏神とした。そして、開拓村落に教線を延ばした浄土真宗による報恩講の実施が村落民の互助共同・娯楽親睦・社会統合機能を担ってきたとされる［鷹田　一九八六］。その後、開拓村から始まった地域社会が農林漁業や炭坑の盛衰に合わせて人口動態を大きく変えたが、人口移動にともなって宗教施設の改廃も進行した。

中世仏教の研究者である佐々木馨によれば、北海道は「宗教の博物館」のごとき様相を呈しており、仏教、神道、キリスト教、新宗教それぞれに宗派・教派の歴史がある。しかし、宗教史研究の史料が多いのが、浄土真宗大谷派の開教（本願寺道路の掘削など）、札幌神社と江差・松前地域の神社、カトリック・正教・プロテスタント諸教派であり［佐々木　二〇〇九］、八大龍王大自然愛信教団や天照教《てんしょうきょう》などの北海道出自の新宗教については研究書もなく、金光教・天理教など明治・大正期に拡大した新宗教や戦後拡大した創価学会他の新宗教については教会史を数えるにすぎない。民俗宗教の研究では、藤村久和が先鞭をつけたアイヌ民族の宗教文化研究［藤村　一九八二］が、道内の学芸員や研究者によって飛躍的に拡充されつつある。

北海道民の宗教意識に関して述べれば、本州と比べイエ・ムラの規範がルーズという意味で、寺檀制度や氏子制度を基盤とする寺院仏教や神社祭祀の護持意識が本州ほど頑健ではない。そして、教団所属の信仰としては創価学会をはじめとする都市型の新宗教が最大の教勢を維持している。北海道の宗教変動を捉えるためには、宗教施設と地域社会との関係を理解しておくことが不可欠であるが、本章では人口変動の側面に絞って議論を進めていきたい。

限界集落と限界宗教施設

筆者は二〇〇九年から二〇一一年度まで文部科学省の科学研究費補助金「限界〈寺院・神社・教会〉の地域研究」（研究課題番号：２１６５２００５）を受けて北海道の寺院調査を進めてきた。限界〈寺院・神社・教会〉とは、「限界集落」の概念からヒントを得て、教師（住職、神職、牧師）や信徒の高齢化、および担い手不足のために宗教団体の存続と活動が危機に瀕しているような宗教施設に対して筆者が新たにつけた概念である。

農村社会学者の大野晃が一九九一年に発表した「限界集落」論では、限界集落とは人口の五〇％が六五歳以上に達し、コミュニティとしての基本的な相互扶助の機能が果たせなくなる限界に達した集落を指すとされた［大野　二〇〇八］。この限界集落論には異論もあり、一九八〇年代まで進行した山村の挙家《きょか》離村《りそん》を除けば、限界化しても残っている村落が多数派であるという反証や、四国の林業村落の事例を全国の多様な村落に拡大適用することの限界が指摘され、地域の創意工夫で限界をはね返している村落の事例が挙げられている［山下　二〇一二］。とはいえ、生業が維持できなくなった場合に他の産業や職種に容易に転換できずに労働力が都市部に流出し（いわゆる過疎化）、次に残された人々の生活環境が悪化して病院通いや介護の必要性からも転居せざるをえない高齢者の流出にまでい

表1　限界集落と限界寺院

集落	人口動態	宗教施設	特徴
存続集落	55歳未満人口比50％以上	存続寺院	跡継ぎが確保されており、寺院の機能を次世代に引き継いでいける状態
準限界集落	55歳以上人口比50％以上	準限界寺院	現在は寺院の機能を維持しているが、跡継ぎ・信徒の確保が難しくなっている状態
限界集落	人口の50％が65歳以上	限界寺院	法要等の寺務・檀務などが困難であり、信徒・檀徒の減少により運営危機
消滅集落	人口０	消滅寺院	無住の寺院、兼務対象か廃寺

たった集落（現在の人口減少）を目のあたりにしている北海道には、がんばるにも限度があるという言い方に同意せざるをえない。じつのところ、宗教施設にもこの限度というものがあるのではないか。

限界集落と限界宗教施設（寺院）を対応させたものが表1である。施設管理者の後任や後継者がいなくなる状態、もしくはいるのだけれども管轄する地域や信徒組織では施設の運営経費や管理者の生活を支援できない状態になれば、施設の維持・存続は困難になる。

存続から準限界、限界、そして消滅という順序をたどるというのは、コミュニティ内の定常人口の高齢化をもとに考えた概念であるからだが、現実にはより複雑な動きがあるだろう。宗教施設の管理・運営が可能かどうかは、宗教者の職務たる供養・祭祀・礼拝などで地域住民や檀徒・信徒から十分な資金的援助が得られるかどうかである。都市へ移動した子や孫世代を含めて檀家としての関係が維持されるならば、人口流出それ自体は脅威ではない。しかし、事態は逆であり、高齢者の流出・死亡によって檀家はなくなる。

二〇〇八年の北海道において限界集落数は全六六二九集落のうち五七〇集落（全体の八・六％）とされたが［北海道　二〇〇八b］、本州と異なって散居型の北海道農村では集落単位の水管理・協働作業の維持ができるかどうかで死活問題となることはない。むしろ、先にも述べたように農業生産物の価格や貿易政策の影響が直接的に個々の農家の死活問題となる。人口減少が緩慢な都市部であっても、葬儀・法要は葬祭業者に任す、家墓はもたず檀家にもならないという都市住民が主流になれば、寺院の経営基盤は脆弱になる。

よくもわるくも家意識が元来弱く、社会移動を頻繁に繰り返す北海道民に世代を超えた檀家となってくれることを期待するのは困難と言えるかもしれない。

真宗大谷派の寺院調査

筆者は二〇〇八年に真宗大谷派北海道教務所に調査協力の依頼を行い、二〇〇九年から同教区の過疎問題対策特別委員会に陪席して学習し、二〇一〇〜一一年にかけて寺院の調査を行った。一つは、北海道教区の過疎問題対策特別委員会の会合に二年間陪席し、同委員会による過疎地域寺院の実地調査（利尻と根室）にも参加したことで、それにより教区が直面する過疎問題の深刻さを実感できた。もう一つは、北海道教区の過疎地域である二組（せたな町・檜山郡他）と八組（夕張市・栗山町・長沼町他）の寺院と人口増加地域である札幌市の寺院との比較調査を行った。図1には北海道の過疎地域と調査地域を示してある。なお、二〇一二年には浄土真宗本願寺派の福井教区の寺院（福井県福井市、鯖江《さばえ》市、越前町等）と真宗大谷派高山教区（岐阜県高山市荘川町、大野郡白川村等）の寺院を調査したが、本章では北海道調査のみ紹介する。

北海道教区は二〇組に分かれ、各組は一〇〜五〇カ寺で構成され、北海道には全四六四カ寺ある。北海道の真宗寺院は明治初期の開基より一〇〇年近い歴史をもつところが少なくなく、開拓地における移住者の心のよりどころ、同郷者集団の結節点として大きな社会的役割を果たしてきた。住職による月忌《がっき》参りが高齢者への重要な訪問になるなど、今なお寺院は地域社会の要としての役割を維持している。しかしながら、地域の寺院では、檀徒の高齢化や

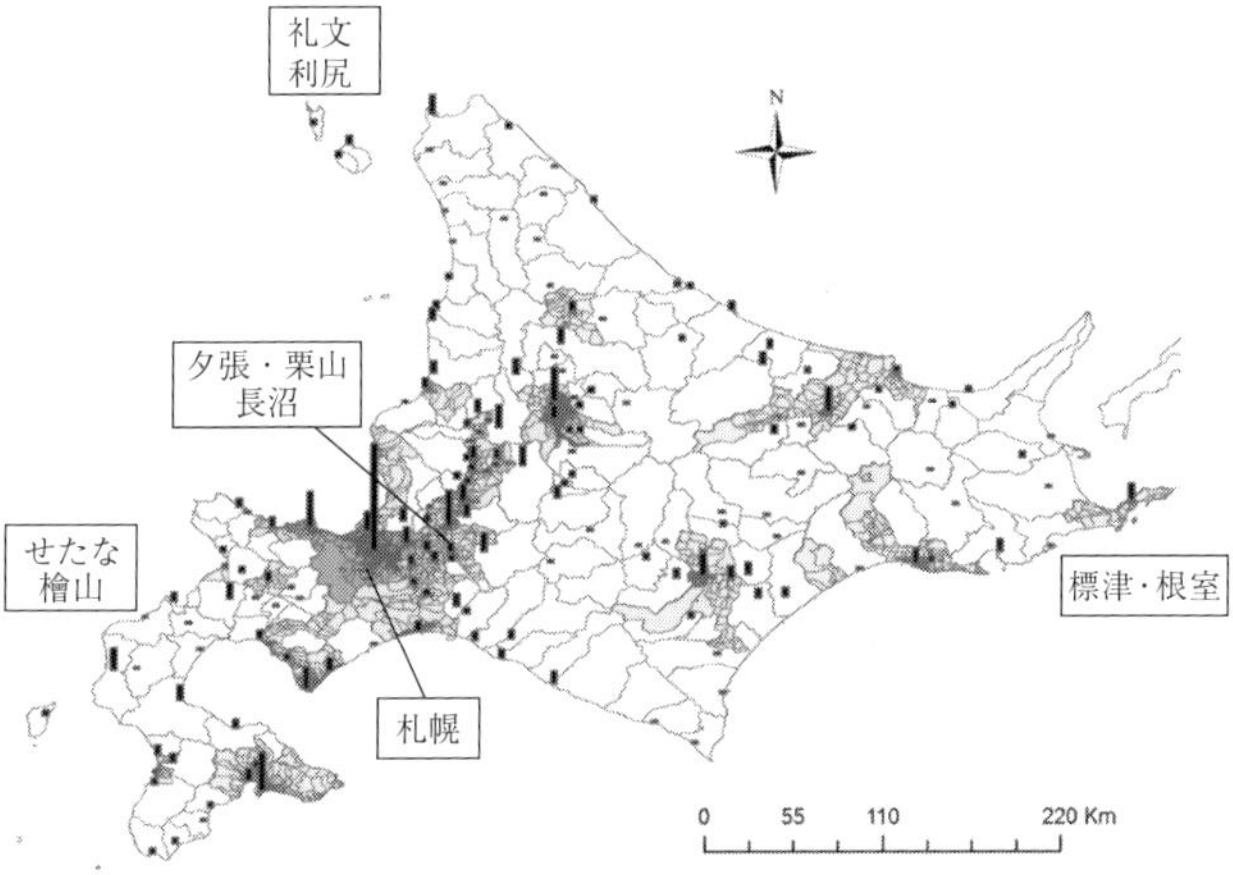

図1　北海道の過疎市町村

（註　白の部分は過疎地域、黒棒の高さは寺院数を表す。地名表示は調査地）

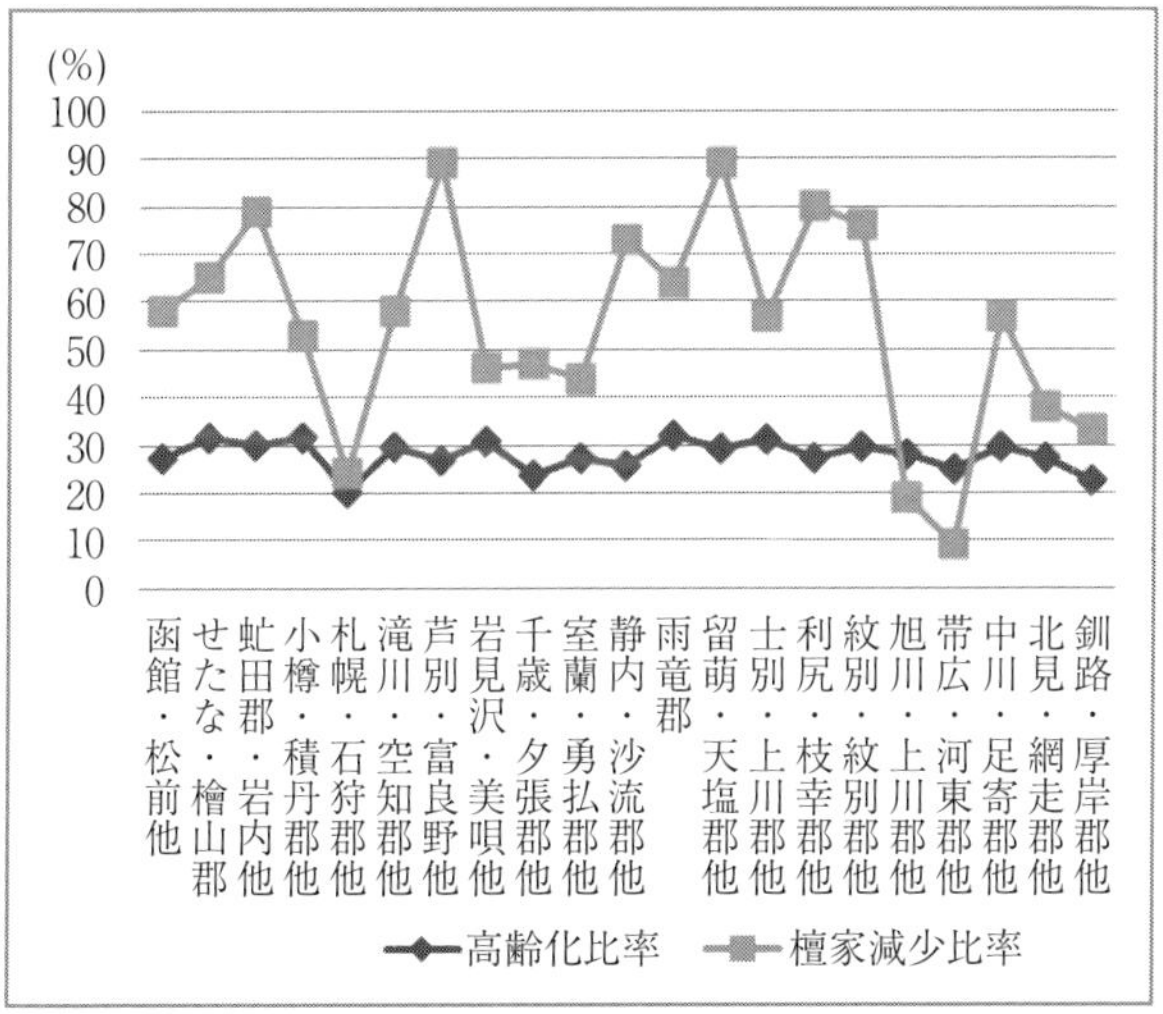

図2　北海道教区ごとの高齢化率と檀家減少率の関連

資料　北海道教区会議員協議会・過疎問題に関する専門委員会「過疎問題に関する現況調査　2007年調査」『北海真宗』2008年４月号別冊と、住民基本台帳人口報告から作成

移動により徐々に寺院の財政的基盤が失われつつある。図2は北海道教区ごとに高齢化率と檀家減少率の関連をみたものである。檀家減少率とは、組内（真宗大谷派では地区を組《そ》という）において檀家が減少した寺院の割合である。檀家減少率が低いのは高齢化率が低い札幌圏と旭川・帯広の近辺に限られる。ほとんどの組において檀家は減少しているが、最初に青壮年層の社会移動によって檀家が徐々に減少し、次いで地方に留まる高齢者層の死亡による自然減が一気に発生する。檀家数が一〇〇軒未満の寺院が多い地域ほど減少の割合が高い。

次節では過疎地域を類型化し、寺院と地域との関わりを典型的なパターンから説明していこう。

四　寺院と地域社会

深刻な過疎地域の寺院

筆者自身が教務所員と一三組の礼文《れぶん》・利尻島、一九組の標津《しべつ》・根室に出かけ、住職へのグループインタビューを行い、過疎化の寺務への影響を調査した。利尻島はニシン漁の最盛期に人口二万人の島だったが、沿岸漁業と観光の島となってから人口は激減した。利尻島には利尻町（二〇一〇年で二五九〇人、財政力指数〇・一一、町の予算の一一%しか税収がない）と利尻富士町（三〇七二人、〇・一二）、礼文島には礼文町（三〇七八人、〇・一三）がある。寺院数は利尻で計二〇カ寺、礼文で計九カ寺ある。総人口八七四〇人の地域で二九カ寺は多い。最盛期までに開基した寺院がそのまま残っているのである。漁師町では網元が寺院造営を行った歴史があり、檀家が寺院運営に係る経費を支える文化が弱い。

利尻島には四カ寺、礼文島には二カ寺の真宗大谷派寺院があり、檀家数は五〇軒から一〇〇軒の間である。高齢化した檀家からの布施だけで寺院の運営は厳しく、兼職や自身の年金を取り崩すなどして寺院を守る住職もいる。地域でさまざまな業務をこなしながら檀家とは緊密な関係を保っているが、年金暮らしの高齢者に護持会費の依頼もままならない。この二つの島では厳冬期にはフェリー・旅客機も欠航しがちであり、厳しい自然・経済環境に地域の人も寺院も耐えているという状況である。

標津郡にある標津町は人口が約五〇〇〇人、中標津町は約二万五〇〇〇人、野付《のつけ》郡別海《べつかい》町は約一万六〇〇〇人、根室市は約二万八〇〇〇人である。酪農・畑作の農村と漁村の地域である。中標津空港や商業施設のある中標津だけ人口が増え、それ以外は毎年人口を減らしている。根室の人口減は深刻であり、小学校では上位学年より下位学年のクラス数が少ない。数カ寺の住職は組長クラスの寺院であるが、利尻・礼文ほどの寺院経営の大変さではないものの、後継者問題（子どもの仏教系大学を含む大学進学費用の捻出）に悩んでいると話す。

このような厳しい状況にありながらも、壮年世代の住職は自分の子どもを札幌市に出して札幌市に出てきた門徒との法縁を維持し、都市での布教所開設を含めた寺院運営の方策に腐心している。初代が苦労して開教した地域の寺院を自分の代で終わらせるわけにはいかないというわけだが、地方の本寺、都市の新寺という組み合わせは、本州の本寺に家族を残したまま、北海道に渡り、新寺を建立した岐阜県の寺の歴史を彷彿させた。真宗大谷派の開教とは、僧侶家族が生活のために移住し、教線を延ばしてきた歴史でもある。

緩やかな過疎地域の寺院

北海道の諸地域は一九六〇年代半ばから七〇年代までが人口のピークであり、農林業や石炭産業の絶頂期でもあった。炭鉱を閉じた市はいずれも人口が数分の一に減少し、函館・室蘭・小樽・釧路・根室・稚内といった港湾都市も造船・鉄鋼・遠洋漁業の衰退にともない、人口を減らしている。ただし、人口減よりも世帯数の減少が緩慢であるために、寺院の檀家数は一定期間平衡状態を保つ。

夕張市（人口約九五〇〇人）・芦別市（約一万五〇〇〇人）・歌志内市（約三八〇〇人）といった旧炭鉱地区では高齢化・過疎化が著しく、檀家数は減少の一途をたどり、寺院は存続のめどがまったくたたない。夕張市では一九六〇年に人口約一一万六〇〇〇人の人々が生活していたが、一九九〇年にすべての炭鉱が閉じて人々は去って行った。一九八〇年から炭鉱に代わる観光開発をめざした市政が破綻して財政再建団体になったのは二〇〇六年である。芦別市も小規模な観光開発を失敗させたものの傷口は小さかった。これらの地域では高齢者の一人暮らしや夫婦世帯が多く、自身の年金で寺院を支えている高齢の住職もその一人と言える。

それに対して、札幌市近郊の長沼町（人口約一万一〇〇〇人）・栗山町（約一万三〇〇〇人）・南幌《なんぽろ》町（約八〇〇〇人）といった札幌から車で一時間程度の農村では、農家経営が比較的安定し農家の跡継ぎを確保し、離農した農家の土地に新規就農者を集められる地域でもある。南幌町は札幌市に隣接しているためベッドタウン化している地域もあり、人口が増加した。この地域の寺院は檀家を農村部で維持し、札幌へ他出した子世代（分家）への法務も二、三時間の出張により可能なことから檀家数をむしろ増やし、安定的な寺院運営を行っている。住職の家族も子への継承を考えている。各寺院の檀家数も二〇〇～三〇〇軒程度はあり、月忌参りをはじめ各種の法務も実施している。この地域は北陸からの移住者が入植した地域でもあり、宗祖親鸞の命日前後に報恩謝徳のために行われる報恩講は地域社会の連帯を確認する重要な行事であった。

他方、せたな・江差といった道南の漁村・農村地域は、近世末期から拓殖の歴史があり、コミュニティ意識も堅固である。漁業・農業ともに徐々に衰退するものの、そのスピードが遅いことから寺院の運営基盤はそれなりに安定しており、次世代に継承を考えている寺院が半数を超えていた。とはいえ、日本海に面する漁村に日中人影はなく、札幌へは四、五時間、函館にも二、三時間の距離がある。地域に必要とされる仕事を副住職に兼職としてやってもらい、寺院の存続を考える住職もいる。檀家数は一〇〇～二〇〇軒と多くはない。

図3では、都市近郊の寺院では転出した檀家を維持しているが、車で数時間の距離になると住職が月忌参りを含めて法務が困難になるので離檀したままになることが示されている。また、図4において、檀家数と寺院の歳入規

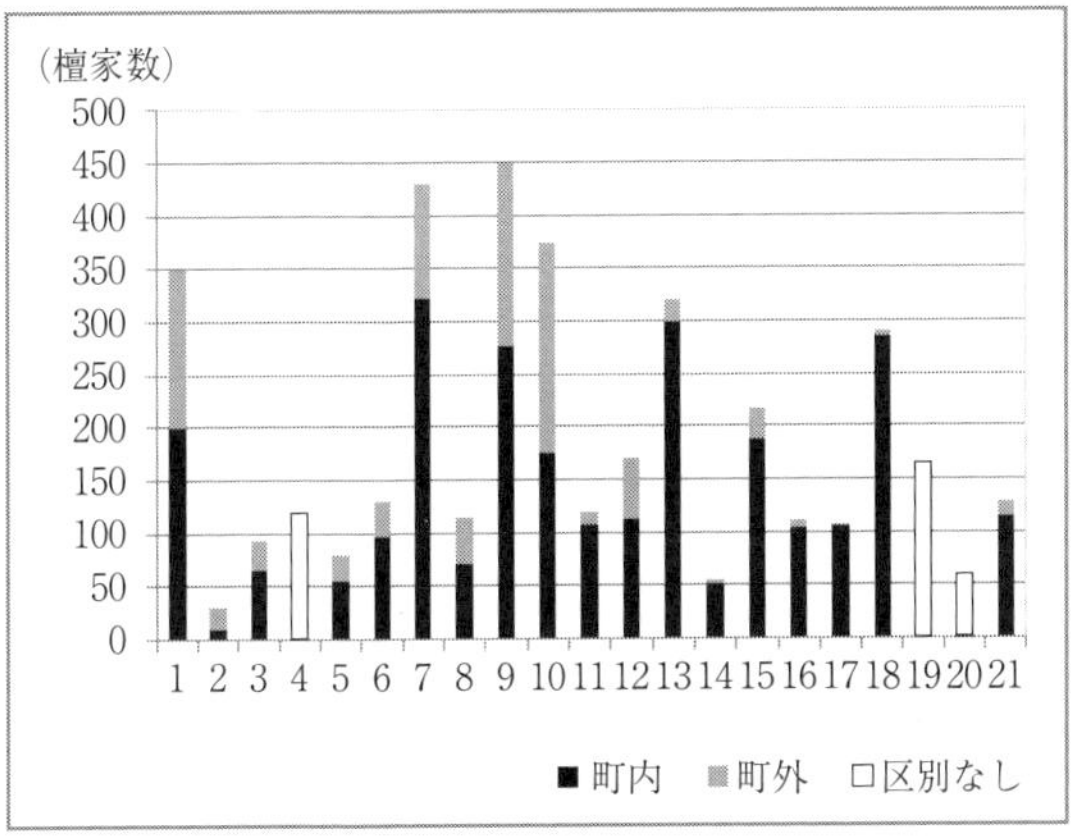

図3　都市近郊寺院と遠隔地寺院における檀家の範囲

資料　筆者調査

備考　寺院番号　1～12：栗山・長沼・夕張

13～21：せたな・檜山

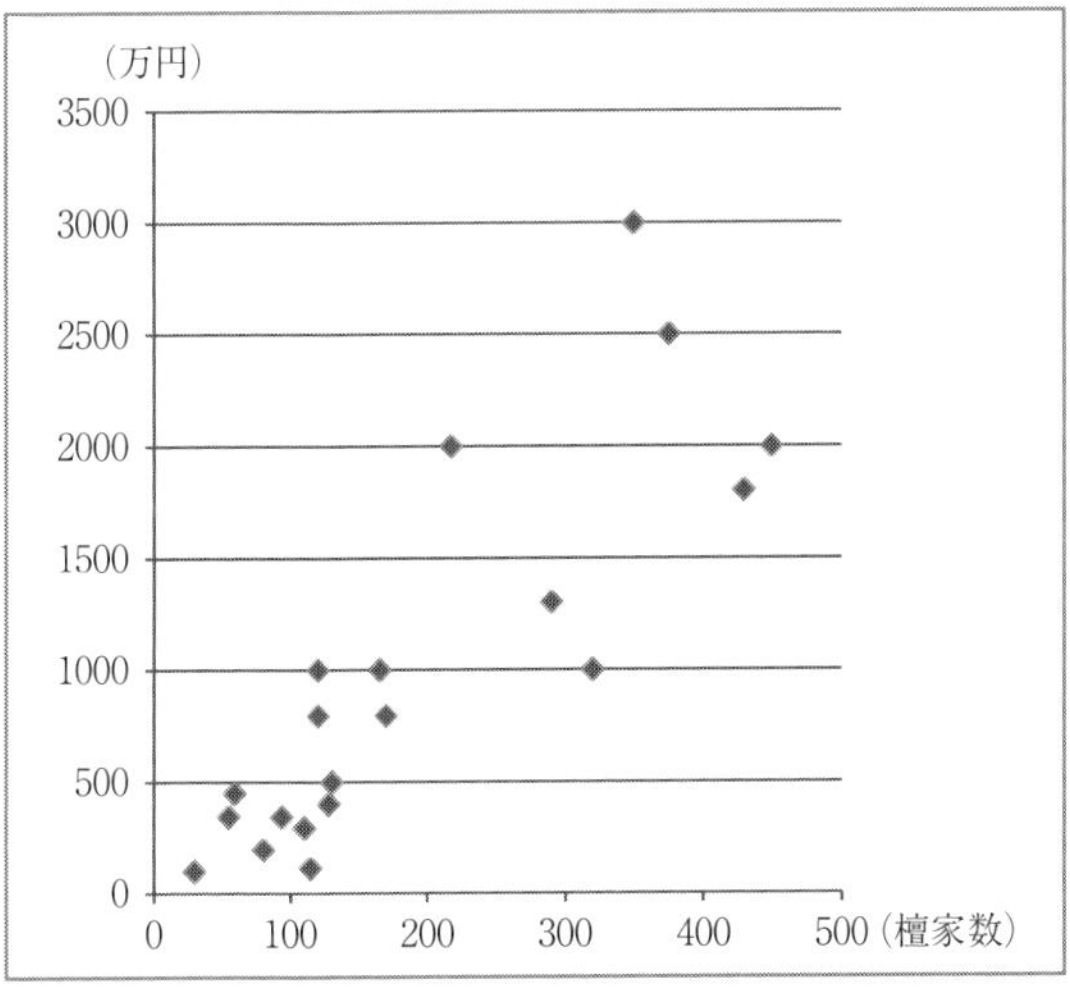

図4　地方の寺院　檀家規模と年間歳入

模との関係を見ている。北海道では、寺院運営の目安として、①檀家数五〇軒以下では不安定なため後継者確保は困難、②一五〇軒くらいでは現住職の代では現状維持可能だが、家族を後継者とするかは検討の余地あり、③三〇〇軒くらいあれば安定した運営が可能なので、後継者に本山や教務所の職員として働いてもらい、現住職が引退後に継承してもらうことが可能、④それ以上の檀家があれば、家族の後継者を副住職、さらには役僧を雇用（弟子を取り）、法務・檀務に対応することができると言われている。

既に述べたように北海道では住職の兼職先がない、通えないということから専業可能かどうかが寺院継承のポイントとなっている。檀家数五〇軒以下で何代も継承してきた本州の浄土真宗寺院とは大いに異なるところである。以上、北海道の全域で高齢化・過疎化が進行しつつあることは確かであるが、住職は月忌参りで檀家との関係を保ち、高齢者には他出者のために安否確認や相談事にも応じ、地域の要の役割を果たしている。報恩講が行われるが、ここに集まる地域の人たちの連帯感は過疎地域に残る数少ない相互扶助の確認の場でもある。仮に地域の寺院が活動しなければ、過疎地域のソーシャル・キャピタルはかなり衰退するのではないかと考えられる。

札幌市の寺院

二〇一一年は、三組の札幌地区から六カ寺（札幌市に三五カ寺）で調査を行った。札幌市は戦後二二万人の都市だったが、一九七〇年に人口一〇〇万人、二〇〇九年に一九〇万人を突破した急成長都市である。現在の北海道民の三人に一人が札幌市民となるほど、道内の他の市町村から若年人口・稼働人口を吸収して拡大してきた。既に市内から郊外にかけて造成された新興住宅地では、地域住民が順次墓所と寺を探す時期に入っており、大半の寺で檀家数を増やしている。今後も死者数の増加にともない檀家が増えるかどうかは予断を許さないとはいえ、新寺建立が可能であれば、過疎地域よりはるかに寺院の運営が見込める地域である。

寺院の檀家数は数百軒と多く、住職・副住職以外に役僧をおく寺院もある。図5、図6で示したように、檀家数が多ければ月忌参りや葬儀などの法務も多く、歳入規模も大きい。しかし、寺院と檀家・信徒との関わりは、過疎地域のそれとは大きく異なり、葬儀・年忌法要等の法務に限定され、月忌参りを受けない檀家も少なくないとされる。これには日中共働きで留守、鍵をしっかり管理する都市的生活様式も大いに関係する。地方の寺院では住職が留守宅のカギのありかを聞いておいてお勤めをして戸締まりをして出てくるといったことが可能であるというが、こうした関係は都市部では無理である。寺院と檀家のつながりは町内や区といった地域にあるというよりも、寺院と檀家との個別の契約関係にあるため、住職の個性や寺院運営次第で大きくも小さくもなるのが都市型寺院の特徴である。

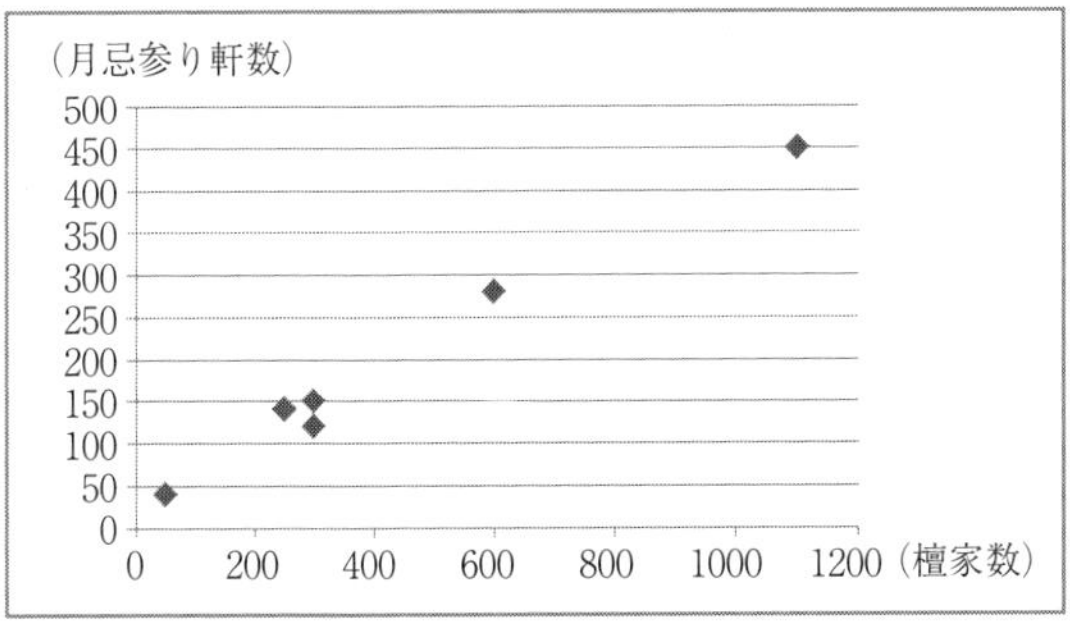

図5　札幌市内の寺院　檀家規模と月忌参り檀家数

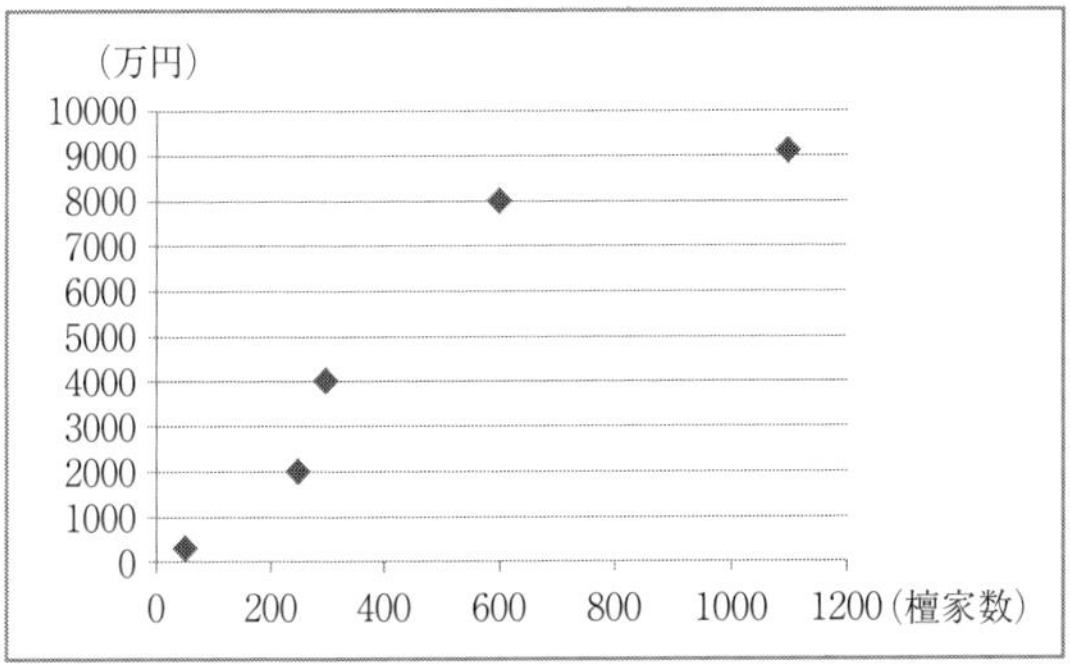

図6　札幌市内の寺院　檀家規模と年間歳入

また、都市型寺院は、社会教化や次世代への信仰継承の促進においても地方の寺院とは異なる。育児サークルやイベントで地域住民に本堂や施設を貸したり、住職独自の学習会の企画を行ったりするなど、寺院側からの仕掛けが功を奏している事例が見受けられた。住職のみならず、坊守の前職・趣味なども活《い》かされている例がある。そもそも仏教や寺院がどのようなものかを知らない市民が多いので、門戸の開け方によっては檀徒のみならず、一般市民を呼び込む運営が可能になる。

総じて都市における寺院運営は過疎地域よりも恵まれているとはいえ、けっして安泰というわけではない。人口増の恩恵を受けているために特段の工夫をせずとも檀家増、寺院運営が成り立つ時代はこの二〇年間ほどで終わりに近づき、その後は現代の都市住民に対応する葬儀・法要の考案や教化の方法が問われることになるだろう。

教区の過疎対策

二〇一〇年に真宗大谷派の過疎問題研究会では、①寺院存立の危機（檀家数の減少、本山への賦課金納付の困難、寺族による後継者確保の困難）、②教化協力体制の薄弱化（住職の高齢化にともなう意欲低下や布教師の少なさ）、③信仰の過疎（真宗の伝統文化を護持する門徒やそうした信仰を子や孫に伝える門徒減少）を課題として検討し、宗務審議会や宗務所に過疎問題に対応する機関・委員会の設置などを上申した。宗派としての危機意識には、都市部と地方において寺院運営をめぐる諸条件が違いすぎることからくる温度差がある。それを埋めるのが宗務行政にかかわる職員や宗議会の委員であるが、宗派としての指導や支援には限界がある。

仏教寺院は一寺院一宗教法人であり、賦課金をはじめ各種法務にかかる手数料を本山に納めて宗派の行政機構を支えるものの、本山から寺院運営に係る経済的支援を受けることはない。寺とは自活を原則とする宗教組織である。とくに浄土真宗は住職家族が寺院を家系で継承し、寺院の造営や維持管理を門徒が担ってきたために、寺院は住職家族ないしは門徒のものという意識が強い。したがって、上記の①法人運営、②と③の教化や信仰のあり方に関しても、教務所は指揮監督の権限をもたないし、後継者を得られずに活動を停止している法人＝寺院に対して解散や他寺院との合併を命じることはできない。

過疎地域の寺院において住職亡き後どうするのか、具体的な対策を行っている寺院はほとんどない。住職が方針を示さない以上、門徒が口にすることも憚《はばか》られるだろう。しかし、過疎対策委員の一人でもある住職は、現住職が元気なうちに周辺の寺院に兼務してもらうのか、宗教法人の解散・合併によって他寺に檀家を世話するのかを明確にしておかないと、廃寺（不活動宗教法人）が続出して檀家はもとより教務所も困ると力説した。この点まで踏み込んだ過疎対策でなくてはならないのだが、まずはソフトランディングの施策が先行したのである。

北海道教区でも二〇〇五年に過疎問題に関する専門委員会を設け、三期にわたる特別委員会を設置して短期・中長期的な対策を提案してきた。短期的な施策として、①二〇一〇年に法務代行を制度化した。法縁の断絶を防ぐために、離郷門徒の急な葬儀や法務について遠隔地であるため出張して法務ができない場合、別院が法務を代行するか、近隣寺院との連絡調整を行うとされる。②広報活動では、独居の門徒（とくに高齢者）の増加にともない、郷里を離れた子や孫の世代に所属寺院が伝わっていない実態があるため、寺院の情報を明記したパンフレットを作成して子孫に渡すよう依頼した。①の門徒からの依頼はそれほど多くはなく、②は効果を今後見守るしかない。なお、中長期的施策としては、寺院運営に支障を来《きた》している寺への物心両面にわたる支援が過疎地域の住職から要望として出され、実際のインタビューにおいても寺族の修学や生活保障についてすべて自前でやることの困難も聞き及んだところである。

しかし、このような要望は、住職が専業でなせる状況が出現した現在の北海道特有の問題と、本州の寺院関係者に指摘されることもある。すなわち、本州の地方寺院においては住職の兼職こそが多数派であり、この状況は真宗が農村部に浸透した時期以来変わっていないというのである。近世にいたるまで浄土真宗においては六字名号を掲げた床の間に香炉・燭台を設置して礼拝と聞法《もんぽう》の場であった道場を維持管理し、仏事をなす毛坊主がおり（関西・北陸・中部地方など）［千葉　一九七一］、明治以降道場が寺院に変わったものの門徒が急増するわけでもなく、村落ごとに小規模な寺院が護持され、住職とその家族は山仕事や農業に勤《いそ》しみ、近年は勤め人の兼職をするようになったというわけである。在家信仰が主の真宗において住職が自分で稼ぐのは本来の姿と言えなくもない。

とはいえ、北海道には北海道特有の問題がある。北海道の地方の組は大阪府と同程度の面積に集落が点在し、寺院の檀徒・門徒圏は広い。寺と檀家の関係を維持していくためには、月忌参りが慣習としても寺院運営上の実質的な意味においても欠かせない。その他組内の他寺院との協力や法務を遂行するためには専業でないととても回りきれないという実状がある。住職が檀徒との関係をつねに意識し、つないでいかないと途切れる法縁、すなわちネットワーク・状況依存型と、家という単位で歴史的に構造化された強い法縁とでは、つなぎ方の違いがある。さらに言えば、北海道の地方農村・漁村において兼職のあては本州の山村並みに少ない。

もう一言付け加えれば、かつての自給自足的な農山村では住職家族に住まいと食料の現物給付があったので暮らせたし、北海道でも一九六〇年代から八〇年代までの好景気の時期には専業が成り立つ稀《まれ》な時代を経験することもできた。しかし、現在の住職家族は、一家の暮らしや子どもの教育費のために現金収入が必要であるし、先代が建てた本堂や庫裡《くり》の改築費用なども工面しなくてはならない。それを檀家に依頼できたのが先のお寺黄金期である。今、それをやれば檀家に去られるだろう。

このような状況は簡単に打開策を見つけられるようなものではない。しかしながら、寺院仏教の護持、すなわち住職と家族がどう生活を成り立たせるのかということだけが、過疎地域における寺院の役割を考えるうえで課題となるのではないことを何度でも確認したい。

五　過疎地域の寺院が果たす社会的役割と課題

ソーシャル・キャピタルとしての寺院

北海道の地方は車を一時間走らせて自治体が一つか二つ、集落も数カ所しか現れないという地域が少なくない。そもそも本州のような集村という意味での集落がないところすらある。自治体の中心が商業地の街場であり、他は散居型の農漁村である。地方都市に大学・専門学校はないし、何より就職先がないので若者は札幌、次の東京をめざす。このようにして若者世代、壮年世代が抜けて高齢化・過疎化した村落に寺院はそのまま残る。そして、住職が音頭をとって稀少な子ども会や大半の住民である老人会の世話をしたり（庫裡の客間やお堂を提供）、村の人は除夜の鐘をつきに集まったりする。年に一度の報恩講では門徒の人たちが家族で連れ立って集まってくる。こうした人を集められる場が行政のイベント以外に地域にどれだけ残されているだろうか。普通の家にはない場所があって、勤め人にはない時間があって、なお民生委員や社会教育委員などの公職にも就く意欲のある人が寺の住職である。地域のキーパーソンといって過言ではない。自身高齢でかつ後継者を迎え入れられない小規模な寺院では、住職が地域社会に積極的に出る余裕はないようだが、壮年期にある僧侶は地域への目配りと気配りをそれなりに行っている。家人が留守の間にお参りしたり、高齢者の安否確認や用事を聞いてあげたりするような住職の役割、とりもなおさず寺院の役割は地域の人々をつなぐ結節点として大きいものではないか。そして、これらのことはどの寺院もあたりまえのこととしてやっているために、住職には特筆すべき社会活動として意識されていない。場合によっては、特別なことは何もしていないと回答されることが多い。しかも、地域住民もそれをあたりまえと考えている。

本章では、北海道各地域の過疎化・人口減少の実態とその影響を受けた寺院運営の実態を紹介することに紙幅を割いてきた。筆者の主要な発見は、過疎地域の住職の地道な活動こそ地域のソーシャル・キャピタルを維持しているという事実である。このことは地方の寺院が自信をもって語るに値することである。

にもかかわらず、マスメディアでは「葬式仏教」批判が繰り返され、一部の新聞では世間の声として便乗する感もある。慣習と化した仏教とは一線を画したかのような仏教学者の議論や現代仏教を革新する僧侶の活動ばかりが注目される［上田 二〇〇四、秋田 二〇一一、磯村 二〇一一］。そして、東日本大震災以後にメディアや識者によって語られる慰霊のための仏教がある。地域で生活する高齢者にとって弔《とむら》いは重要だが、それまで信徒（門徒）としての人生を全《まっと》うすることが信仰的にはより重要である。これこそ葬儀会社に代替されない寺と僧侶の役割である。

人口減少社会北海道に対応した寺院のあり方

地域社会にこそ寺院の果たすべき役割はある。人口減少社会に突入した現代日本でこそ、過疎の地域で培《つちか》ってきた寺院の社会的機能が再評価されるべきではないかと思われる。それを維持・存続させるために、まったくもって試論の域を出ないのであるが一考しておきたい。課題は次のとおりである。

①都市寺院と地方寺院の連携。現代の地域社会の課題は都市―農村地域の連携と言われる。農村地域の食料生産、水・電気の確保、後背地としての自然環境なしに日本社会の維持や精神的な余裕など生まれようがない。だからこその都市―農村の連携である。同じように、多くの檀家をかかえ、寺院運営に不安はないものの檀務・法

務で多忙をきわめる都市型寺院と多くの檀家を都市に送り込んできた地方寺院との間で人材交流を盛んにできないだろうか。血縁と法縁のバランスを再検討してはどうだろうか。

②一寺院一宗教法人の発想と体制をやめる。農業・漁業でも一家族で経営をすべて切り盛りする時代は終わりを迎えつつある。農事組合や漁協、農業生産の株式会社でも規模を維持することでリスクに備え、新事業を展開することが求められる時代である。すべての寺院が本願寺という包括宗教法人と一体化する必要もないが、地域単位で包括的な宗務行政と法務の提供を行う体制をつくれないものだろうか。別院の下に支所として寺があってよいかもしれない。寺名を残せるのであれば別院に寺院の運営を委ねたいという寺は多いのではないか。そこで専業でやりたい僧侶に法務・社会教化で存分に働いてもらい、地域見守り型の寺院運営を数カ寺単位で包括して行うやり方は考えられないだろうか。

③葬儀・法要に加えて仏教本来の社会教化・社会支援が僧侶の役割であるという認識を強化したい。宗教の社会貢献ということで他章に言及されている寺院の特別な活動もある。また、一般市民が寺院に求めるものは旧慣どおりの葬儀・法要だけではなく、現代家族の変容に合わせた形態（合葬墓や樹木葬などの新葬法）へのニーズもある［小川　二〇〇〇、千坂　二〇一〇］。現代の市民に、死生観の問題を扱う仏教への関心は高いのである。だからこそ仏教書は広く読まれている。仏教への潜在的ニーズをどう拾い上げていくのかが、僧侶の手腕として問われていくのではないだろうか。

参考文献

秋田光彦　二〇一一『葬式をしない寺――大阪・應典院の挑戦』新潮社。
磯村健太郎　二〇一一『ルポ　仏教、貧困・自殺に挑む』岩波書店。
上田紀行　二〇〇四『がんばれ仏教！――お寺ルネサンスの時代』日本放送出版協会。
大野　晃　二〇〇八『限界集落と地域再生』京都新聞出版センター。
小川英爾　二〇〇〇『ひとりひとりの墓――生者の墓「安穏廟」』大東出版社。
金子　勇　二〇一四ａ『「成熟社会」を解読する――都市化・高齢化・少子化』ミネルヴァ書房。
金子　勇　二〇一四ｂ『日本のアクティブエイジング――「少子化する高齢社会」の新しい生き方』北海道大学出版会。
金子　勇　二〇一六『「地方創生と消滅」の社会学――日本のコミュニティのゆくえ』ミネルヴァ書房。
国土審議会政策部会長期展望委員会　二〇一一「「国土の長期展望」中間とりまとめ」http://www.mlit.go.jp/common/000135853.pdf。
国立社会保障・人口問題研究所　二〇一二『日本の将来推計人口（平成二四年一月推計）』。
佐々木馨　二〇〇九『北海道の宗教と信仰』山川出版社。
総務省過疎対策室　二〇一〇『平成二二年度版　過疎対策の現況について』。
高橋卓志　二〇〇九『寺よ、変われ』岩波書店。
鷹田和喜三　一九八六『北海道の村落祭祀研究』人間の科学社。
圭室諦成　一九六三『葬式仏教』大法輪閣。
千坂嵃峰　二〇一〇『樹木葬和尚の自然再生――久保川イーハトーブ世界への誘い』地人書館。
千葉乗隆　一九七一『中部山村社会の真宗』吉川弘文館。
藤村久和　一九八二『アイヌの霊の世界』小学館。

北海道庁　二〇〇八ａ『新たな過疎法の制定に向けた北海道の考え方』。
北海道庁　二〇〇八ｂ「過疎地域・高齢化集落状況調査報告」。
北海道庁　二〇一〇『北海道過疎地域自立促進方針』。
北海道庁　二〇一四「第２回　北海道の人口減少問題に関する有識者会議議事録」北海道庁ＨＰ　http：//www.pref.hokkaido.lg.jp/ss/ssa/ksk/jinkou/kaigi2_gijiroku.pdf（二〇一五年五月三日閲覧）。
北海道農政部　二〇一三「関税撤廃による北海道農業等への影響試算」http：//www.pref.hokkaido.lg.jp/ns/nsi/seisakug/koushou/eikyo130319.pdf。
増田寛也　二〇一四『地方消滅――東京一極集中が招く人口急減』中央公論新社。
山下祐介　二〇一二『限界集落の真実――過疎の村は消えるか？』筑摩書房。

付記

本章は、櫻井義秀「第四章　過疎と寺院」（大谷栄一・藤本頼生編『地域社会をつくる宗教』明石書店、二〇一二年、一三〇―一五四頁）の原稿を、資料を拡充して大幅に改稿したものである。

第4章　信頼は醸成されるか――浄土真宗本願寺派

那須公昭

はじめに

私が所属する浄土真宗本願寺派総合研究所教団総合研究室（以下、本派研究所）では、寺院・僧侶・門信徒のもつ「ソーシャル・キャピタル（社会関係資本）」の検証を目的とし、二〇一二年度より地域を選定し、本願寺派に所属する寺院の調査を行っている。今回、報告する内容は、二〇一三年九月に実施した滋賀県山間部に所在する一七カ寺で、各寺の住職・坊守・門信徒を対象とした聞きとり調査の結果である。この調査結果をもとに、滋賀教区に所属する寺院がいかに地域住民との「信頼」を形成し育んでいるのかについて、この地域独自の寺院運営方法やいわゆる「兼業」の形態に焦点を絞り、報告としたい。

一　第九回宗勢基本調査からみる本願寺派寺院の実態

調査内容に踏み込む前に、本願寺派の寺院状況について紹介する。本願寺派では、定期的に全寺院を対象としたアンケートによる実態調査「宗勢基本調査」を行っている。その目的は「常に宗門の実態を基礎として、円滑な宗務を行うため、宗務全般について確実な調査統計資料を収集し、もって宗門の発展に寄与すること」（昭和三五年宗則第八号　宗勢調査規程　第一条抜粋）とされる。一九五九年に第一回の調査が行われ、以来、約五年ごとに調査が実施されている。最新の調査は、二〇一四年に実施した第一〇回宗勢基本調査になるが、筆者がこの原稿を執筆している現在（二〇一五年八月）、調査票を収集し分析作業中であるため、詳細を伝えることはできない。よって、今回は二〇〇九年に実施され、その分析結果をまとめた「第九回宗勢基本調査報告書」（『宗報』二〇一一年八月号所収、以下「第九回宗勢調査」と略称）により報告する。「第九回宗勢調査」では、本願寺派内のすべての一般寺院を対象として、寺院の現況を尋ね、寺院票の他に、住職票、坊守票、門徒票の四種類の調査票を準備し行った。全国に送付した調査票は一万二八〇通であり、うち回収された調査票は六一一六通（回収率は五九・六％）であった。また、調査票が四種類すべてそろっていたのは、五七五八カ寺分（回収率調査票の九四・〇％）であった。この調査結果は、本願寺派の機関誌『宗報』（二〇一一年八月号）に掲載され、調査に携わった研究者が学会や研修会などさまざまな場所でその分析結果を報告している。以下、この調査結果をもとに、本願寺派寺院の現状について報告する。

(1) 所在地[1]

現在、本願寺派寺院は、日本全国に一万二一七カ寺あり、北は北海道から南は鹿児島までの三一教区と沖縄県を宗務特別区とする三二の区分で構成されている（平成二六年四月現在）。「第九回宗勢調査」では、寺院がどのようなところにあるのかを基礎的な項目として尋ねており、その結果、「市街地」にある寺院が一七％、「住宅地」が二八・四％、「農山漁村」が五四・六％となっている（図1参照）[2]。この数値から、本願寺派寺院の半数以上は農村・山村・漁村に位置しており、本願寺派は農山漁村を基盤においていることが窺える。

この農山漁村から都市部への人口流出が過疎化の主な原因であることは間違いない。つまり、過疎化の影響は本願寺派寺院にとっても非常に大きなものといえる。「第九回宗勢調査」では、寺院の周辺が過疎地域か、過密地域かについても尋ねており、この結果、過疎地域にあるとの回答が五二・八％と半数を超える結果がでた。地域別にみると、とくに農山漁村に所在する寺院の七六・一％が過疎地にあると回答している（次頁図2参照）[3]。ただ、総務省指定の過疎市町村に所在する寺院から本願寺派寺院の所在について見ると、二三・八[4]％という数字となった。宗勢調査はあくまでも意識調査であるので回答者の主観が強くなりがちであるが、寺院所在地を過疎地だと自覚している、もしくは総務省が把握していない過疎地に所在していると見ている回答者が多いのではないかと推測する。数字は異なるものの、本願寺派の一般寺院は過疎地に所在しているケースが多いのは事実であり、

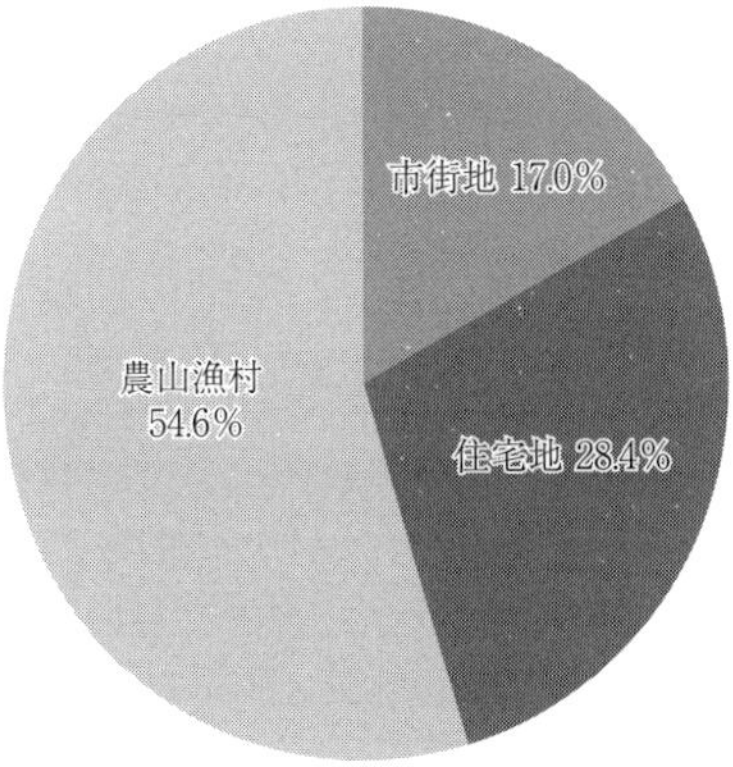

図1　寺院所在地

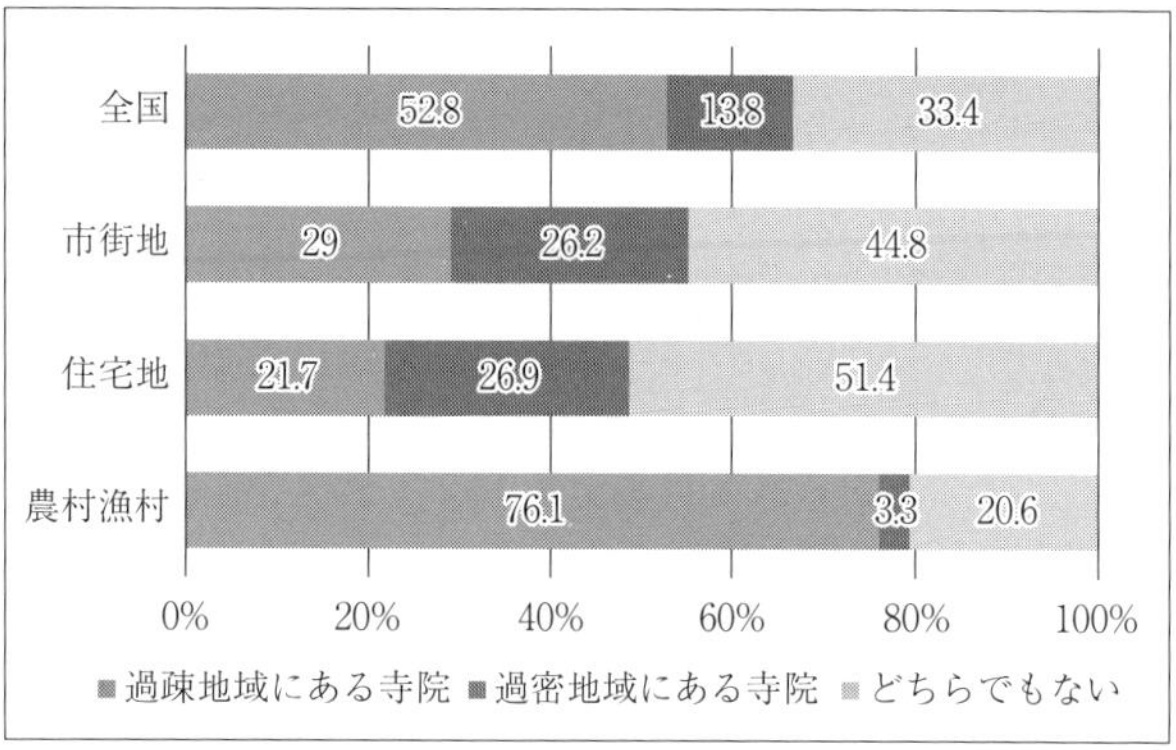

図2　過疎・過密の状況

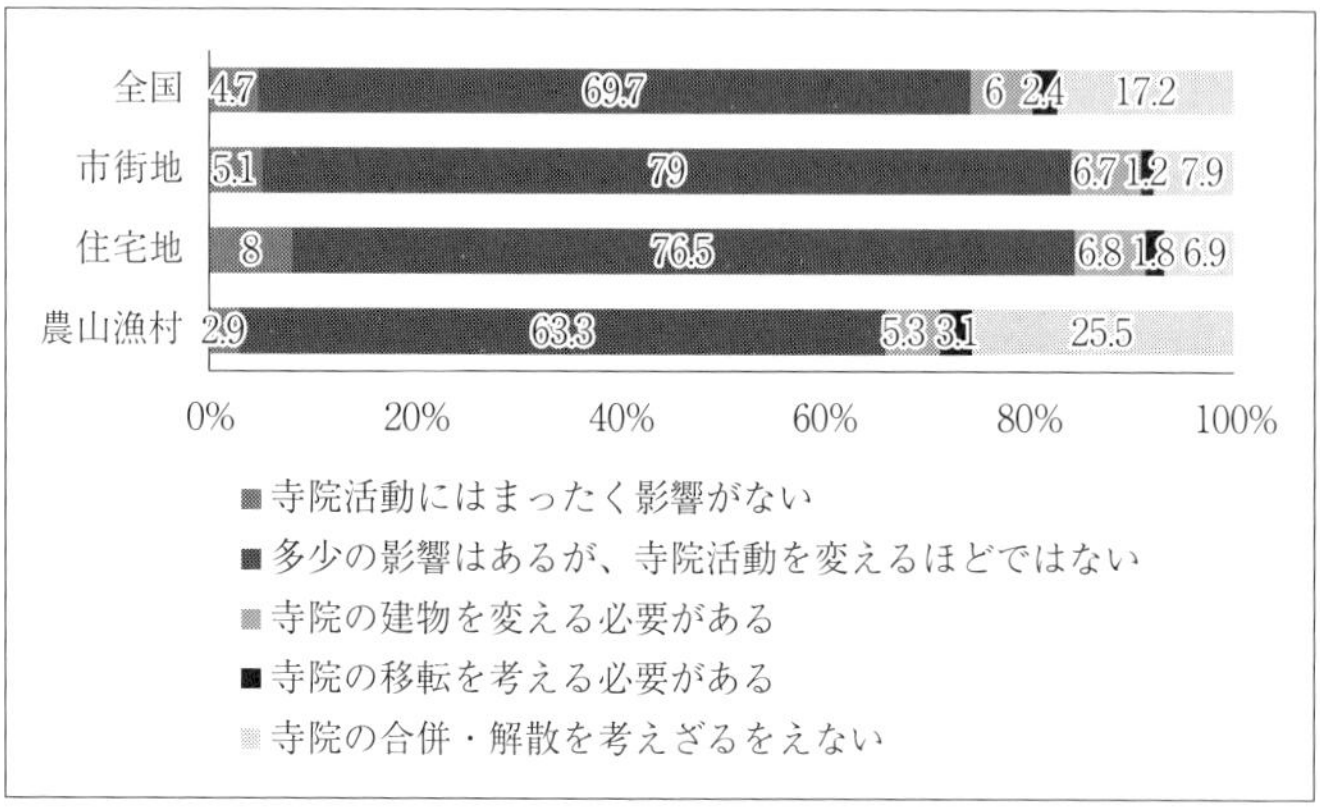

図3　環境変化と寺院の現状

教団全体として過疎に対する問題意識が非常に強いものがあることは一言つけ加えておきたい(5)。地域や寺院によって多少の違いはあるが、基本的に寺院は周辺地域の門信徒によって支えられている。過疎化が進むことは、寺院周辺の門信徒が減少することを意味し、寺院の基盤を揺るがすことにもつながる。

そこで、「第九回宗勢調査」では、寺院周辺環境の変化が寺院に及ぼす影響について尋ねている。この結果、環境の変化によって「寺院の合併・解散を考えざるをえない」(6)との回答が全国では一七・二%となっており、過疎化に直面する農山漁村では二五・五%の回答を得た（図3参照）。これらの結果から、宗門および各寺院が過疎化の問題に直面していることが浮き彫りであることが読み取れるであろう。

(2) 寺院の年間収入(7)

次に本願寺派寺院の年間収入を見てみよう。表1のように、寺院収入にかなりの格差があることが指摘できる。(8) 一〇〇万円未満の寺院が一八・二％もあるなか、一〇〇〇万円を超える寺院は一七・五％と同程度確認できる。さらに、「第九回宗勢調査」によれば、(9) 年収六〇〇万円以上を「高」、年収三〇〇～六〇〇万円以内を「中」、年収三〇〇万円以下を「低」として、その割合を以下のとおり示している。

高＝三七・八％　中＝一九・〇％　低＝四三・二％

高：中：低＝四：二：四

表1　寺院の平均年間収入額

	実数	％
100万円未満	1,052	18.2
100万円以上300万円未満	1,440	25.0
300万円以上600万円未満	1,097	19.0
600万円以上800万円未満	609	10.5
800万円以上1,000万円未満	567	9.8
1,000万円以上2,000万円未満	671	11.6
2,000万円以上	342	5.9
合計	5,778	100.0

「高」は寺院収入が安定していることから「専業可能」、「中」はやや安定はしているが寺院以外の何らかの収入が必要だということで「専業が難しい」、「低」は経済的資源が不足しており兼業など他でまかなう必要があることから「専業不可」と解釈することができ、「専業可能」な寺院は四割弱であることがわかった。つまり、寺院収入だけで生活している本願寺派寺院は全体の四割弱しかないということになり、残り約六割の寺院が寺院以外の収入を必要としているという結果となる。さらに、次頁の図4に注目すると、年収六〇〇万円を超えると専業寺院が過半数を超える一方で、年収三〇〇万円を下回ると寺院収入が世帯収入の半分以下を占める割合が増えていることがわかる。(10) つまり、寺院収入が低ければ低いほど、兼業し

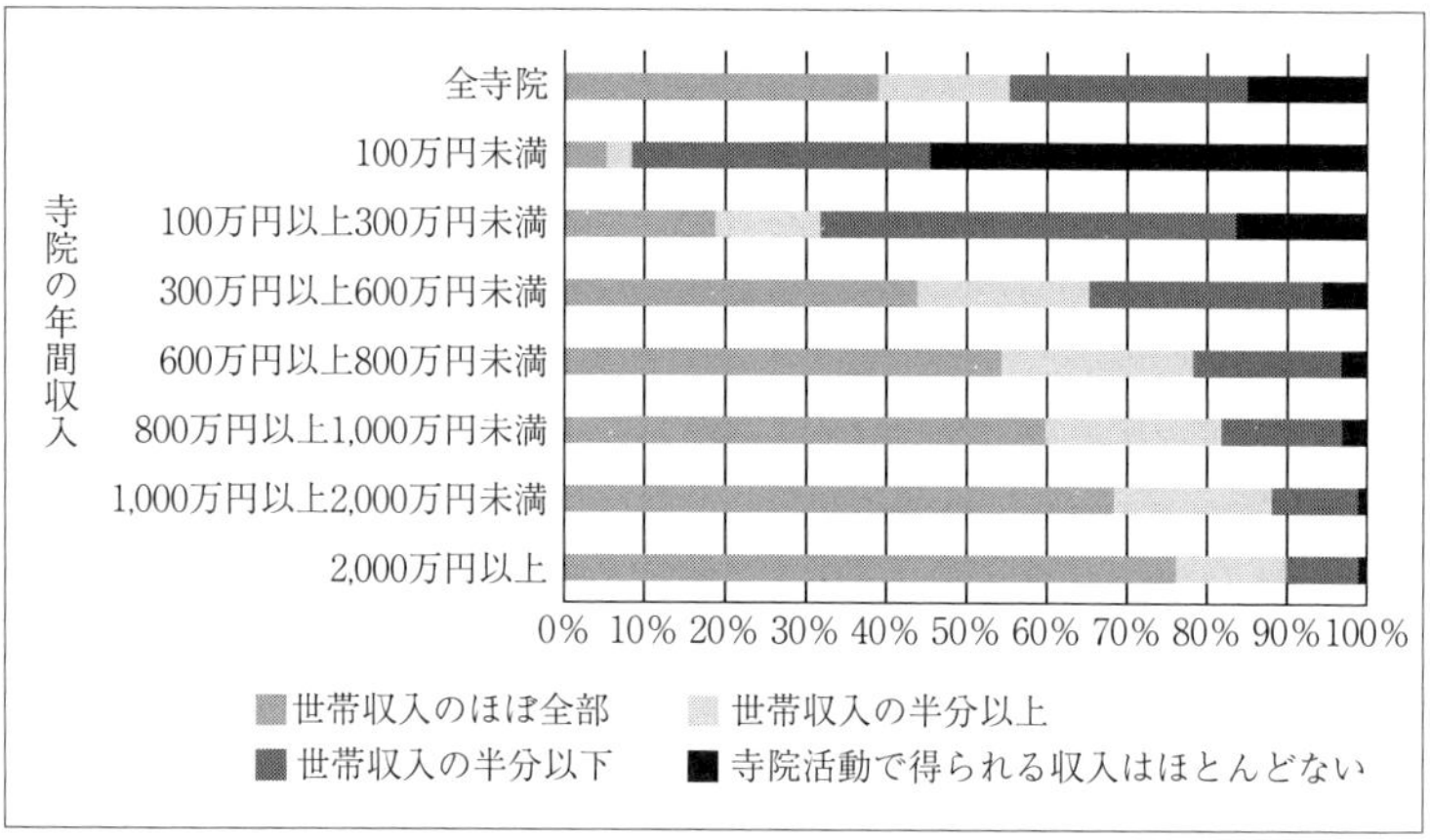

図4　寺院収入が（住職の）世帯収入に占める割合

ている寺院の割合が増えていることがわかる。

この格差は、所在地別に見ても顕著である。次頁図5のように、市街地・住宅地では高収入の寺院が多い一方で、農山漁村では低収入の寺院が多い[11]。市街地・住宅地では年収六〇〇万円以下の寺院が五割を切っているのに対し、農山漁村では七六・七%と大半を占めている。

さらに、この収入を教区別に見ると、図6（一〇二頁）のようになる。滋賀・国府[12]・奈良・福井・和歌山・山陰の六教区[13]では、年収三〇〇万円未満の寺院が六割を超えているが、北海道・東京[14]・大阪・安芸[15]・北豊[16]・福岡[17]・長崎・沖縄の各教区では年収六〇〇万円以上の寺院が半数を超えている[18]。このように地域の違いによって収入にかなりの格差が生じている。この地域格差に対し、「第九回宗勢調査」では「都市化の程度の差に起因するものと、伝統的な地域性に起因するものがある[19]」と指摘している。

さらに、本派研究所が二〇〇九年から一一年に行った「過疎地寺院調査」では、限界集落を抱えた過疎化の顕著な地域をいくつか調査したが、離郷門信徒とのかかわりの違い、地理的な状況の違いから収入に格差が生じていることもわかった。つまり、同じ過疎地域であっても、一括りに扱える問題ではなく、都市化の程度や地理的条件など、その土地の状況もふまえて、思慮しなければ実態は把握できないことがわかったのである。

(3) 宗勢調査からわかる滋賀教区寺院の特色[20]

それでは、この宗勢調査から滋賀教区の寺院はどういった特色があるのかについて見ていこう。「第九回宗勢調査」の結果から見ると、滋賀教区の寺院の所在地は、農山漁村が七一・〇%と、全教区のなかで農山漁村の比率が六番目の高さである[21]。また、寺院収入については、図6を見れば一目瞭然であるが、年収「三〇〇万円未満」が八三・七%と全教区のなかでもっとも寺院収入が少ない地域である。つまり、本願寺派滋賀教区の寺院の多くは、農山漁村に所在しており、寺院収入が少なく、寺院護持が厳しいといえる。また第七回宗勢調査によると、門徒所在地の五割強が「集落内」となっており、これも全教区のなかでもっとも高い。地域コミュニティとの近さがこの教区の特徴ともいえる。さらに、これは宗勢調査のデータではなく、聞きとり調査などでよく耳にした話だが、滋賀教区の寺院の八割程が兼業で、その門徒戸数は平均二〇〜三〇軒といわれている。

これらの結果から、古くからの村落共同体という地域コミュニティによってお寺が護持されるという形態が残っており、このような環境のなかで「少ない門徒」によって「少ない経済基盤」に支えられているお寺であ

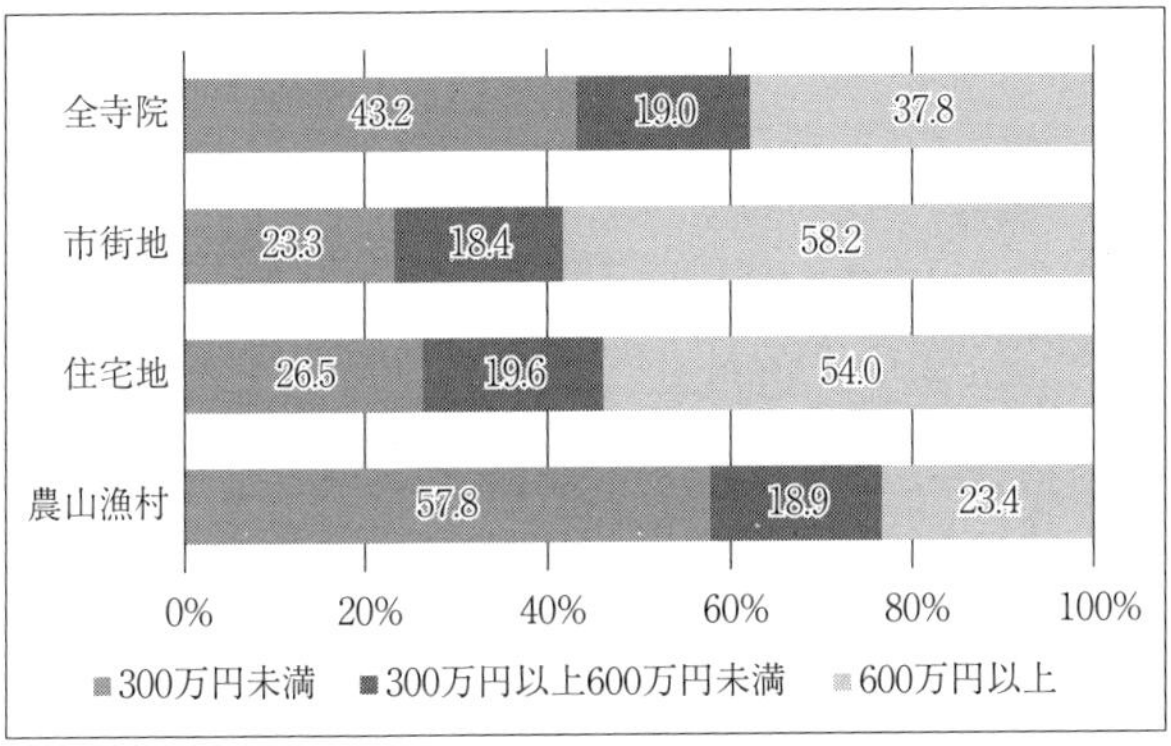

図5　所在地別にみた寺院収入

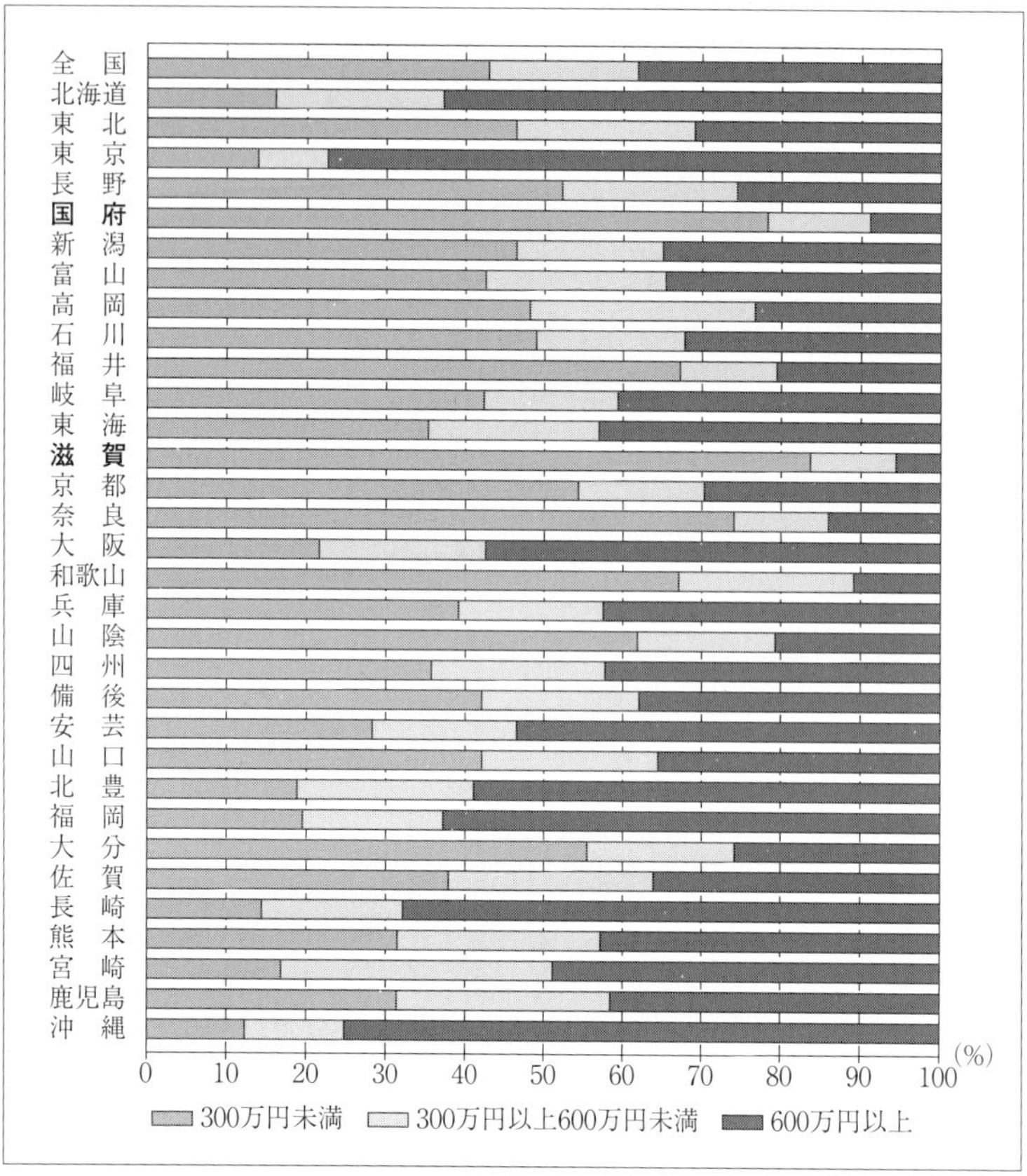

図6　寺院の年収（教区別）

ることが滋賀教区の寺院の特色であるといえる。

この滋賀教区と似た地域に国府教区があげられる。国府教区も滋賀と同様に農山漁村に所在する寺院が多く、小規模な寺院が多い。しかし、二〇年後も寺院を護持できるかどうかの見とおしについて、両教区を比較すると、国府教区は「護持できる」の回答が一四・三％に対し、滋賀教区は三四・九％となっており、滋賀教区の数値は全教区の三五・八％と近い数字となっている。(22) つまり、運営規模からすれば、どちらもきわめて厳しい状況にあると考えられるのだが、護持できるとの回答が、滋賀教区において顕著に高いということが、特色として指摘できるのである。

その理由の一つに、門徒一軒あたりの護持費用の高さがあげられる。「第九回宗勢調査」によると、全国での門徒一軒あたりの護持費用が「一万円以上」は二三・九%であるのに対し、滋賀では七四・六%となっている。[23]つまり、護持費用が全国に比べ突出して高いのである。またもう一つの理由として、門徒総代の選出方法が滋賀教区では「門徒主導」が五三・五%ともっとも高くなっている。[24]これらの結果から、滋賀教区では、門徒が寺院の護持に主体的にかかわり、少ない門徒によって寺院を護持していく制度が確立していることが窺えるのである。さらに、滋賀県門信徒の寺院に対する護持意識の高さもこれらの数値から指摘することができよう。

このような結果から滋賀県門信徒の護持意識の高さは、古くから熱心な信仰をもつといわれる「近江門徒」としての自覚が根づいていることによると想定することができる。また、他の農山村地域に見られる「兼業」寺院のあり方とは違う独自の運営がなされているとの見方もできるだろう。では、地域や門徒の人たちはなぜ高額な護持費用を払ってまでお寺を維持しようとするのか。寺院に対する信頼はどのようなものなのか。独自の寺院運営があるとするならば、「近江門徒」の自覚を育んでいる、信頼の再生産はどうつながっているのか。「寺院運営」ととくに寺院の「兼業」に焦点をあて、地域住民と寺院との間で醸成される「信頼」について考えていきたい。

二　滋賀における寺院と地域社会のソーシャル・キャピタル

(1)信頼の意義

ソーシャル・キャピタル（社会関係資本）を語るうえで、「信頼」は欠かせないキーワードとなる。ソーシャル・

キャピタル研究の第一人者ロバート・パットナムは、

社会関係資本が指し示しているのは個人間のつながり、すなわち社会的ネットワーク、およびそこから生じる互酬性と信頼性の規範である。〔パットナム　二〇〇六：一四頁〕

と述べるように、ソーシャル・キャピタルを構成する重要な価値・規範として捉えている。さらに、片岡えみは、

信頼という価値は、社会的な協調行動や利他的行動を生み出し、人々を結び付け、好循環なネットワークとして機能することを促進するものだ。信頼は目にみえないが、ネットワークの潤滑油であり、人々を相互に結び付ける重要な心的作用なのである。〔片岡　二〇一四：一二八頁〕

と指摘しているように、ネットワークの潤滑油として「信頼」を捉えている。この指摘は当然お寺にもあてはまる。寺院での法要をはじめ、仏教婦人会や総代会など、寺院にかかわる活動は人が主体となって動いている。また、さまざまな人がかかわりあっているからこそ、充実した法要を営むことができ、新たな活動が展開するのである。かかわっているそれぞれの人が寺院に不信を抱いていたら、そもそも寺院活動に携わることなどしないだろう。寺院や寺院にかかわる人々に信頼を寄せているからこそ、寺院のさまざまな活動は機能していると捉えることができる。

また、信頼の研究に取り組む山岸俊男は、

安定したコミットメント関係の中では、相手が信頼できるかどうかを心配する必要がないわけである。そのため、社会的不確実性の存在する社会的環境に直面した人々は、しばしば社会的不確実性を減少させ、互いに安心していられるコミットメント開発を自発的に形成しようとする。〔山岸　一九九八：七六頁〕

と示す。山岸は、「安心」した社会ではそもそも信頼を強調する必要がないと指摘し、社会的不確実性のある社会で、信頼はその言葉の意味を発揮し、あらたなコミットメントを開発する動きとなると示すのである。前述したよ

うに、本願寺派における滋賀教区の寺院は、住職や寺族の兼業率が高い。

では、兼業率の高い当該地域の寺院はどういう取り組みをとおして、門信徒や地域住民との「信頼」を築いているのだろうか。結論を先行していえば、寺院と地域の「共にする」活動が、寺院の「信頼」を生む大きな要素となっていることがわかった。以下、事例をもとに、寺院と地域の「共にする」活動を抽出し、そこで形成され育まれる「信頼」について報告する。

(2) 門徒主導による寺院護持運営——寺院の「見える化」と金銭面での「負担」

滋賀県の山間部に位置するα地域の寺院一七カ寺に調査を行ったが、ほとんどの寺院で寺院の年間の護持会費を門徒が管理していることがわかった。「第九回宗勢調査」によると、「寺院経理においては、門徒が主体的にかかわることは、あくまでも例外的だと思われます[25]」と指摘している。つまり、全国的に見て、護持会などの寺院経理に関することは、寺院関係者が主体となっているケースが比較的多く、門徒が主体になることは少ないことを指摘しているのである[26]。このことから、調査地域の寺院は全国でも稀な寺院経理の形態が展開されていると見ることができるだろう。護持会計についてA寺の住職は「住職はかかわらない。総代が管理」と述べ、B寺の住職は「門徒が独自に門徒総会で徴収している」との語りを確認した。これらの発言から門徒が寺院経理の収入面で、関与していることがわかる。さらに「総代、年番長の了解がないと、修繕など寺院運営に必要な経費を使うことができない」といった語りも少なからずあり、支出面でも門徒による管理が行われていることがわかった。つまり、寺院護持会計については住職・寺族がかかわることなく、門徒が管理している実態を把握することができたのである。このことは、お寺の経済状態が門信徒にとって把握しやすい状況を生みだしている。収入だけでなく支出も管理されている事態は、お寺の護持会計が「見える化」されていると捉えることができるであろう。

さらに、寺院の総代や責任役員を決める方法は、選挙形式をとっている寺院が多かった。あるお寺では「総代会による選挙により決めている」との語りがあり、また別のお寺では「門徒総会による選挙で選出している」と述べられていた。これは前述の宗勢基本調査の結果とも一致しており、門信徒のお寺に対する帰属意識が醸成されていることにもつながっていると考えることができる。

次に、門信徒による金銭面での「負担」[27]から寺院と門信徒の関係を見てみよう。金銭面での負担は、主に年忌・葬式などで派生する「布施」、年間の護持会費、寺院修復費用などの「寄付」が考えられる。今回の調査では、年間の護持会費と「寄付」について確認した。筆者が調査したD寺では年間二万円、E寺では年間四万円の護持会費が集められていた。また、この地域のほとんどの寺院で年間一万円以上の護持会費を集めており、前述の「第九回宗勢調査」が指摘しているとおりの結果となった。このように、調査地域では、寺院に対する門信徒の負担が大きいと指摘できるわけだが、それを可能にする寺院と門信徒の関係は、二つの「見える化」にまとめることができる。

まず、寺院運営面での透明性である。前述のように、地域住民である門信徒が寺院運営の実情、支出入を把握している。つまり、支出入のバランスを知ることで寺院運営の厳しさが門信徒に共有され、また資金の使用も完全に透明化されているためか、寺院運営の信頼度が高い。つまり、支出入の「見える化」が、金銭面での負担を助長する要因となっている。次に、今回の調査先の多くのお寺で高齢者ケア、地域の活性化、お祭り、幼児教育などの活動を展開していることが確認できたが、こうした地域活動にお寺の収入が支出されており、「支出」の地域に対する効果が把握できるようになっていた。このように、寺院に対する負担が、地域に還元されている。また、その効果を実感することが可能であることで、寺院に対する負担が継続して行われていると推測される。このように見ると、「支出入の見える化」と「負担に対する効果の見える化」は、寺院護持に積極的にかかわる門信徒を輩出する仕組みだともいえるだろう。

ただし、「見える化」が住職家への負担要素となっている場合があること、また負担の還元は短期的でない面もあるため、人口の流動性が障害になりつつあることも言及しておきたい。

また、選挙という民主的な選出方法で、責任役員や総代を選んでいることも、「見える化」の促進につながると考える。選挙によって誰でも寺院の役職につけることは、門信徒が積極的にかかわりやすい寺院のあり方といえるのではないかと推察する。

こうした門徒主導による寺院護持運営は、「地域のお寺」「自分のお寺」の意識を醸成しているきっかけともなる。とくに高額な寺院護持会費を考慮に入れると、寺院に負担しているという感覚よりも「自分のお寺」に投資している感覚が強いのではないかと思わされる。つまり、調査地域の門信徒は、お寺と門徒を二項対立として捉えているのではなく、まさに「自分のお寺」として認識し、所属する寺院に積極的な「負担」をしているのではないかと推測する。

(3)年番制——労働による負担

前述したパットナムは、

社会関係資本が指し示すのは、社会的なつながりのネットワークであり、すなわち「共にする」ことである。

〔パットナム　二〇〇六：一三五頁〕

とも示す。パットナムは、誰かの「ためにする」行為と誰かと「共にする」行為を区別し、他者との「協働」があってこそソーシャル・キャピタルだと述べているのである。たとえば、お寺に来られた客人にお茶をふるまうことは「〇〇さんのために」という行為になるが、法要の際にふるまうお斎を仏教婦人会（以下、仏婦）の人と一緒につくることは、仏婦の人と「共にする」行為となる。パットナムは、「共にする」ことがなければ、本当につながっていることにはならないと指摘するのである。

今回の調査先、とくに筆者が赴いた寺院の地域では、年番制という寺院を支える独自の護持システムを確認した。各寺院によって形式は異なるが、門徒が一年ごとに寺院の世話をする当番制度として定着し継続されていることがわかった。

この制度について尋ねたところ、F寺では「寺院の年間行事にほとんど関わってもらっている」との語りがあった。またG寺では「法要の準備や案内状の送付などすべてやってくれる」と述べられていた。つまり、年番制とは、寺院運営の実務を一年かけて担当する制度のことであることをこれらの語りから確認した。

さて、こうした制度のもとで、実際に門徒はどのように感じているのだろうか。年番について、率直な感想を尋ねたところ、「上や下の（年代の）人とコミュニケーションをするようになった」と語る門徒がいた。また「一年交替だし皆が関心を持つ」と述べる門徒もいた。門徒数の少ない寺院が多数であるので、年番にあたる確率も高く、地域に所在する門徒全員が寺院に関する何かしらの役職経験をもっている事態も少なからず見受けられた。門徒の負担も大きいが、門徒全体が寺院にかかわることのできる取り組みとして、年番は受け入れられている。さらに、寺院に労働奉仕を率先して行う門徒は「やったなという安らぎ、させていただくという気持ちが生まれる」と述べていた。つまり、寺院への労働奉仕により、宗教的な満足感をもたらしていることも確認できたのである。

この年番を別の角度から見ると、法要の準備や案内状の送付など、寺院に対し労働面での「負担」と捉えることもできよう。また、そもそも少ない門徒によって構成されている寺院であるため、門徒一人につき、数年に一度もしくはつねに何かの役職にあたっている状況が生まれている。つまり一人の門徒が、継続的に寺院にかかわることとなり、緊密な関係が門徒と寺院の間で構築されていることがわかる。さらに、「上や下の人とのコミュニケーションが生まれる」や「皆が関心を持つ」との語りから、寺院内での活動をとおして、世代を超えたつながり、町内でのつながりの醸成がされていることがわかる。さらには人によっては宗教的な満足感を得られているのである。

この年番という地域独自の寺院護持システムはパットナムのいう「共にする」行為であり、この行為によって、寺院と門徒、さらには門徒同士の「信頼」が生まれていると考える。

(4) 「兼業」寺院の実態(28)

前述のとおり、本願寺派に属する滋賀県寺院の兼業率は高いといわれている。ある住職は「九割が兼業だ」と述べ、また別の住職は「この地域に兼業は不可欠」だと述べる。このような状況にもかかわらず、多くの寺院は、地域とのつながりを密に寺院活動を展開している。では、こうした兼業寺院にはどのような「信頼」が形成され育まれているのか。

住職の兼業先を尋ねたところ、別寺院の法務、本山や教務所・別院などの宗務組織、保育園の経営や小中学校の教員、市役所や町役場などの行政機関や一般企業など、多種多様であった。またもともとは兼業であったが、今は退職し年金を受け取りながら寺院運営をされている住職や家族の収入とあわせて寺院運営を営む住職もいた。

こうした住職方と地域との関係は結束の強いケースが多い。寺院のある地域で兼業しているケースでは、住職が地域の役員をしている場合と同様、寺院の外で関係がつくられていると見ることができる。また、過去に同地域で兼業していたケースでは、退職後も継続的に地域活動に参画している住職が多いという特徴が確認できた。つまり、住職（寺族）の兼業と地域コミュニティへの参加には関連性が見出せるのである。

さて、兼業寺院の住職世帯の生活状況については、「厳しい」との声が多い一方で、「ご門徒も気をつかってくれる」といった語りも多くあった。また門徒からも「うちの住職は頑張っているから、私らも（寺院の活動を）やらないとね」との語りを多く確認した。これらの語りから、門徒が住職世帯の生活状況をある程度把握し、住職もそれを認識している関係性が浮かび上がる。

門徒や地域住民にも「うちのお寺は兼業が当たり前」という理解が浸透している。これらの語りから、寺院をサポートしようという意識が門徒に育まれていると見ることもできる。「兼業」している住職の苦労している姿などが、門徒や地域住民に把握されていることによって、地域住民の寺院に対する理解が得られていると考えることができるだろう。

このような「兼業」寺院の形態は、前項でも述べた寺院護持会計の管理や寺院の実務を担当する「年番」などのサポートの上に成り立っていることは間違いない。つまり、滋賀教区の寺院の「兼業」は、地域住民による支えによって成り立つ寺院と地域の「共にする」活動といえるだろう。

(5)「寺院外の活動」がもたらすもの(29)

では、このような寺院では、具体的にどのような活動が展開されているのか。事例をもとに検証しよう。

H寺の住職は、長年、町役場に従事し、教育委員会などで同和問題に取り組んでいた。退職後、中学校の校長先生から「お寺で日曜学校をやってほしい」と言われ、日曜学校で情操教育（人権教育）を展開している。町では高齢者教育や婦人教育が各地区で行われているが、前職の兼ね合いもあり出講している。住職は前職同様、同じ内容の話をしているが、住職として話に行くと宗教的な内容になるケースが多い。

この事例では、兼業先である行政機関で培ってきた情操教育がいまもさまざまな場所で展開されている。兼業先で得た知識や経験が日曜学校を通じて寺院へ、そして僧侶である住職が町内のさまざまな場所で話をすることで寺院外へとひろがりをみせている。

また、兼業の事例とは直接結びつかないが、以下の興味深い事例がある。

会社勤めを経験した後、自坊で経営する保育園を運営しながら、地域のサッカー活動に熱心に携わる住職がいた。地域で行われる夏祭りの際には、寺院の保育園児たちが江州音頭を披露するなど盛り上げるようだ。その卒園生の多くは、月に二回ある日曜学校に参加したり、除夜の鐘つきに訪れたりするなど、寺院との関係が継続されている。また、住職の所属する社会人サッカークラブの関係者が寺院の総代になるなど、サッカー活動によるつながりも寺院の中に広がっていた。サッカークラブから総代になった門徒は「お寺の灯を絶やさないように、なんとかつなげて欲しいと皆に声をかけているんだ」と語られるように、精力的に寺院活動に従事している。

その他にも、長年ボーイスカウトをしていた住職が、夏のサマーキャンプなどで炊事を子どもに指導する姿などが確認された。このように、情操教育や保育園、サッカー活動やボーイスカウトなど、住職の経験やつながりが、寺院のなかに取り込まれ新たなつながりを生みだし、寺院の活力となって、促進されている事例を確認することができたのである。

こうした形態における興味深い特徴は、地域の課題が寺院でも共有されている点である。つまり、寺院の活性化と地域の活性化との接点が見られる。地域の子どもたちをどうしていくのか、地域に足りないものは何かといった課題が、寺院のなかで共有されている。サッカーを通じて総代になった方も、寺院を中心とした地域の子育てに強い思いをおもちであった。今回の調査では、地域の若い人たちが寺院に来て話しあい、協力をしている事例もいくつか確認できたが、地域と寺院の課題が共有されているからこそ展開されている動きではないかと思われる。伝道も含め、寺院活動が地域と分離することなく、地域に生きているという感覚が、地域と寺院の活性化につながっている。

これらの事例は、「兼業」寺院の実態とはやや異なる面もあるが、寺院の外の活動が、寺院や僧侶の信頼となり、寺院の活性化に結びついているという点では、兼業と共通する特徴をみることができる。兼業がもたらす地域とのつながりの可能性の一端として紹介した。

三 「信頼」を生みだす要素とは

寺院と地域社会のソーシャル・キャピタルを検証するうえで、本願寺派滋賀教区寺院における「護持会計」「年番」「寺院外の活動」を中心にみてきた。これらの要素はそれぞれ寺院と地域社会のソーシャル・キャピタルを形成するうえで、絡みあいながら、より強固な結束力になっていると考える。

まず、寺院護持会計のいわゆる「見える化」であるが、門徒主導による寺院運営が展開されていた。門徒が率先して寺院護持にかかわることにより、「地域のお寺」「うちのお寺」意識が育まれていることがわかった。とくに護持会計の費用の高さを考えると、「うちのお寺」意識は、「自分の一部」として投資しているとも考えることができるのではないか。つまり調査地域の住民は、寺院と門徒を二項対立的な関係として捉えているのではなく、「自分の一部」として寺院を捉えていると考える。ソーシャル・キャピタルの文脈でいえば、結束型の傾向が強いと見ることもできるだろう。「うちの寺」意識の醸成は、「近江門徒」の自覚を育んでいることも指摘しておきたい。

また、前節では「年番」を中心に、門徒による寺院奉仕についてふれた。年番という仕組みから門徒による労働面での「負担」を確認したのであるが、住職家（寺族）はその負担に対し、どのような対応をしているのだろうか。ここではあまり紹介できなかったが、住職や坊守など寺族による地域貢献活動や熱心な法務活動が考えられる。I寺の住職は、「ご門徒の冠婚葬祭にはすべてお包みをする」と述べられていた。実際、この住職は門徒の冠婚葬祭に呼ばれれば必ず出席するそうだ。このように、寺院関係者が門徒の行事にかかわることは、普段からの寺院奉仕に対する御礼を形にしたものとみることもできよう。こうした行為は、門徒との信頼関係をより結束させ、寺院活動への理解を促進させるはたらきがあると考える。ソーシャル・キャピタルの言葉でいえば、互酬性の関係にあるといえるだろう。パットナムは、互酬性について、

直接何かがすぐ返ってくることは期待しないし、あるいはあなたが誰であるかすら知らなくとも、いずれはあなたか誰か他の人がお返しをしてくれることを信じて、今これをあなたのためにしてあげる、というものである。〔パットナム　二〇〇六：一五六頁〕

と解説している。金銭面、労働面で門信徒が積極的に寺院活動にかかわることに対し、住職・寺族は感謝の気持ちを忘れず行動で示している。まさに日常の感情、贈答のやりとりが交錯しているのであり、互酬性の関係が構築され育まれているといってよいだろう。

さらに、ある門徒は「老人になると自治会にも顔を出さない人も多い。寺の行事は老人にとって貴重な時間」との語りがあった。つまり、寺族や地域住民のコミュニケーションの場として寺院が捉えられていることがわかる。

また、別の門徒は「先祖を大事にする心がお寺との繋がりになる」と語られていたように、両親や祖父母が支えつづけた寺院であるという思いを満足させるはたらきが寺院にはある。

住職の社会性や経験に対しての「信頼」も忘れてはならない。前節で紹介したように、住職の経験や知識が寺院に還元されることは、寺院活動の活性化につながる側面もある。住職による寺院への姿勢や努力に対する理解がなされることにより、新たな寺院活動が促進されるのである。

このように、門徒による金銭面、労働面での「負担」に対する寺院側の対応を見ると、さまざまな形で確認することができる。こうした相互の関係があるからこそ、パットナムのいう「共にする」行為による「信頼」の醸成を見ることができると考える。

四　さいごに

以上、滋賀県寺院の護持運営・兼業について見てきた。これらはある種肯定的な報告となったが、当然、ソーシャル・キャピタルの負の側面、閉じたネットワークによる「しがらみ」なども確認できる。たとえば、ある寺院では「当寺に所属していない門徒の葬儀については、総代の許可が必要」との語りがあった。集落の寺院として、地域住民の方が熱心に奉仕している姿を確認したが、地域以外の門徒に対してなかなか接点をもてない状況がある。地域の「しがらみ」が強すぎて、地域外の新たな門徒の獲得や近隣の新興住宅地へのはたらきかけなどが難しい現実が浮かび上がる。

また、次世代への継承については、多くの寺院が問題視している。たとえば、ある住職は「自分（住職家）よりも門徒さんの後継者の方が問題」と語り、ある門徒は下の世代の寺離れを危惧されていた。このように、主に門徒の後継者を取り上げる声が多かった。これは、寺院をはじめ、地域においてもいえることだが、コミュニティや独自の護持システムなど、ネットワークの継続に対する危機感をあらわしているものと考える。

さらに、「兼業」しづらい社会的環境も課題としてあげられる。宗務組織・教職・役所など、十数年前までは法務で休みをとることができたのに、近年の職務管理の整備などにより、急な葬儀に休みをとりづらい職場環境の変化が問題視される。けっして、順風満帆ではない不確実的要素が滋賀県寺院にはある。

滋賀県寺院のソーシャル・キャピタルの特色は、「結束型」の要素が強い傾向にある。地域と寺院は互いにつながりあい、相互作用のなかで結束を高めている。しかし、そこには先に確認したように、いくつかの課題が確認できる。しがらみや後継者問題など、これらの課題は山岸［一九九八］が示すように、そのつながりが継続できるかどうかの「社会的不確実性」であるともいえる。

人権教育やサッカーでの活動、「兼業」などは、一見寺院とは無関係に思える活動に見える。しかし、そこから得たつながりや経験・知識が寺院の「信頼」となって、寺院本来の活動を充実させている。こうした意味において、兼業などで培った住職による社会性や経験を活かした活動はその不確実性を減少させる活動ともいえる。サッカー活動から総代になった方は、寺院外からつながり、寺院の役員となった方だが、寺院の今後を見すえて、まさに自身のこととして精力的に活動されている。このように、寺院と関係のなかった人との接点をもつことで、寺院活動の裾野を広げる取り組みが展開されているのである。こうした例は、課題を寺院の外側と共有し、課題への取り組みを「共にする」ものと評価できるだろう。また、門徒後継者に対するはたらきかけや新たな門徒の獲得など、不確実性を取り除くさまざまな効果が期待できる取り組みとしても評価できると考える。

人口減少化にともない、社会構造も大きく変わると指摘されている。寺院もその例外ではなく、寺院の兼業率もますます増加することが予想される。

一層多くなる兼業寺院について、悲観的に見るだけでなく、「寺院外との接続」「僧侶への信頼の契機」「ネットワークの構築」「地域の課題の共有」と「兼業」寺院のあり方を捉えなおしていくことがこれから求められてくるのではないか。他地域、他団体との新たなつながりを形成するための「橋渡し型」の要素として、「兼業」寺院のあり方を再評価する必要があるのではないかと考える。

註

(1) 本項では、長岡岳澄「過疎・過密と寺院」〔浄土真宗本願寺派総合研究所編 二〇一三：一四六―一四七頁〕に多く依拠した。本論文には、本項で紹介した宗勢調査のデータの他、過疎寺院の状況など事例を交えて詳細に紹介している。

(2) 「第九回宗勢基本調査報告書」(『宗報』二〇一一年八月号、一二―一四頁)。「寺院票問4」における「市街地」「住宅地」「農山漁村」の選択は、回答者の主観によるものであるが、寺院所在地の目安とはなるだろう。

(3) 「第九回宗勢基本調査報告書」(『宗報』二〇一一年八月号、一七―一八頁)。

(4) 全寺院のなかに占める過疎地域に所在する寺院の割合を、当派の『寺院名簿』などから、筆者独自に算出した。

(5) 本願寺派の過疎対策に関する施策を見ると、「過疎地域対策緊急設置法」が制定された一九七〇年には、当派の宗則に「過疎・過密地帯における寺院振興施策」という文言がすでにあることを確認した。その後、今日にいたるまで、過疎の文言を使用した規程や宗則は多数出されている。近年では二〇一二年に「過疎地域対策担当」という部署が設けられ、過疎対策に関する窓口を一本化し、離郷門信徒の集いをはじめ、さまざまな施策を講じている。

(6) 「第九回宗勢基本調査報告書」(『宗報』二〇一一年八月号、二二三―二二五頁)。

（7）本節の詳細は、拙稿「寺院活動の「活性化」と「経済基盤」の関係について」［浄土真宗本願寺派総合研究所編二〇一三：一五九―一六三頁］に記載。
（8）「第九回宗勢基本調査報告書」（『宗報』二〇一一年八月号、八〇―八一頁）。
（9）「第九回宗勢基本調査報告書」（『宗報』二〇一一年八月号、八〇頁）。
（10）「第九回宗勢基本調査報告書」（『宗報』二〇一一年八月号、九九頁）。
（11）「第九回宗勢基本調査報告書」（『宗報』二〇一一年八月号、八一頁）。
（12）新潟県の主に上越地方を指す。
（13）鳥取県、島根県を指す。
（14）東京都、群馬県、栃木県、茨城県、埼玉県、千葉県、神奈川県、山梨県、静岡県を指す。
（15）備後地域を除く広島県を指す。
（16）福岡県の主に旧豊前地域を指す。
（17）北豊教区を除く福岡県を指す。
（18）「第九回宗勢基本調査報告書」（『宗報』二〇一一年八月号、八二―八六頁）。
（19）「第九回宗勢基本調査報告書」（『宗報』二〇一一年八月号、八二頁）。
（20）本項は、長岡岳澄（中央仏教学院講師）氏のご教示によるところが大きい。本項の詳細は、長岡［二〇一五］を参照。
（21）長岡［二〇一五］三二頁。
（22）国府教区のデータについては長岡氏よりのご教示。滋賀教区のデータは同上、および長岡［二〇一五］三二頁。
（23）長岡［二〇一五］三三頁。
（24）長岡［二〇一五］三二頁。
（25）「第九回宗勢基本調査報告書」（『宗報』二〇一一年八月号、七六頁）。

(26)「第九回宗勢基本調査報告書」(『宗報』二〇一一年八月号、七六—七七頁)。
(27) 三隅一人は社会関係資本論を理論化するための鍵概念として「関係基盤」という概念装置を導入し、「投資は相互作用を活発にすることで社会関係資本の蓄積を促進する」[三隅 二〇一三：一五〇頁] と指摘する。しかし、門信徒の金銭面での「負担」を「投資」と表現すると、経済関係そのものの意味に誤解する恐れがあるので、ここでは「負担」と表記した。
(28) 本項は、那須 [二〇一五] をもとに執筆した。
(29) 同右。

参考文献

片岡えみ 二〇一四「信頼感とソーシャル・キャピタル、寛容性」(『駒澤大学文学部研究紀要』七二)
浄土真宗本願寺派総合研究所編 二〇一三『寺院活動事例集 ひろがるお寺——寺院の活性化に向けて』(二〇一三年三月、宗門長期振興計画推進対策室)。
長岡岳澄 二〇一五「寺院を護持する力」浄土真宗本願寺派所務部編『宗報』二〇一五年六月号。
那須公昭 二〇一五「お寺と地域の「共にする」活動」浄土真宗本願寺派所務部編『宗報』二〇一五年四月号。
ロバート・パットナム 二〇〇六『孤独なボウリング——米国コミュニティの崩壊と再生』柴内康文訳、柏書房。
三隅一人 二〇一三『社会関係資本——理論統合の挑戦』ミネルヴァ書房。
山岸俊男 一九九八『信頼の構造——こころと社会の進化ゲーム』東京大学出版会。

第5章　住職の兼職と世代間継承——真宗高田派

藤喜一樹

一　はじめに

室町時代の中頃、親鸞の法灯をつぐ中興上人といわれる本願寺の蓮如と専修寺《せんじゅじ》の真慧《しんね》の二人がほとんど時を同じくして現れた。親鸞は一二二六年（嘉禄二）に下野《しもつけ》国高田（栃木県芳賀郡二宮町）に念仏の道場を開いたが、その法灯をついだ念仏宗を高田派といい、その寺が専修寺であった。この高田派の本山が伊勢国一身田《いっしんでん》（津市）に移ってからも高田派といった。この基礎をつくったのは専修寺第十世の真慧であり、伊勢地方に教化の重点をおき、一身田に専修寺が本山となる基礎をつくった。真慧が伊勢に布教を始めたのは、寛正（一四六〇〜六六）の初頭のことであった［三重県　一九六四］。

この真宗高田派は浄土真宗十派の一つであり、本山は三重県津市一身田にある。真宗高田派宗務院［二〇一〇］によれば、掲載されている全寺院六二三カ寺のうち、三重県にはその六四・二%にあたる四〇〇カ寺が存在する。また真宗高田派寺院のうち、住職のいる寺院は、全体の八四・六%にあたる五二七カ寺である。そして残りのうち、七二カ寺は代務住職が寺院を運営しており、二四カ寺は無住の寺院である。

これまで三重県下における仏教を中心とした宗教分布の分析では、真宗高田派の寺院は鈴鹿市・津市と三重県の中心部に集中的に分布していることが明らかにされてきた［清水　一九八四］。この状況は現在も変わっていない。

真宗高田派は他の宗派と異なり、宗勢報告書は作成していないが、二〇〇九年、真宗高田派の本山は末寺に対して、寺院の現況アンケート調査を実施した［真宗高田派宗務院　二〇〇九］。そこでは、真宗高田派の末寺六二三カ寺のうち、二四六カ寺にあたる約四割の寺院が本山に協力した。これは、曹洞宗や浄土真宗本願寺派が宗勢報告書をつくる際、原則として全寺院が協力する体制とは、まったく異なった状況であることが理解できる。このアンケート調査では、一八四カ寺が檀家数を答えているが、九二カ寺は五〇軒未満と答えており、対象とした寺院の五〇%に相当する。また五〇軒以上一五〇軒未満の寺院数が五三カ寺であり、対象とした寺院の二八・八%に相当する。このように一五〇軒未満の寺院が八割弱を占めているのが現状である。したがって、真宗高田派の寺院は、他の宗派と比べても、檀家数の少ない寺院が多いことが理解できる。

本章では、一つ目の問題として、過疎地域の世帯問題に注目した山下・徳野の議論から世代間継承の問題を提起する。山下は、過疎問題は世代間の地域継承の問題であり、この国に支配的な思想や倫理、日本人が今後どういう生き方をするのか、何を大事に思い、何を尊重するのか、そういった価値の問題にもつながっていると指摘する［山下　二〇一二：二一四―二一九頁］。というのも、地方と中央にかかわる日本社会の現状では、地方においても都市の人は村の暮らしを知らない。そして首都圏の暮らしのなかでは、今度は地方の暮らしが見えない。そういう認識の一方的な不可視の構造があるからだという。しかしながら、こうした地方と中央の暮らしの分断があるなかで、農山村の共同体で受け継がれてきた信仰が、世代間を超えて継承されるのか、この点について山下の論考では触れられていないが、筆者にとっては関心の高い問題である。[1]

また徳野は、他出子を「単に、イエを捨てムラを捨てた人々」という従来の位置づけだけではなく、「現在と未来の農山村を支えることも可能な人間関係資源」＝〈顕在的サポーター〉として見直していくことの重要性を指摘している［徳野　二〇〇八］。だが、信仰の面にも、それがあてはまるのかを議論すべき余地がある。

つづいて二つ目の問題として、真宗高田派の住職は寺院運営の面で、本山で規定されている教義および儀式の遂行において、どれだけ厳格な宗教活動を行っているのかという問題を提起する。真宗でもっとも大きな派閥である本願寺派は、本山の姿勢が末寺に対して（教義および儀式の遂行面、義納金の割り当てなど）、何事に対しても厳格である。本来真宗高田派は、本尊が阿弥陀如来で、教義は「阿弥陀如来は、あらゆる者を浄土に救うという大きな誓いをたてられました。そして、われら凡夫《ぼんぷ》にはこの誓いを信じお念仏を申すことが浄土に生まれる因《たね》になると勧めてくださいます」と定義されている。[2]

つまり、真宗の本願寺派や大谷派寺院の住職は一般に、教義および儀式の遂行で、厳格な宗教活動をしているが、これらの宗派とは異なり、真宗高田派寺院の住職は、教義および儀式の遂行で、かなりの柔軟性をもっているのではないだろうか。これまで真宗高田派の研究では「檀信徒との対話意識調査の結果報告」［佐々本　二〇〇三］がある。ここでは、九五％の檀信徒が仏壇はあると答えている。現在真宗の本願寺派や大谷派では、仏壇に位牌を安置することは一般的ではないが、真宗高田派では積極的に仏教のなかに先祖供養の信仰を取り入れてきた歴史のあることが佐々本の論考のなかでは説明されている。しかし、寺院が半ば黙認するかのような態度であったという佐々本の見解は疑問に思える。寺院によっては積極的に真宗と先祖信仰を融合させてきたのではないだろうか。

実際、真宗高田派が真宗の諸派と異なる点は、仏壇の存在とともに、位牌の存在が挙げられる（本願寺派の檀家は位牌の代わりに過去帳をもちいる）。本願寺派や大谷派と高田派がもっとも異なる点は、お盆の際、僧侶が棚経《たなぎょう》を行うことである（一般に本願寺派の僧侶や、大谷派の僧侶は棚経を行わない）(3)。したがって、高田派の僧侶が棚経を行う習慣は、各檀家が先祖を大切にしてきた期待に応えてのものである(4)。

宮崎は、日本の民俗宗教とキリスト教の違いについて、日本の民俗宗教は、重層信仰、先祖崇拝、現世利益信仰、儀礼中心であり、キリスト教は、一神教、唯一絶対神崇拝、来世志向、教義中心であると区分けしている［宮崎二〇一四］。ここで真宗の最大派閥である本願寺派や大谷派では、教義や儀式遂行の厳格性から、日本の民俗宗教というよりは、キリスト教的な一神教的要素が強いと考えられる。一方、真宗のなかでも少数派閥であった高田派は一神教的な要素より、日本の民俗宗教的な要素が大きいものと考えられる。

このような現状のなかで、本章では、真宗高田派の第一五組の二〇カ寺を分析の対象として取り上げる。なぜこの第一五組を取り上げたかと言えば、この組が真宗高田派二七組のうち、①市内のなかで空洞化している中心の地域、②郊外の農村地域、③辺境の山村地域と地域の多様性に富み、世代間継承の持続性を見ていくには適切な地域であると考えたからである。そのため本章では、同行参りを中心に世代間継承の問題を見ていきたい。ここで使う同行とは、真宗高田派末寺の檀家のことであり、同行参りとは、同じ共同体の檀家のメンバーが法要の際、集って念仏をあげることである(5)。本章では、地域間の世代間継承の問題と真宗高田派住職の教義および儀式遂行面での厳格性を明らかにしていくために、参与観察、および聞き取り調査と、文献資料から検討していく。

二　真宗高田派内での第一五組の特徴

真宗高田派の第一四組の寺院は津市安濃《あのう》町、芸濃《げいのう》町に位置している。次に第一五組の寺院は亀山市に位置している。つづいて第一六組の寺院が鈴鹿市に位置していることからもわかるように、三重県にある一組から二八組までの区分けおよび直轄の区分けは行政の境界を参考に区分されている。

しかしながら、江戸時代は、本山が藤堂藩（外様）の擁護を受けるなかで、高田派の末寺は、紀州藩（親藩）の寺院、藤堂藩（外様）の寺院、亀山藩（譜代）および神戸《かんべ》藩（譜代）の寺院など、寺院それぞれによって支配体制が異なっていたことから、現在の組分けは、明治期以降につくられたものであると考えられる。

ここで、三重県の二八組の寺院と直轄の寺院がどのような条件の地域に位置しているのかについて見ておきたい。

①人口三〇万規模の都市の中心部にあたる地域。この条件に該当するのが、第三組にあたる旧津市内の中心部の地域、第一八組にあたる四日市市中心部の地域、第二〇組にあたる四日市市中心部の地域。

②昔ながらの町並みに寺院が位置している地域。この条件に該当するのが、第一組にあたる旧津市内の本山のお膝元である一身田町の地域、第二六組にあたる松阪市中心部の地域。

③昔ながらの町並みと新興住宅地が混在する地域。この条件に該当するのが、第二二組にあたる鈴鹿市東部の地域、第二三組にあたる鈴鹿市神戸を中心とする鈴鹿市内の中心部の地域、第二七組にあたる旧久居《ひさい》市内中心部の地域。

④昔ながらの町並みと新興住宅地と農村が混在している地域。この条件に該当するのが、第二組にあたる旧津市

内の白塚町から旧安芸郡《あげ》河芸町《かわげ》にかけての東部の地域、第一九組にあたる桑名市、いなべ市、三重郡、員弁郡《いなべ》の地域。

⑤昔ながらの町並みと農村が混在している地域。この条件に該当するのが、第一六組にあたる鈴鹿市西部および四日市市西部の地域、第二五組にあたる鈴鹿市白子および寺家を中心とする鈴鹿市内東部と旧安芸郡河芸町の地域。

⑥昔ながらの町並みと、農村および山村が混在している地域。この条件に該当するのが、第一五組にあたる亀山市内の中心部および南部と旧鈴鹿郡関町の地域。

⑦新興住宅地と農村が混在している地域。この条件に該当するのが、第四組にあたる旧津市内の中心部から旧安芸郡安濃町にかけての地域、第五組にあたる旧一志郡《いちし》香良洲町《からす》を含む旧津市内の南部の地域、第六組にあたる旧一志郡三雲町を中心とする松阪市内の地域、第七組にあたる旧一志郡嬉野町《うれしの》を中心とする松阪市内の地域、第二一組にあたる鈴鹿市の海岸沿いの東部の地域。

⑧主として農村部にあたる地域。この条件に該当するのが、第八組にあたる多気郡、松阪市、伊勢市、鳥羽市と三重県の南勢地域、第九組にあたる旧久居市内西部、第一〇組にあたる旧一志郡白山町、第一一組にあたる旧一志郡一志町、第一二組にあたる旧津市西部の農村部および旧安芸郡美里村の地域、第一三組にあたる旧安芸郡芸濃町、第一四組にあたる旧安芸郡安濃町の地域、第一七組にあたる鈴鹿市西部および四日市市北部の地域、第二四組にあたる鈴鹿市西部と亀山市北部の地域、第二四組にあたる鈴鹿市南部および亀山市南部の地域、第二八組にあたる旧久居市南部を中心とする地域。

⑨三重県のなかで直轄にあたる地域。この条件に該当するのが伊賀地域。

こうした区分けのなかで、農村が混在しているか、主として農村部にある組は、二八組と直轄のうちおよそ三分の二にあたる一九組である。このことからも三重県の高田派の末寺では、農村部にある寺院が少なくないことがわかる。

　そして第一五組は昔ながらの町並みと、農村および山村が混在する地域に該当する（図1参照）。この第一五組の特徴は、他の組と違い、一定数の寺院が山村地域に存在することである。このような第一五組については二〇カ寺から構成されているが、組内では二〇カ寺中一〇カ寺が、檀家数五〇軒未満である。これは、本山が二〇〇九年に実施した寺院アンケート調査の檀家数の規模とほぼ一致している。ただし、大きな規模の寺院としては、檀家数

図1　三重県北中部地図

四〇〇軒以上が一カ寺、三〇〇軒以上が一カ寺、二五〇軒以上が一カ寺となっている。四寺の代務住職を除く一六カ寺のうち、一二カ寺が兼業住職から専務住職へと移行している。また三カ寺が現在、県庁職員、本山職員、大学事務職員と兼業をしながら住職をしている。一カ寺のみが専業住職である。このように三重県第一五組の二〇カ寺では、専業可能な寺院が著しく少ないことが理解できる。これは、社会体験を積んだ住職が多数いることを示している。

　また第一五組には一二カ寺から構成される勇進大講がある。この勇進大講は真宗高田派の中興の祖である真慧上人の遺徳を偲んで亀山市内一二カ寺の高田派寺院が毎年一回、一七九四年（寛政六）からもち回りで営んできた伝統ある

法会である[真宗高田派清福寺　二〇一三]。

三　亀山市内中心部の真宗高田派同行（檀家）を取り巻く環境

現在、亀山市は平成二二年の総務省統計局「国勢調査」において、五万一〇二三人の市となっている。この亀山市内の東町にあるS寺は市の中央部にあり、S寺の周辺は、江戸期宿場町の一つであり、現在は古い屋並は消え、店舗の多い東町商店街を形成している。このS寺は檀家数四〇〇軒以上の寺院である。西町にあるU寺は市の中央部にあり、U寺の周辺は、亀山城城下東海道沿いの集落で東西に細長く延びる。今もなお屈曲の多い道路を挟み古い屋並が残る。このU寺は檀家数二五〇軒以上の檀家を抱える寺院である。野村にあるF寺は市街地の西にあり、F寺の周辺は、旧東海道沿いの古い屋並を残す街道集落である。このF寺は檀家数一〇〇軒未満の規模の寺院である（図2参照）。

現在、西町、東町のあたりは、街なかがシャッター通りになっている。東町の一つの組では、一〇軒中、三軒が高齢者一人暮らしであり、四軒が高齢者のみの夫婦である。三軒は高齢者夫婦と息子夫婦がいる。東町のもう一つの組は、一〇軒中、四軒が九〇歳以上の一人暮らしである。あと六軒もすべて高齢者夫婦のみである。したがって、街なかの過疎化現象が著しい状況にある。東町では、昭和三〇年代まで家でお念仏をして、サンマイ（墓地）まで行列をくみ、墓場で葬式をした。昭和四〇年代くらいから家で葬式をするようになり、サンマイ（墓地）では葬式をしなくなった。平成に入ってからは葬儀会館でのお通夜、告別式が一般的となっている。東町では同行参りはすでになくなっている。

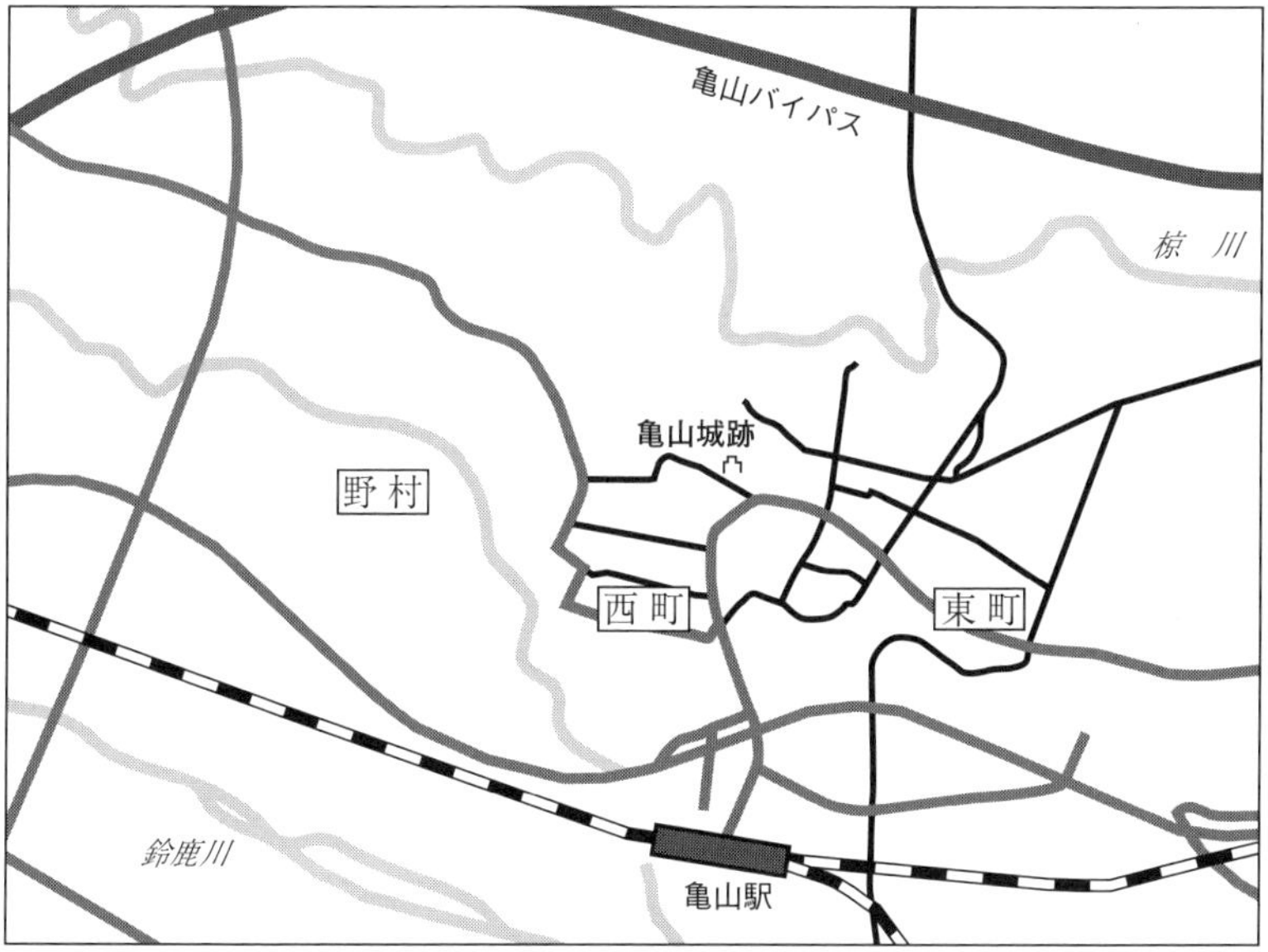

図2　亀山市中心部地図

旧東海道沿いにあるU寺のある亀山市の中心部である西町でも、東町と同様に、同じ共同体の同じ檀家寺のメンバー全員がお参りをする、同行参りがなくなっている。この寺のある西町でも一〇年前まで同行参りがあった。この要因として住宅事情が変わってきたことが大きい。部屋に同行（檀家）の人が入るスペースがない。こうした住宅事情は大きい。昔は、家が田の字型になっており、ふすまを外して、広いスペースが取れた。同行参りは西町、東町に限らず、野村でもなくなった。地域社会の変化として、亀山市内の中心部では、若い世代は別居している。新しい家を建て、古い家には帰ってこない。親が施設で亡くなると、直接斎場に行き、古い家に帰ることがなくなった。しかし、野仏、野袈裟[6]は、中心部の同行（檀家）でも斎場では必ず使う。

西町に隣接する旧東海道沿いにあるF寺がある野村でも、跡継ぎが同じ亀山市内の郊外の団地に家を建てる。ほとんどの世帯では、親と同居していない。病院、施設で亡くなると、遺体は家に帰さず、直接斎場にもって行く。跡継ぎが別居しているため、親の家に遺体は帰さない。そのため、近隣の人は亡くなったことを知らない。そのことからも、近隣の人（組の人）が葬式にいく風習はなくなった。寺側から見れば、式場から、亡くなった旨の連絡がくる。仮安置室で枕勤めをする。昔は近隣の人が亡くなると、五人組のうち、二人がふれていた。その後、組の世話人（輪番）がふれていたが、今はそのような風習がなくなった。今は、近隣の人が亡くなったこともわからないため、昔の街なかに住んでいる人は、近隣の人（組の人）に声をかけることもできない。つまり、家族葬が一般的になってきた地域性からも、近所の同行（檀家）が集まってお念仏をする機会はなくなってしまったのである。同行（檀家）が一緒に念仏をするのは、寺院で行われる報恩講のときだけである。このときが近所の同行（檀家）が集まってお参りをする唯一の機会になってしまった。

したがって、亀山市内中心部では、同行（檀家）同士の絆の証であった法要の際にお参りをする真宗特有の同行参りの習慣はすでになくなっている。これには住宅環境の変化も大きい。市の中心部から離れた郊外に家を建てることが一般化しているなかで、S寺のある東町の地域や、U寺のある西町の地域、F寺のある野村の地域は、すでに伝統的な共同体の側面をなくしているということができる。

四　亀山市郊外農村部の真宗高田派同行（檀家）を取り巻く環境

亀山市内の小野町にあるZ寺は鈴鹿川左岸丘陵地東端部に集落がある。このZ寺は檀家数一五〇軒未満の規模の寺院である。布気《ふけ》町は鈴鹿川左岸低地を国道一号、JR関西本線が通る。O寺は、旧東海道沿いの布気町落針《おちばり》の集落にあり、檀家数一〇〇軒未満の規模の寺院である。H寺は安知本《あちもと》町にあり、市の南部の山間丘陵地の農業地域で

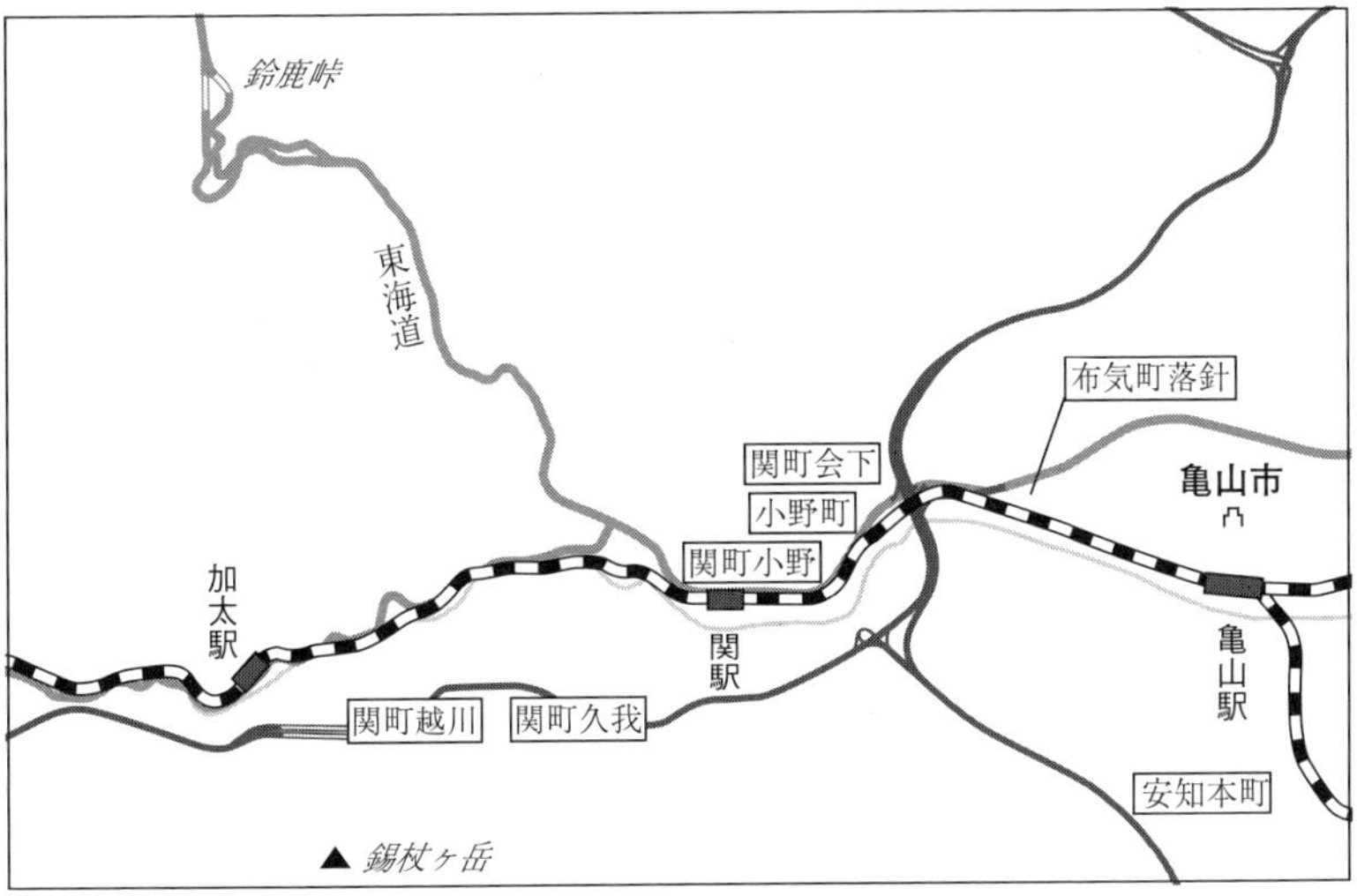

図3　亀山市郊外・辺境山村部地図

ある。檀家数一〇〇軒未満の規模の寺院である（図3参照）。

Z寺は小野町にあるが、同行（檀家）の分布は近隣の関町会下《えげ》、関町小野にも広がる。関町会下では同行参りがある。この同行参りは、葬式のとき、満中陰（四十九日）のとき、年忌のとき（一周忌〜五十回忌）には同行（檀家）に加わって組の人（北、南どちらかに属している組の人）が来て念仏を唱える。そのため、組の人、および親戚の人が三〇人から四〇人集まって法事に参加する。その後、集まった人が皆で食事をとる。この集落では法事の後、必ず食事がある。法要の後の食事は一〇〇％ある（ただし、小野町で食事があるのは三〇％ほどである。関町小野にいたっては、ほとんど食事を出さない）。法事の後、住職が食事に招待されるのは年に四〇〜五〇回である。小野町では、平成一八年頃から、同行参りがなくなった。法事は身内と親戚だけで、組の人は葬儀・告別式には顔を出すけれども、念仏をあげる習慣はなくなった。組内で念仏をあげていたときは食事があった（亀山市小野町の北もしくは南、どちらか自分の所属している組内の人と親戚が参加した）。

O寺の組織として、総代一人は落針地区五組から二人ずつ一〇人で、二人のうち一人は組頭である。O寺は落針地区の自治会の組織に則っている。落針地区の組参りは、十七回忌までは必ずあるが、二十三回忌以降、五十回忌まで、どこまで組の人を呼ぶかは、家の判断としている。年忌の順番としては、家でのお参り、お墓参り、寺参りと続き、住職および親戚一同は、家または料亭で食事をとる。食事は五十回忌まで一〇〇%ある。組参りがあれば、組の人も食事を呼ばれる。百回忌は、寺参りだけである。葬儀・告別式の場合、家で行う場合もある。家に仏壇があるのに、葬儀会館で葬儀・告別式をするのはおかしいという考え方の人もいるからである。組の多くの人は、葬儀会館でお通夜を行い、翌日も葬儀会館で葬儀・告別式を行い、告別式が終わり、火葬場へ行き、火葬場で骨あげをし、寺へ参る。墓で納骨をして、本堂で拝送参りをする。そして、喪主の家で初七日のお勤めをし、その後、家で住職、組の人、親戚一同が食事に呼ばれる。中陰中は、夜同行参りがある。この同行参りには組の人と濃い親戚も参加する。ひじ（食事）は、四十九日のとき、住職および組の人と濃い親戚が呼ばれる。

H寺のある安知本町では、初七日、四十九日で行われる同行参りの後、同行参りに加わった親戚と組の人にも食事が出る。一周忌から五十回忌まで同行参りがあるが、年忌法要の後、六割の家では食事が出る。一方、四割の家では食事が出ないが、住職は食事代をもらう。葬儀会館が進出していない昭和の時代には、葬儀・告別式から初七日まで、四七軒の代表が毎晩喪主の家で参った。この地区では、会葬、および御礼も出すなと規則をつくったが、必ずしも守られているわけではない。これは、地区の役員が規則をつくっても、共同体の伝統を大切にしていきたいと思う同行（檀家）の思いがあるからである。

したがって、亀山市内郊外の農村部においては、まだ真宗特有の同行参りが残っている。これは、各寺院とも少しずつ違うとはいえ、寺院が共同体の一つの機能としてはたらいている証である。今後時代の流れのなかで、同行参りが消滅する可能性もありえるが、住職の努力次第で、共同体にある寺院と檀家の絆のかけ橋として、今後も同行参りを残していくことが可能な地域である。

五　亀山市辺境山村部の真宗高田派同行（檀家）を取り巻く環境

亀山市関町久我にあるI寺は、まわりを山に囲まれた谷間集落であり、東西に名阪国道が通る。このI寺は檀家五〇軒未満の小規模な寺院である。亀山市関町越川《えちがわ》にあるN寺は、錫杖《しゃくじょう》ヶ岳を水源とする加太川支流越川が関町金場《かねば》に向け北流し、まわりを山に囲まれた谷間集落であり、東西に名阪国道が通る。東端部久我との境に久我インターチェンジがある。このN寺は檀家数五〇軒未満の小規模な寺院である（図3参照）。

I寺のある亀山市関町久我の同行（檀家）では、葬儀・告別式は葬儀会館で行うが、拝送および初七日は自宅で行う。親戚の人および組の人は、自宅で食事を呼ばれる。現在真宗高田派においては、中陰中は伝統として毎週供養をしている。その代わり、関西でよく行われている月参りの風習は一般的ではない。しかし現在では、中陰中寺院によっては二週間分の供養を同じ日に続けて行う寺院もある。この寺院もそうした寺院の一つであるが、満中陰（四十九日）までの供養は二七日と三七日を同じ日に、四七日と帰り日を同じ日に、五七日と六七日を同じ日に行う。四十九日は単独で行う。毎回供養の後は必ず食事がある。こうした食事の習慣は、他の地域と比べても丁寧であるが、親戚と住職は必ず食事に呼ばれる。ただし、四十九日の同行（檀家）である組の人の食事はない。四十九日の仕上げは盛大に行われ、遠いところの親戚も来る。毎回念仏は、午後二時から本堂で住職により、無量寿経・観無量寿経・阿弥陀経の三部経が読まれる。その後、食事のお呼ばれがある。午後七時三〇分からは家で念仏がある。このとき、念仏は親戚だけではなく、組（久我）の人も皆で一緒に唱える。そのさい、饅頭などが配られる。念仏ごとに、組の人に配り物がある。四十九日、百カ日、初盆、一周忌、三回忌には、組の人の同行参りがある。念仏が終われば、組の人に配り物がある。五十回忌まで、どこの家でも法事を行うが、七回忌以降五十回忌までは、組の人に参ってもらうのは各家の判断にまかせているが、なかには、組の人に同行参りを呼びかける家もある。

N寺のある亀山市関町越川の同行（檀家）では、年忌のおり、一般的に十七回忌まで親戚の食事がある。ただし、同行参りは行われていない。二十三回忌以降はお布施とお供えをお寺に届け、供養を住職に依頼しておく、いわゆる「あげほうしゃ」が多い。寺院の主要行事である春の永代経、秋の永代経、歓喜会のお勤めは実施されていない。唯一報恩講のみが実施されている。関町越川集落では、一般的に若い世代の多くが別居している。息子が外に出ていると、五〇歳を超えていても、いざとなると共同体の風習がわからない。仮に同じ共同体に住んでいても、寝に帰るだけで、親がいる以上、つきあいには出てこない。世帯主は八〇歳くらいまで共同体の行事に参加する。親が亡くなっても、息子に共同体の風習を伝えていないため、風習が継承されていかない。

現在七〇歳代、八〇歳代の高齢者は、昔、日曜日、お寺で開かれた日曜学校でお念仏を学んだ。日曜学校は、在所に与える影響が大きかった。テレビのない、情報のない時代、寺に子どもたちが集まっていた。従来真宗高田派では、幼い頃、日曜学校でお念仏を学んだ経験をもっている人が多く、同行（檀家）が集まって、皆で念仏を唱和するという同行参りが一般的であった。これは、他の宗派にはない特徴であった。

したがって、辺境山村部の地域においては、真宗特有の同行参りを次世代に継承するのが難しくなっている地域と、かろうじて維持されている地域のあることが理解できる。

六　強い宗教上の信念をもって寺院運営に取り組む住職

⑴ 市内中心部の寺院住職S氏の事例

S氏は一九三三年（昭和八）生まれで現在満八二歳であるが、S氏によると、小学校の五年生の終わりから、六年生にかけて父親から経典の読み方を覚えたという。その頃、父は長期入院中であり、病院でお念仏を習ったという。兄弟姉妹は男が四人、女が二人いた。S氏は五番目の子で、男では三番目であった。母は六番目の子を産んですぐに亡くなった。S氏が一歳のときのことであった。父は一〇二歳まで生きた。父は母のところに養子にきた。長男が跡を取ることになっていたが、長男は仏教系の大学に進学し、戦時中、陸軍に徴集され、終戦後、県立高校の英語科の教諭になった。S氏がキリスト教系の大学に行っていた時代、父親から「跡を取らんか」と言われた。キリスト教系の大学、および大学院で人類学を専攻したが、キリスト教を勉強する縁にも恵まれた。大学院を終えたあと、跡をつぐと同時に県庁に勤め、父親が八六歳のとき、S氏は五〇歳であり、住職を交代した。S氏は最終的に県庁の部長まで務めた。二足のわらじであったが、県庁勤務の時代、同行（檀家）から「専従になったらどうか」と言われることがあった。県庁で残業しているとき、葬儀の電話が入ることもあった。S氏は、四七歳のとき、胃がんに侵された。

仏さんに身を任すしかなかったのです。その当時がんになった人は皆、亡くなっています。今年で三六年目になりますが、仏さんのはからいを感じます。胃がんはⅢ期で、食道がんのため、三センチ切りました。がんを告知しない時代であったのですが、身内では、胃がんにかかった人が今までいなかったのです。カトリックでは、人間は神にはなれませんが、仏教では、どのような人間でも仏になれます。親鸞聖人の教えでは、悪人でも仏になれます。善人、悪人、どこに違いがあると思いますか。この世では生きて行くために、境遇が悪ければ誰でも悪人になってしまう可能性があります。単純に、善人、悪人と言い切れない面があるのではないでしょうか。カトリックでは悪人は救われませんが、真宗では、有難いことに仏さんのご縁で助かっているのです。人間は目に見えない力で生かされているのです。言葉ではあらわせない大きな力で生かされているのです。仏さんのはたらきを感じます。

S氏は、お通夜、法要の後は必ず法話をする。またお寺の主要行事である修正会、春季永代経、七月盆、八月盆、秋季永代経、報恩講の法要時の説教、合計六回は必ず大勢の同行（檀家）の前で法話を行っている。難しい仏教の専門用語はあえて使わず、身近な生活の話から仏さんのはたらきについて、同行（檀家）に語りかけている。そのためS寺では、外部からの説教師を呼ぶことはない(7)。

(2) 市内中心部の寺院住職F氏の事例

F氏は一九三四年（昭和九）生まれで、現在満八一歳である。F氏は一〇代で得度、二〇代初めで、真宗高田派の教師資格を得る。国立大学の学芸学部を卒業後、中学の国語科教諭になり、中学の校長を五年務め、一九九五年（平成七）三月に退職した。F氏の父親は八七歳で亡くなったが、そのとき、F氏は五四歳であった。それで中学の校長をしながら五五歳のとき住職となった。退職後は専業住職となったが、現在脳梗塞のため療養中である。

先祖に対して、自然に対して、人に対して感謝する心が、三〇歳代後半以降に生まれてきましたが、若いときには感謝するという気持ちはまったくありませんでした。昔の人は、初日の出におがみにいく、今の人は初日の出をみにいくといいます。昔はおがみにいくという気持ちをもっていました。自然に対する感謝があったのです。採れたものに対して感謝があったのです。お宮さんでは、春祭りにおいて、豊作になるように祈ります。秋祭りでは、採れたものに対して感謝します。人間は、他人に生かされており、自然に生かされております。人の力、自然の力の大切さを感じます。住職として、先祖を大事にすること、先祖のおかげだと感謝することがもっとも大切なことだと思います。親があって、自分がありますし、寺は、これでもっていると思います。

野村には六カ寺ある。浄土真宗本願寺派が一カ寺、真宗高田派が一カ寺、浄土宗が二カ寺、日蓮宗が一カ寺、臨済宗が一カ寺である。六カ寺のうち、浄土宗の二カ寺、臨済宗の一カ寺の三カ寺は代務住職である。専務住職がいないところは、責任役員が一生懸命、同行（檀家）にはたらきかけても、寺院行事の簡素化には歯止めが利かない。またこのような寺院の同行（檀家）は、別居している若い人が、仏事にあまり積極的ではない。遠方に行った子どもたちは、年に一回、お墓参りするかどうかである。(8)

(3) 郊外農村部の寺院住職O氏の事例

O氏は一九四九年（昭和二四）生まれで満六六歳である。仏教系大学の文学部を卒業して、真宗高田派が経営する福祉施設に勤務していた。福祉関係の仕事をしていたことが、寺院で現場感覚を大切にする宗教者になるきっかけになっていったのではないだろうか。

同行（檀家）にとって、先祖さんのお墓は大事だという認識であり、落針の人は、お墓の花が枯れていたらかっこ悪いという意識があります。住職としても習俗を否定することはできません。たとえば、お葬式のとき、御飯、だんごをあげる風習があります。真宗の教義にはないことですが、地域の風習として受け入れています。むしろ真宗の教義より、習俗のほうが大事ではないでしょうか。またお寺は、娯楽の場所として求められているわけではありません。楽しみの場、生きがいの場、創造の場としては期待されていません。同行（檀家）は、純粋に宗教儀礼を行う場所として捉えています。

住職は、同行（檀家）は本山には行かないが、寺院にはご先祖さんがいるので行くと認識している。こうした考え方は、住職が長年、同行（檀家）との親密なつきあいのなかで認識してきたことである。そうしたことから、住職は共同体の事情に鑑み、上手に寺院を運営しているのである。

七　儀礼経験から宗教的な使命感をもつにいたった住職

(1) 市内中心部の寺院住職U氏の事例

U氏は、男二人、女四人の兄弟姉妹のなかで、一九四二年（昭和一七）に、長男として生まれ、現在、満七三歳である。住職は仏教系の高校を卒業している。U氏は学校事務職をしながら、二足のわらじをはいていた。一九八三年（昭和五八）、父親が亡くなる。このとき、U氏は四〇歳を超えていた。その後、学校事務をしながら、兼業住職となった。法事は土曜日、日曜日のみに集中した。二〇〇〇年（平成一二）に、U寺の専務住職となった。

兼業しているとき、どちらが主かわからなかったです。今では、お寺の子は公務員に採用されづらいと聞きますが、学校事務の仕事をしているとき、年忌、葬儀でお念仏を唱え、お布施をもらうなか、はたしてこれで亡くなった人が救われるのかと思い葛藤したことがありました。若いときは跡を継ぐのが嫌だと思っていたのです。五〇歳を超えてから、積極的にお寺の仕事をこなしています。五〇代以降、しみじみ念仏をあげることの有難さを感じています。同行（檀家）の有力者である地元の名士と意見の対立がありましたが、誰もそちらの方には、なびきませんでした。今では同行（檀家）とは、お互いに理解しあえるのです。何も言わんでもお互いがわかりあえる気楽な間柄なのです。

真宗高田派では、一般的に住職のことを「御院《ごいん》さん」と呼ぶが、U住職の場合は、同行（檀家）から、「御院主《ごいんじゅ》さん」と呼ばれ、親しまれている。(9)

(2) 亀山市辺境山村部の寺院住職N氏の事例

N氏は一九四八年（昭和二三）生まれで、現在満六七歳であるが、二一歳のとき、当時五八歳の父が脳卒中で亡くなった。父親が亡くなって跡を取らざるをえなかったN氏は二七歳のとき、住職に就任した。N氏は五〇歳まで役場に勤めた後、町会議員として一期、四年間公職にあった。日頃から、同行（檀家）を引きつけるには説教師の人選が大事だと考えている。

説教師は、難しいことを言う人が多いですが、どれくらいの人が理解しているのかを考えて話をしてほしいと思います。在所の人は、仏教の教科書に書いてあるようなことを言っても、ほとんど理解できません。永代経は春、秋とも行うことができませんが、報恩講では、私が説教をします。説教は、三〇分以内で、楽しい雰囲気にする努力をしておりますし、なるべく短くする努力を心がけています。誰でも知っていることや、誰でも知っている言葉をかみ砕いて話をすると、理解してもらえます。ミニ説教では、いろんなジャンルの本を読んでおくと、思い出して役立ちます。いろんな人生経験をして、宗教と出会っていく。一〇代、二〇代の頃はしばられるのが嫌で、自由になりたいという気持ちがありましたが、三〇代を過ぎて、四〇歳前後から、同行（檀家）の人に大事にしてもらっていることを自覚しだしました。同行（檀家）が、自分の念仏で有難がってくれると、自分自身、心が和んできます。

N氏は、今後、信心を貫ける、信念をもって住職をしていける人材がどれほどいるのか心配している。またN氏は、既存の学問として構築されている抽象的な仏教学・真宗学の専門用語に基づく法話では、同行（檀家）の心をつかむことが難しいと認識している。

八　伝統的な村落共同体で同行（檀家）とともに歩む住職

(1) 郊外農村部の寺院住職H氏の事例

H氏は一九三八年（昭和一三）生まれで、現在満七七歳であるが、仏教系大学の文学部に在籍のとき、YBA（ヤングブディストアソシェーション、仏教青年会）の活動を行っていた。このクラブでは、宇治市の少年院への訪問活動を行った。H氏は、大学卒業後、県立高校の図書館司書となった。父親が八〇歳で住職を引退した（ただし、父親は九六歳まで生きた）。そうした事情から住職継承は五二歳のときに行われた。同時に、H氏は学生時代の経験を生かせることから、五二歳で保護司にもなった。

年忌の後、その家で食事を呼ばれますが、食事を呼ばれたときの雑談で、仏事のことで言いたいことを伝えます。その場で油断してはなりませんし、うかつなことは言えません。案外食事で言ったことは覚えてくれています。安知本町では、お寺を含め四八軒のうち、六割が真宗高田派H寺の同行（檀家）、四割が天台宗寺院の同行（檀家）です。棚経は、天台宗と真宗高田派の住職が一緒に行き、阿弥陀経数ページを一緒に読みます。

住職とか神主の務めは、ここ二〇年から三〇年くらいで仕事とみなされるようになってきた。昭和の時代には本業とみなされていなかった。現在では、公務員と住職とは両立しにくいという問題がある。だがH氏は、宗教者は社会のことを少しでも知っていたほうがよいと考えている。実際、法話では、社会体験に基づいて、話を展開している。儀礼遂行の面においては、H氏の寺では、真宗高田派の教義、天台宗の教義と固執せず、寺院の年間主要行事である春の永代経、秋の永代経、報恩講のときには、天台宗の同行（檀家）も一緒に同席する柔軟性をもっている。

(2) 亀山市辺境山村部の寺院住職I氏の事例

I氏は一九三九年（昭和一四）生まれの満七六歳であるが、仏教系大学の文学部を卒業した後、仏教系の中・高等学校に社会科の教員として赴任した。そしてこの学校では、六〇歳から七年間、校長職にあった。I氏は、一九九三（平成五）年、住職に就任したが、六七歳までは兼業住職であった。I氏が宗教者としての自覚をもったのは、大学時代に課外活動として参加した宗教局宗教教育部の活動にある。

宗教教育部では、一九のお寺の日曜学校を運営していました。学年ごとにお寺を振り分けましたが、日曜学校では、子どもを集めても、そのお寺の住職は法話をしませんでした。学生である自分たちが法話をしました。司会者役を選び、子どもにいろんなゲームをさせました。童話を聞かせたり、紙芝居をしたりもしましたが、月四回、子供たちに、夏休みのラジオ体操のようなカードを作ってもらい、判を押してもらっていました。私は学生時代の四年間、同期の三人で（京都の）七条の円光寺を担当していました。日曜日の午前九時から一一時半の間、毎回、紙芝居、法話、ゲームと役割分担をしました。同期三人で四年間、円光寺に、日曜ごとに通いつづけました。その当時、四月は「挨拶ができる子になる」、五月は「誕生会をする」など、一年間、一カ月ごとにテーマを決めて、日曜学校の活動に取り組んでいました。こうした学生時代の経験は、住職に就任してからも、お寺をマネジメントしていく点では役立っています。私のお寺では、毎年、三月一八日に近い日曜日（二〇一四年は三月一六日）、境内のお堂にある、久我の秘仏、十一面観音のお参りを一〇時から御開帳して、久我の同行（檀家）とともにお念仏を唱えています。このときは地元を出ていった人も実家に戻ってきます。

I氏が大学生のとき、同期生が二二〇人程いるなか宗教教育部には一学年四〇人程所属していたという。この大学は、当時文学部のみの単科大学で、大学進学率が約一〇％の時代、真宗寺院の跡継ぎが進学するのが通例であった。現在のI氏の寺院運営では、学生時代の宗教教育部の活動が生きている。しかしながら、I氏は、十一面観音でお参りをすることからも、真宗の儀式に固執せず、儀式に柔軟性をもたせていることがわかる。通常、真宗住職は阿弥陀如来以外の前で念仏をあげることはないからである。このときの念仏は、浄土高僧和讃、正像末法和讃、皇太子聖徳奉讃を唱える[10]。

九　他宗派の儀礼作法も取り入れて寺院運営に取り組む若き住職

(1) 郊外農村部の寺院住職Z氏の事例

Z氏は、一九七八年（昭和五三）生まれで満三七歳である。二〇〇四年にZ寺に入山し、二〇〇五年、二六歳のとき住職になった。Z寺では、四〇年あまり住職が不在であった。Z氏が入山する前は、同行（檀家）が他の寺院の住職に頼んで、法事をしてもらっていたので、同行（檀家）が来てもらった兼務住職の送り迎えもしていた。Z氏は鈴鹿市算所《さんじょ》の出身である。

お寺は、定年なく一生働けること、当時、非正規労働者を捨てる時代背景があったため、お寺に魅力を感じました。介護関係は二四歳から勤めていましたが、介護の仕事は重労働で割にあわず、施設での事故も心配だったのです。平成二五年末からは、お寺一本です。兼業寺院の場合、親まかせであり、住職の高齢化が進みすぎ、住職へ電話がつながらないことや、車の運転ができないことなどから、簡単には手伝いには来てもらえません。そのため、葬儀に必要な僧侶の人員が確保できません。また高齢の住職ばかりだと、声明《しょうみょう》がそろいません。お寺が副業だと、同行（檀家）の家族構成、全体像の把握ができていないと思われます。私自身は、同行（檀家）一軒ごとのファイルを作り、位牌に書く法名を考えるとき、葬儀・告別式で表白を読むとき、年忌のさい、故人を思い出してもらうときの話など役立てています。そのさい、天台宗の諷誦文《ふじもん》、古語調の読み物も参考にしています。住職として一番大切なことは、同行（檀家）との人間関係の構築だと思います。

これまで落語家の林家菊丸氏（亀山市出身）がZ寺に三回、来寺した。二〇一四年の三月には、一〇〇人を超える参加者があった。二〇一四年一〇月には、第二回Z寺コンサートを行った。二〇一五年四月には芸能人と節談説教で有名な説教師との対談を行った。このように住職はさまざまな行事を企画している。また住職は葬儀・告別式のさい、他の真宗高田派寺院の住職が、葬儀のさいには行っていない、自分でつくった表白《ひょうびゃく》のなかで、天台宗の作法を取り入れたものを読むといった工夫もしている(11)。

一〇　考察・おわりに

第一に、真宗高田派における同行参りの世代間継承の問題を整理しておきたい。まず亀山市中心部では、真宗特有の同行参りはすでに消滅している。これは、若い世代が郊外の団地に家を建て、この地域に住まなくなったことにより、高齢者ばかりが残り、世代間継承のできなくなったことがもっとも大きな要因である。

次に、亀山市郊外の農村部の地域において、一部の共同体では伝統的な慣習が消滅しているが、亀山市の中心部とは異なり、伝統を重んじる共同体では、真宗特有の同行参りが続いており、法事の後の食事でお寺と同行（檀家）の絆が保たれている。この地域は、まだ共同体が機能しており、住職の努力次第で、徳野［二〇〇八］が提言する世帯の跡継ぎが、顕在的サポーターとして、これまで受け継がれてきた文化・伝統を守っていくことができる地域である。

つづいて、亀山市辺境山村部の地域では、一般的に同行参りは郊外の農村部ほど盛んではないが、和讃を次々に読み上げていく伝統的な同行参りが残っている共同体がある。一方、この山村部の地域では、仮に高齢者が若い世代と同居していても、若い世代が共同体のつきあいには参加せず、亀山市の中心部と同様に、同行参りの世代間継承が難しくなっている共同体もある。

したがって、山下［二〇一二］の指摘する世代間継承の問題を信仰の側面から見ていくと、地域社会の状況によって、一様にはいかないことが理解できる。また徳野［二〇〇八］の指摘する顕在的サポーターの役割は、共同体がうまく機能しているところでは、同行が今後高田派の文化・伝統の維持に多大な役割を果たしていくものと考えられる。

第二に、真宗高田派の住職は本山で規定されている教義および儀式の遂行において、どれだけ厳格な宗教活動を行っているのであろうか。まず、強い宗教上の信念をもって寺院運営に取り組む住職の事例では、市内中心部に寺院があるS氏は、胃がんに侵され、そのことが契機となり、住職自身が目に見えないはたらき、言葉では言いあらわせない大きな力で生かされていることに気づいた。これをS氏は仏さんのはたらきと捉えている。S氏の信念は教義に忠実であるといえる。一方、市内中心部に寺院があるF氏は、自然への感謝、先祖への感謝、とくに先祖のおかげだと感謝することがもっとも大切なことだと認識している。これは、真宗の教義というよりは、日本の伝統的な村落共同体が共有してもってきた日本の民俗宗教の意識である。

先祖信仰をF氏やO氏が強くもっているのは共同体とともに寺院が存在してきたからである。しかもF氏のいる共同体では伝統的な風習が消滅しているが、O氏のいる共同体では今なお伝統的な風習が残っている。

現代の日本の民俗宗教は先祖崇拝とさまざまな神々を祀る重層信仰であるが、真宗教団は阿弥陀仏の一仏信仰、いわゆる一神教的な要素を強くもっている。しかしながら、真宗高田派の住職でも、前者の宗教的な理念をもつ住職と、後者の宗教的な理念をもつ住職がいることがわかる。

つづいて、儀礼経験から宗教的な使命感をもつにいたった住職の事例を整理しておきたい。U氏やN氏は、若いときは寺の跡を継ぐことに対して葛藤があり、年を経て、前向きな気持ちで寺院運営に取り組むことができるようになった。これは、住職が教義に感化されるというよりは、同行（檀家）の法要で、住職が念仏をあげるという実践的な儀礼体験を積み重ねていくうちに生まれてきたものと考えられる。N氏の言うように、現在の寺院で仏教学・真宗学の専門用語に基づき法話を住職が同行（檀家）に話しても、同行（檀家）にとっては、法話が生活感覚と離れていれば実感として宗教を認識することが難しいことがわかる。それゆえ、N氏自身が学問と信仰を分けて考え、創意工夫をしながら同行（檀家）に法話をしていかなければならないという認識にいたっている点は、大切な宗教的感性のあらわれであるといえる。

さらに、教義より儀礼を重視する共同体とともに歩む住職の事例を整理しておきたい。H氏の場合、儀礼の面では、真宗高田派の教義、天台宗の教義と固執せず、寺院の年間の主要行事である春の永代経、秋の永代経、報恩講のお参りには天台宗の檀家も一緒に同席する形式をとっている。これはH氏が教義の枠にとらわれず、寺院の主要行事を共同体の宗教儀礼と理解しているところに原因があると考えられる。

I氏の場合、真宗高田派の同行参りで伝統的にもちいられてきた和讃を次々に読み上げていく、もっとも伝統的な真宗高田派の同行参りのスタイルが残っている共同体である。ただし、阿弥陀如来ではなく、十一面観音に対して唱える高田派の同行参りが残っている地域である。真宗では、本来本尊は阿弥陀如来と規定されている。本願寺派や大谷派の住職にとっては阿弥陀如来以外の本尊の前で、お念仏を唱えることは、ありえないことかもしれない。このように真宗高田派の同行参りは共同体の機能なくして実施することは不可能である。またこの同行参りは、十一面観音の前で高田派の念仏を唱えることからも同行（檀家）も教義中心より、儀礼中心であることが理解できる。これは、日本の民俗宗教の重層信仰の側面の一つであると考えられる。

最後に、他宗派の作法も取り入れて寺院運営に取り組む若き住職を見ておきたい。Z氏は、第一五組では若くして専業で取り組む唯一の住職である。葬儀・告別式では、従来の真宗の作法にこだわらず、天台宗の作法を入れているることからも、真宗のなかでも本願寺派や大谷派にはない特色がある。

以上のように、高田派では、本山から規定されている教義および儀式の遂行を、住職は厳格に遵守《じゅんしゅ》しているわけではないことが理解できる。真宗のなかでも、小さな派閥である高田派は、本願寺派や大谷派のように全国レベルで末寺があるのではなく、三重県という一地方に集中的に末寺があるローカルな宗派だけに、高田派の住職には、本願寺派や大谷派住職には見られない、教義および儀式の遂行面での柔軟性がある。これは真宗高田派の特性であり、真宗高田派の末寺では、寺院が共同体とともに歩んできたケースが少なくないことにも、こうした理由の一端があるのではないかと考えられる。

註

（1）龍谷大学の元学長であった上山氏が「現代における真宗伝道の課題」のなかで、かつて両親が朝夕仏さまに手を合わせていたことを見ている。子どもたちはその姿を見て、仏さまを礼拝することの習慣を身につけていた。そうして何百年もの間、真宗の儀礼や信仰が伝承されてきたが、今その伝承が途切れつつあると警鐘を鳴らしている［上山　二〇〇六］。

（2）真宗高田派本山専修寺ホームページより引用。

（3）同行（檀家）は、十数年前まで地域の文化・伝統として精霊流しを行っていた。しかしながら、真宗でもっとも大きな派閥とされる浄土真宗本願寺派では、一般的にこうした慣習は否定的に捉えられる。

（4）真宗高田派では、一般に年間の主要行事として春の永代経、夏のお盆の時期の歓喜会（他の宗派では施餓鬼会という。寺院によっては実施しないところもある）、秋の永代経（寺院によっては、永代経が年一回のところもある）、それらと冬の報恩講と、原則的に季節ごとに主要行事がある。

（5）真宗高田派の特徴として、独自の念仏に『文類偈』がある。この『文類偈』は高田派の代表的なお勤めで、哀愁を帯びた曲調が広く親しまれている［藤門　二〇〇一］。この『文類偈』を聞く機会があれば、情感が大切なことであると理解でき、宗教的心情の涵養を高田派の文化・伝統は大切にしているものと受けとめられる。この『文類偈』は、真宗高田派の寺院では必ず行われる一一月から一二月にかけての報恩講で、住職により読み上げられる。

（6）同行（檀家）の一員が亡くなると、住職は斎場に行き、枕勤めをする。そのさい、阿弥陀如来の掛け軸であるいわゆる野仏と、棺桶にかぶせる布、野袈裟を持参する（地域によっては、組の人や、または親戚が取りに来たりする場合もある。そもそも野仏、野袈裟のない地域もある）。これらは、お通夜、葬儀・告別式に使用するものである。

（7）東町にあるS寺は現在、お寺の横に社会福祉法人の保育園を経営しており、保育園では地域社会で機能しなくなった宗教的な機能も果たしている。住職はこの社会福祉法人の理事長でもある。この保育園は昭和二一年六月に設立されたが、経営者は現住職の父、母、妻、住職と変遷してきた。現在保育士は三〇人、園児は一四〇人いる。街なかでは過疎化、高齢化していても、保育園の名前が亀山市内では知れわたっており、亀山市内の郊外の団地に住んでいる親が園児を送ってくる。もともとは大正一二年に住職の父が設立し、昭和二一年六月の保育園設立まで続いた日曜学校が母体となっている。

（8）F寺では、お盆やお彼岸のときには亀山市の郊外の団地にいる子どもたちもお参りにくる。お墓を移した家が三軒、お墓の管理をしていない音信不通の家が五、六軒ある。同行（檀家）はお盆のとき、昔は一年に一回、新しい竹の花筒に替えた。昔は花筒を竹でつくっていた。今は瀬戸物でつくられたものでも取り替えない。昔は、昼に花を替え、夕方は浴衣に着替えて、参る人が多かった。今は、昼に参っても（花を取り替えに来ても）、夕方に参る人はほとんどいない。昔は夕方から参る人が多く、ロウソク、線香に火が灯されていた。同居している親子がほとんどいないため、親子そろってお参りをするのは、ごくわずかである。

（9）今日真宗高田派では、同行（檀家）が住職のことを「御院さん」と呼ぶが、もともとは同行（檀家）が「御院主さん」と言っていたものを略した言い方が一般的になったものである。この「御院主さん」という言い方は、同行（檀家）が寺院を念仏道場と捉え、住職がそこのリーダーであったことから呼んでいたものである。

（10）二〇年くらい前まで、久我の同行（檀家）人が、お通夜のときも、喪主の家で、浄土高僧和讃、正像末法和讃、皇太子聖徳奉讃の念仏を唱えた。午後六時半か七時にはじまり、午前一時半か二時まで念仏を唱える風習があった。これらの念仏は、『高田勤行聖典』〔真宗高田派宗務院　二〇〇五〕に収録されている。

(11)　葬儀・告別式において関町会下では、平成二四年以降、僧侶五名（導師一名、役僧四名）による葬儀、いわゆる四役の葬式が実施されている。関町会下でこうした四役の葬儀が復活してきたのは近年のことである。亀山市内の小野町、関町小野では、葬儀・告別式においては導師一人、役僧二人が標準である。ただし、身寄りのいない家、跡継ぎのいない家は、住職一人の葬儀・告別式である。

参考文献

上山大峻　二〇〇六「現代における真宗伝道の課題」『真宗研究』第五〇輯。
佐々本泰秀　二〇〇三「檀信徒との対話意識調査の結果報告」『教学院紀要』第一一号。
清水行雄　一九八四「三重県下における仏教を中心とした宗教分布の分析」『高田中学校・高等学校研究紀要』第二号。
真宗高田派宗務院　二〇〇五『高田勤行聖典』真宗高田派。
真宗高田派宗務院　二〇〇九「寺院現況アンケート調査」。
真宗高田派宗務院　二〇一〇『真宗高田派寺院録　平成二二年八月改訂』。
真宗高田派清福寺　二〇一三「勇進大講について」『清福寺文書』。
徳野貞雄　二〇〇八「農山村振興における都市農村交流　グリーン・ツーリズムの限界と可能性――政策と実施の狭間で」『年報村落社会研究』四三。
藤門光昭　二〇〇一「念仏正信偈（文類偈）の譜面化」『教学院紀要』第八号。
三重県　一九六四『三重県史』。
宮崎賢太郎　二〇一四『カクレキリシタンの実像――日本人のキリスト教理解と受容』吉川弘文館。

山下祐介　二〇一二『限界集落の真実——過疎の村は消えるか？』筑摩書房。

第6章　宗勢調査に見る現状と課題——日蓮宗

灘上智生　岩田親靜
池浦英晃　原　一彰

一　はじめに

日蓮宗は、「平成」の時代に入ってから、「宗門運動」を二度にわたって行ってきた。宗門運動は檀信徒教化活動のいっそうの高まりを図る目的で、全宗派をあげて宗祖の報恩として事業・行事・教宣活動の分野において全国的に取り組むものである。それは「お題目総弘通《ぐづう》運動」（昭和五九年～平成一四年）、「立正安国・お題目結縁《けちえん》運動」（平成一九年～）という名称で展開されてきた。そして、平成二三年（二〇一一）に宗祖日蓮聖人が誕生されて八〇〇年の慶賀の年を迎える。

日蓮宗では定期的に、全寺院・全僧侶を対象とした悉皆《しっかい》調査である宗勢調査を行っている。それは寺院の状況、檀信徒の趨勢、教化活動の実態、僧侶とその家族の実状といった日蓮宗の現況把握を目的としている。昭和四七年（一九七二）に第一回の宗勢調査が実施され、平成二四年度には第九回目の調査が行われた（当初四年に一度であったが、平成八年度以降は八年に一度に変更）。

平成二四年度宗勢調査の分析に携わってみて、日蓮宗を支える基盤がいま大きく揺らいでいることを感じる。近年、「直葬」が相当増加していることや寺院の行事への参加者が著しく減少してきているといった事態からは、社会構造が大きく変動し、寺院を取り巻く環境も変化していることがうかがえよう。このような変化を端的に表わす言葉が「人口減少社会」である。人口の統計や将来予測は、寺院活動に携わるすべての人々を取り巻く状況がいっそう厳しくなることを示している。

平成二六年三月、日蓮宗現代宗教研究所は平成二四年度宗勢調査の分析の結果明らかになった危機的状況を、『人口減少時代の宗門――宗勢調査にみる日蓮宗の現状と課題』という報告書にまとめた。この冊子は、宗門内のいくつかの研修でテキストとして取り上げられている。宗門がこれまでの常識や慣行にとらわれない施策を生み出すためには、「人口減少社会」を前提とした発想が必要になる。

本章を読まれる読者のために、日蓮宗の寺院がどの都道府県に多く分布しているか、また文中で使用されている「教区」という日蓮宗の地域割についての説明が必要であろう。

日蓮宗は五一七三の寺院・教会・結社（以下、まとめて「寺院」とする）から成り立っている（平成二六年九月八日

表1　日蓮宗宗勢調査　基本データ（寺院対象Ａ票）

実施年度	回答総数（カ寺）	回収率（%）
昭和63年	3784／5270	71.8
平成４年	3084／5269	58.5
平成８年	4275／5241	81.6
平成16年	3950／5182	76.2
平成24年	3871／5177	74.8

現在)。

平成二六年一〇月一日の推計人口による各都道府県の人口とそこに存在する日蓮宗の寺院数を教区ごとにまとめたのが表2である。また、(人口÷寺院数)は、各都道府県の人口を寺院数で除し、小数点以下を四捨五入して表記している。

表中の一番右の欄は、(日本の人口÷日蓮宗寺院数＝24571)を各都道府県の(人口÷寺院数＝A)で除し、小数点以下第三位を四捨五入した数値(＝B)である。ある一定の人口あたりの日蓮宗寺院数が多い都道府県ほど大きい数値となる。

表2のBの数値からわかるとおり、日蓮宗は、ある一定の人口あたりに存在する寺院が、山梨県に全国平均の約一二倍集まっていることがわかる。また比較的寺院が多いといえるのは、福井県、島根県、佐賀県、千葉県、静岡県、岡山県、京都府である。この数値が大きい地域は日蓮宗の布教が盛んであったといえるが、今後の布教の余地が少なく、この数値が小さい地域は、布教の余地が多いと見ることができる(図1参照)。

なお、本章の内容は宗勢調査という性格上、僧侶を対象とした調査であるため、檀信徒の意識行動は僧侶の推測を通してでしかわからないことはいうまでもない。

以上を参考に本章をお読みいただきたい。

表2　各都道府県における人口と日蓮宗寺院数

教区	都道府県	人口（人）	寺院数	人口÷寺院数（＝A）	24571÷A（＝B）
	全国	127,105,466	5173	24571	1.00
北海道	北海道	5,422,873	243	22316	1.10
東北	福島県	1,936,630	39	49657	0.49
	宮城県	2,327,993	58	40138	0.61
	山形県	1,130,659	51	22170	1.11
	岩手県	1,284,384	30	42813	0.57
	秋田県	1,037,060	50	20741	1.18
	青森県	1,321,863	63	20982	1.17
北関東	埼玉県	7,237,734	102	70958	0.35
	群馬県	1,977,013	32	61782	0.40
	茨城県	2,921,184	75	38949	0.63
	栃木県	1,980,960	52	38095	0.64
京浜	東京都	13,378,584	446	29997	0.82
	神奈川県	9,098,984	308	29542	0.83
千葉	千葉県	6,197,784	577	10741	2.29
山静	山梨県	840,139	417	2015	12.19
	静岡県	3,697,651	340	10875	2.26
中部	長野県	2,108,441	62	34007	0.72
	岐阜県	2,041,690	54	37809	0.65
	愛知県	7,444,513	181	41130	0.60
	三重県	1,820,491	39	46679	0.53
北陸	新潟県	2,313,820	137	16889	1.45
	富山県	1,070,070	33	32426	0.76
	石川県	1,155,450	78	14813	1.66
	福井県	789,633	82	9630	2.55
近畿	京都府	2,613,594	214	12213	2.01
	大阪府	8,850,607	196	45156	0.54
	滋賀県	1,416,500	47	30138	0.82
	奈良県	1,376,466	42	32773	0.75

	和歌山県	970,903	44	22066	1.11
	兵庫県	5,541,205	136	40744	0.60
中四国	岡山県	1,924,556	164	11735	2.09
	広島県	2,833,673	76	37285	0.66
	山口県	1,408,938	36	39137	0.63
	島根県	697,015	67	10403	2.36
	鳥取県	574,022	39	14719	1.67
	香川県	980,936	13	75457	0.33
	徳島県	763,873	10	76387	0.32
	愛媛県	1,395,609	36	38767	0.63
	高知県	737,761	20	36888	0.67
九州	福岡県	5,092,513	142	35863	0.69
	熊本県	1,794,623	108	16617	1.48
	佐賀県	835,016	80	10438	2.35
	長崎県	1,385,570	85	16301	1.51
	大分県	1,171,702	40	29293	0.84
	宮崎県	1,113,974	19	58630	0.42
	鹿児島県	1,668,273	8	208534	0.12
	沖縄県	1,422,534	2	711267	0.03

二　檀信徒の減少問題

檀信徒の「減少」を実感

日蓮宗において「檀家」ならびに「信徒」とはそれぞれの寺院が有する名簿台帳への届け出・記載を基本としている。「檀家」とは寺院に墓をもっているなど帰属意識が高い家や人であり、「信徒」とは他宗派の檀家になっている場合もあるが、日蓮宗寺院への参拝や行事への参加、住職への日常的な相談といった習慣をもつ家や人といえよう。

さて、宗勢調査では、「檀信徒の増減」について、「あなたの寺院では、過去八年間（または四年間）、檀家（信徒）数の増減はありましたか」と質問をしている（図2）。

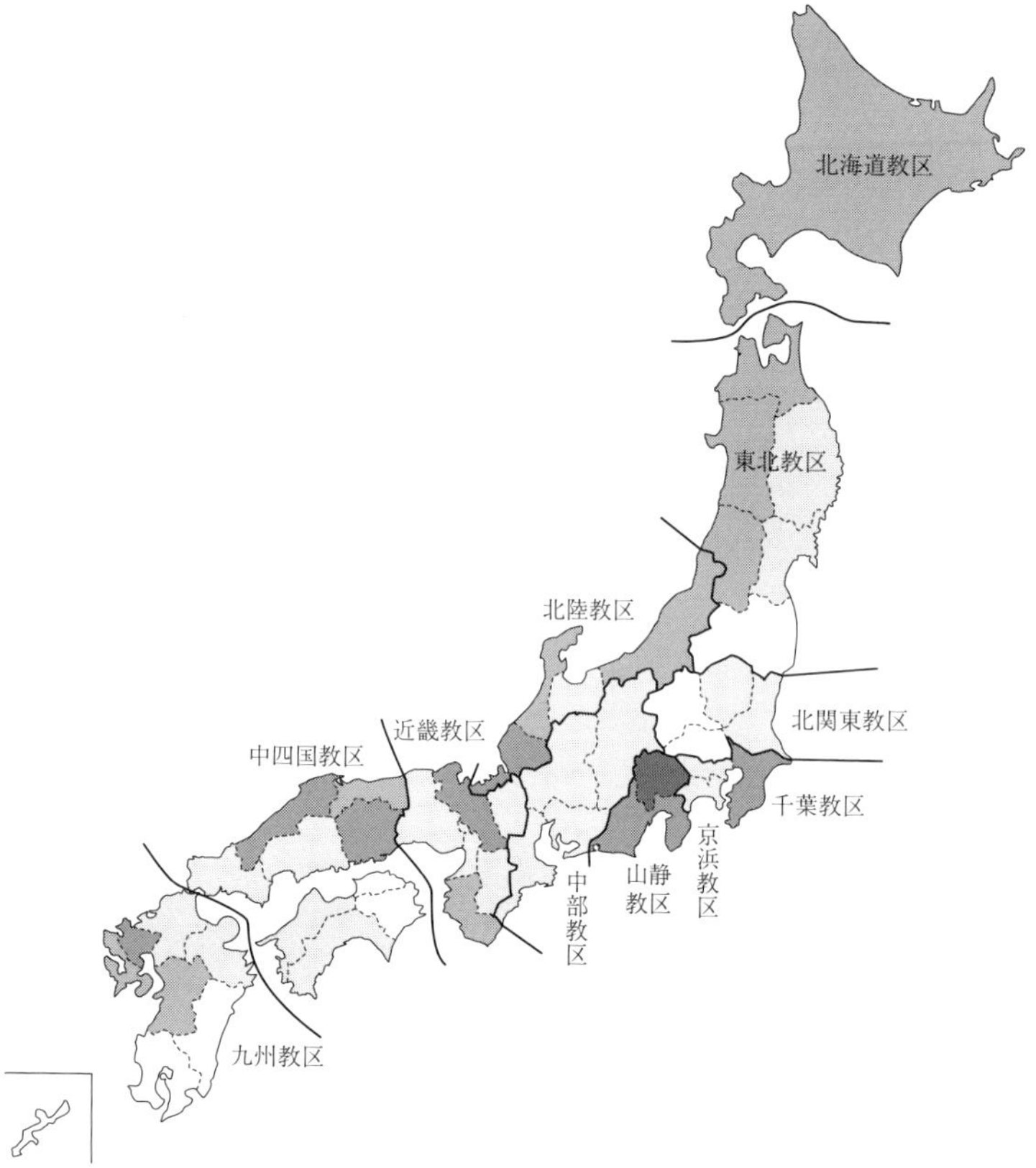

図１　各都道府県における人口あたり日蓮宗寺院数の比較（全国平均を１とした指標）
（■：12≦B　■：２≦B≦３　■：１≦B＜２　■：0.5≦B＜１　□：０＜B＜0.5）

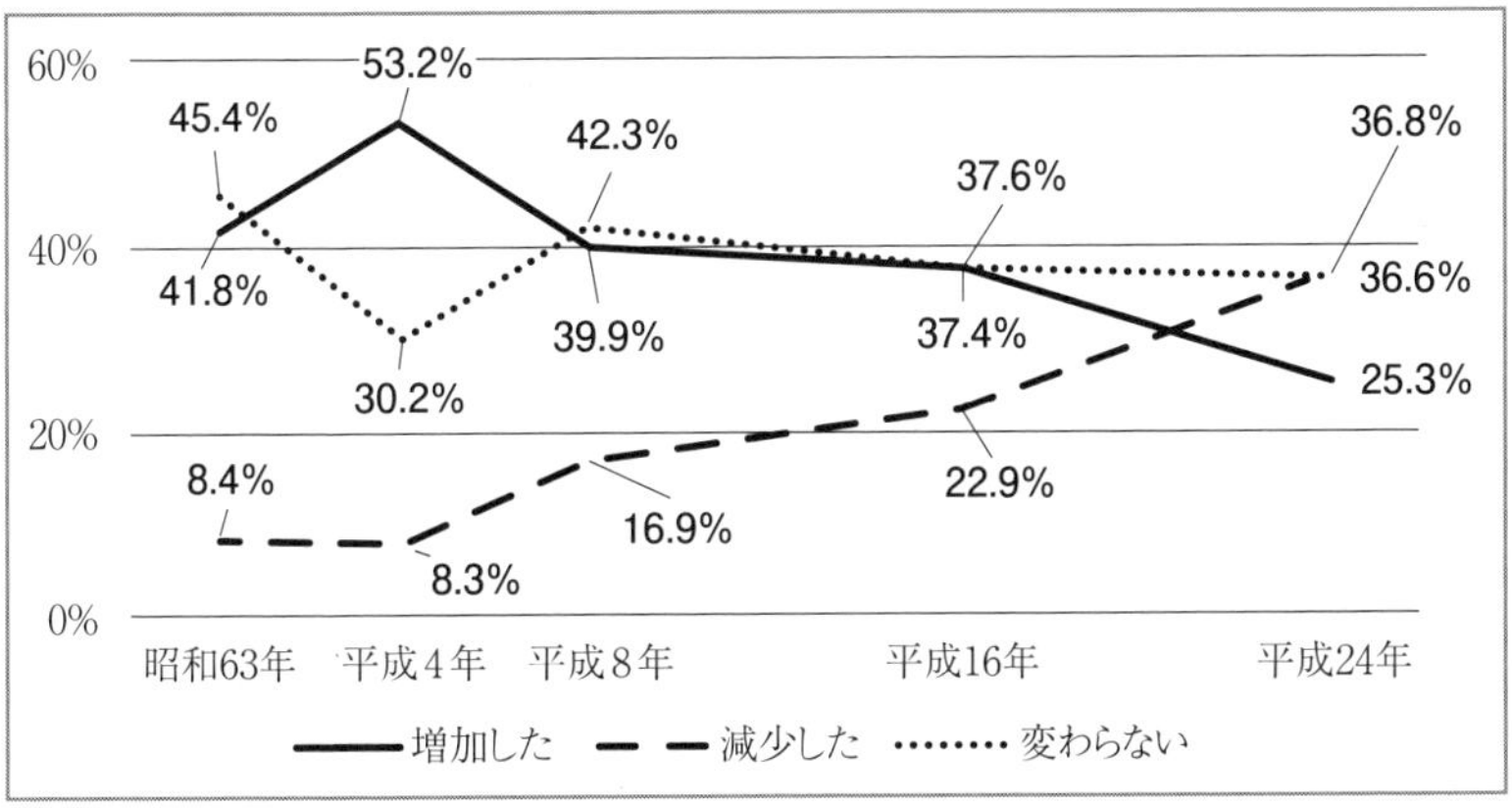

図２　檀家数の増減の推移（昭和63年〜平成24年）

＊「不明・無回答」を省略。
＊平成８年度以降は宗勢調査が８年に１度となったため、時間軸を補正した。
＊平成８年度の質問では「檀家」と「信徒」を区分せず、「檀信徒」として聞いているため、参考値。

平成四年には、檀家が「増加した」五三・二％、「減少した」八・三％であった。宗勢調査の結果を見るかぎり、日蓮宗の檀家数増加の勢いはこの時期にピークを迎えていたと思われる。

その後の二〇年間で、檀家が「増加した」の割合は約三〇％減少したのに対し、「減少した」の割合は約三〇％増加した。とくに平成一六年から平成二四年の八年間の推移を見ると、檀家が「増加した」と答えた寺院の割合は一二％以上減り、「減少した」が一三％以上増えている。調査結果を見ると、この八年間のどこかで、「減少」が「増加」の割合を上回り、日蓮宗は「檀家減少時代」を迎えたことがうかがえる。

檀家減少の理由

「檀家が減少した」と答えた寺院には、「減少した理由」もたずねている。平成二四年度の調査結果（選択肢から二つ以内を選択）を示したのが図３のグラフである。「後継者が絶えたため（絶家）」という回答を選んだ寺院が全体の七一・四％にのぼり、檀家が減った原因として大きなウェイトを占

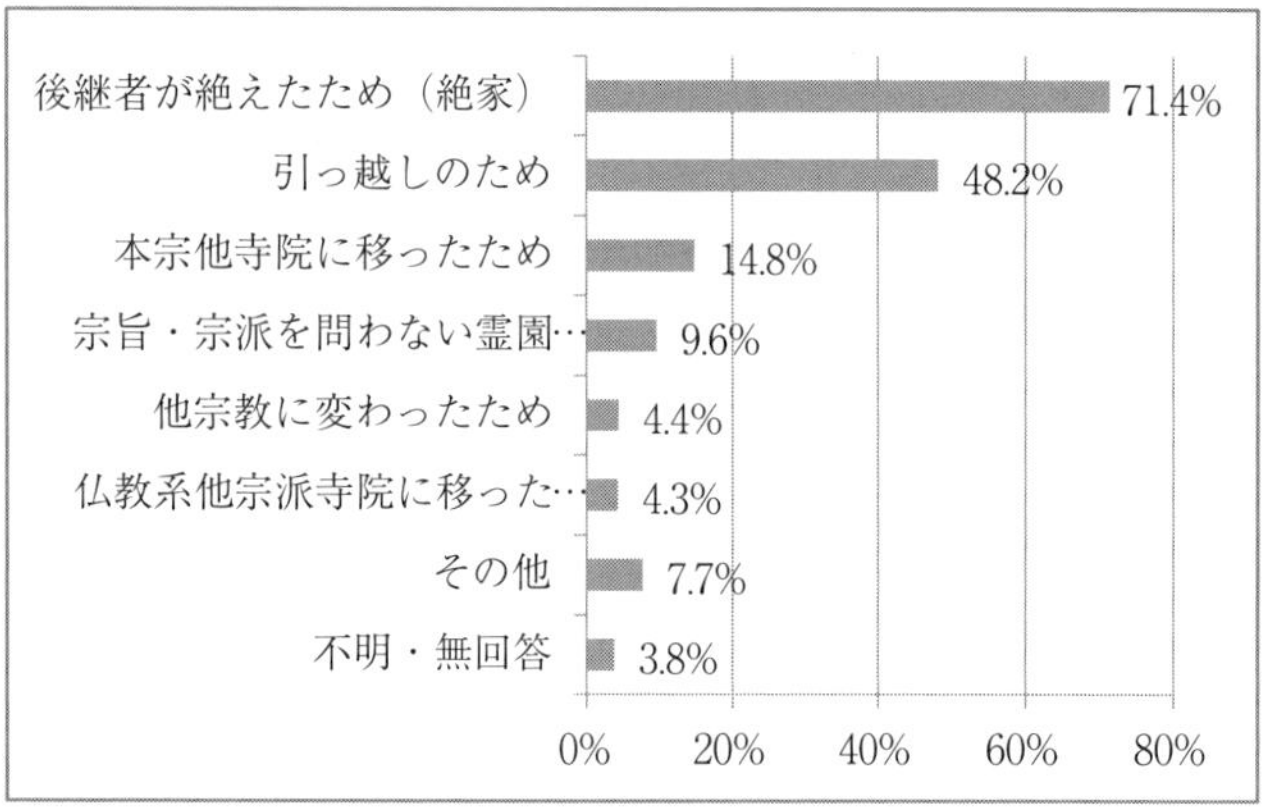

図３　檀家減少の理由（平成24年）
（「檀家が減少した」と回答した1205カ寺を対象。おもな理由として「２つ以内」で選択）

めていることがわかる。家（イエ）の相続が難しい時代を反映した、寺院にとっても厳しい現実が浮かび上がっている。なお、過去の調査でも必ず取り上げている質問であるが、調査年次ごとに選択肢の違いや単・複数回答などの違いがあるため、単純な比較はできない。参考までに、平成一六年度はまったく同じ選択肢から一つだけを選択するものであったが、「後継者が絶えたため（絶家）」は三八・五％であった。

信徒の増減の推移

つぎに日蓮宗における「信徒」の増減の動向を見てみたい。檀家で見たときと同じように平成期の信徒の推移をグラフで示す（図４）。

平成一六年から二四年にかけて信徒数は「変わらない」がほぼ半数を占めてはいるものの、「減少した」の割合が増え、「増加した」の割合は減っているという傾向が明らかであるという点については、信徒数の増減の推移も、檀家数の増減の推移とほぼ同様である。

信徒数についても、「減少」が「増加」を逆転する現象が、この八年の間に起こっている。

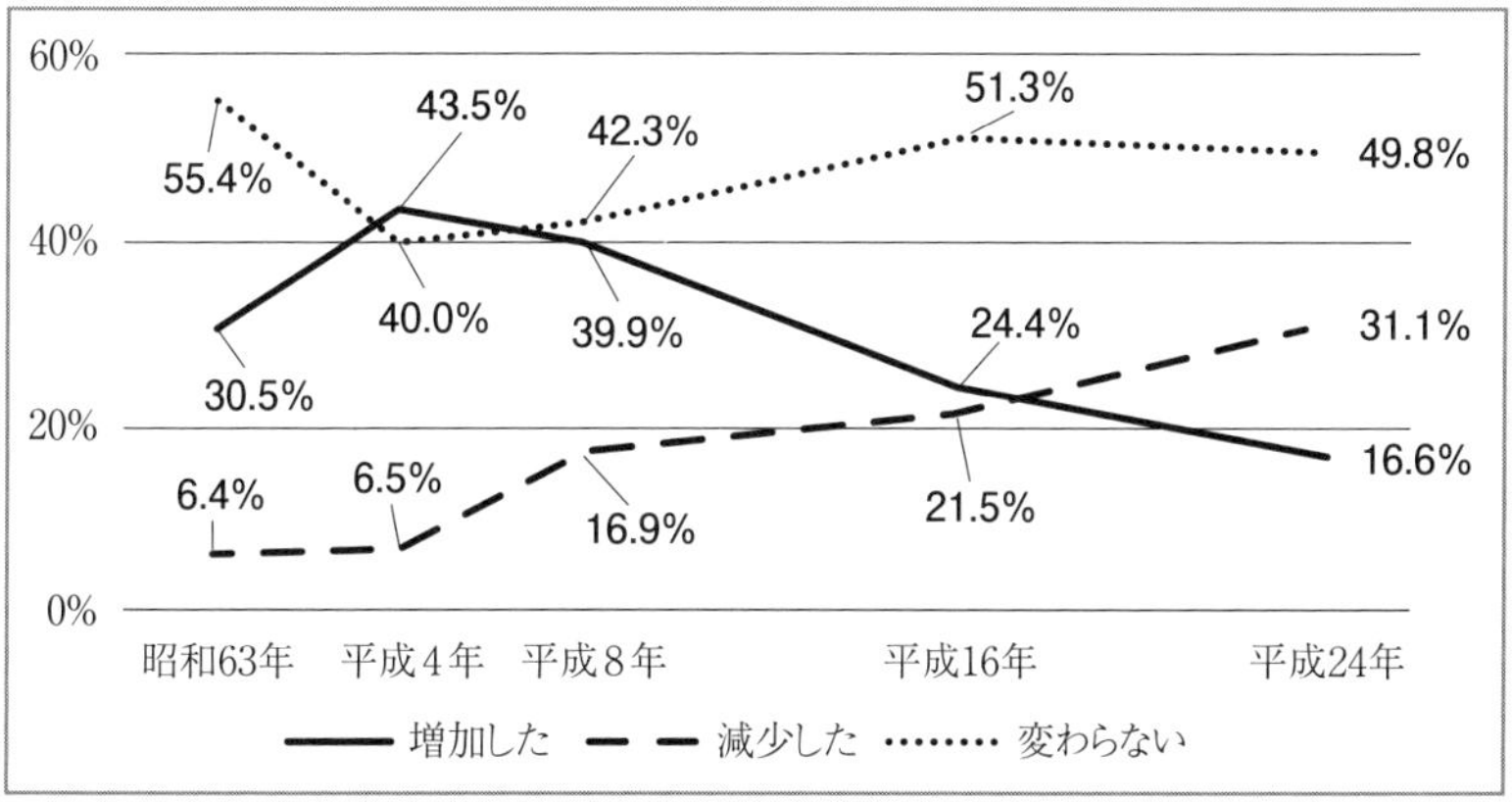

図４　信徒数の推移（昭和63年～平成24年）

＊「不明・無回答」を省略。
＊平成８年度以降は宗勢調査が８年に１度となったため、時間軸を補正した。
＊平成８年度の質問では「檀家」と「信徒」を区分せず、「檀信徒」として聞いているため、参考値。

教区別の特徴

「檀信徒数の増減」は地域的にどのような特徴が見られるのかを教区別に分析した。

図５、図６は、檀家数の増減を横軸に、信徒数の増減を縦軸に取ったものであり、それぞれ「増加した」の割合から「減少した」の割合を差し引いた数値を示している。左側および下側のマイナスの領域では、「減少した」が「増加した」を上回っており、左下に行くほど減少傾向が強いことを表わしている。

北関東教区は檀家数の増加傾向が継続している。東北教区では檀家数の増減が拮抗しているが、信徒数の減少傾向が著しい。また、檀家数、信徒数がともに明らかな減少傾向にあるのは、北陸、近畿、九州、中四国、北海道の五教区である。

平成一六年度の宗勢調査における檀信徒数の増減（過去八年間）と比較すると、どの教区も左下へ移動しており、減少傾向が明らかである。とくに減少傾向の強い上記五教区は、平成一六年度時点ではおおむね増減拮抗の状況にあったが、平成二四年度には減少傾向が強くなっている状況が読み取れ

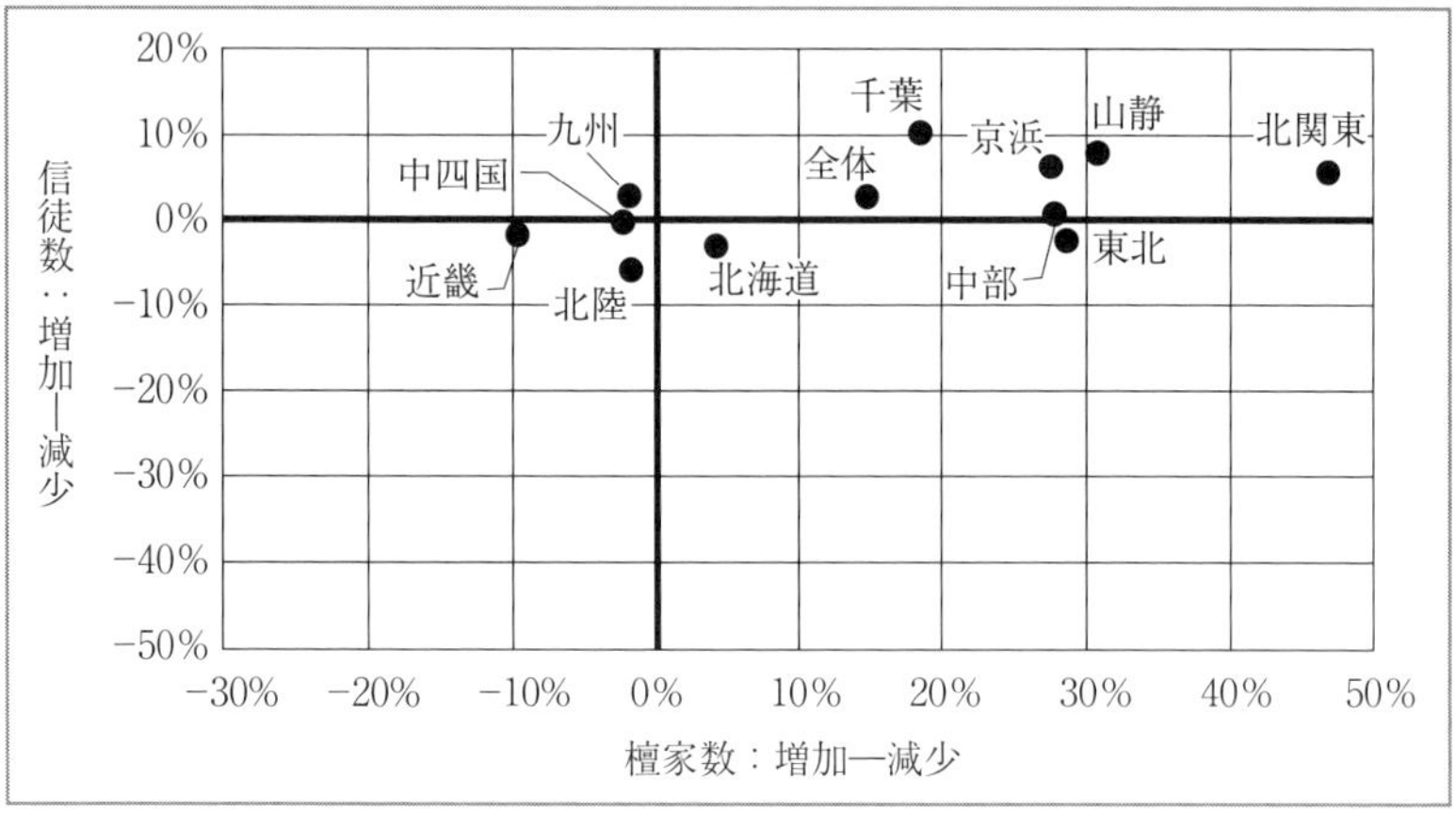

図５　平成16年の教区別檀信徒数の増減

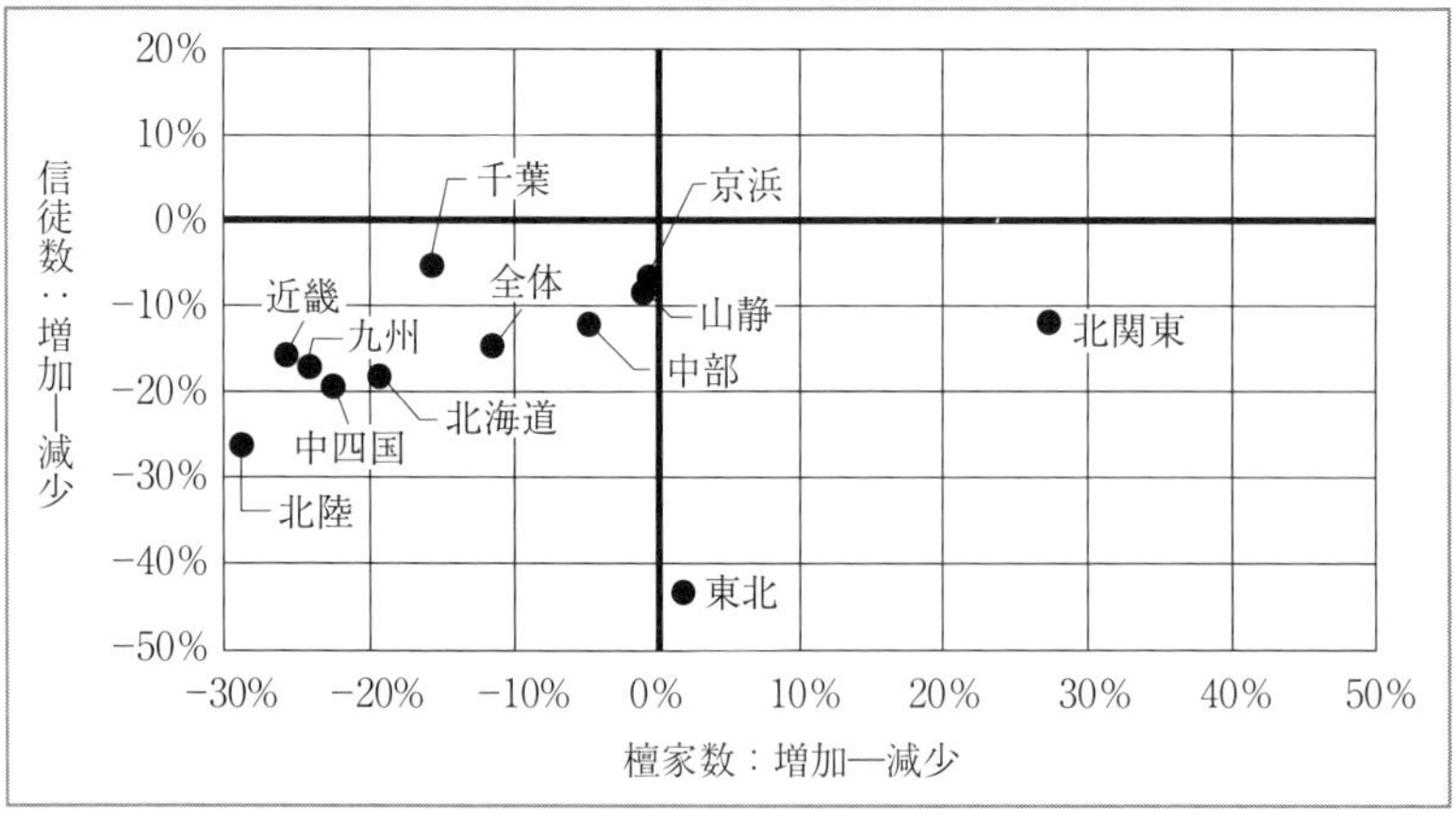

図６　平成24年の教区別檀信徒数の増減

る。

小規模寺院ほど檀信徒が減少

檀信徒数の増減（過去八年間）についての同様の分析を、寺院規模別に行ったところ、寺院規模が小さいほど減少傾向が強いことがわかる（本章では寺院規模を示す指標として檀家数を用いている）（図7、図8）。檀家数二〇〇戸以下の寺院では、檀家数、信徒数ともに「減少した」が「増加した」を上回り、マイナス領域にある。とくに一〇〇戸以下の寺院において減少傾向が著しい。

一方、檀家数二〇一戸以上の寺院では檀家数が「増加した」が「減少した」を上回り、三〇一戸以上では信徒数も増減拮抗となり、五〇一戸以上では増加傾向となっている。

平成一六年度の宗勢調査における檀信徒数の増減（過去八年間）と比較すると、平成二四年度のものは全体として左下方向へ推移しており、減少傾向を示している。平成一六年度においても檀信徒数がともに減少傾向にあった檀家数五〇戸以下の寺院において、減少傾向がいっそう強くなっている。さらに、平成一六年度においては増減が拮抗していた檀家数「五一～一〇〇戸」の寺院も明らかな減少傾向に変化したほか、「一〇一～二〇〇戸」の寺院も、増加傾向から減少傾向に転じている。なお、平成二四年度宗勢調査では、平成一六年度において檀家数「一〇一～二〇〇戸」としていた回答項目を二つに分割し、「一〇一～一五〇戸」および「一五一～二〇〇戸」として調査を行っている。

教区別分析からは、檀家数の増加傾向が際立つ北関東教区と、信者数の減少傾向が強い東北教区、檀家数、信徒数がともに減少傾向にある北陸、近畿、九州、中四国、北海道の各教区という対比が明らかであり、教区間格差は

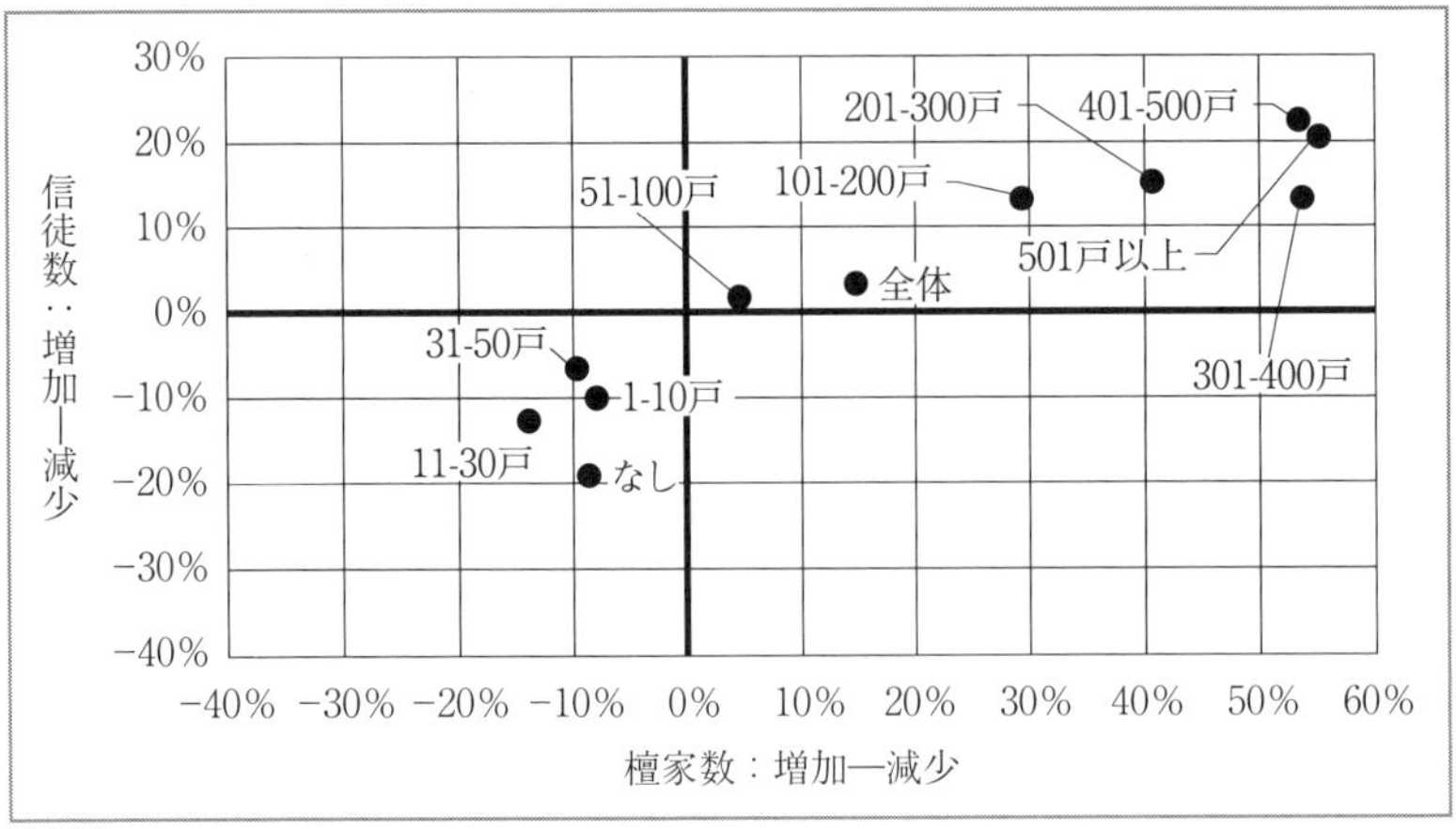

図7　平成16年の寺院規模別檀信徒数の増減

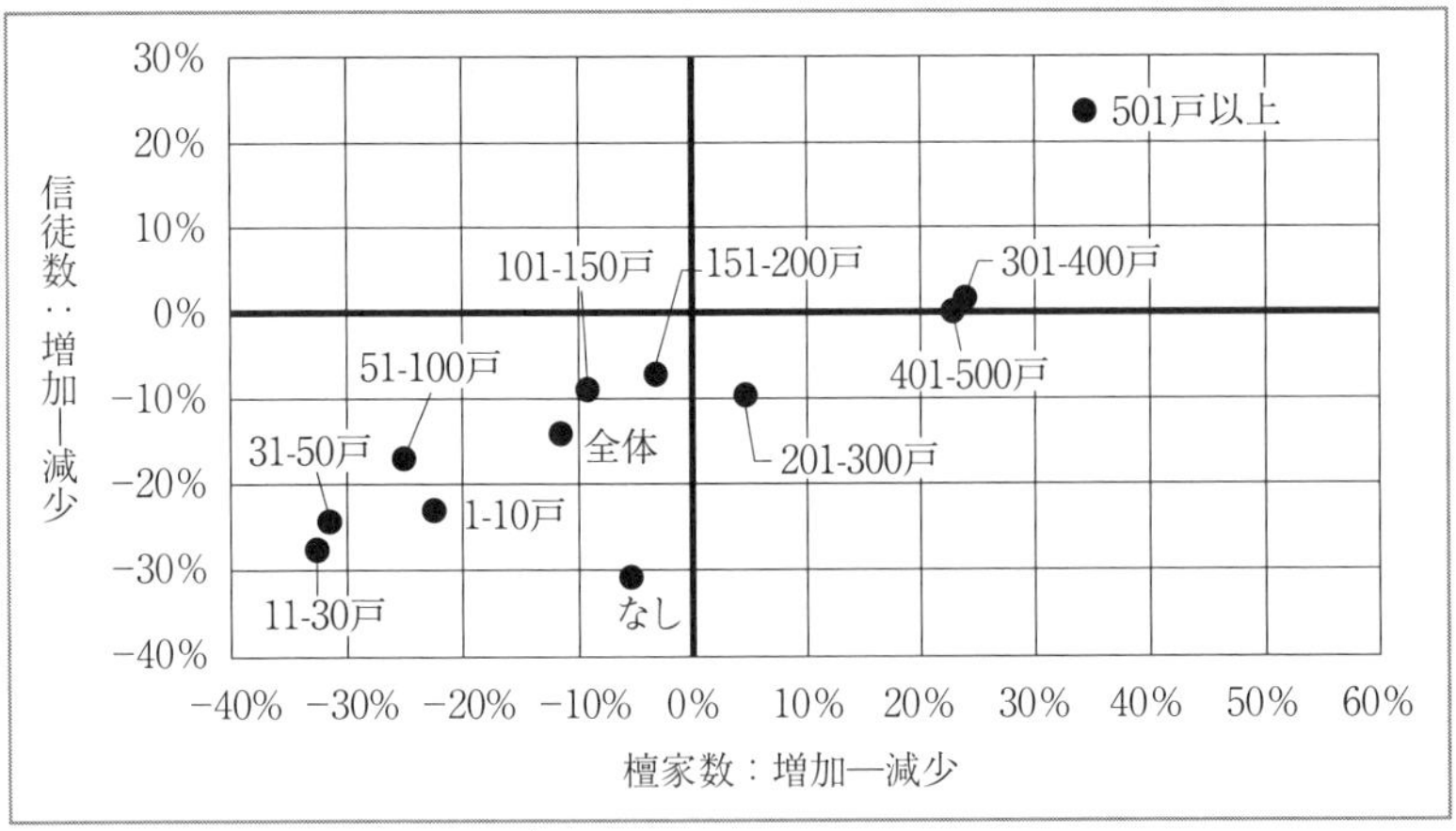

図8　平成24年の寺院規模別檀信徒数の増減

無視できない。とくに北陸教区においては、檀信徒数の減少傾向が顕著といえる。また寺院規模別分析からは、檀家数五〇戸以下の寺院において状況の悪化が進み、「五一～一〇〇戸」の寺院も減少傾向に転じたのみならず、「一〇一～三〇〇戸」の寺院においても檀信徒数の減少傾向が見られ、三〇一戸以上の規模がなければ檀信徒数の増加は難しくなっているといえる。

以上のように「檀信徒の増減」に関する集計結果の推移や教区別の特徴を見てみると、宗勢調査が示した全体傾向としては、檀信徒の「減少」という厳しい現実がうかがえる。我が国で生起している全体としての人口減少が始まる以前から、檀信徒が「減少した」と回答した寺院が増えはじめていたことは、地方では都市部に先立って人口減少が始まっていたことも原因の一つであろう。

三　地域コミュニティとの関わり

平成二四年度宗勢調査では、「あなたの寺院では地域社会における住民との交流（地域コミュニティ活動）に取り組んでいますか」という設問で「地域社会との関わり」について回答を求めた。以下、その取り組みの現状について分析する。

寺院における地域コミュニティ活動への取り組み

「積極的に取り組んでいる」、「どちらかといえば取り組んでいる」の二つの選択肢を合わせても三八・六％にとどまる（表3）。人口減少時代において「宗教のソーシャル・キャピタル（社会関係資本）形成力」が今後ますます重要となるであろうことを鑑みると、十分な数字とはいいがたいところであろう(1)。

寺院規模別に見た地域コミュニティ活動への取り組み

では、地域コミュニティ活動への取り組みにおいて、その積極性の高低を分けるものはいったい何か。ここでは、寺院規模（檀家数）との関連から考察する（表4）。

最も回答が多いのは、檀家数一〇〇戸以下では、「ほとんど取り組んでいない」であるが、その数値は、檀家数が増加するに従って減少し、一〇一戸以上では、「どちらかといえば取り組んでいる」が最も多い。

また、「積極的に取り組んでいる」と「どちらかといえば取り組んでいる」との合計（「積極派」）と「ほとんど取り組んでいない」と「どちらかといえば取り組んでいない」の合計（「消極派」）を比較すると、檀家数一五〇戸以下では「消極派」が五〇%以上であるのに対し、「三〇一～四〇〇戸」および「五〇一戸以上」では「積極派」が五〇%を超えている。

表3　寺院における地域コミュニティ活動への取り組み

	回答数	構成比
積極的に取り組んでいる	437	11.3%
どちらかといえば取り組んでいる	1056	27.3%
どちらかといえば取り組んでいない	790	20.4%
ほとんど取り組んでいない	1304	33.7%
無回答	284	7.3%
合計	3871	100.0%

総じて寺院規模が大きいほど、地域コミュニティ活動への取り組みの積極性が高まる傾向にある。

檀家数の少ない寺院では、地域コミュニティの活動に取り組む余裕がないのであろうし、代務寺院で、住職がその寺院に居住していない事例なども多いであろうことが推測され、やむをえないといえよう。

檀家数の多い寺院は、地域住民との関係をもつ機会が増えようし、経済的な余裕ももてるため、地域コミュニ

表4　檀家数と地域コミュニティ活動への取り組み

檀家数	積極派		積極的に取り組んでいる		どちらかといえば取り組んでいる		消極派		どちらかといえば取り組んでいない		ほとんど取り組んでいない		無回答	総計
なし	25	13.9%	7	3.9%	18	10.0%	140	77.8%	21	11.7%	119	66.1%	15	180
1～10戸	68	25.7%	21	7.9%	47	17.7%	185	69.8%	37	14.0%	148	55.8%	12	265
11～30戸	144	31.6%	42	9.2%	102	22.4%	285	62.5%	88	19.3%	197	43.2%	27	456
31～50戸	145	33.6%	43	10.0%	102	23.6%	250	57.9%	95	22.0%	155	35.9%	37	432
51～100戸	281	38.7%	87	12.0%	194	26.7%	387	53.3%	160	22.0%	227	31.3%	58	726
101～150戸	221	44.1%	61	12.2%	160	31.9%	254	50.7%	121	24.2%	133	26.5%	26	501
151～200戸	148	41.3%	36	10.1%	112	31.3%	178	49.7%	71	19.8%	107	29.9%	32	358
201～300戸	190	46.5%	52	12.7%	138	33.7%	192	46.9%	90	22.0%	102	24.9%	27	409
301～400戸	123	50.4%	32	13.1%	91	37.3%	100	41.0%	44	18.0%	56	23.0%	21	244
401～500戸	53	46.5%	22	19.3%	31	27.2%	54	47.4%	27	23.7%	27	23.7%	7	114
501戸以上	86	56.6%	33	21.7%	53	34.9%	52	34.2%	28	18.4%	24	15.8%	14	152
無回答	9		1		8		17		8		9		8	34
全体合計	1493	38.6%	437	11.3%	1056	27.3%	2094	54.1%	790	20.4%	1304	33.7%	284	3871

表5　地域コミュニティ活動への取り組みと檀家数の増減

地域コミュニティ活動への取り組み		檀家数の増減						無回答	総計
		増加した		減少した		変わらない			
積極派		490	32.8%	516	34.6%	479	32.1%	8	1493
	積極的に取り組んでいる	165	37.8%	133	30.4%	137	31.4%	2	437
	どちらかといえば取り組んでいる	325	30.8%	383	36.3%	342	32.4%	6	1056
消極派		438	20.9%	779	37.2%	842	40.2%	35	2094
	どちらかといえば取り組んでいない	198	25.1%	288	36.5%	293	37.1%	11	790
	ほとんど取り組んでいない	240	18.4%	491	37.7%	549	42.1%	24	1304
無回答		51		128		96		9	284
全体合計		979	25.3%	1423	36.8%	1417	36.6%	52	3871

ティ活動に取り組みやすくなるのであろう。

したがって、地域コミュニティ活動への取り組みを活発化していくためにも、ある程度の寺院規模の確保が望まれる。

地域コミュニティ活動への取り組みと檀家数の増減

地域コミュニティ活動への取り組みと檀家数の増減の関係を見る（表5）。

地域コミュニティ活動への取り組みの「積極派」では、「増加した」が三二・八%、「減少した」が三四・六%となっており、「減少した」が多いものの、全体の平均より「増加した」の割合が高い。

一方「消極派」では、「増加した」が二〇・九%、「減少した」が三七・二%となっており、全体の平均と同様に「減少した」の割合が高い。

このことから、地域コミュニティ活動への積極的な取り組みは、檀家数の増加と何らかの関連があるといえる。

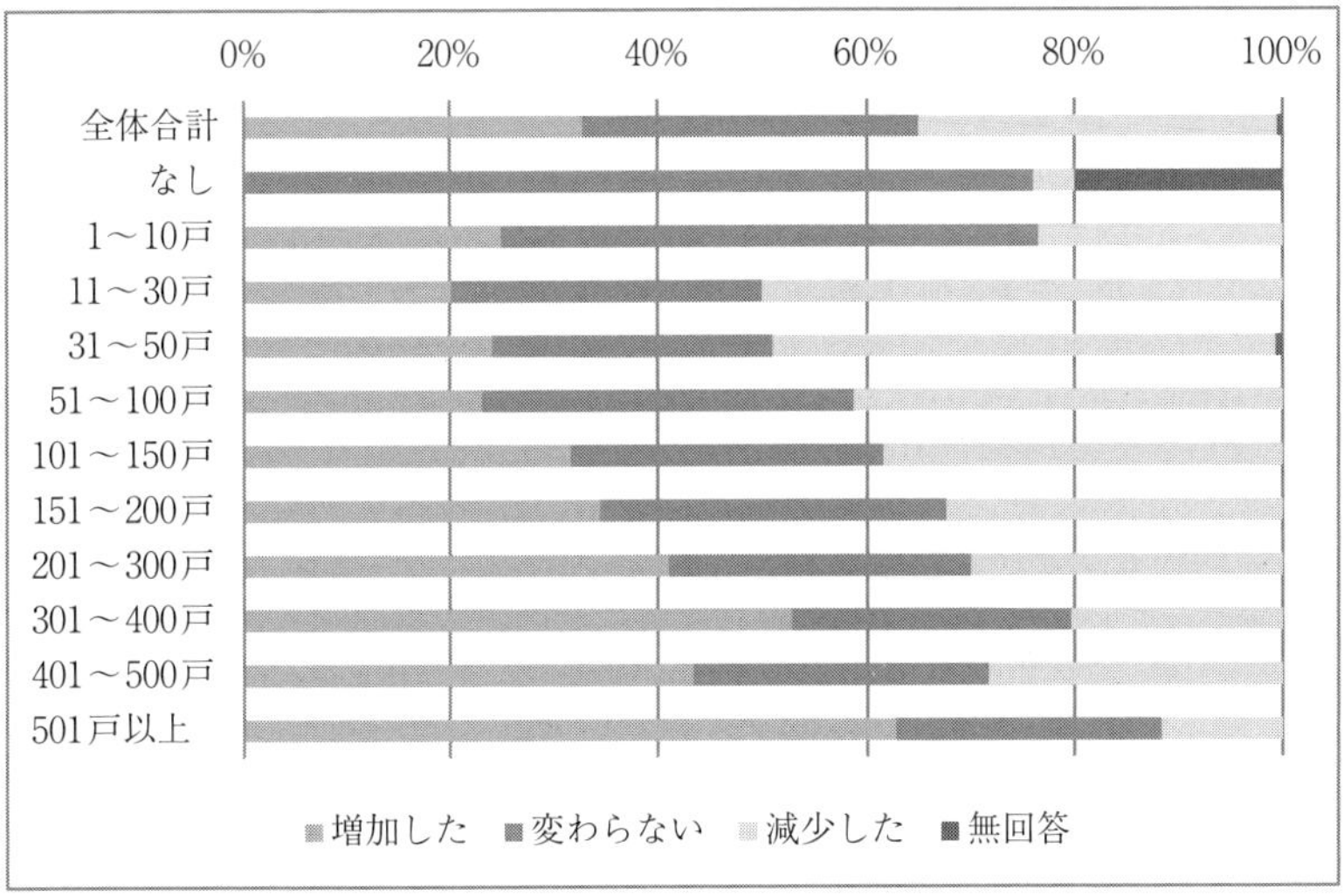

図9　寺院規模別に見た檀家数の増減（地域コミュニティ活動への取り組みが積極的な寺院）

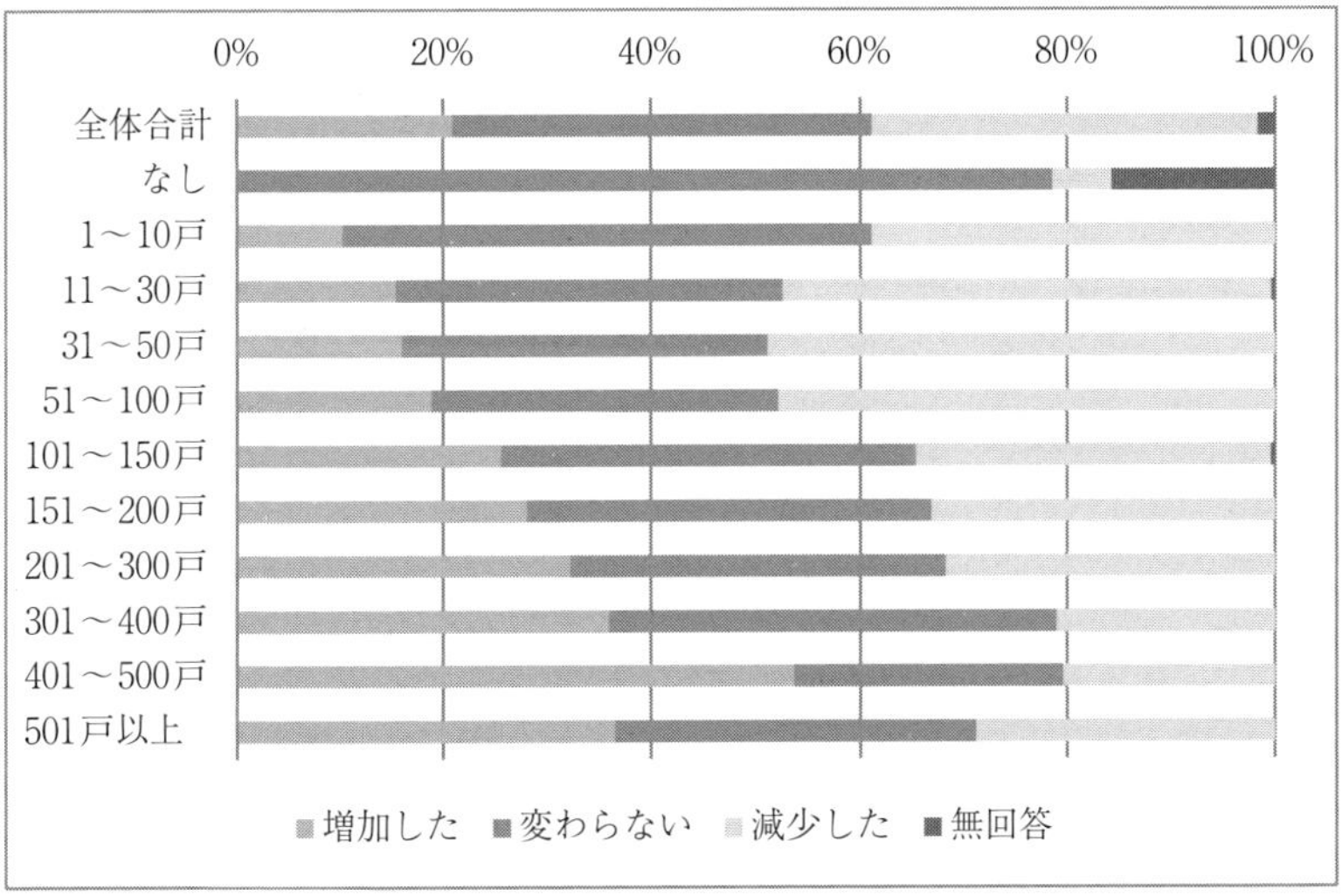

図10　寺院規模別に見た檀家数の増減（地域コミュニティ活動への取り組みが消極的な寺院）

寺院規模別に見た地域コミュニティ活動への取り組みと檀家数の増減

次に、地域コミュニティ活動への取り組みと檀家数の増減の関係を、寺院規模の観点から見てみよう（図9、図10）。

全体の傾向では、「一一～一〇〇戸」で檀家数が「減少した」の割合が四〇％台から五〇％台と高く、逆に三〇一戸以上では「増加した」の割合が四〇％台から五〇％台となっている。

なお、二〇一戸以上では全体の平均とは逆に「増加した」の割合が高い（図8参照）。

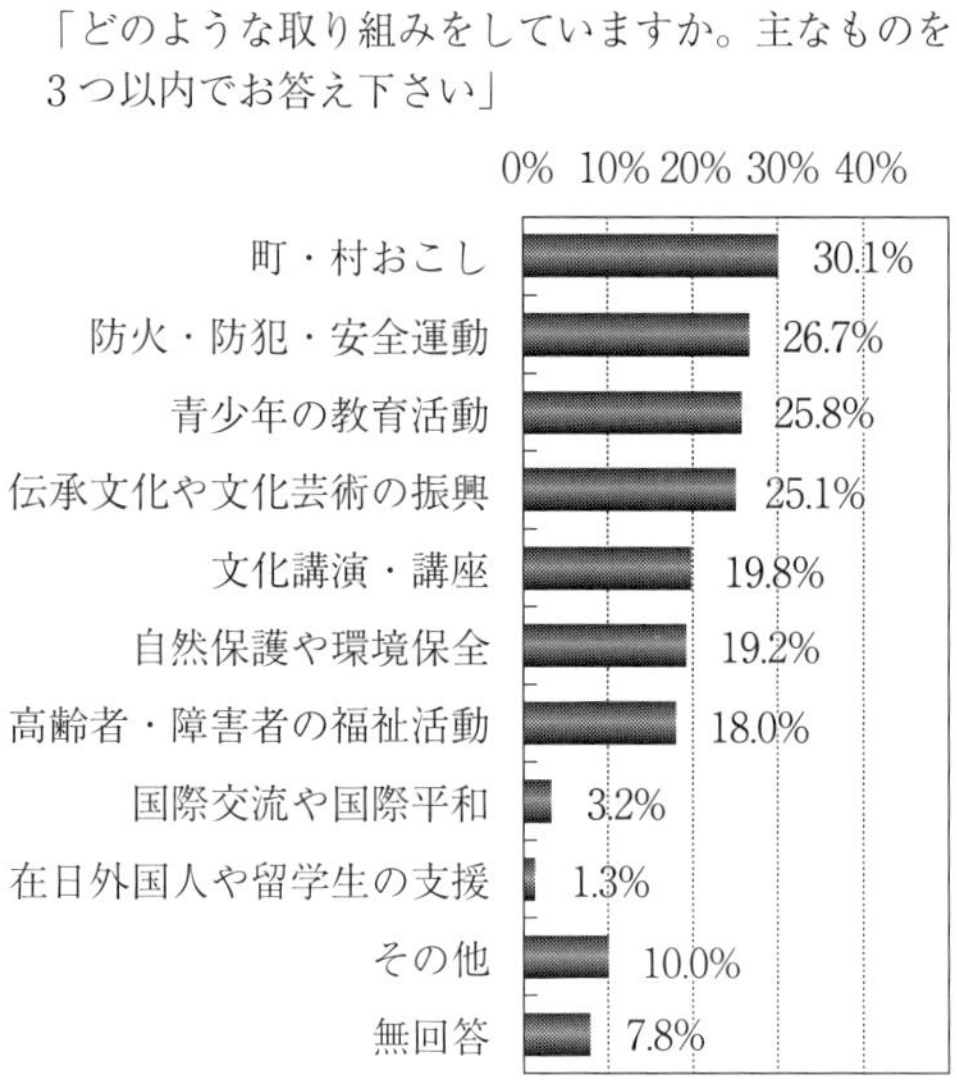

図11　地域コミュニティ活動の内容

これを地域コミュニティ活動への取り組みの「積極派」と「消極派」に分けて見た場合、各寺院規模において総じて「積極派」では「増加した」の割合が「消極派」よりも高い傾向にあり、地域コミュニティ活動への取り組みの積極性と檀家数の増加に関連が見られるものの、檀家数が多い寺院ほど檀家数が増加しやすい傾向のほうがより強く、地域コミュニティ活動への取り組みの積極性の差よりも、寺院規模（檀家数）の差のほうが、檀家数の増減に与える影響が大きいと思われる。

具体的取り組み

「地域コミュニティ活動への取り組み」で「積極的に取

り組んでいる」「どちらかといえば取り組んでいる」「どちらかといえば取り組んでいない」と答えた方を対象に、「どのような取り組みをしていますか。主なものを三つ以内でお答え下さい」として設問を行った。その結果は図11のとおりである。

「町・村おこし」が三〇・一％で一位、「防火・防犯・安全運動」が二六・七％で二位、「青少年の教育活動」が二五・八％で三位、「伝承文化や文化芸術の振興」が四位という結果を示している。

四　後継者問題の現状——寺院規模の観点から

宗勢調査では「あなたの寺院には、後継予定者がいますか」の質問を行った。全体の集計結果では、「いる」の割合が五八・一％、「いない」は三五・六％となっている。なお、平成一六年度調査では、それぞれ六〇・一％、三五・五％であった。ここでは、寺院規模と、後継者の有無や今後の対応との関係について考察を試みる。

寺院規模と後継者の有無

寺院の「後継者の有無」を寺院規模別に見ると（表6）、後継者が「いない」の全体の平均は三五・六％だが、檀家数一〇〇戸以下ではそれを上回り、とくに三〇戸以下では五〇％を超えている。一方、後継者が「いる」は、一〇一戸以上では七〇％前後の値を示しており、とくに「四〇一〜五〇〇戸」では八〇％近くとなっている。

表6　寺院規模（檀家数）と後継者の有無

檀家数	後継者の有無				無回答	総計
	いる		いない			
なし	52	28.9%	116	64.4%	12	180
1～10戸	111	41.9%	144	54.3%	10	265
11～30戸	202	44.3%	228	50.0%	26	456
31～50戸	217	50.2%	184	42.6%	31	432
51～100戸	413	56.9%	260	35.8%	53	726
101～150戸	349	69.7%	130	25.9%	22	501
151～200戸	241	67.3%	92	25.7%	25	358
201～300戸	287	70.2%	99	24.2%	23	409
301～400戸	168	68.9%	56	23.0%	20	244
401～500戸	90	78.9%	19	16.7%	5	114
501戸以上	103	67.8%	38	25.0%	11	152
無回答	16		11		7	34
全体合計	2249	58.1%	1377	35.6%	245	3871

後継者がいない理由

後継者が「いない」と回答した一三七七人を対象に、後継者が「いない」理由を聞いた。最も多いのは「子供がいない」であり（表7-1）、以下、「弟子がいない」「弟子、子供がいても後継意志が不明」などとなっている（表7-2）。

回答の多い上位四つの選択肢を寺院規模別に見ると、最も多い回答は、一〇戸以下では「弟子がいない」、一一～三〇〇戸では「子供がいない」となった（表7-2）。

後継者がいないことへの対応

後継者が「いない」ことへの今後の対応を聞いたところ、「その他」を除いた回答の上位四つを占めたのは、それぞれ①「まだ考えていない」（三五・二%）、②「代務寺にしてもらう」（一二・七%）、③「弟子をとる」（一〇・七%）、④「廃寺もやむをえない」（五・〇%）であった（表8）。

これを寺院規模別に見たものが表9である。

「まだ考えていない」は、檀家数四〇一～五〇〇戸を除き、すべての寺院規模で最も回答が多い。

「代務寺にしてもらう」は全体では一二・七％ではあるが、檀家数五〇戸以下の寺院においては、二〇％を超えている（檀家数「なし」を除く）。また、檀家数一〇一戸以上では五％を下回っている。

「弟子をとる」は全体では一〇・七％であるが、一〇％を超えるのは三一戸以上であり、「代務寺にしてもらう」とは逆に、寺院規模が大きくなるにつれ、おおむね増加傾向が認められる。檀家数三〇戸以下の寺院では五％を切っており、小規模寺院においては、「弟子をとる」こと自体が困難である実状がうかがえる。

表7－1　後継者がいない理由

	回答数	構成比
子供がいない	372	27.0％
弟子がいない	305	22.1％
弟子、子供がいても後継意志が不明	170	12.3％
子供がいても後継意志がない	148	10.7％
寺族に娘婿が見つからない	63	4.6％
後継者はいらない	41	3.0％
弟子がいても後継意志がない	36	2.6％
特別寺院のため	35	2.5％
弟子、子供がいても適任ではない	21	1.5％
養子を求めたが決まらない	6	0.4％
その他	155	11.3％
無回答	25	1.8％
総計	1377	100.0％

「廃寺もやむをえない」は全体では五％であるが、檀家数「一～一〇戸」で九・七％、檀家数「なし」では四カ寺に一カ寺が「廃寺もやむをえない」と答えている。

後継者の有無と地域コミュニティ活動への取り組み

地域コミュニティ活動への取り組みのモチベーション（やる気、動機づけ）と後継者問題との関連はどうであろうか（表10）。

「後継者がいる」場合、全体平均と比較して「どちらかといえば取り組んでいる」の回答が多く「ほとんど取り組んでいない」の回答が少ない。逆に「後継者がいない」場合には、「ほとんど取り組んでいない」の回答が多く「どちらかといえば取り組んでいる」の回答が少な

表７－２　後継者がいない理由（寺院規模別）

檀家数	後継者がいない理由										無回答	総計
	子供がいない		弟子がいない		弟子、子供がいても後継意志が不明		子供がいても後継意志がない		他の6つの選択肢の合計	その他		
なし	17	14.7%	27	23.3%	6	5.2%	12	10.3%	32	16	6	116
1～10戸	26	18.1%	35	24.3%	16	11.1%	12	8.3%	28	21	6	144
11～30戸	60	26.3%	49	21.5%	22	9.6%	28	12.3%	24	44	1	228
31～50戸	60	32.6%	44	23.9%	25	13.6%	18	9.8%	15	18	4	184
51～100戸	73	28.1%	62	23.8%	26	10.0%	45	17.3%	31	19	4	260
101～150戸	50	38.5%	20	15.4%	20	15.4%	13	10.0%	18	8	1	130
151～200戸	23	25.0%	22	23.9%	10	10.9%	12	13.0%	16	8	1	92
201～300戸	34	34.3%	25	25.3%	14	14.1%	4	4.0%	13	8	1	99
301～400戸	13	23.2%	12	21.4%	14	25.0%	3	5.4%	6	7	1	56
401～500戸	4	21.1%	4	21.1%	5	26.3%		0.0%	4	2	0	19
501戸以上	11	28.9%	3	7.9%	11	28.9%	1	2.6%	10	2	0	38
無回答	1		2		1				5	2	0	11
全体合計	372	27.0%	305	22.1%	170	12.3%	148	10.7%	202	155	25	1377

表８　後継者がいないことへの対応

	回答数	構成比
まだ考えていない	485	35.2%
代務寺にしてもらう	175	12.7%
弟子をとる	147	10.7%
廃寺もやむをえない	69	5.0%
養子を迎える	68	4.9%
宗門の後継者登録システム*を利用する	37	2.7%
その他	106	7.7%
無回答	290	21.1%
総計	1377	100.0%

*後継者および結婚相談システム

表9　後継者がいないことへの対応（寺院規模別）

檀家数	後継者がいないことへの対応									無回答	総計
	まだ考えていない		代務寺にしてもらう		弟子をとる		廃寺もやむをえない		他の3つの選択肢の合計		
なし	35	30.2%	18	15.5%	2	1.7%	28	24.1%	5	28	116
1～10戸	41	28.5%	30	20.8%	7	4.9%	14	9.7%	10	42	144
11～30戸	74	32.5%	48	21.1%	10	4.4%	15	6.6%	29	52	228
31～50戸	65	35.3%	42	22.8%	20	10.9%	4	2.2%	18	35	184
51～100戸	83	31.9%	26	10.0%	38	14.6%	6	2.3%	54	53	260
101～150戸	57	43.8%	6	4.6%	19	14.6%	0	0.0%	29	19	130
151～200戸	32	34.8%	1	1.1%	16	17.4%	1	1.1%	19	23	92
201～300戸	45	45.5%	2	2.0%	14	14.1%	0	0.0%	19	19	99
301～400戸	25	44.6%	1	1.8%	13	23.2%	0	0.0%	10	7	56
401～500戸	5	26.3%	0	0.0%	7	36.8%	0	0.0%	5	2	19
501戸以上	15	39.5%	0	0.0%	1	2.6%	0	0.0%	13	9	38
無回答	8		1		0		1		0	1	11
全体合計	485	35.2%	175	12.7%	147	10.7%	69	5.0%	211	290	1377

い。このことから、後継者がいる場合のほうが地域コミュニティへの取り組みが積極的といえる。

この背景としては、後継者がいる場合、地域コミュニティとの将来的関わりを継続するために積極的に関わろうとしている、もしくは人員に余裕があるから地域コミュニティ活動へ積極的に取り組むことが可能となっている、などの理由が考えられる。

寺院規模別に見た後継者の有無と地域コミュニティ活動への取り組み

次に、後継者の有無と地域コミュニティ活動への取り組みの関係を、寺院規模の観点から見てみよう（図12、図13）。

全体の傾向では、寺院規模が大きいほど「積極派」が増え、「消極派」が減る傾向にあった（表4参照）。

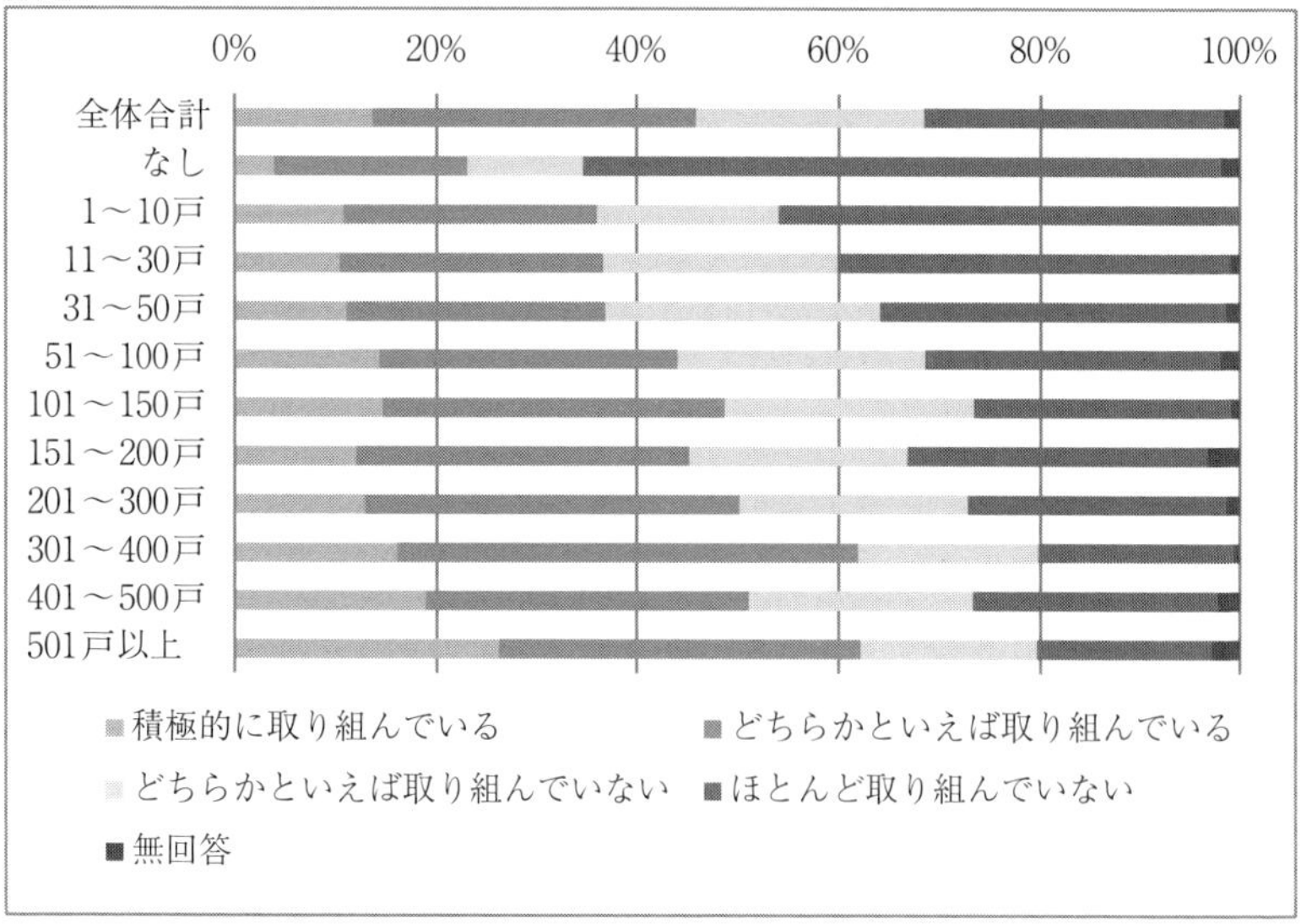

図12　寺院規模別に見た地域コミュニティ活動への取り組み（後継者がいる寺院）

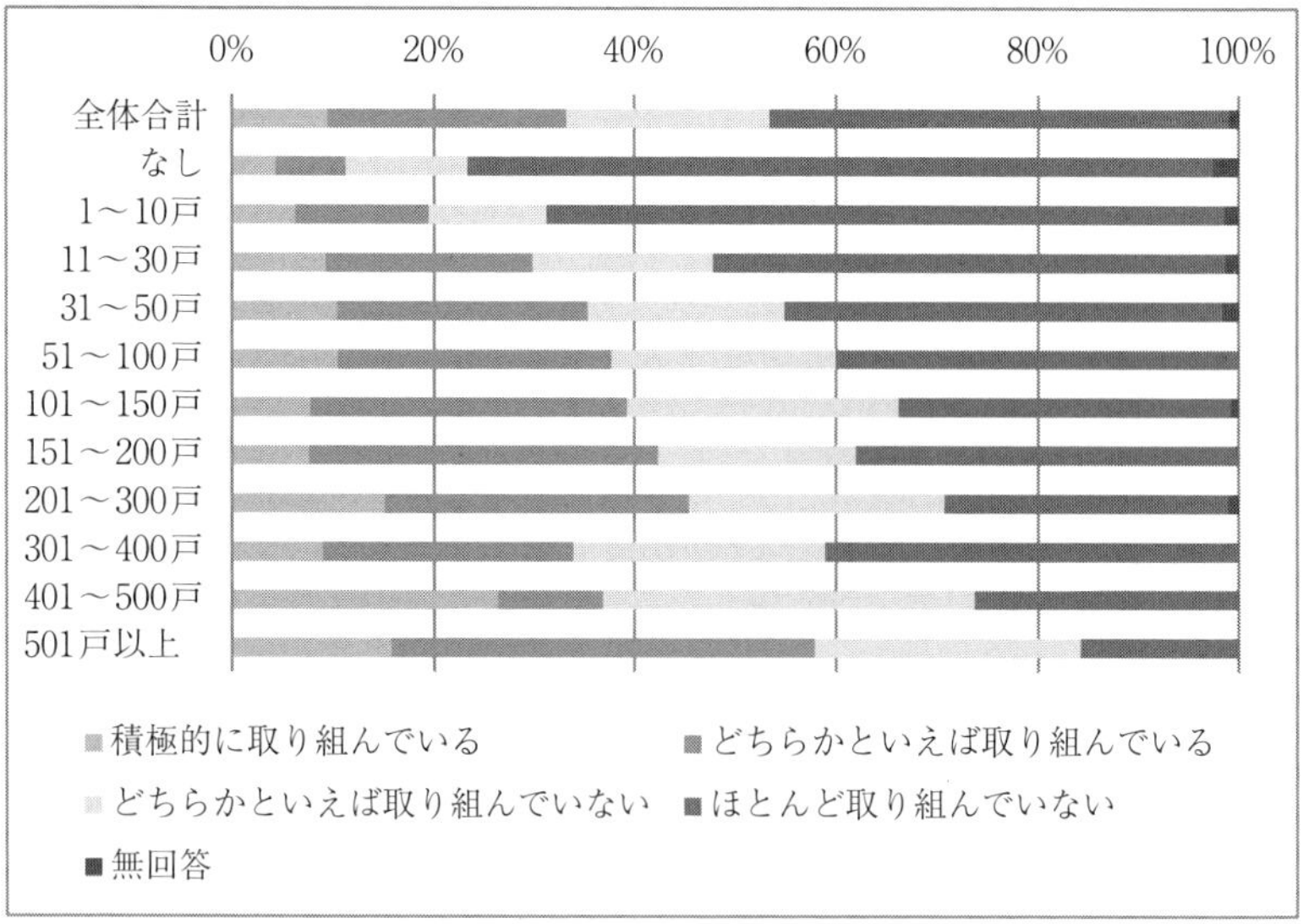

図13　寺院規模別に見た地域コミュニティ活動への取り組み（後継者がいない寺院）

表10　後継者の有無と地域コミュニティ活動への取り組み

後継者の有無	積極派		積極的に取り組んでいる		どちらかといえば取り組んでいる		消極派		どちらかといえば取り組んでいない		ほとんど取り組んでいない		無回答	総計
いる	1032	45.9%	307	13.7%	725	32.2%	1181	52.5%	508	22.6%	673	29.9%	36	2249
いない	457	33.2%	129	9.4%	328	23.8%	907	65.9%	279	20.3%	628	45.6%	13	1377
無回答	4		1		3		6		3		3		235	245
全体合計	1493	38.6%	437	11.3%	1056	27.3%	2094	54.1%	790	20.4%	1304	33.7%	284	3871

これを後継者が「いる」寺院と「いない」寺院に分けて見た場合、「積極派」は全体の平均では三八・六％であるのに対し、後継者が「いる」寺院では四五・九％と高い数値を示している。

また「消極派」は、全体の平均では五四・一％であるのに対し、後継者が「いない」寺院で六五・九％と高い。

各寺院規模においても後継者が「いる」寺院では「いない」寺院よりも「積極派」の割合が高く、後継者が「いない」寺院では「いる」寺院よりも「消極派」の割合が高い。

このことから、後継者の有無は地域コミュニティ活動への取り組みの積極性と関連があるといえる。

しかしながら、後継者の「いる」寺院、「いない」寺院のいずれにおいても、寺院規模の影響がより大きく表れており、地域コミュニティ活動への取り組みについては、寺院後継者の有無よりも、寺院規模との関連が強いといえる。

五　日蓮宗の課題

檀家数減少時代へ

平成二四年度の宗勢調査では、これまでの調査で初めて、檀家数が「減少した」という回答の比率が「増加した」を上回り、最大となった（本章第二節参照）。もちろん、檀家数が「減少した」という回答が多かったことは、そのまま日蓮宗寺院の檀家数全体の減少を意味するとは限らないが、人口減少時代の日蓮宗は、厳しい時代を迎えているといえる。

過疎問題への取り組み

これまでの日蓮宗においては、人口減少や檀家数減少が宗門全体の問題として正面から取り上げられる機会はなかった。宗門において問題とされてきたのは、局地的な人口減少と檀家数減少の問題である過疎問題であった。平成二四年度の宗勢調査は、この局地的な過疎問題が、宗門全体の問題として浮上する転機となったといえる。

日蓮宗は、とくに過疎地域寺院問題を大きな課題ととらえ、実態把握に努めてきた経緯がある。日蓮宗現代宗教研究所では、昭和四二年に刊行した所報第一号より、「日蓮宗寺院実態調査」の一環として「過疎地寺院調査」を行い、以後過疎地域寺院について継続的な調査を実施してきた。

とくに昭和五八年から六三年にかけての「過疎地寺院調査」では、現地調査を踏まえ、年次の所報による報告に加えて平成元年に『ここまできている過疎地寺院　あなたは知っていますか?』（日蓮宗現代宗教研究所編）を発行し、伝統仏教教団が過疎地域寺院を取り上げた先駆的な調査として、宗門の内外を問わず注目された。

そこでは、寺院規模の確保、財政基盤の安定化や後継者問題に関しても検討している。

檀家が当初から少数、或いは減少し、一ヵ寺では生計が不可能な寺で、後継者が予定されていない場合、近隣の寺の住職が兼務、或いは代務するケースである。これには兼務・代務する寺が大寺の場合と小寺の場合があるが、どちらにしても兼務・代務される寺は、寺檀に一人の住職を扶養する資力を持たないのであり、檀家も納得しているようである。決定には檀家と関与人、管区の所長の合意の場合が多い。

このケースは事実上、寺は機能を失っており、統廃合すべきであるとも考えられるが、檀家が数軒でも残っている場合、統廃合には反対の意見が多い。しかし、月に数度の利用のために多額の維持費を捻出するよりも、合併した寺を護持丹精し、寺族の生計が成り立つように努力することが望ましいと考える。宗門は、檀徒、関与人を尊重し、関係法類、宗務所長と協力し、関係諸方面の意見を聴取して、前進的な意味合いにおいて統廃合を進めるべきではないだろうか。（三二一頁）

ここでは宗門主導で統廃合を図るべきであるとの主張を展開している。

また後継者問題に関しては、下記の如き文章が存在する。

積極的に有為の人材を選出し、登用する。僧侶には寺院出身の者と、在家出身の者がいるが、在家出身者にとって一寺の住職となることは厳しい。現在宗門では在家出身の僧侶に対して特別の教育指導を行なってはいないが、在家出身者は求道心の盛んな有為の人材が多く、積極的に登用することは宗門のためにも有益である。

このためには宗門が在家出身者を把握し、進路指導を実施し、適所に派遣することを考えるべきで、過疎地の寺であっても、なんらかの活路を開く可能性はある。（三二一頁）

ここでは、寺院外から求道心盛んな後継者を獲得し、派遣することは、寺院のみならず宗門にとっても有益であると述べている。文章では過疎地域寺院の話に限定しているが、人口減少が進む日蓮宗では、過疎地域寺院のみの問題ではない。

その後日蓮宗では、平成一八年に「過疎地寺院活性化検討委員会」が設置され、現在、所管の伝道部と同委員会とが中心となって、過疎問題についての対応策が実施されている。その成果の一部が、『実践研究　元気な寺づくり読本——寺院活性化の事例と手引き』（日蓮宗伝道部編）として刊行された。奈良県妙徳寺（岡田法顕住職）の寺報の発行、「週末Uターン運動」と称する帰省や寺参りを促す活動、遠方の檀家の家を借り、そこに祭壇を組み法要を行う「出前法要」などの活動を紹介している。また、同書では、広島県本立寺（加藤慈然住職）の寺院をコミュニティの拠点として活性化を図る活動も紹介している。

さらに日蓮宗では、過疎地において寺院を盛り上げ、人を集めるノウハウを共有するため、「過疎地寺院活性化支援員」を置き、島根や長崎をモデルケースとして現場の問題への取り組みに対する支援を続けている。

このように宗門としても地道に人口減少や過疎化の問題に取り組もうとしているが、なおいっそうの研究と実践が必要となっているといえよう。

人口減少時代においては、宗門全体の檀家数減少問題としての取り組みが必要となろう。

宗門教師（僧侶）の高齢化

表11　教師の年代変化（教師対象Ｂ票）

年代	宗勢調査における構成比／回答数（人）					
	昭和55	昭和63	平成４	平成８	平成16	平成24
60歳 以上	1812 33.7%	1972 35.4%	1603 34.9%	1934 35.3%	1922 36.2%	2122 40.3%
20～ 29歳	446 8.3%	516 9.3%	400 8.7%	503 9.2%	520 9.8%	424 8.1%
全体	5374	5578	4592	5477	5304	5259

宗勢調査に回答した宗門教師（僧侶）のうち、六〇代以上と二〇代の構成比の経年変化を表11に示す。

昭和五五年（一九八〇）から平成一六年（二〇〇四）までの宗勢調査では、六〇代以上の僧侶の構成比は三〇％台なかばで推移していたが、平成二四年度の調査で初めて四〇％を超えた。一方、二〇代の僧侶は八～九％台にとどまっている。

国勢調査を見ると、二〇歳以上の総人口の中での六〇代以上の構成比は、昭和五五年で一八・六％であったものが平成二二年では三七・七％となっている。一方、二〇歳以上の総人口の中での二〇代の構成比は、昭和五五年で二〇・八％であったものが、平成二二年では一三・二％となっている。

比較すれば、総人口における高齢化がより急速であるものの、日蓮宗僧侶の高齢者比率はより高い水準を維持し、着実に高齢化が進んでいるといえる。また、二〇代の構成比は総人口においてより急速に低下しているが、いまだに日蓮宗僧侶のほうが低い水準にある。

人口減少時代において必ずしも明るい未来が約束されていない状況にあっては、出家する「志」をもつ次世代・次々世代の人材確保もまた、切実で重要な課題であろう。

寺院規模の問題

檀信徒数の増減の問題、後継者問題、そして地域社会との関わりの問題等を分析したところ、共通していたことは、寺院規模との関係であった。

それぞれのデータを寺院規模とクロス集計してみると、予想されたこととはいえ、規模の小さな寺院においては、檀信徒数の減少、後継者不在、地域コミュニティ活動への取り組みの消極性を示す数値が、いずれも相対的に規模の大きな寺院に比べ高かったのである。

地域コミュニティ活動への取り組みと、檀家数の増減、後継者の有無にも関係が認められはした。地域活動に取り組むことは、布教にもつながり、後継者の育成とも関係するとの仮説も成立するかに見えたが、それ以上に、寺院規模（檀家数）との関係が明確であった。檀家数の多い寺院ほど、檀家数が増加し、後継者が存在し、地域社会との交流に取り組んでいるというのが、宗勢調査によって浮き彫りになった事実であった。

今後、人口減少が進むにつれ、檀信徒数が減少し、それに伴い後継者不足等の問題が深刻化すると思われる。

宗門の課題

寺院を活性化するのは、第一に僧侶の「志」であるが、僧侶の「志」のみでは限界があり、一定の寺院規模を確保し、財務的基盤を安定させ、「志」を醸成し、「志」を具現化する施策が求められる。一僧侶、一寺院でできることには限りがある。教団は、教えの上のつながりであるのはもちろんだが、僧侶単位、寺院単位ではなしえないことを、智慧を出しあい、力を出しあって実現するのが、教団を組織する意義の一つであろう。

しかしながら現在の日蓮宗では、現実問題として直接的な経済的支援には踏み込めていない。また宗門はあくまで寺院連合体（包括宗教法人）であり、それぞれの寺院が独立した法人格を有する以上、宗門からの指導には強制力の面で限界があることも確かである。

日蓮宗が目指す立正安国（正法を立てることにより国を安んずる）とは、仏様の世界（仏国土）が現世に顕在化されることを目指すものであり、それぞれの地域社会においてすべての人の幸せが実現されることは、まさに日蓮宗が目的とするところである。日蓮宗の寺院や僧侶が地域の活性化の中心となる、あるいはその一翼を担うことにより、地域が活性化されることは、その大きな目標への一歩となると考える。

現在日蓮宗では、本章冒頭で示した「立正安国・お題目結縁運動」において、「敬いの心で安穏な社会づくり、人づくり」を目標とし、「いのちに合掌」をスローガンに掲げ、宗門運動を展開している。宗門には、本章で示した人口減少時代における諸問題に対応すべく、方針の明確化と、布教の現場で努力を重ねる寺院、僧侶に対するいっそうの支援の継続を期待したい。

註

（1）宗教社会学者の大谷栄一は、編著『叢書　宗教とソーシャル・キャピタル2　地域社会をつくる宗教』の「まえがき」に、「地域社会における人々のつながり（関係性、共同性）の創造や再生を考えるうえで、宗教のソーシャル・キャピタル形成力という視点が有効であることを示したい」〔大谷・藤本編　二〇一二：五頁〕と書いている。

参考文献

大谷栄一・藤本頼生編　二〇一二『叢書　宗教とソーシャル・キャピタル2　地域社会をつくる宗教』明石書店。
日蓮宗現代宗教研究所編　一九八九『ここまできている過疎地寺院　あなたは知っていますか？』。
日蓮宗伝道部編　二〇一〇『実践研究　元気な寺づくり読本——寺院活性化の事例と手引き』。
日蓮宗宗務院編　二〇一三『宗勢調査報告書　日蓮宗の現状　平成24年度』。
日蓮宗現代宗教研究所編　二〇一四『人口減少時代の宗門　宗勢調査に見る日蓮宗の現状と課題』。

第7章　過疎地域における供養と菩提寺——曹洞宗

相澤秀生

はじめに

過疎地域[1]における宗教集団、とりわけ寺院の実態調査が仏教教団を単位として全国規模で大がかりに進められるようになったのは、一九八〇年代に入ってからのことであるとみられる[2]〔相澤　二〇〇五〕。日蓮宗は一九八三年、他の教団に先駆けて過疎地寺院の実態調査に乗り出し、これに続く形で浄土真宗本願寺派が一九八九年に質問紙調査によって報告書をまとめた。これらの報告書が明らかにしたところによれば、過疎地寺院では檀（門）信徒の減少や法人収入の減少、住職の不在、住職後継者の不足、寺院建築物の維持困難といった問題が顕在化しているといい、これらの問題が深刻さを増すことで、最終的に寺院の統廃合にいたることを懸念する。

いうまでもなく、日本に存在する約八万カ寺の寺院の多くは、死者や先祖の供養を紐帯《ちゆうたい》として血縁的共同体である「イエ」と密接な関係を築いてきた。いわゆる「檀家制度」に立脚した寺檀関係であり、日本で行われる葬儀の約九割が仏式ともいわれる。それだけに、檀信徒の減少と高齢化は、地域社会に暮らす人々の減少と高齢化とパラレルに進展するのであり、これにともなって寺院の法人収入の減少や宗教活動の停滞化といった問題が引き起こされる。その結果として、寺院の兼務や無住化、統廃合が増加するという構図は、必然ともいうべきシナリオであるといってよい。同じような指摘は、産土《うぶすな》神の祭祀によって地縁共同体と不可分に結びついた神社についても繰り返すことが可能だろう。むろん、神社は寺院にもまして地縁性に重きがあり、地域社会における人口の流出や高齢化の問題は、氏子組織の縮小化と高齢化にダイレクトにつながり、祭祀の継続にきわめて深刻な影響を及ぼす。これに対し、過疎地域に所在する寺院の場合、檀信徒が当該地域を離れ、寺檀関係における地縁性が途絶えたとしても、建前としては血縁による結びつきがあり、葬儀や年回法要（法事）によって、その関係を維持していくことが可能である。

人口減少や少子高齢化といった地域社会の変容にともない、寺院の統廃合にいたるというシナリオには、さらに続きがある。たとえば廃寺の問題を教団運営という立場から俯瞰《ふかん》すれば、布教・教化の最前線で教団の根幹を支える対象の消失に直結し、教団運営を根本から揺さぶりつづけることとなる。一連の調査は、そうした事態に危機感をつのらせた教団が、しかるべき教団運営の方針や対策を策定するための基礎資料づくりの一環として実施したものであった。

しかし、これまで教団で実施された過疎地寺院の調査は、住職を主たる調査対象としており、寺院を支える檀信徒集団にまで及んでいない。地域社会の人々の間で培われてきた供養という宗教文化の観点から、先に述べた廃寺を例にとっていえば、それは供養の受け皿の喪失を意味し、その継承をめぐる檀信徒の実態が不鮮明なままとなっている。檀信徒集団も射程に入れ、複眼的な観点から過疎地寺院の実態に迫っていくのが課題であろう。

過疎地寺院の調査は近年、宗教社会学を専門とする研究者によっても進められつつある(3)［櫻井　二〇一二、川又　二〇一四など］。人口減少社会・少子高齢社会に突入した日本社会における宗教の役割や意味を考えていくうえで、その将来を先取りする縮図である過疎地域の宗教集団がおかれている現状について、実態解明の必要性が認識されたからであろう。研究は緒についたばかりであり、教団単位で実施されてきた全国規模のマクロな調査とは異なり、一定の過疎地域に焦点をおいたミクロな調査にとどまる。しかしそこには教団で実施される調査から欠落しやすい視点への鋭い洞察があり、研究の関心は各地域の細やかな特性や檀信徒集団の宗教行動・宗教意識の問題にまで及んでいる。

これまで述べてきた過疎地寺院をめぐる調査研究の内容や問題点を踏まえていえば、今後過疎地寺院の実態を明らかにしていくためには、教団で実施された調査データを有効に活用しつつ、地域的な特性も考慮しながら、住職や檀信徒らがおかれた現状を双方向的に析出することが必要であると筆者は考える。

そこで本章では、二〇〇五年七月に曹洞宗寺院を対象に実施された「曹洞宗宗勢総合調査二〇〇五」（以下、「宗勢調査二〇〇五」）、二〇一二年六月に曹洞宗檀信徒を対象に実施された「曹洞宗檀信徒意識調査二〇一二」（以下、「檀信徒意識調査二〇一二」）の集計結果をもとに(2)、過疎地寺院の現状とそれを取り巻く問題について一考してみたい。具体的には、過疎地寺院の現状とその地域的特徴を概観したのち、過疎地域で生活をいとなむ檀信徒が菩提寺に対してどのような態度を示しているのか、檀信徒の宗教行動と宗教意識の面からアプローチする。これら一連の分析を踏まえたうえで、過疎地寺院の今後の見通しについて一言したい。以下の分析においては、各調査の単純集計を中心に検討を進めていくこととなるが、その特徴をより具体的につかむため、必要に応じてクロス集計や自由記述の結果をもちいる。

一　「宗勢調査二〇〇五」にみる過疎地寺院の現状

(1)被兼務寺院と無住寺院

「宗勢調査二〇〇五」によれば、調査票を回収した寺院一万四〇五二カ寺のうち、三四二六カ寺（二四・五％）が過疎地域に立地している（調査対象寺院は一万四六三七カ寺。回収率は九六・〇％）[3]。曹洞宗寺院の約四カ寺に一カ寺が過疎地寺院という計算となる。

過疎地寺院のうち、別寺院の住職に兼務されている寺院（被兼務寺院）は二二・四％、住職をおかない寺院（無住寺院）は三・二％である。これに対し、非過疎地寺院の場合、被兼務寺院は一八・六％、無住寺院は一・五％となっている。一つの寺院に専従する住職がいない寺院（専従住職不在寺院）の割合（被兼務寺院と無住寺院の合算値）は、過疎地寺院が三割弱、非過疎地寺院が二割強となり、専従住職不在寺院の割合は過疎地域のほうが高くなっていることがわかる。

被兼務寺院・無住寺院は、ともに宗教活動を継続していくうえでの問題が多い。被兼務寺院の場合、一人の住職が複数の寺院をかけもつこととなり、寺院行事や葬儀・法事などの執行に加え、寺院会計や伽藍《がらん》の清掃など、住職の負担が大きくなるのであり、一カ寺一カ寺の寺院運営に工夫が必要となる。無住寺院の場合は、住職が存在しないのであるから、寺院の宗教活動そのものの継続が危うい。

このように専従住職不在寺院が現に存在するという事実は、寺院数に足りる分だけの住職がいないということを意味し、専従住職不在寺院数と住職数は負の相関関係にある。二〇〇五年時点での住職数は一万七九五人。一九六五年の調査時点から減少をたどり、一一九八人の減少をみた。この結果にだけ注目すれば、寺院行事や葬儀・法事の依頼、協力などによって育まれる住職同士の人間関係のネットワークが、年を追うごとに徐々にではあるが、縮小化してきているといえよう。

こうした協同関係は、主に寺院の地縁と住職の法縁に基づくものが中心であると考えられ、それは寺院が宗教活動を続けていくうえでの互助的な役割を果たすとともに、地域社会における布教・教化という面においても重要な意味をもつ。むろん、住職の減少がそうした関係性にただちに歪みをもたらすわけではない。筆者の聞くところによれば、住職の頭数が限られたことで、寺院実務以外の仕事に従事して生計を立てる兼職を辞めて、寺院実務にのみ専念できる住職がかえって増え、教区で行われる研修会への参加者が多くなったケースもあるという。

しかしそれにも限度があろう。被兼務寺院が三割超を占める臨済宗妙心寺派では、定年退職者を対象に住職候補となる僧侶の志願者の募集を行っているが、一定数の住職がいなければ、晋山結制《しんさんけっせい》のように多くの人手と労力を要する寺院行事の開催は不可能である。今後、住職数が過疎地域と非過疎地域との間でどのように変化するかは未知数だが、現状とこれまでの推移からみれば、将来的な見通しがより厳しい状況にあるのは、過疎地寺院であるといえよう。(4)

(2) 寺院運営上の問題点

では、過疎地寺院では寺院運営上、どのような問題が生じているのだろうか。「宗勢調査二〇〇五」によれば、

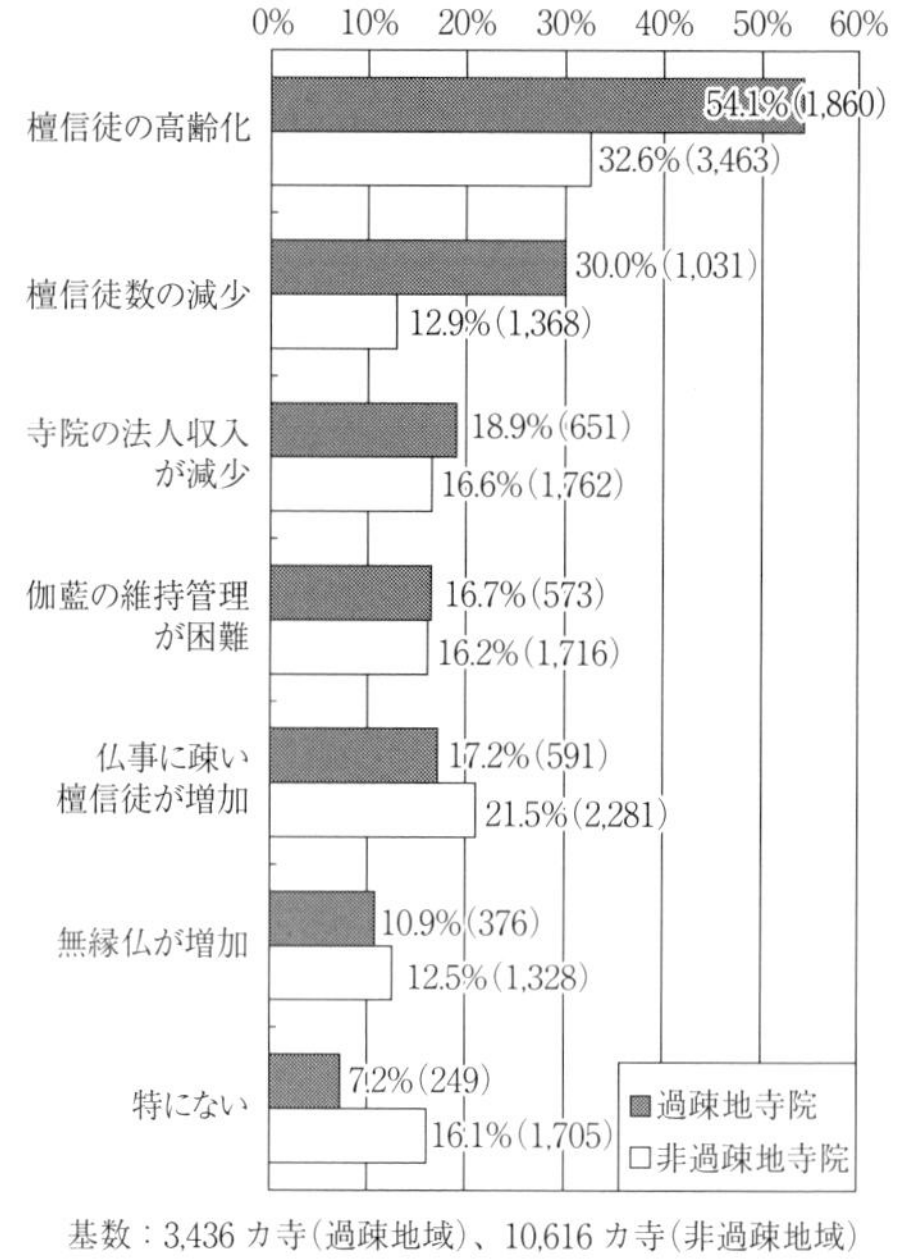

基数：3,436 カ寺（過疎地域）、10,616 カ寺（非過疎地域）

図1　寺院運営の問題点（複数回答）

図1のような結果である。過疎地寺院においては、檀信徒の高齢化が五四・一%で半数を超えており、非過疎地寺院を二一・五ポイント上回っている。さらに檀信徒の減少は三〇・〇%を占め、非過疎地寺院の一二・九%より二倍以上高い割合となった。非過疎地寺院との比較においていえば、過疎地寺院では檀信徒の高齢化や減少といった問題が、より深刻に受け止められているわけである。

実際、過去五年間における檀徒数[5]（戸数）の増減をみると、過疎地寺院の二カ寺に一カ寺（四六・九%）で檀徒数が減少しており、増加したのは一四・三%にとどまる。これに対し、非過疎地寺院で檀徒数が減少したのは二四・八%、増加したのは二九・二%で、過疎地寺院とは異なり、檀徒の増加が減少よりも高い割合となっている。信徒数についても同様の指摘が可能である。

(3) 寺院の法人収入

檀信徒の増減は、寺院の法人収入を左右するが、過疎地寺院と非過疎地寺院の間では、どのような差異がみられるだろうか。寺院一カ寺における一年間の平均法人収入を比較すると、過疎地寺院は三九七・三万円、非過疎地寺院は六一八・三万円となっている。過疎地域と非過疎地域との間で、二二一万円もの格差が生じているのである。

以上のように、曹洞宗の過疎地寺院で生じている諸問題は、先に述べた他宗の状況と、ほぼ軌を一にしているということが理解できよう。

(4) 過疎地寺院の地域的差異

過疎地域に立地する寺院の風景といえば、「深い山峡、曲がりくねった山路の先に、小さな茅葺きの屋根をもったお堂が建っている」〔日蓮宗現代宗教研究所編　一九八九〕といったイメージをもつ人は、けっして少なくないだろう。しかし、一口に過疎地寺院といっても、それぞれがおかれている環境は一様ではなく、自然・産業・文化など、きわめて多様な地域からなる。

「宗勢調査二〇〇五報告書」では、この問題を念頭におき、過疎地寺院の地域的な特徴の概略を管区別に整理している（表1）。管区は宗務行政の円滑化を図るために設けられたもので、以下、全国九つの管区からなる。①関東（東京・神奈川・埼玉・群馬・栃木・茨城・千葉・山梨）、②東海（静岡・愛知・岐阜・三重）、③近畿（滋賀・京都・大阪・奈良・和歌山・兵庫）、④中国（岡山・広島・山口・鳥取・島根）、⑤四国（徳島・高知・香川・愛媛）、⑥九州（福岡・大分・長崎・佐賀・熊本・宮崎・鹿児島・沖縄）、⑦北信越（長野・福井・石川・富山・新潟）、⑧東北（福島・宮城・岩手・青森・山形・秋田）、⑨北海道（北海道）。

表1は過疎地寺院一カ寺あたりの平均法人収入、檀徒数・信徒数、過疎地寺院が立地する市町村の人口から算出した人口増減率と高齢者の割合を管区別に示したものである。これによると、北海道管区では過疎地寺院が立地する市町村の六五歳以上人口割合は二六・二％である。人口増減率は一九九五年から二〇〇四年にかけて九・七％減

表1　管区別にみた過疎地寺院の現状

区　　分 (管区別寺院数)	過疎地寺院数 (カ寺)	管区別過疎地寺院割合(%)	過疎地寺院の平均法人収入 (万円)	過疎地寺院の平均檀徒数 (戸)	過疎地寺院の平均信徒数 (人)	過疎地寺院が立地する自治体の65歳以上 人口合計 (万人)	過疎地寺院が立地する自治体の65歳以上 65歳以上人口割合(%)	人口増減率 1995〜2004年 (%)
①関東　(2,807)	246	8.8	365.2	95.6	18.9	12.5	28.4	−5.9
②東海　(2,925)	290	9.9	358.7	99.8	22.9	17.5	21.0	−0.9
③近畿　(1,185)	225	19.0	209.9	71.3	14.4	12.0	27.8	−5.4
④中国　(1,128)	535	47.4	268.7	97.0	18.5	29.8	32.0	−8.2
⑤四国　(　210)	137	65.2	284.1	130.2	33.7	16.5	28.3	−6.9
⑥九州　(　924)	390	42.2	307.5	109.2	19.1	40.4	27.8	−6.5
⑦北信越 (1,973)	463	23.5	316.4	132.4	21.6	23.9	29.2	−6.8
⑧東北　(2,442)	877	35.9	507.0	210.5	24.5	51.9	28.1	−7.4
⑨北海道 (　458)	273	59.6	771.4	175.9	21.7	32.8	26.2	−9.7
過疎地域に立地する寺院の合計	3,436	24.5	397.3	139.9	21.6	237.3	27.6	−6.8
	寺院数		平均法人収入	平均檀徒数	平均信徒数	65歳以上人口	65歳以上人口割合	人口増減率
全　　国	14,052	−	564.0	142.2	23.7	2,169.4	19.1	1.7

＊調査票回収寺院14,052カ寺、過疎寺院数3,436カ寺を基礎として作成。人口のデータは『民力2005』（朝日新聞社、2005年）に収録された2004年の住民基本台帳による人口統計をもちいて算出した。全国の65歳以上人口は曹洞宗寺院が立地する自治体人口の合計。

で、管区中もっとも人口減少が加速しており、過疎地寺院の割合は六割弱を占める。また、北海道管区における過疎地寺院の平均檀徒数は一七五・九戸、法人収入は七七一・四万円であるのに対し、曹洞宗寺院全体の平均値は、檀徒数が一四二・二戸、法人収入が五六四・〇万円である。北海道管区の過疎地寺院は、人口減少がもっとも著しい環境に立地しながらも、檀徒数や法人収入の面では全国平均を上回っている。

一方、中国管区においても、六五歳以上の人口割合は三割強、人口増減率は八・二％減で過疎化の影響が著しく、過疎地寺院の割合は五割弱である。過疎地寺院の平均法人収入は全国平均の半額にも満たない二六八・七万円、檀徒数は全国平均を大きく下回る九七・〇戸となっている。

ここでの分析は、あくまで過疎地寺院の法人収入・檀徒数・信徒数にのみ焦点をあてた限定的なものにすぎない。しかし、それでも過疎地寺院が立地する地域によって、格差ともいいうる差異が生じている状況をうかがい知ることができる。寺院運営が今後も立ち行くよう対策を求める声が過疎地寺院から教団に相次いで寄せられているが、そうした地域的な差異が、教団による統一的・画一的な対策の実施を難しくしている側面は否定できないだろう。そもそも、約一万四〇〇〇カ寺を数える曹洞宗寺院の分布自体には偏りがあり、過疎地寺院の割合が低い関東管区では人口規模に比して寺院が少ないのに対し、過疎地寺院の割合が全国平均二四・五％を超える東北・中国管区などでは人口規模に比して寺院が多く、都市開教を急ぐべきだとの意見もある。

こうしたなかで打開策の布石を打つためには、寺院の成り立ちや寺檀関係における寺院護持のあり方などの観点から、寺院の地域的な特性をさらに掘り下げて明らかにしていく必要があろう。たとえば、人口減少が著しい北海道管区の寺院では、菩提寺から遠く離れた地域に転居した檀信徒の平均割合は一六・七％を占め(6)、全国平均の九・一％を超えて管区中でもっとも高い割合を示している。他の管区の寺院にもまして、葬儀や法事の執行、菩提寺行事への参加、棚経の実施などにおいて、住職・檀信徒ともに相当の時間と労力を注ぎ込んでいると考えられるが、そのようななかでどのように寺檀関係を維持し、これを継承してきたのか、その現状をつぶさに観察することで今後に向けての手がかりが得られるだろう。

二　過疎地域における曹洞宗檀信徒と菩提寺

これまで「宗勢調査二〇〇五」をもとに、過疎地寺院で生じている問題の概要をみてきた。それは寺院運営の主体となる住職や寺院の観点から整理されたものであるが、冒頭で述べたとおり、過疎地寺院の実態に迫るためには、檀信徒の態度にも注目する複眼的な視角が必要である。そこで、以下では「檀信徒意識調査二〇一二」を素材として、過疎地域における曹洞宗檀信徒と菩提寺の関係を読み解いていくこととする。

分析を進める前に、分析対象となる檀信徒について確認しておきたい。「檀信徒意識調査二〇一二」では、檀信徒六五三〇人（調査票予定配布数一万四八六票をもとにした回収率は六二・三％）のうち、過疎地域に居住する檀信徒は二七・六％（一八〇一人）、非過疎地域に居住する檀信徒は六四・八％（四二三四人）だった（表2）。

ここで檀信徒の居住地と菩提寺の立地関係について注意を促しておきたい。檀信徒が過疎地域に暮らしているからといって、必ずしも当該地域に菩提寺があるわけではなく、非過疎地域の菩提寺と寺檀関係を結んでいる可能性も考えられるためである。そこで檀

表2　過疎区分別にみた檀信徒の内訳

	回答数（人）	割合（%）
過疎地域	1,801	27.6
非過疎地域	4,234	64.8
無回答	495	7.6
合計	6,530	100.0

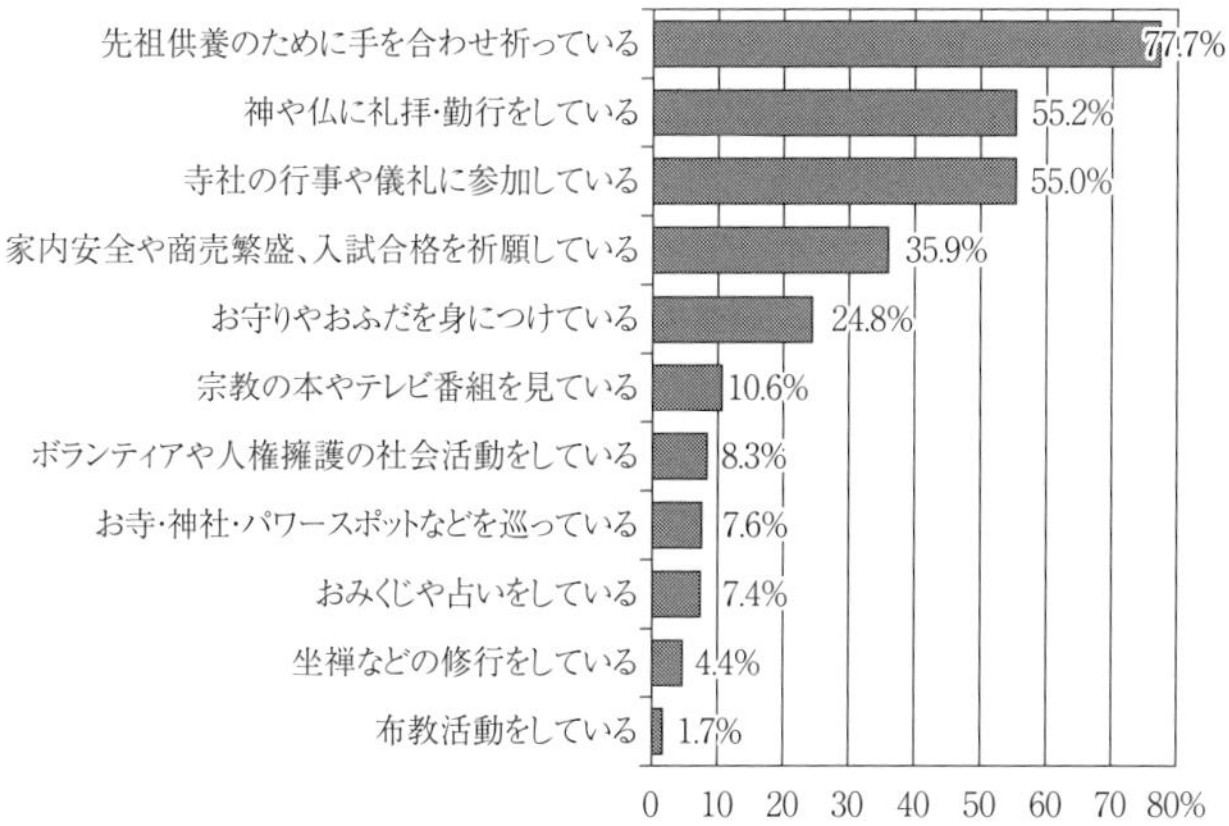

図2　宗教行動（複数回答）　基数：1,801

＊割合の高い選択肢から順に並べ替えた。
無回答4.6％（83人）は図中から除いた。

信徒の居住地と菩提寺の位置関係を確認しておく。「檀信徒意識調査二〇一二」によれば、約七割の檀信徒が菩提寺まで「歩いて行ける距離」に居住していると回答している。この点を考慮すれば、檀信徒の居住地のごく近辺にほぼ菩提寺があると考えてよいだろう(7)。

したがって、本章においては、いくらか例外があることを承知しつつも、檀信徒の居住地域が過疎地域である場合は、菩提寺を過疎地寺院、非過疎地域である場合は、非過疎地寺院とみなして分析を進めるものとする。

(1) 寺檀関係の紐帯となる供養

過疎地域における檀信徒と菩提寺の関係を分析していくにあたり、檀信徒の宗教行動の概要を把握しておこう。宗教に関係すると思われる行動について選択肢を設け、それらの行動を尋ねたところ、図2のようになった。

これによると、「先祖供養のために手を合わせ祈っている」は七七・七％で八割弱を占め、次点の「神や仏に礼拝・勤行をしている」（五五・二％）よりも二二・五ポイント高い割合と

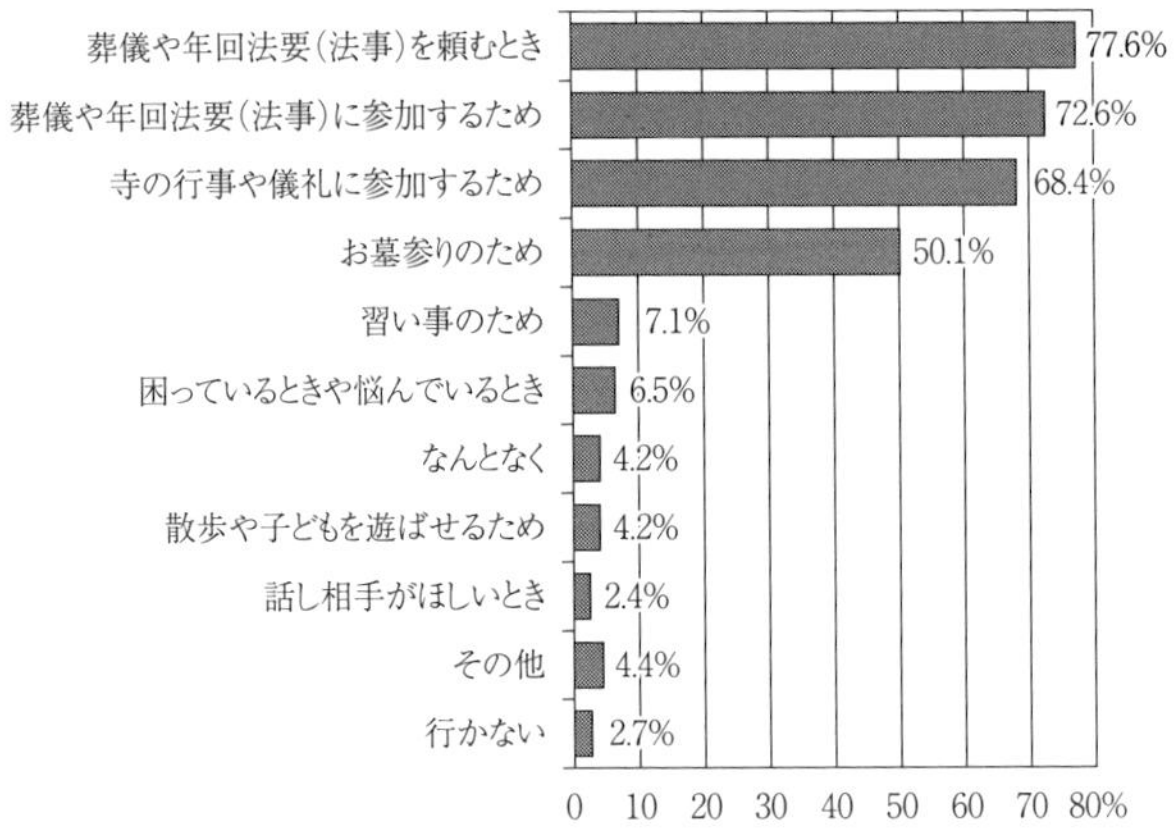

図3　菩提寺への訪問目的（複数回答）　基数：1,801

＊割合の高い選択肢から順に並べ替えた。

無回答1.3％（23人）は図中から除いた。

なっている。過疎地域における檀信徒の宗教行動は、先祖の供養が中心にあるといえるだろう。これに対し、曹洞宗の宗義にかかわるとみなされる「坐禅などの修行」については四・四％で一割にも満たない。じつに対照的な結果だ。

では、その寺檀関係の実態はどのようになっているのだろうか。ここで注目したいのは、菩提寺への訪問目的を尋ねた設問である。その結果をグラフ化すると図3のとおりとなる。図3において、もっとも割合が高いのは、「葬儀や年回法要（法事）を頼むとき」の七七・六％で、「葬儀や年回法要（法事）に参加するため」の七二・六％がこれに次ぐ。それぞれ七割超の割合となっており、「お墓参りのため」も半数を超えている。

これに対し、「習い事のため」以下の選択肢は、すべて一割未満である。過疎地域の檀信徒からみた場合、寺檀関係は、概して葬儀や法事、墓参といった供養を紐帯としていることがうかがえる。

これとのかねあいでいえば、図2・図3でそれぞれ過半数となっている「行事や儀礼」への参加について、その目的も確認しておく必要があろう。行事や儀礼への参加は、菩提寺行事の開催状況によるところがあるが、菩提寺の行事に参加している約八割の檀信徒のうち（表3）、六割強が参加目的を「供養したいから」としており、そのなかでもっとも高い割合を占めている（表4）。

(2) 寺檀関係の捉え方

これまで過疎地域における寺檀関係の紐帯が供養にあることを確認してきた。では、寺檀関係の現状や将来をどのように認識しているのか。その意識のありようを探っていくこととしよう。

過疎地域の檀信徒の七七・八%は「今の住職に満足」し、七一・七%が「住職の家族に親しみ」を感じている

表3　菩提寺行事の参加状況（再集計）

	回答数（人）	割合（%）
参加している	1,433	79.6
参加していない	287	15.9
無回答	81	4.5

*「参加している」は「まったく参加していない」を除く選択肢に回答したもの。「参加していない」は「まったく参加していない」を回答したもの。

表4　菩提寺行事への参加目的（複数回答）

	回答数（人）	割合（%）
供養したいから	901	62.9
恒例の行事だから	826	57.6
子孫のつとめだから	606	42.3
心が安らぐから	478	33.4
義務だから	391	27.3
祈願したいから	325	22.7
みんなが参加するから	184	12.8
御利益があるから	75	5.2
その他	48	3.3
無回答	9	0.6

*基数：1,433

表5　今の住職に満足している（再集計）

	回答数（人）	割合（%）
そう思わない	59	3.3
どちらともいえない	293	16.3
そう思う	1,402	77.8
無回答	47	2.6

*「そう思わない」は「まったくそう思わない」「そう思わない」の合算値。「そう思う」は「非常にそう思う」「そう思う」の合算値。

表6　住職の家族に親しみを感じる（再集計）

	回答数（人）	割合（%）
そう思わない	83	4.6
どちらともいえない	344	19.1
そう思う	1,291	71.7
無回答	83	4.6

*「そう思わない」は「まったくそう思わない」「そう思わない」の合算値。「そう思う」は「非常にそう思う」「そう思う」の合算値。

表7　菩提寺の今後の存続発展を願う（再集計）

	回答数（人）	割合（%）
そう思わない	34	1.9
どちらともいえない	195	10.8
そう思う	1,509	83.8
無回答	63	3.5

*「そう思わない」は「まったくそう思わない」「そう思わない」の合算値。「そう思う」は「非常にそう思う」「そう思う」の合算値。

（表5、表6）。これらは現状の寺檀関係に満足しているといって差し支えない数値であり、八三・八%が「菩提寺の今後の存続発展」を願っている（表7）。

菩提寺存続の願いは、菩提寺への思い入れや愛着といった諸要素が深くかかわっているだろう。そこで、「曹洞宗であることは誇りである」「お寺（菩提寺）が何より大切だ」「今の住職についていきたい」「上記のものにはあてはまらない」という四つの選択肢をあげ、自分の意見にもっとも近いもの一つを回答してもらった設問の結果を確認してみたい。それは図4のとおりである。

いずれの選択肢においても半数には届いていないが、相対的にみて、菩提寺を「何より大切」と考える檀信徒が多くなっている。この設問について、非過疎地域の檀信徒と比較すると、「お寺（菩提寺）が何より大切だ」については、過疎地域の檀信徒が有意に多く、非過疎地域の檀信徒が有意に少ない(8)。「今の住職についていきたい」については、非過疎地域の檀信徒が有意に多く、過疎地域の檀信徒が有意に少ない（表8）。

非過疎地域よりも、過疎地域の檀信徒のほうが、菩提寺への愛着や思い入れなどを優先するということなのだろう。これに対し、住職を優先的に考える檀信徒は過疎地域で少ない。その背景には、死者や先祖を祀る菩提寺が一切代わりのきかない「我が寺」であるのに対し、いわばその番人である住職は何も当人に限る必然性はないといった意識があるのかもしれない。

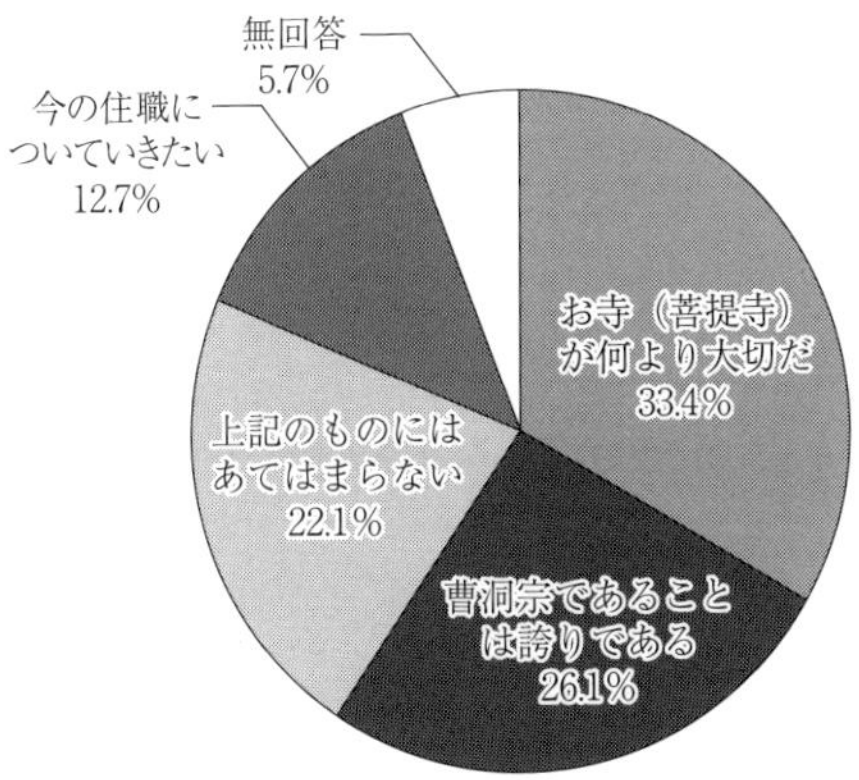

図4　優先帰属対象　基数：1,801

＊割合の高い選択肢から順に並べ替えた。

このような結果であるとすれば、過疎地域の檀信徒は菩提寺の護持をどのように考えているのだろうか。「お寺を護ることが檀家の務めである」との意見に対し、見解を尋ねたところ、過疎地域の檀信徒の七割が「そう思う」と回答した（表9）。寺院護持は檀信徒が主体的に果たすべき役割として受け止められている結果を示したものと思われる。この設問について、非過疎地域の檀信徒と比較すると、「そう思う」との回答は、過疎地域の檀信徒が有意に多く、非過疎地域の檀信徒が有意に少ない。また「どちらともいえない」との回答は、過疎地域の檀信徒が有意に少なく、非過疎地域の檀信徒が有意に多い（表10）。

非過疎地域よりも過疎地域の檀信徒のほうがより多く菩提寺の護持

表 8　優先帰属対象（過疎適用別）　　人数（割合%）

	曹洞宗であることは誇りである	お寺（菩提寺）が何より大切だ	今の住職についていきたい	上記のものにはあてはまらない	合計
過疎地域	470(27.7)	602(35.5)*	228(13.4)*	398(23.4)	1,698(100.0)
非過疎地域	1,074(26.8)	1,260(31.4)*	679(16.9)*	998(24.9)	4,011(100.0)

$\chi^2(3) = 16.55$, $^*p < .05$

表 9　お寺を護ることが檀家の務めである（再集計）

	回答数（人）	割合（%）
そう思わない	74	4.1
どちらともいえない	395	21.9
そう思う	1,260	70.0
無回答	72	4.0

*「そう思わない」は「まったくそう思わない」「そう思わない」の合算値。「そう思う」は「非常にそう思う」「そう思う」の合算値。

表10　お寺を護ることが檀家の務めである（過疎適用別）　　人数（割合%）

	そう思わない	どちらともいえない	そう思う	合計
過疎地域	74(4.3)	395(22.8)*	1,260(72.9)*	1,729(100.0)
非過疎地域	201(5.0)	1,094(27.2)*	2,721(67.8)*	4,016(100.0)

$\chi^2(2) = 14.91$, $^*p < .05$

表11　今後の寺檀関係

	回答数（人）	割合（%）
いわゆる「檀家制度」は存続する	793	44.0
護持会のような会員組織中心の関係となる	279	15.5
個人の信仰に基づいた関係になる	250	13.9
わからない	387	21.5
その他	14	0.8
無回答	78	4.3

を「檀家の務め」と認識しているとすれば、寺檀関係の将来をいかように考えているのか、人口減少と少子高齢化が進む過疎地域の寺院の厳しい現実を考慮したとき、この問題をおさえておく必要があろう。今後の寺檀関係について尋ねた設問によると、「いわゆる「檀家制度」は存続する」は四四・〇％、「護持会のような会員組織中心の関係となる」は一五・五％、「個人の信仰に基づいた関係になる」は一三・九％、「わからない」は二一・五％、「その他」は〇・八％だった（表11）。

既存の寺檀関係は、「檀家制度」「護持会」にあるとみられる（『檀信徒意識調査二〇一二報告書』一〇一頁）ので、今後も既存の寺檀関係に変化がないとみる回答は合計五九・五％となり、六割弱を占める。これに対し、寺檀関係の変化を予測する「個人の信仰」は一割強、将来に見通しが立たない「わからない」は二割強で、いずれも既存の寺檀関係に変化がないとみる意見には遠く及ばない。

この設問はあくまで寺院一般と檀信徒との関係について尋ねたものであるが、この寺院一般に菩提寺も含まれると仮定した場合、どのようなことが考えられるだろうか。既存の寺檀関係、とりわけ「檀家制度」が存続するとみる回答が半数にも届きそうな割合に迫っていることからいえば、過疎地域の多くの檀信徒は、地域社会の人口減少と少子高齢化が進展するただなかにおいても、将来の寺檀関係が「イエ」を単位とした継承者によって再生産されていくことを想定しているものとみなされる。この見方にそって将来を見通せば、今後の寺檀関係は限られたパイのなかで縮小化を志向するということになる。

過疎地域における寺檀関係の紐帯が、供養にあることは先に述べたとおりであり、今後の寺檀関係を見きわめる鍵は、つまるところ供養の継承にあるといえそうである。

表12　墓（再集計）

	回答数（人）	割合（%）
身近に感じない	16	0.9
どちらともいえない	92	5.1
身近に感じる	1,552	86.2
無回答	141	7.8

*「身近に感じない」は「まったく身近に感じない」「あまり身近に感じない」の合算値。「身近に感じる」は「とても身近に感じる」「やや身近に感じる」の合算値。

表13　墓の有無と種類

	回答数（人）	割合（%）
個人や家のお墓がある	1,705	94.7
合葬墓や永代供養墓などのお墓がある	23	1.3
ない	35	1.9
わからない	10	0.6
その他	17	0.9
無回答	11	0.6

(3) 供養の継承

死者や先祖の供養を次世代に継承していくという文脈において、八割を超える過疎地域の檀信徒が「身近に感じる」墓は、きわめて重要な要素の一つを占める（表12）。個人や家の墓をもつ世帯に暮らす過疎地域の檀信徒は、じつに九割超にのぼり、うち約九割がその墓を「子孫に守ってもらいたい」と回答した（表13、表14）。過疎地域の檀信徒は、ほぼ例外なく個人や家の墓をもつ家で生活をいとなんでおり、子孫にその継承を願っているといえよう。

ここで問題となるのは、墓の継承者、つまり次世代の供養の担い手である。「檀信徒意識調査二〇一二」の自由記述の結果によれば、墓の継承を危ぶみ、不安をつのらせている声が少なからずみられる。そうした過疎地域の檀信徒の声を以下にあげてみよう（引用は原文のまま一部抜粋して記載）。

・今、現在は、お墓を守る家族はいますが、今後、私たちの子供の代になり、この地を離れた場合お墓を守る（手入れ）する人物がいなくなる（離れる）可能性、大いにあると思います。今から、この件について家族で話し合わなければいけないと、このアンケートを書きながら、考えさせられました。

（四六歳・女性）

・老媼の一言アンケートに申し述べさせて頂きます。死後の埋葬につきまして現在当地におきましても少子化に伴い子供達は各他県に移り住み家庭を持ち郷里へ帰って来ません。お墓もあり葬儀は行ってもらえますがお墓の管理や供養迄は到底望まれない状態です。たとえ永代供養は出来たとしても高額な支出は高齢な身にとっては無理だと存じます。現在都会におきましても種々な供養塔が建立されておりますが当地の寺院におきましても後継者のいない人達の為に永代納骨供養塔を建立して頂く方向に希望致して居ります。住み馴れた古里に落着ける事が出来るのなら幸いな事と思っています。

（八六歳・女性）

・お墓ですが、守るべき子供達は故郷を離れて、都会に就職したり、嫁いで行ったりとお墓参りに来るのは年に何回かで、私の死後は、お墓の守りは他人にお願いしなければならなくなるとこのアンケートを書きながら、感じました。将来的に菩提寺で永代供

表14　墓の継承に対する希望

	回答数（人）	割合（％）
子どもや孫に守ってほしい	1,450	85.0
お寺や管理業者に守ってほしい	39	2.3
永代供養墓などに改葬してほしい	67	3.9
無縁墓になってもよい	24	1.4
わからない	107	6.3
その他	10	0.6
無回答	8	0.5

＊基数：1,705

養をしていただけたら、嬉しいなあと思っています。最近、都会に住んでみえる子供さん達がお墓を移される方がいますが、この町で生まれ、育った者として、この土地に残りたいと思います。（六二歳・女性）

・私共夫婦は子供が無いので行末現在の墓地をどのようにしたら良いか心配しています。それと同時に合葬墓とか、永代供養墓等が菩提寺にあれば良いと思います。（七〇歳・男性）

こうした供養の継承の問題は、既存の寺檀関係が供養を紐帯としているだけに、寺檀関係の継承、つまりその再生産をめぐる問題とも連動している。その意見をみよう。

・私達の時代は檀家と寺はささえあっていけると思いますがこれからは無理だと思います。子供達に語りつたえてはいますが地元にいないのでつながりはうすくなると思います。（六一歳・女性）

・地方の現状（一）地方では過疎化が進み、集落では空き家が増えている現状です。世帯主夫婦が死亡し、若者は東京等で働き生活している。（二）家族がいなくなった空き家は荒れほうだいになります。お墓も同じです。（三）お寺では、曹洞宗だけでなく、他の宗派も同様「檀家」が減ることになります。又若者のお寺離れが顕著になっています。（七三歳・男性）

・改めて、若い人が周囲に住んでいないと思いました。（若い世代の夫婦）寂しいことです。日本の風景を形式《ママ》している田舎の風景を護っていけなくなる日が遠からず来るでしょう。そして農山村に多く有る曹洞宗の寺院が多数廃屋となる日も遠からず来ることでしょう。現在でも私の方の地方では住職が兼務ばかりで人の常住している寺は半数も有りません。（七二歳・男性）

ここに取りあげた過疎地域の檀信徒の見解を裏づけるかのような、供養の後継者、すなわち高齢期（六五歳〜）の檀信徒よりも若い世代の檀信徒の意見も自由記述にはみてとれる。すなわち、以下のとおりである。

・お寺の事は、祖父母に任せていて、嫁でもあるので、言われた事をさせて頂く以外は、何もしていないので、知らない事が多いという事に気付きました。仕事の上でも仏教とはかかわりがあり、深い知識は無いですが、興味はあり、心の寄り所となっています。今後、曹洞宗についても少しずつ学んでいきたいと思いました。色々な宗教があり、中には極端で他への信仰を一斉止《ママ》める様に言われた事もありますが、生まれ育った中での信仰（私を支えて下さったもの）も大切にしつつ、嫁ぎ先の信仰も知り、大切にしていけたらいいと思っています。貴重な経験、尊い機会を与えて下さり、ありがとうございました。（三八歳・女性）

・父、母が元気で健在な為、お寺の行事には私はまだ参加した事がありません。世代交替の時期がきたら、父母がしてきたように引き継いで行きたいと思っています。（四八歳・女性）

・通常の、お寺の行事は、母が、ほとんどやってくれています。私は、時々、たずさわるぐらいです。宗教の目的や意義を考え、知ることは、重要なことだと思います。いちばん身近な宗教が、仏教であり、曹洞宗なので、その教えや、儀式の持つ意味などを、正しく理解することは、大切なことと思います。これからは、行事等に参加する機会も多くなってくると思いますが、ただ参加するのではなく、その意味などを、理解し、その目的に合った心構《ママ》で臨むことが大切だと感じました。（五一歳・男性）

・法事のことなど、今は両親がいるので解るが今先《ママ》のことが心配だし、法事など何回忌まで行なえば、良いのか解らない。（三六歳・男性）

自由記述には、墓や寺がなくなってしまってもよいとする回答は皆無であるが、これまで引用した過疎地域の檀信徒の意見をとおしていえば、身近な人の死に立ち会った経験に乏しいと思われる若い世代の檀信徒については、菩提寺との関係が比較的希薄であるとみられる(9)。

寺檀関係が身近な人の死を接点として再生産されてきたことを考えれば、若い世代の檀信徒もまた、それにより寺檀関係を引き継いでいくものとみられるが、これまでと同じように継承されていく保証はどこにもない。仮に寺檀関係が継承されるとしても、人口減少社会に突入し、その関係は確実に縮小化の方向に向かっている。これは教団の存続のみならず、日本社会で培われてきた供養文化の継承にかかわる重大な問題である。

三　過疎地寺院の今後

「宗勢調査二〇〇五報告書」は、曹洞宗の檀徒数（戸数）とその推移について、国立社会保障・人口問題研究所「日本の世帯数の将来推計（都道府県別推計）」（二〇〇五年八月時点。以下、ＩＰＳＳ将来推計と略記）をもとに、探索的な分析を行っている。それによると、曹洞宗の檀徒数は、日本社会の世帯数とともに増加しており、二〇〇五年時点における檀徒数は、約一八二万を数えるという。ＩＰＳＳ将来推計において、世帯数が増加のピークを迎えるとされる二〇一五年まで、檀徒数は上昇を続け一八七万超となるが、それ以降は一転して世帯数の減少とともに檀徒数も減少していくとしている。

「宗勢調査二〇〇五報告書」が注目しているように、世帯数の変動とともにおさえておかなければならないのは、世帯員数の減少と世帯構成の変化である。既に日本社会は人口減少社会に転じており、二〇〇五年の国勢調査における平均世帯員数は二・五五人で[10]、その後も減少している。これにあわせて世帯構成も変化し、世帯の小規模化・高齢化が加速する。いわゆる単独高齢世帯の増加であり、子どもとの別居がこれに拍車をかけているものとみられる。国民生活基礎調査によれば、二〇一一年時点で子どもと同居する高齢者の割合は四二・二％であり、一九八〇年から二六・八ポイントのマイナスとなった(11)。

「宗勢調査二〇〇五報告書」でも述べられているように、単独高齢世帯は供養の継承者が途絶するという可能性を含んでおり、曹洞宗の現状である供養を紐帯とした寺檀関係からみるなら、供養継承者の途絶はそのまま檀信徒の消滅に直結する。そこで、この問題を考える際の一つの端緒として、「宗勢調査二〇〇五報告書」がIPSS将来推計を利用して算出した都道府県別の総世帯数（二〇〇五年時点）に占める檀徒の割合を確認することとしよう。

都道府県別の総世帯数に占める檀徒の割合をみると、一〇％を超えて檀徒の割合が高くなっている自治体は、東北の青森県・岩手県・宮城県・山形県、北信越の長野県・新潟県、関東の山梨県、東海の静岡県、中国の島根県・鳥取県である。

次いで「宗勢調査二〇〇五報告書」は、これらの自治体について、IPSS将来推計を利用して作成した都道府県別高齢世帯の割合（二〇〇五年時点）と比較を試みる。それによると、東北・北信越・中国の自治体の多くで、高齢世帯が四〇％を超えている。つまり、曹洞宗の檀徒が多い地域では、高齢化が著しいということである。

「宗勢調査二〇〇五報告書」はさらにIPSS将来推計に基づき、二〇〇五年と二〇二五年段階における世帯数や高齢世帯について比較検討を行い、東北・北信越・中国といった高齢化の著しい地域において、二〇〇五年から二〇年後に世帯数が減少し、これにともない檀徒数も減少することを示唆している。

このような見通しを、先に掲げた表1（「管区別にみた過疎地寺院の現状」一八八頁）と対照させてみると、一体どのようなことがいえるだろうか。東北管区の過疎地寺院の年間法人収入は約五一〇万円、北信越管区では約三二〇万円、中国管区では約二七〇万円となっている。こうした現状において、一寺院の収入だけで生計を立てて伽藍を維持し、寺院行事や徒弟教育を行っているかどうかは判断がつかない。しかし少なくとも、過疎地寺院が人口減少の著しい環境に立地しており、既存の寺檀関係に基づいて、その関係が再生産されることを前提とするならば、今後檀信徒は減少し、既存の収入は下降線をたどることになるのは明らかだろう。

それでもあえて寺院を継承していこうとするならば、兼職などによる個人収入を当該寺院の運営にかかる必要経費に充当していくほかない。もちろん、死者や先祖の供養を紐帯とした既存の寺檀関係にとらわれず、教義に基づく信仰を結節点とした新たな関係を創出することによって、活路を切り開く術《すべ》もあろう。そうしたなかで注目されるのが、寺院が紡ぎだす縁、すなわち人的ネットワークの形成力である。

過疎化の進展とともに共同体としての機能維持が困難となり、今後の存続が危ぶまれる「限界集落」という言葉が広く知られるようになる一九九〇年代以降、一般紙では過疎化に直面する寺院の厳しい現状をクローズアップするとともに[12]、九〇年後半からは、供養とは異なる過疎地寺院の社会的機能を報道する記事が登場するようになる。以下では、その早い例を要約して紹介しよう。

滋賀県大津市で過疎化が進み高齢者が住民の半数を占める葛川地区の天台宗寺院では、雪深い冬に地域住民が家に閉じこもりがちになることから、人々とのつながりを深めようと、一九九八年から寺を地域住民の集うサロンとして開放した。寺には四〇代から七〇代の女性約三〇人が集まり、昼食をともにし、かごやわらじ、帽子やマフラーを作る。世間話をしながらの作業には、笑顔が絶えないという。ここで作られた作品は、露店や文化祭で販売され、その売り上げは障がい者施設などに寄付される[13]。

この記事に登場する地域住民に関しては詳しい説明がなく、場合によっては葬儀や法事、寺院行事など、人生や季節の節目節目で当該寺院に足を運ぶ檀信徒ということもありうる。だが、重要な点は寺院がそうした非日常的な関係とは異なり、日常的にかかわる場として開かれたことにある。そこには、寺院が地域社会における人的ネットワークを形成する核として、住民相互の社会関係を紡ぎ深める力を有していることが知られよう。過疎化が進展する地域社会に残った高齢者の社会的な孤立化が深まりをみせるなかで、こうした取り組みは、今後ますます重要度を高めていくように思われる。

おわりに

各仏教教団では、檀信徒の減少や高齢化に直面している過疎地寺院への対策を模索してきた。対策の内容は教団によって異なるが、それは大きく二分できるだろう。すなわち、①ハード面にかかわる対策、②ソフト面にかかわる対策である。①には金銭的支援、たとえば包括法人への賦課金である宗費の減免や伽藍の修繕にかかる費用の貸付などのほか、過疎地寺院の統廃合や移転、あるいは開教拠点の設置などがあり、②には仏事の代行や地域活性化を考える支援員の派遣、モデルケースの公募・紹介などがあげられる。

そのなかで興味深いのは、離郷門徒の集《つど》いを実施する浄土真宗本願寺派や、寺院活性化のモデルケースを寺院に限らず一般の人からも公募したり、地域活性化をめざす支援員を過疎地域に派遣し、住職や檀信徒らとともに寺院の進むべき道を模索したりする日蓮宗の取り組みである。これまでの過疎地寺院対策においては、菩提寺を支える檀信徒を射程に入れた取り組みが少なかったためだ。たとえば、本願寺派の離郷門徒の集いは、住職の呼びかけで故郷を離れた門信徒が本山に集い、それぞれの絆を深めるという趣旨のもので、二〇〇一年から寺院振興策の一環として教団が開催の奨励・協力に乗り出したという(14)。また、日蓮宗は二〇一〇年、寺院活性化のモデルケースを『実践研究　元気な寺づくり読本――寺院活性化の事例と手引き』にまとめ、地域を離れた檀信徒の「Uターン参り」の促進、既存の寺檀関係に依存しない一代限りの会員制度に基づく供養の実践、地域コミュニティを創出する場としての寺院活用といった例を紹介している〔過疎地域寺院活性化検討委員会編 二〇一〇〕。

「檀信徒意識調査二〇一二」の結果から得られたのは、過疎地域に居住する檀信徒にとって、菩提寺は死者や先祖の供養を行ううえで不可欠な存在であるということである。したがって、過疎地寺院対策として、寺院の統廃合や移転を進めるという方法は、制約が大きいと判断される。金銭面でのサポートを実施することにも限度があり、やはりソフト面の充実が対策として現実的な落とし所ではないか。

各教団では試行錯誤を続けているが、「檀信徒意識調査二〇一二」からみえてきた結果をもとにしていえば、故郷から離れてしまった檀信徒が死者や先祖の供養を実践できるような広域的な人的ネットワークの構築が必要になってくるだろう。筆者の見聞によれば、故郷にあった菩提寺が曹洞宗であるということを理由に、転居先でも曹洞宗寺院に身近な人の供養を頼みたいと考える人が存在するからである。しかし現在の教団には、そうした人々の依頼に応えるネットワークが存在しないようである。離郷の人々の供養の願いを実現させるためには、故郷にあるかつての菩提寺との関係を考慮しつつ、葬儀の導師や会場、墓所などについて、紹介や斡旋を行う人材・寺院バンクのような仕組みが用意されていてもよいのではないだろうか。

同時に、供養の重要性を伝えていく取り組みも急務であると考えられる。それはとくに寺檀関係の中心的存在ともいえる高齢期の檀信徒よりも、その次世代を担う若い世代の檀信徒の開拓となる。「檀信徒意識調査二〇一二報告書」によれば、高齢期の檀信徒に比べ、身近な故人の死に立ち会った経験に乏しいとみられる青年期（〜二九歳）・成人期（三〇〜六四歳）の檀信徒は、葬儀に対する様式の希望や葬儀自体に考えがないとする回答が多く、また法事をしなくても故人は成仏する、つまり法事の宗教的な意味を認めない回答が、成人期の檀信徒のほうに多くなっているからである（「檀信徒意識調査二〇一二報告書」九五頁）。本章でも確認したように、若い世代の檀信徒は菩提寺とのつきあいを親以上の世代に任せており、その関係は高齢期の檀信徒よりも疎遠であるとみなせる。繰り返しになるが、これまで寺檀関係が連綿と再生産されてきた歴史性を踏まえていえば、若い世代の檀信徒の現状は供養や菩提寺との関係に縁遠いとしても、身近な人の死をきっかけとして、供養に取り組み、菩提寺との関係を深めていくのであろう。そして今後の先行きを確実にしていくためには、若い世代の人々に供養の意義とその役割を理解してもらうほかない。

僧侶としては、つとめてその姿勢に徹するべきであろうが、死が身近ではない若い世代の人々が僧侶の説く供養論などというものに、好き好んで耳を傾けるだろうか。けっしてそうではないだろう。そのようななかで、曹洞宗では青年僧侶を中心として、若い世代の人々が教団に対する理解や関心を深めるきっかけづくりとして、坐禅や仏前結婚式などを前面に打ち出した布教・教化の取り組みが行われている。その取り組みが最終的に寺檀関係に結実していくかどうか、事の成否は今後をまたなければならない。

このほかにも、過疎地域に残り、やがて無縁化していく檀信徒の供養の問題に対処していくことの必要性も「檀信徒意識調査二〇一二」からはみえてきた。遺骨の管理も含め、永代供養を菩提寺に望む人々の声がそれを反映していよう。

ここに考えられる取り組みは、教団の存続ということのみならず、供養文化の継承という文脈においても、きわめて重要であると考えられる。これまで供養という宗教実践には、遺族の追善回向《ついぜんえこう》による死者の安心《あんじん》、遺族の悲嘆の処理といった役割があるとみなされ、生者の社会関係を強化・維持する一翼も担ってきた。しかし現代の日本社会においては、地縁・血縁的共同体は弛緩《しかん》の度を強め、社会の私事化はますます深まりつつある。そのようななか

表15　寺院に今後果たしてほしい役割（複数回答）

	回答数（人）	割合（%）
葬儀の執行	1,380	76.6
年回法要（法事）の執行	1,353	75.1
仏教的行事の継承	1,052	58.4
仏教の教えの布教	784	43.5
生者を苦しみから救うこと	422	23.4
心が癒される場所	722	40.1
困ったときの駆込み寺	303	16.8
地域社会をつなぐ場所	588	32.6
地域の景観を保つところ	144	8.0
観光地	72	4.0
子どもの遊び場	157	8.7
社会活動の発信地	208	11.5
地域を代表する場所・建築物	291	16.2
特にない	67	3.7
その他	14	0.8
無回答	84	4.7

＊基数：1,801

にあって、家族葬と呼ばれるような、プライベートな葬送サービスも行われるようになっており、供養をめぐる考え方やそのあり方にも大きな変化が予想されている。今後教団はどのような方向に舵《かじ》を切るのだろうか。

むろん、過疎地域の檀信徒は、死者の安心のみならず、生者を苦しみから救い、心の癒しを与えてくれると同時に、地域社会の結節点となることも期待している（表15）。しかしこのような寺檀関係を切り開く通路は、死者や先祖の供養にあり、その大前提となっていることは紛れもない事実である。教養の弘通《ぐつう》を使命とする寺院にとって、供養はその終着点ではない。これを糸口として、檀信徒の期待にいかに応え、発展的な寺檀関係を育んでいくのか。過疎地寺院は今まさに、その最前線で岐路に立たされているといえよう。

註

（1） 過疎地域自立促進特別措置法において、「過疎地域」は「人口の著しい減少に伴って地域社会における活力が低下し、生産機能及び生活環境等が他の地域に比較して低位にある地域」と規定され、①人口要件（人口減少率、六五歳以上の人口比率、一五～二九歳の人口比率）と②財政力要件に該当する地方自治体がこれに適用される。本章における「過疎地域」とは、この法令の適用を受けた自治体、またはその区域を指し、当該地域に立地する寺院を過疎地寺院、それ以外の地域に立地する寺院を非過疎地寺院と呼称する。

（2） 筆者は現在、曹洞宗宗務庁より、曹洞宗宗勢総合調査委員会・実務主任の委嘱を受け、二〇一五年度に実施した同調査の分析・報告全般にかかわっている。これに先立って行われた「曹洞宗宗勢総合調査二〇〇五」「曹洞宗檀信徒意識調査二〇一二」においては、実務委員として両調査にかかわり、主として過疎地寺院を取り巻く問題について、報告を担当してきた。本章は、そこで得られたデータを土台としているが、過疎地寺院の実態を報告する場合は、『曹洞宗宗勢総合調査報告書二〇〇五（平成一七）年』（曹洞宗宗務庁、二〇〇八年。同報告書は以下、「宗勢調査二〇〇五報告書」）に掲載されているデータをもちいた。また、過疎地域における檀信徒の宗教行動や宗教意識を報告する場合は、「曹洞宗檀信徒意識調査二〇一二」の回答者を、過疎地域に居住する人に絞り込んで出力したデータを主に利用した。したがって、『曹洞宗檀信徒意識調査報告書二〇一二年（平成二四）』（曹洞宗宗務庁、二〇一四年。同報告書は以下、「檀信徒意識調査二〇一二報告書」）には記載のないデータをもちいることをお断りしておく。

本章の執筆にあたり、データの利用許可をくださった曹洞宗宗務庁教化部、ならびにデータ出力の労をお取りくださった同嘱託員・土屋圭子氏に、記して感謝申しあげる。

なお、「檀信徒意識調査二〇一二報告書」では、檀信徒の概念を実態にあわせ、弾力的に捉えている。同報告書には、次のように記されている（四―五頁）。

信仰集団としての理念や規範を定めた「曹洞宗宗憲」によれば、曹洞宗の宗旨は「仏祖単伝の正法に遵い、只管打坐、即心是仏を承当すること」（第三条）である。そのうえで、檀徒と信徒を次のように規定する。

檀徒　本宗の宗旨を信奉し、寺院に属し、その寺院の住職の教化に依遵するほか、本宗及び当該寺院の護持の任に当たる者で、当該寺院の檀徒名簿に登録されたものを「檀徒」という。（第三三条）

信徒　寺院の檀徒以外の者で、寺院又は住職に帰依し、その寺院に対し護持の任を尽くし、当該寺院の信徒名簿に登録されたものを「信徒」という。（第三四条）

したがって、檀信徒とは、理念的にいえば、これら檀徒と信徒を総称する概念であり、曹洞宗あるいは寺院や住職に信仰を寄せる個人をいう。

しかしながら、これまでの学術研究や学術調査で示唆されているように、教団、寺院、住職とのつながりは、信仰というよりは、むしろ死者や先祖の供養といった実践で結びついているというのが実態に近いとみなされている。しかもそれは、個人単位ではなく、家という集団を前提とした宗教実践である。（中略）本調査でも、そうした檀信徒の実態に鑑み、調査員から質問紙を配布された調査対象者をもって檀信徒と呼称する。

本章における檀信徒の概念については、右に準じるものとする。

（3）調査対象寺院一万四六三七カ寺の場合、三五九七カ寺（二四・六％）が過疎地寺院であり、この割合は調査票を回収した寺院の場合とほぼ同じである。以下の分析においては、調査票を回収した寺院数を基本数としてもちいる。なお、宗勢総合調査の前身である一九五四年九月実施の「宗勢調査」における調査対象寺院数は一万四九六〇カ寺である。二〇〇五年までに三二三カ寺の減で、一年間に約六カ寺のペースで調査対象寺院から外れた計算となる。調査対象寺院数には出入りがあり、新寺建立・曹洞宗との包括関係の復帰といったケースは調査対象寺院の増加、寺院の統廃合・包括関係の解消といったケースは調査対象寺院の減少となり、総体的には約五〇年間で後者のケースが前者を上回る形となった。人口減少問題が深刻化するなかで、今後減少のペースはより加速することになるだろう。

（4）「宗勢調査二〇〇五」では、「住職の後継者として予定している人がいるかどうか」を住職に尋ねている。それによると、後継者がいる住職は六三・四％、いない住職は三五・四％である。「宗勢調査二〇〇五報告書」は、住職の受け継いできた寺院と法灯を継承する者を後継者とみなし、後継者がいない住職が四割弱を占めるという結果をもとに、「後継者不足」の問題について分析を行っている。筆者もそのような観点に立って、同報告書「第一一章　過疎地寺院の現況」において、過疎地寺院と非過疎地寺院における後継者の有無について比較検討し、それぞれの割合に大きな差異がみられないことから、後継者不足は曹洞宗全体にかかわる問題であろうと論じた。

しかし、後継者のいる、いないは現時点での住職の認識に基づくものであり、それがそのまま寺院と法灯の将来を決定するわけではない。寺院と法灯が継承されるかどうかは、住職の退董《たいとう》もしくは遷化《せんげ》後、住職を取り巻く僧侶らが、いかに行動するかにかかっている。住職の現状認識に基づく「後継者がいない」とは、あくまで「後継者未定」であって、これをもって後継者不足の問題を論じるのは、慎重を期すべきであろう。その実態を明らかにするとすれば、調査対象寺院数・被兼務寺院数・無住寺院数・住職数、住職と前住職との関係といった多角的な観点から分析を加えなければなるまい。

（5）曹洞宗における檀徒および信徒の理念的な位置づけについては、註（2）を参照のこと。「宗勢調査二〇〇五報告書」においては、檀徒・信徒に関する操作概念の説明がみあたらないが、質問紙においては、前者に括弧書きをして「檀家」とし、その戸数を尋ねている。すなわち、「宗勢調査二〇〇五」も「檀信徒意識調査二〇一二」と同様の考え方に立ち、供養を紐帯とした寺檀関係、いわゆる「檀家制度」の枠組みで檀徒を捉えているのである。

しかしながら、檀徒・信徒いずれの場合についても、質問紙に一切説明がなく、判断は寺院（住職）に委ねられている。したがって、それが宗憲の定める理念的な枠組みを反映した実態であるかどうかは、不明であるといわざるをえない。

（6）無回答を除いて平均割合を算出。北海道管区以外の平均割合は次のとおり。東北管区七・九％、関東管区八・二％、北信越管区八・六％、東海管区七・九％、近畿管区九・七％、中国管区一一・七％、四国管区九・四％、九州管区一一・三％。

（7）無回答を除き、過疎地域の檀信徒の居住地と菩提寺までの距離についてみると、「歩いて行ける距離」は七六・三％（一三三〇人）、「自転車を利用しないと行けない距離」は一七・七％（三〇八人）、「日帰り（丸一日）を必要とする距離」「泊まりがけを必要とする距離」はともに〇・一％（一人）となった。これに対し、非過疎地域の檀信徒の場合、「歩いて行ける距離」は六八・六％（二八一七人）、「自転車を利用しないと行けない距離」は二一・七％（八九〇人）、「日帰り（丸一日）を必要とする距離」は一・二％（四九人）、「泊まりがけを必要とする距離」は〇・五％（二二人）だった。

（8）この表記は、クロス集計表におけるχ^2検定によって表側データと表頭データに関連性があり（有意確率五％以下）、それを踏まえた残差分析の結果、「調整済み残差」が＋一・九六を上回り、統計的な判断に基づいて「多い」と判定したことによるものである（－一・九六を下回った場合は、統計的な判断に基づき「少ない」と判定）。クロス集計表では、無回答を除いて統計処理を施しているため、基数が各集計と異なる。調整済み残差が＋一・九六を上回ったり、－一・九六を下回ったセルには「＊」を記載し、網掛けを施した。網掛けについては、＋一・九六を上回った場合は濃いグレーで示し、－一・九六を下回った場合は薄いグレーで示した。以下の分析において、過疎地域と非過疎地域を比較し、「多い」「少ない」と表記する場合は、すべて右に準じる。

（9）たとえば、自由記述には次のような回答がある。「年齢の若い頃は、寺院は盂蘭盆会にお墓参りに行く以外は、日常の生活の外にある感じであったが、年を重ねて行く程近親の方等の葬儀に参列したりして、人の死が身近に感じられる様になるにつれ、寺院の役割りが大切なものに思い、特に身内で葬儀をすることで、寺院との関わりが多くなり、生活の内に入ってくるのかと思う時もある。でも日常生活からは離れている。私の小さい頃は、お婆さんやお爺《ママ》いさんがお寺参りに行く姿をよく見たのだが、今はあまり見掛けない様な気がする。信仰心が薄れたのか、社会が便利になり過ぎたのか、私もお爺さんの年であるのに、社会が科学的になり過ぎてしまったせいかも」（八五歳・男性）。

（10）「宗勢調査二〇〇五報告書」では、平均世帯員数を二・五六人と報告しているが、二・五五人の誤りであろう。
（11）このデータについては、次のＵＲＬ（二〇一五年七月三一日時点）を参考にした。
http://www.mhlw.go.jp/toukei/saikin/hw/k-tyosa/k-tyosa11/dl/02.pdf
なお、「檀信徒意識調査二〇一二」では、檀信徒六五三〇人のうち単独高齢世帯に暮らすのは二〇八人（三・二％）である。その居住環境は過疎地域が六七人、非過疎地域が一三一人となっている（一〇人は無回答）。
（12）一九九〇年八月八日付『朝日新聞』（夕刊・東京）は、「過疎のお寺は青息吐息」との見出しを掲げ、浄土真宗本願寺派の過疎地寺院に関する調査報告をもとに、過疎地域で「住職不在、門信徒ゼロ、本堂など建物は倒壊してしまい、境内だけが残る寺」が続出しているとしている。
（13）二〇〇三年一月九日付『朝日新聞』（朝刊・滋賀）。
（14）二〇一三年四月四日付『中外日報』。

参考文献

相澤秀生　二〇〇五「過疎地寺院の理解に向けて」『宗教学論集』二四輯、駒沢宗教学研究会。
過疎地域寺院活性化検討委員会編　二〇一〇『実践研究　元気な寺づくり読本――寺院活性化の事例と手引き』日蓮宗宗務院伝道部。
川又俊則　二〇一四『過疎地域における宗教ネットワークと老年期宗教指導者に関する宗教社会学的研究――平成二三～二五年科学研究費補助金（基盤研究Ｃ）研究成果報告書（課題番号２３５２００９２）』鈴鹿短期大学生活コミュニケーション学専攻・川又研究室。
櫻井義秀　二〇一二「過疎と寺院」『叢書　宗教とソーシャル・キャピタル２　地域社会をつくる宗教』明石書店。
日蓮宗現代宗教研究所編　一九八九『過疎地寺院調査報告　ここまで来ている過疎地寺院、あなたは知っていますか？』日蓮宗宗務院。

付記

本章は「過疎地域における檀信徒と菩提寺」と題して『曹洞宗総合研究センター学術大会紀要（第一六回）』（曹洞宗総合研究センター、二〇一五年）に報告した学術発表要旨に、既発表の研究ノートや報告の内容を加味して改題、大幅に補訂したものである。

第8章　寺院の日常的活動と寺檀関係――浄土宗

大谷栄一

一　はじめに――問題の設定

近江米一升運動という社会活動

「舞台は近畿地方の米どころ、滋賀県。食べ物に困った人たちを応援しようという動きがはじまっている」。これは、朝日新聞記者の磯村健太郎による『ルポ　仏教、貧困・自殺に挑む』の一節である〔磯村　二〇一一：三七頁〕。本書は、現代日本社会で貧困問題、自殺問題に取り組む僧侶たちの活動を取り上げたルポルタージュである。磯村は「「フードバンク寺院」はじまります」[1]という見出しのもと、滋賀教区浄土宗青年会（浄土宗滋賀教区所属の僧侶の青年会）[2]による近江米一升運動を紹介している。

この活動は、二〇一〇年初頭に滋賀教区内の甲賀組（湖南市、甲賀市所在の一一三カ寺）の浄土宗青年会の事業（甲賀米一升運動）として始まった。二〇一〇年度から滋賀教区全体の四七八カ寺（当時）の協力を得て、近江米一升運動として実施されることになり、現在も続けられている。

どのような活動かというと、滋賀教区の所属寺院一カ寺あたり、一升（一・五キログラム）以上の「仏供米」（本尊に供えられる米）のお下がりの喜捨を募り、その集まった「浄米」を生活困窮者に食糧支援を行っているNPO法人や慈善団体に寄贈・委託することで、「現在深刻化している貧困問題改善のささやかな一助たらんとする活動」である。この活動の発起人である曽田俊弘（浄土宗滋賀教区甲賀組の浄福寺住職、浄土宗総合研究所嘱託研究員）は、そう説明する［曽田　二〇一三：七六頁］。

すなわち、近江米一升運動とは滋賀県内の浄土宗寺院とその檀信徒たちによる生活困窮者への食糧支援の社会活動である。(3) 滋賀は米（水陸稲）の生産高が全国一七位の一七万六七〇〇トン（二〇一三年度）(4)を数える米どころであり、法要や法事の際には檀家が菩提寺の本尊前に米を供える習慣があり、曽田はその有効活用を思いついたという。

二〇一〇年一一月には二・八トンの「浄米」が集まり、それらはNPO法人フードバンク関西(5)（本部は兵庫県芦屋市）、東京のひとさじの会、(6) 滋賀県内のブラジル人学校に寄付された。

こうした仏教者や仏教団体による社会活動は、奈良時代の僧侶・行基（六六八〜七四九）の慈善救済事業（架橋や池の築造などの諸施設の建設）を源流とし［宮城　一九九三］、近代以降も各宗派が主体となって精力的に取り組まれてきた［吉田　一九六四、中西・高石・菊池　二〇一三、長谷川編　二〇〇七］。とりわけ、浄土宗は第二次世界大戦前には「社会事業宗」と称されるほど、社会活動に熱心な宗派として名を馳せた［長谷川編　一九九六］。米一升運動は、こうした近代浄土宗の伝統を継承した活動であるといえよう。

寺院の日常的な法要・行事、教化活動

ここで、現代日本社会における仏教の社会活動に目を転じると、とくに二〇〇〇年代以降、特徴的な社会活動を行っている仏教者や仏教団体に社会的な注目が集まっている［上田 二〇〇四、ムコパディヤーヤ 二〇〇五、磯村 二〇一一、全国青少年教化協議会・臨床仏教研究所編 二〇一三］。二〇一一年三月一一日の東日本大震災の発生以降、被災地での仏教者、仏教団体によるボランティア活動や被災地支援活動がマスメディアや研究者によって多く取り上げられたことも、そうした傾向を後押しした。

いわば、米一升運動もこうした動向のなかで「発見」された活動であると捉えることができる（筆者自身、磯村のルポを通じて、この活動を知った）。しかし、櫻井義秀の次の指摘に耳を傾けてほしい。「地域社会において特色ある活動をなす僧侶には注目が集まるが、法務・檀務に専念する住職の役割は評価されることが少ないと思われる」［櫻井 二〇一二：一五二頁］。たしかに、特徴的な社会活動への社会的な注目度の高さに比べて、寺院住職（副住職、寺族）の「法務・檀務」（本章ではそれを「日常的活動」や「日常的な法要・行事、教化活動」と表現する）(7)は相対的に軽視されているといえよう。しかし――櫻井のいうように――「住職の地道な活動こそ地域のソーシャル・キャピタルを維持している」［同：一五一頁］と考えるのであれば、寺院の日常的活動こそが再検討される必要がある。さらにいえば、そうした法要・行事、教化活動と社会活動との関係を捉え返すことで、地域社会で仏教寺院が果たす社会的役割を明らかにすることができるのではなかろうか。

じつは、近江米一升運動の背景には「寺院とお檀家の間、寺院同士の間を結ぶ信頼関係のネットワーク」の存在

があり、こうした「寺檀関係」と「教区」がソーシャル・キャピタル（social capital、社会関係資本）として機能している、と曽田は述べる〔曽田　二〇一三：八三―八四頁〕。曽田によれば、滋賀教区の寺檀関係は、講のような伝統的な信仰によって組織される結社集団に支えられているという。(8)「講」とは、「宗教・信仰上や経済上、その他の目的で寄り集まった人々によって組織される結社集団」〔谷口　一九九八：一七八頁〕のことであり、「信仰的機能をもつ講」「社会的機能をもつ講」「経済的機能をもつ講」に類型化される〔桜井　一九六二〕。曽田のいう講とは「信仰的機能をもつ講」のことであり、浄土信仰・念仏信仰に基づく寺院所属の檀信徒組織である。

つまり、米一升運動という社会活動は講のような教化活動によって保持されている寺檀関係を母体としていると推測できる。この点について、すでに曽田は、講を基盤とした親密な寺檀関係と教区という寺院特有の「信頼関係のネットワーク」を活かした福祉実践が、近江米一升運動の特徴のひとつであると指摘している〔曽田　二〇一四、二〇一五〕。この曽田の指摘を引き受け、本章では法要・行事や教化活動、寺檀関係、社会活動の関連性を実証的に検証してみたいと思う。

本章の目的

「住職の地道な活動」によって、どのように「寺院とお檀家の間」のソーシャル・キャピタルが醸成されているのか、寺院の社会活動は「寺院とお檀家の間」や「地域」のソーシャル・キャピタルに対してどのような機能を果たしているのかなど、いくつもの問いが浮上する。しかし、本章でそれらすべてを解明することはできない。そのため、問うべき課題を限定したい。本書第1章で、櫻井は「社会関係の重層性とそのシンボルともなる宗教活動との関連」を検討するための課題を三点指摘している。その一点目に、「寺院は地域社会の檀徒やそれ以外の住民とどのような関係を取り結び、日常の法務や行事においてどのような関係の維持・強化を図っているのか」［本書：三六頁］という課題を挙げる。

本章では、この課題のうち、寺院と檀徒（檀家・檀信徒）との関係に焦点をあて、日常的な法要・行事、教化活動がどのように寺院と檀家との紐帯づくりに機能しているのかを明らかにすることをめざす。いわば、日常的な法要・行事、教化活動と、寺院と檀家との紐帯の程度の関連性を調べることが本章の目的である。

その際、筆者が浄土宗滋賀教区（静永進瑞教区長）の協力によって二〇一五年四月に実施した「地域社会における浄土宗寺院の社会的役割に関するアンケート調査」（以下、本調査と略す）で得た定量データをもちいる。これにより、近江米一升運動の背景には「講を基盤とした」「寺院とお檀家の間、寺院同士の間を結ぶ信頼関係のネットワーク」の存在があるとする曽田の指摘（とくに寺檀関係）が妥当なのかどうかも検証することができるであろう。

ただし、本章では曽田のいう「信頼関係のネットワーク」がソーシャル・キャピタルとして機能しているかどうかについては判断を保留したい。本調査結果からはそのことを検証できなかったからである。ちなみに、ソーシャル・キャピタルとは――政治学者のロバート・パットナムの有名な定義に依拠すれば――「個人間のつながり、すなわち社会的ネットワーク、およびそこから生じる互酬性と信頼性の規範」［Putnam 2000＝二〇〇六：一四頁］のことである。「互酬性」とは「情けは人の為ならず」「お互い様」「持ちつ持たれつ」という言葉に象徴される助けあい、支えあいの社会関係を意味する［稲葉 二〇一一：一頁］。ソーシャル・キャピタル研究で著名な稲葉陽二は、パットナムの定義を整理し、「人々の間の協調的な行動を促す「信頼」「互酬性の規範」「ネットワーク（絆）」」と簡潔に説明する［同：一三頁］。「寺院とお檀家の間の信頼関係のネットワーク」はソーシャル・キャピタルの一側面を示すものであると思われるが、その同定には実証的な検証が必要である。本章では寺院と檀家の間や地域のソーシャル・キャピタルの機能を検証することはできないが、それらを明らかにするための基礎作業として本章を位置づけたい。

二　浄土宗を対象とした主要な統計的調査

浄土宗宗勢調査

本調査結果の分析の前に、浄土宗を対象とした主要な統計的調査（量的調査）を一瞥《いちべつ》しておきたい。そのことで筆者の実施した調査の位置づけを図っておこう。

浄土宗では「浄土宗宗勢調査規程」（宗令第五号）に基づき、一九六二年以降、宗内の全寺院を対象とした全数調査（宗勢調査）が実施されている。これまでに計六回（①一九六二年〈昭和三七〉、②六七年〈昭和四二〉、③七七年〈昭和五二〉、④八八年〈昭和六三〉、⑤九七年〈平成九〉、⑥二〇〇七年〈平成一九〉）の調査が行われ、報告書が公刊されている［浄土宗宗務庁編　一九八〇、一九八九、浄土宗宗勢調査結果研究委員会編　一九九一、浄土宗宗勢調査委員会編　一九九九、二〇〇九］(9)。

これらの調査報告書から、浄土宗寺院全体の趨勢と特徴を把握することができる。最新の第六回調査では、七〇四三カ寺（海外開教区を除く）を対象として調査が行われた（回収数六九〇〇票、回収率九八・〇％）。本章では、この第六回調査の結果を随時参照する。

なお、『第四回浄土宗宗勢調査結果報告書』［浄土宗宗務庁編　一九八九］には教区別集計結果とクロス集計結果が、『第五回浄土宗宗勢調査報告書』［浄土宗宗勢調査委員会編　一九九九］にはクロス集計表がそれぞれ掲載されている。

ただし、両者とも滋賀教区に関する調査結果が分析されているわけではない。

他の統計的調査

他にも以下のような調査が実施されている（表1）。

これまで浄土宗では、宗勢調査以外に、兼務寺院問題（①、⑦）、過疎地域の寺院問題（⑨）、葬式（③、④、⑥、⑧）、社会福祉事業・活動（⑤）、檀信徒の宗教意識（②）についての統計的調査が行われてきたことがわかる。特定教区については、千葉教区（②）と静岡教区（③、④）での調査がある。

ちなみに、⑨の過疎地域の寺院問題に関する調査結果を見ると、滋賀教区の場合、教区内の全寺院数四七二カ寺（二〇一二年六月時点）のうち、「過疎寺院数」は四カ寺を数えるだけで、教区過疎率（過疎寺院数／教区寺院数）は〇・八％である。浄土宗全体の過疎率（総過疎寺院数／総寺院数）一四・〇％を下回り、「過疎地域に所在する寺院の割合が少ない教区」［名和　二〇一五：五八頁］のひとつと位置づけられている。

筆者による調査は、先行研究のない滋賀教区という特定教区を対象とした調査であるという点に大きな特徴がある。ただし、宗勢調査や⑨の過疎地域の寺院問題調査の質問項目を参考にしており、問題意識の上で⑤の社会福祉事業・活動調査、③と⑧の寺院対象の葬式調査と重なる点がある。

以下、これらの先行調査の結果を参照しながら、考察を進める。

表1　浄土宗を対象とした主要な統計的調査一覧

調査主体	実施年	調査名	調査対象	調査結果
①寺院運営改善施策検討委員会	一九九五年（平成七）	「兼務寺院の現況に関するアンケート」	浄土宗四七教区一一四二カ寺（回収数一〇三三カ寺、回収率九〇・五％）	[寺院問題検討委員会　二〇〇八]
②浄土宗千葉教区、浄土宗善照寺、淑徳大学磯岡研究室	一九九七年（平成九）秋	「平成九年度　宗教意識調査」	浄土宗千葉教区の檀信徒（発送世帯数一〇二六通、有効回収率は五〇・六％）。ほかに淑徳大学学生（有効回答数三一一票）とインターネット・ユーザー（有効回答数一六八五票）	[浄土宗千葉教区・千葉教区教化団編　二〇〇〇]
③浄土宗総合研究所葬祭仏教研究班	二〇〇一年（平成一三）一〇月	「お葬式に関するアンケート調査」	浄土宗静岡教区全寺院	[浄土宗総合研究所葬祭仏教研究班　二〇〇二]
④浄土宗総合研究所葬祭仏教研究班	二〇〇四年（平成一六）八月	「お葬式に関するアンケート調査」	浄土宗静岡教区寺院一二四カ寺の檀信徒（有効回答数四〇二票、有効回答率は三二・四％）	[浄土宗総合研究所葬祭仏教研究班　二〇〇五]
⑤浄土宗総合研究所仏教福祉研究班	二〇〇四年（平成一六）一〇月	「浄土宗社会福祉事業・活動に関するアンケート調査」	浄土宗寺院七〇五七カ寺のうち、兼務・代務等を除いた正住寺院五六五五カ寺（有効回収率は六三・二一％）	[浄土宗総合研究所仏教福祉研究班　二〇〇五、二〇〇六、二〇〇七]。cf.[関　二〇〇七]
⑥浄土宗総合研究所総合プロジェクト研究「現代葬祭仏教」	二〇〇五年（平成一七）九月	「お葬式に関するアンケート調査」	浄土宗全教区の正住職寺院五六五三カ寺の檀信徒（有効回答数三一八四票、有効回答率は一八・八％）	[浄土宗総合研究所編　二〇一二]
⑦寺院問題検討委員会	二〇〇五年（平成一七）	「兼務住職寺院実態調査」	浄土宗四七教区一二三七カ寺（回収数一一一八カ寺、回収率九〇・四％）	[寺院問題検討委員会　二〇〇八]
⑧浄土宗総合研究所総合プロジェクト研究「現代葬祭仏教」	二〇〇九年（平成二一）三月	「お葬式に関するアンケート調査　寺院対象」	浄土宗寺院全七〇四五カ寺の住職、もしくは葬式を執行している教師（有効回答数二七九〇票、有効回答率は三九・六％）。	[浄土宗総合研究所編　二〇一二]
⑨浄土宗総合研究所、寺院問題検討委員会	二〇一二年（平成二四）六月	「過疎地域における寺院へのアンケート調査」	過疎地域にある浄土宗寺院九八七カ寺（無住職寺院を除く。正住寺院：回収数六二七票、回収率八八・三％、兼務寺院：回収二三六票、回収率八五・一％）	[寺院問題検討委員会　二〇一四]。cf.[名和　二〇一五]

三　浄土宗滋賀教区と調査概要

調査概要の紹介

ここで、筆者が実施した「地域社会における浄土宗寺院の社会的役割に関するアンケート調査」の概要を述べる。今回、科学研究費補助金基盤研究（C）「寺院仏教とソーシャル・キャピタル――過疎・中間・過密地域の比較」（研究代表：櫻井義秀）の一環として、浄土宗滋賀教区所属の全寺院四七〇カ寺（二〇一五年四月時点）を対象に、質問紙調査（自記式の調査票をもちいた郵送配布・郵送回答調査）を実施した。

二〇一五年四月中旬に調査票を配布した後、六月に再度、回答の依頼を行い、七月末日までの回答を有効とした。回収数および有効回答数は二一六票で、回答率および有効回答率は四六・〇％である。

調査項目は、①法要・行事、②葬儀、③教化活動・社会活動、④地域社会との関係、⑤近江米一升運動、⑥檀家・檀信徒、⑦属性である。(10) これらの質問項目から、滋賀教区所属の浄土宗寺院の法要や行事、活動の実態、檀信徒との関係、地域社会との関係等を検証し、浄土宗滋賀教区の所属寺院が地域社会で果たしている社会的役割を明らかにすることを調査目的とした。(11)

この調査結果をもちいて、日常的な法要・行事、教化活動と、寺院と檀家との紐帯の程度に関する関連性について分析してみたいと思う。

浄土宗滋賀教区の特徴

浄土宗滋賀教区とはどのような教区なのか。まず、それを確認しておこう。

註2で述べたとおり、浄土宗は全国を四七教区に分けており、現在、全寺院数は七〇五六カ寺を数える（『宗教年鑑』平成二六年版）。そのうち、滋賀教区は京都、大阪、東京、愛知（教区名は三河、尾張）についで、全国五位の寺院数（四七〇カ寺）を数える地域である。総本山・知恩院（京都市東山区）の膝元ということもあり、宗内では信仰熱心な地域として有名な教区である。

滋賀教区は一〇組に分かれ、湖北組二六カ寺、愛知組二六カ寺、神崎組二一カ寺、蒲生第一組三六カ寺、蒲生第二組二九カ寺、蒲生第三組三五カ寺、野洲組三七カ寺、甲賀組一三三カ寺、湖南組六二カ寺、大津組六五カ寺からなる（『浄土宗寺院名鑑』平成二五年版）。

回答寺院と回答者の属性

次に回答を得た寺院および回答者の属性を確認する。

まず、正住寺院（住職が住持する寺院）と兼務寺院（正住寺院の住職が兼務している寺院）の割合は、以下のとおりである（表2）。なお、本調査の集計結果はすべて小数点第二位を四捨五入しており、比率の合算が合計欄と合わないことがあることをお断りしておく。

ちなみに、「兼務住職寺院の問題に関する提言（兼務住職寺院の実態調査集計）」［寺院問題検討委員会　二〇〇八］では、二〇〇七年時点のデータとして、滋賀教区の全四七二寺院のうち、正住寺院三五八カ寺（七五・八％）、無住寺院三カ寺（〇・六％）、兼任寺院一一〇カ寺（二三・三％）を数えており、本調査結果と近い（寺院数は資料のまま掲載）。

次に、回答を得た各寺院の規模を把握するために、檀家戸数を確認しよう（表3）。

この結果を見ると、五〇戸以下が一二一カ寺（五六・〇％）、一〇〇戸以下が一七五カ寺（八一・〇％）である。この数字を、第六回宗勢調査（全国）のデータと比較してみると、回答を得た滋賀教区寺院の檀家数の特徴が明確になる。

第六回宗勢調査報告書では、五〇戸以下が三七・三％、一〇〇戸以下が五六・八％である［浄土宗宗勢調査委員会編　二〇〇九：九頁］[12]。つまり、全国平均と比べると、回答を得た滋賀教区寺院の檀家戸数は少ないことがわかる。なお、報告書では一～五〇戸の檀家戸数が全国平均では二六・二％であるのに対して、石川、福井、滋賀、奈良教区は約五〇～六〇％を数えることが記されており［同］、このことは本調査結果にもあてはまる。

また、寺院の所在地が伝統的にどのような地域社会なのかを尋ねたところ、以下のような結果になった（表4）。

調査結果を、農村、中山間地域、半農半漁地域、山村等を合わせた「農山村等」と、商業地、住宅地、

表2　回答を得た正住寺院と兼務寺院の割合

	実数	%
正住寺院	169	78.2
兼務寺院	44	20.4
無回答	3	1.4
合計	216	100.0

表3　回答を得た寺院の檀家戸数

	実数	%
0戸	6	2.8
1～50戸	115	53.2
51～100戸	54	25.0
101～200戸	33	15.3
201～300戸	3	1.4
301～400戸	4	1.9
400戸以上	0	0.0
無回答	1	0.5
合計	216	100.0

表6　年齢

	実数	%
20歳代	3	1.4
30歳代	10	4.6
40歳代	30	13.9
50歳代	40	18.5
60歳代	75	34.7
70歳代	43	19.9
80歳以上	14	6.5
無回答	1	0.5
合計	216	100.0

表7　役職（立場）

	実数	%
住職	204	94.4
副住職	8	3.7
その他	2	0.9
無回答	2	0.9
合計	216	100.0

表4　回答を得た寺院の地域特性

	実数	%
農村	146	67.6
中山間地域	16	7.4
半農半漁地域	10	4.6
山村	3	1.4
その他（農山村等）	4	1.9
農山村等（小計）	179	82.9
住宅地	21	9.7
商業地	9	4.2
その他（城下町）	2	0.9
市街地（小計）	32	14.8
その他	5	2.3
合計	216	100.0

表5　性別

	実数	%
男	205	94.9
女	8	3.7
無回答	3	1.4
合計	216	100.0

城下町を合わせた「市街地」に大別すると、前者が一七九カ寺（八二・九％）を数える。回答を得た寺院の多くが農山村等にあることがわかる。

つまり、回答を得た寺院は農山村等にある寺院が多く、一〇〇戸以下の檀家数の寺院が八割以上を占めていることが明らかとなった。

ついで、回答者の属性を見てみよう。性別、年齢、役職（立場）は以下のとおりである（表5、表6、表7）。なお、これらは寺院ごとに回答を得ているため、同一人物が兼務寺院について回答しているケースがある。また、住職以外が回答している場合もある。

以上の結果から、回答者は六〇歳以上が六割を占め、男性の住職が多いことがわかる。ちなみに、回答者の女性八名のうち、六名が住職、二名が「その他」である。

四　日常的な法要・行事と教化活動・社会活動

法要・行事の実施率

では、寺院の日常的活動のなかで、どのような法要・行事が行われているのだろうか。「貴寺院で行っている法要、行事をすべて挙げて下さい」との質問に対する回答は、次のような結果になった（表8）。比較のため、表の右側に第六回宗勢調査（全国）の結果もあわせて掲載する。(13)

表8の修正会から除夜の鐘までの選択肢は、浄土宗寺院で一月から一二月までの季節ごとに行われている法要・行事である。回答数が多い順から記すと、盂蘭盆会《うらぼんえ》二一一カ寺（九七・七％）、盆での棚経二〇二カ寺（九三・五％）、

表8　実施されている法要・行事（複数回答）

（参考）第6回宗勢調査［出典：浄土宗宗勢調査委員会編　2009：23頁］

（N＝216）	実数	%	「宗勢調査」（N＝27, 909）
修正会	148	68. 5	41. 4%
新年の挨拶回り	113	52. 3	
オコナイ	1	0. 5	
成人式	1	0. 5	0. 3%
御忌会	174	80. 6	41. 3%
節分（豆まき）	18	8. 3	
涅槃会	116	53. 7	18. 6%
春彼岸会	196	90. 7	68. 4%
春彼岸での棚経	2	0. 9	
宗祖降誕会	8	3. 7	4. 7%
灌仏会（花祭り）	96	44. 4	21. 7%
盂蘭盆会・施餓鬼会	211	97. 7	71. 3%
盆での棚経	202	93. 5	
地蔵盆	169	78. 2	
秋彼岸会	192	88. 9	65. 0%
秋彼岸での棚経	3	1. 4	
十夜法要	179	82. 9	53. 5%
成道会	33	15. 3	7. 0%
仏名会	49	22. 7	
除夜の鐘	92	42. 6	
水子供養	32	14. 8	
寺の法要でのお斎（食事）	86	39. 8	
月参り	61	28. 2	
その他	49	22. 7	
何も行っていない・無回答	2	0. 9	8. 8%

春彼岸会一九六カ寺（九〇・七％）、秋彼岸会一九二カ寺（八八・九％）、十夜法要[14]一七九カ寺（八二・九％）、御忌会《ぎょきえ》[15]一七四カ寺（八〇・六％）、地蔵盆[16]一六九カ寺（七八・二％）、修正会《しゅしょうえ》[17]一四八カ寺（六八・五％）となる。「その他」には永代経六カ寺（二・八％）、戦没者慰霊・英霊供養六カ寺（二・八％）、浄梵会・浄梵式五カ寺（二・三％）、虫干会三カ寺（一・四％）などの記入があった。

この結果を第六回宗勢調査の結果と比較すると、滋賀教区の特徴が浮かび上がる。筆者が行った調査では滋賀教区の特徴を想定し、定期法要以外に加えた選択肢もあるため、単純に比較はできないが、盂蘭盆会、春彼岸会、秋彼岸会、十夜法要、御忌会、修正会はいずれも宗勢調査の結果を上回っていることがわかる[18]。第六回宗勢調査報告書では、「教区別で実施率が大きく異なるのは「御忌会」、「十夜法要」、「春季彼岸会」、「秋季彼岸会」である」と指摘されている〔浄土宗宗勢調査委員会編　二〇〇九：二一三頁〕。これらの実施率が高い教区名が列挙され、そのなかに滋賀教区も含まれている。たとえば、十夜法要は北海道第一、北海道第二、伊賀、長崎、秋田、岩手、鳥取、青森、滋賀、福岡、山口教区で八〇％と実施率が高いと述べられており〔同：二一三―二一四頁〕、本調査でも八〇％を超えている。

また、他の法要・行事もほとんどが宗勢調査の結果を上回っており、回答を得た滋賀教区寺院の法要・行事の実施率の高さを窺うことができる。

教化活動・社会活動の実施率

次に、教化活動・社会活動の実施率を見てみよう。

「貴寺院で行っている活動をすべて挙げてください。なお、「子ども会」「青年会」「婦人会」「壮年会」「老人会」

表9　実施されている教化活動・社会活動（複数回答）

（参考）第6回宗勢調査［出典：浄土宗宗勢調査委員会編　2009：24、31頁］

	（N＝216）	実数	%	「宗勢調査」（N＝27,909）
教化活動	別時念仏会	38	17.6	18.9%
	五重相伝会	163	75.5	15.6%※
	五重作礼	99	45.8	
	講（○○講の名称のあるもの）	166	76.9	
	写経会	29	13.4	10.6%
	法話会	19	8.8	
	授戒会	62	28.7	3.8%※
	「おてつぎ信行奉仕団」や「おてつぎこども奉仕団」などが行う活動	67	31.0	
	旅行（法然上人二十五霊場巡拝等）	90	41.7	
社会活動	子ども会	29	13.4	5.4%
	青年会	11	5.1	2.7%
	婦人会	73	33.8	14.0%
	壮年会	6	2.8	1.5%
	老人会	8	3.7	3.4%
	コーラス（吉水講以外）	3	1.4	0.6%
	ボーイスカウト、ガールスカウト	2	0.9	0.5%
	土曜学校、日曜学校	8	3.7	0.9%
	コンサート	12	5.6	
	その他	34	15.7	7.9%
	何も活動していない・無回答	14	6.5	45.7%

は寺院組織や寺院の活動の場合に限ります。（複数回答可）」との質問に対し、表9のような結果となった。ここでも比較のため、表の右側に第六回宗勢調査（全国）の結果もあわせて掲載した。[19]

結果を見ると、教化活動のなかでは講（○○講の名称のあるもの）一六六カ寺（七六・九%）、五重相伝会《ごじゅうそうでんえ》一六三カ寺（七五・五%）、五重作礼《ごじゅうざらい》[20]九九カ寺（四五・八%）、旅行九〇カ寺（四一・七%）が多い。とりわけ、講と五重相伝会の実施率の高さが際立っている。[21]また、社会活動については——教化活動に比べ割合は低いが——婦人会七三カ寺（三三・八%）や子ども会二九カ寺（一三・四%）の実施率が相対的に高い。「その他」には、ラジオ体操、落語会、いずれも四カ寺（一・九%）、サラナ親子教室[22]三カ寺（一・四%）などの記入があった。

このうち、五重相伝会とは、「浄土宗の教えを五つの順序にしたがって伝える法会のこと」であり、「浄土宗義の精髄奥義を五重に類別して相伝し、五通の血脈を授けること」である。[23]浄土宗の第七祖・聖冏《しょうげい》（一三四一〜一四二〇）によって、一三九三年（明徳四）に始められた。現在は七日間ないし五日間にわたって行われることが多く、僧侶（伝灯師、勧誡師、教授師、回向師等の役割がある）から檀信徒（受者）に「浄土宗義の精髄奥義」が授けられる。五重相伝を受けた檀信徒は浄土宗の奥義を授かった証しとして、戒名に誉号《よごう》をつけることが許され、一生に一度、五重相伝を受けることを奨励されている。

また、浄土宗の僧侶にとっても「江戸期以来」の「重要な教化儀礼」である［武田 二〇〇七］。一九二九（昭和四）年の「伝法条例」により、寺院住職は住職就任後七年以内に檀信徒に五重相伝会を行うことが告示され、正式に奨励されるようになった［同］。ただし、五重相伝会は頻繁に開筵《かいえん》されるものではないので——教化活動ではあるものの——本章でいう日常的な教化活動にはあてはまらない。

第六回宗勢調査では、五重相伝会の実施率は一五・六%である。五重相伝会は教区ごとに実施率が異なり、奈良、長崎、和歌山、伊賀、大阪、滋賀では三〇%以上の実施率である〔浄土宗宗勢調査委員会編　二〇〇九：二五頁〕。東日本より、西日本での開筵率が高く、さらには「近畿地方（とくに滋賀と大阪の二教区）が圧倒的に多く、全体の六七%を占めている」という〔浄土宗総合研究所現代布教研究班　二〇〇二：九頁〕。すなわち、全国の浄土宗寺院のなかでも五重相伝会の実施率が高いのが滋賀教区であり、本調査に見る実施率の高さは注目に値する。(24)

多彩な講の開催

講の種類について詳しく知るため、教化活動・社会活動に対する質問に「講」と答えた回答者に、「貴寺院ではどのような講を行っていますか？（複数回答）」と尋ねたところ、以下のような回答を得た（表10）。

じつに多彩な講が開催されていることがわかるであろう。(25) 念仏講は六〇歳以上の男性檀信徒が、尼講は六〇歳以上の檀信徒（女性が大多数）がそれぞれ寺を会所として別時念仏会と直会（会食）を行う講、五重講とは五重相伝会の受者によって編成された講、詠唱講とはご詠歌や和讃を詠唱する女性檀信徒の講、鉦講とは六字詰念仏（楷定念仏）を唱える男性檀信徒の講、慈教講とは総本山知恩院維持のための講である(26)〔曽田　二〇〇四〕。また、吉水講は浄土宗制定のご詠歌・和讃・舞の普及と指導を行う講、観音講は観音信仰に基づいた女性檀信徒の講、汁講は会食を中心とした講である。

曽田はこうした講の機能について、次のように述べる。

「五重相伝」……の同行者による「五重講」を中核として、「念仏講」「尼講」「詠唱講」「鉦講」等の「付属講社」を組織し、講員が定期的に集い、念仏会や詠唱、楷定念仏の稽古等をし、その後に直会（会食）や茶話会を催し、また参拝旅行（宗祖霊跡巡拝、総本山奉仕団等）を行うといった活動を通じて、互いに信仰と親交を

深め合っている。〔曽田　二〇一五〕

ただし、調査結果を見ると、複数の講を開催している寺院は多いが、それらの寺院すべてが必ずしも五重講を主宰しているとは限らず（回答順位は六番目である）、五重講を中核とする寺院もあれば、中核としない寺院もあると推測しうる。講の主宰の仕方には寺院による違いがあるものと思われる。とはいえ――曽田が指摘するように――講が檀信徒同士、さらには寺院（僧侶や寺族）と檀信徒との関係性を強める機能を果たしているであろうことは想像に難くない（この点は後述）。

表10　実施されている講の種類（複数回答）

	実数	講を行っていると答えた寺院のうち（N＝166）	回答のあった寺院全体のうち（N＝216）
念仏講	99	59.6%	45.8%
尼講	82	49.4%	38.0%
吉水講	78	47.0%	36.1%
詠唱講	45	27.1%	20.8%
観音講	37	22.3%	17.1%
五重講	33	19.9%	15.3%
鉦講	29	17.5%	13.4%
汁講	17	10.2%	7.9%
地蔵講	5	3.0%	2.3%
慈教講	4	2.4%	1.9%
元祖講	4	2.4%	1.9%
行者講	4	2.4%	1.9%
その他	11	6.6%	5.1%

ちなみに、第六回宗勢調査では「主宰する教化活動・団体活動」のなかで「吉水講」が選択肢のひとつに挙げられており、実施率は二三・〇%であった。

他の教化活動・社会活動への取り組み

表9の「五重作礼」「講」「法話会」「おてつぎ信行奉仕団」や「おてつぎこども奉仕団」などが行う活動[27]「旅行」「コンサート」の選択肢は本調査が独自に設けたものだが、それ以外の選択肢を第六回宗勢調査の結果と比較すると、別時念仏

会以外は回答を得た滋賀教区寺院の実施率のほうがいずれも高い。とくに教化活動の授戒会は本調査二八・七%、宗勢調査三・八%、社会活動の婦人会は本調査三三・八%、宗勢調査一四・〇%と差が見られる。

いわば、法要・行事のみならず、教化活動・社会活動においても、滋賀教区寺院の活動の活発さを窺うことができるのである［cf.関 二〇〇七］。なお、回答者の年代による活動の違いは見られなかった。

五　寺院と檀信徒との紐帯

檀信徒とのつきあい

では、寺院と檀家・檀信徒との紐帯について見ていこう。

この紐帯の測定については、その指標として、日常的なつきあいの内容と頻度を設定した。前者については「あなたは檀信徒の方々とふだん、どのようなおつきあいをされていますか? 次のうちで当てはまるものを1つ選んでください」、後者については「あなたは檀信徒の方々とふだん、どの程度の頻度でつきあいをされていますか? 当てはまるものを1つ選んでください」と質問した。

以下、その結果である（表11、表12）。

内容については「深いつきあいがある」が六〇カ寺（二七・八%）、「日常的に面識・交流がある」が一二九カ寺（五九・七%）を数え、頻度については「つきあいは日常的にある（毎日〜週に数回程度）」が七八カ寺（三六・一%）、「つきあいはある程度、ひんぱんにある（週に1回=月に数回程度）」が八〇カ寺（三七・〇%）である。

つきあいの内容と頻度の関係を見るために、質問間クロス集計をした結果が表13である。(28) 「相談を受けたり、悩

表11　檀信徒とのつきあいの内容

	実数	%
檀信徒の相談を受けたり、悩みを聞いたりするなど、深いつきあいがある	60	27.8
日常的に面識・交流がある	129	59.7
最小限のつきあいしかしていない	24	11.1
無回答	3	1.4
合計	216	100.0

表12　檀信徒とのつきあいの頻度

	実数	%
つきあいは日常的にある（毎日～週に数回程度）	78	36.1
つきあいはある程度、ひんぱんにある（週に１回～月に数回程度）	80	37.0
つきあいはときどきある（月に１回～年に数回程度）	45	20.8
つきあいはめったにない（年に１回～数年に１回程度）	9	4.2
無回答	4	1.9
合計	216	100.0

みを聞いたりするなど、深いつきあい」のある寺院では、つきあいの頻度も「日常的にある（毎日～週に数回程度）」と答えた割合が六六・七％にのぼるなど、つきあいの内容の深さと頻度との間には強い関連があるといえる。

問題は、これらの結果が何によって規定されるのか、その規定する要因を明らかにすることである。まず、明確なのは、正住寺院と兼務寺院の違いである。檀信徒とのつきあいの内容と頻度について、クロス集計を行った結果を見てみよう（表14―1、表14―2）。

つきあいの内容では、「深いつきあいがある」の割合については大きな差はないが、「日常的に面識・交流がある」については約二〇ポイントの差が生じている。また、つきあいの頻度では、正住寺

表13　檀信徒とのつきあいの内容×頻度　クロス集計（無回答を除く）

			檀信徒とのつきあいの頻度				合計
			日常的にある（毎日～週に数回程度）	ある程度、ひんぱんに（週に1回～月に数回程度）	ときどきある（月に1回～年に数回程度）	めったにない（年に1回～数年に1回程度）	
つきあいの内容	相談を受けたり、悩みを聞いたりするなど、深いつきあい	実数	40	15	5	0	60
			66.7%	25.0%	8.3%	0.0%	100.0%
	日常的に面識・交流がある	実数	37	62	26	3	128
			28.9%	48.4%	20.3%	2.3%	100.0%
	最小限のつきあいしかしていない	実数	1	3	14	6	24
			4.2%	12.5%	58.3%	25.0%	100.0%
合計		実数	78	80	45	9	212
			36.8%	37.7%	21.2%	4.2%	100.0%

$p=.000$（Fisher の直接確率検定）

院のほうが「つきあいは日常的にある（毎日～週に数回程度）」が兼務寺院より二〇ポイント以上多いことがわかった。住職が常住している正住寺院とそうではない兼務寺院で、檀信徒とのつきあいに差が生じるのは当然のことではあろうが、そのことが調査結果から明らかとなった。

じつは、正住寺院と兼務寺院の違いは、日常的な法要・行事、教化活動や社会活動の実施率についても顕著である。正住寺院と兼務寺院における法事・行事、教化活動・社会活動の実施率の違いをそれぞれクロス集計したものが、以下の結果である。なお、煩雑になるので、法事・行事については全体の実施率が六〇％を超えるもののみ、教化活動・社会活動については全体の実施率がおおむね三〇％を超えるもののみを挙げる（表15―1、表15―2）。

表14－1　正住／兼務×檀信徒とのつきあいの内容のクロス集計（無回答を除く）

		檀信徒とのつきあいの内容			合計
		相談を受けたり、悩みを聞いたりするなど、深いつきあい	日常的に面識・交流がある	最小限のつきあいしかしていない	
正住寺院	実数	49	109	11	169
		29.0%	64.5%	6.5%	100.0%
兼務寺院	実数	11	18	12	41
		26.8%	43.9%	29.3%	100.0%
合計	実数	60	127	23	210
		28.6%	60.5%	11.0%	100.0%

$p=.000$（Fisher の直接確率検定）

表14－2　正住／兼務×檀信徒とのつきあいの頻度のクロス集計（無回答を除く）

		檀信徒とのつきあいの頻度				合計
		日常的にある（毎日～週に数回程度）	ある程度、ひんぱんにある（週に1回～月に数回程度）	ときどきある（月に1回～年に数回程度）	めったにない（年に1回～数年に1回程度）	
正住寺院	実数	70	63	32	3	168
		41.7%	37.5%	19.0%	1.8%	100.0%
兼務寺院	実数	8	16	11	6	41
		19.5%	39.0%	26.8%	14.6%	100.0%
合計	実数	78	79	43	9	209
		37.3%	37.8%	20.6%	4.3%	100.0%

$p=.001$（Fisher の直接確率検定）

表15－1　正住／兼務 × 主な法要・行事の実施のクロス集計（無回答を除く）

		主要な法要・行事の実施（複数回答）							
		修正会	御忌会	春彼岸会	盂蘭盆会・施餓鬼会	盆での棚経	地蔵盆	秋彼岸会	十夜法要
正住寺院（n＝169）	実数	128	143	160	168	163	148	158	151
		75.7%	84.6%	94.7%	99.4%	96.4%	87.6%	93.5%	89.3%
兼務寺院（n＝44）	実数	19	30	34	41	37	19	32	27
		43.2%	68.2%	77.3%	93.2%	84.1%	43.2%	72.7%	61.4%
合計（n＝213）	実数	147	173	194	209	200	167	190	178
		69.0%	81.2%	91.1%	98.1%	93.9%	78.4%	89.2%	83.6%

表15－2　正住／兼務 × 主な教化活動・社会活動の実施のクロス集計（無回答を除く）

		主要な教化活動・社会活動の実施（複数回答）						
		五重相伝会	五重作礼	講（〇〇講の名称のあるもの）	授戒会	「おてつぎ信行奉仕団」など	旅行（法然上人二十五霊場巡拝等）	婦人会
正住寺院（n＝169）	実数	139	80	137	56	54	82	61
		82.2%	47.3%	81.1%	33.1%	32.0%	48.5%	36.1%
兼務寺院（n＝44）	実数	23	18	26	6	13	8	12
		52.3%	40.9%	59.1%	13.6%	29.5%	18.2%	27.3%
合計（n＝213）	実数	162	98	163	62	67	90	73
		76.1%	46.0%	76.5%	29.1%	31.5%	42.3%	34.3%

これらの結果から、主な法要・行事（表15―1）、教化活動・社会活動（表15―2）のいずれもが正住寺院の実施率は兼任寺院の実施率を上回っていることが明らかである。前者については修正会（三〇ポイント以上）、地蔵盆（四〇ポイント以上）、十夜法要（三〇ポイント近く）で差がついている。後者については五重相伝で正住寺院の実施率が八〇％を超え、兼務寺院との差は三〇ポイントを数える。また、講についても正住寺院の実施率が八〇％を超え、兼務寺院との差は二〇ポイントに及ぶことが確認できる。

講の実施と檀信徒とのつきあい

では、檀信徒との紐帯を規定する要因として、正住寺院／兼務寺院以外にどのような要因が考えられるのだろうか。ここで、日常的活動に注目しよう。法事・行事、教化活動のなかでも、滋賀教区に特徴的な教化活動である講を取り上げ、講を実施している寺院／実施していない寺院と、檀信徒とのつきあいの内容・頻度をクロス集計した結果が、表16―1、表16―2である(29)。

つきあいの内容を見ると、講を実施している寺院のほうが実施していない寺院に比べ、「相談を受けたり、悩みを聞く深いつきあい」をしていると回答する割合が一〇ポイント近く上回っており、「最小限のつきあい」にとどまる寺院は一〇ポイント以上少ない。また、つきあいの頻度も「日常的にある（毎日～週に数回程度）」と答える割合が講を実施している寺院のほうが二六ポイント上回っている。講を実施している寺院のほうがつきあいの内容が深く、頻度も多いといえる（検定の結果、五％水準で有意差が認められた）。

前述したように、つきあいの有無にも、講の実施有無にも、正住寺院か兼務寺院かという要因の影響が大きかった。そこで、この影響を除いてもなお講の実施の有無が檀信徒とのつきあいの程度に関係するかどうかを探るため

表16－1　講の実施×檀信徒とのつきあいの内容のクロス集計（全寺院。無回答を除く）

全寺院（N＝213）	相談を受けたり悩みを聞いたり、深いつきあい		日常的な面識・交流		最小限のつきあい		合計	
「講」を実施している寺院	50	30.3%	101	61.2%	14	8.5%	165	100.0%
実施していない寺院	10	20.8%	28	58.3%	10	20.8%	48	100.0%
合計	60	28.2%	129	60.6%	24	11.3%	213	100.0%

$x^2=6.267$, $df=2$, $p=.044$

表16－2　講の実施×檀信徒とのつきあいの頻度のクロス集計（全寺院。無回答を除く）

全寺院（N＝213）	日常的にある（毎日～週に数回程度）		ある程度頻繁に（週に1回～月に数回程度）		ときどきある（月に1回～年に数回程度）		めったにない（年に1回～数年に1回程度）		合計	
「講」を実施している寺院	70	42.7%	58	35.4%	32	19.5%	4	2.4%	164	100.0%
実施していない寺院	8	16.7%	22	45.8%	13	27.1%	5	10.4%	48	100.0%
合計	78	36.8%	80	37.7%	45	21.2%	9	4.2%	212	100.0%

$p=.002$（Fisherの直接確率検定）

表16－3　講の実施×檀信徒とのつきあいの内容のクロス集計（正住寺院。無回答を除く）

正住寺院(N＝169)	相談を受けたり悩みを聞いたり、深いつきあい		日常的な面識・交流		最小限のつきあい		合計	
「講」を実施している寺院	43	31.4%	87	63.5%	7	5.1%	137	100.0%
実施していない寺院	6	18.8%	22	68.8%	4	12.5%	32	100.0%
合計	49	29.0%	109	64.5%	11	6.5%	169	100.0%

p＝.149（Fisher の直接確率検定）

表16－4　講の実施×檀信徒とのつきあいの頻度のクロス集計（正住寺院。無回答を除く）

正住寺院(N＝168)	日常的にある（毎日～週に数回程度）		ある程度頻繁に（週に1回～月に数回程度）		ときどきある（月に1回～年に数回程度）		めったにない（年に1回～数年に1回程度）		合計	
「講」を実施している寺院	65	47.8%	46	33.8%	23	16.9%	2	1.5%	136	100.0%
実施していない寺院	5	15.6%	17	53.1%	9	28.1%	1	3.1%	32	100.0%
合計	70	41.7%	63	37.5%	32	19.0%	3	1.8%	168	100.0%

p＝.004（Fisher の直接確率検定）

に、正住寺院のみで集計したところ、表16―3、表16―4の結果になった。

正住寺院に限ってみても、講を実施している正住寺院のほうが「相談を受けたり、悩みを聞く深いつきあい」をしていると回答する割合が一二ポイント多く、「最小限のつきあい」にとどまる寺院は七ポイント少ない。また、つきあいの頻度も「日常的にある（毎日～週に数回程度）」と答える割合は、講を実施している寺院のほうが三一ポイント上回っている（ただし、検定の結果は、表16―4「つきあいの頻度」では五％水準で有意差が示されるが、表16―3「つきあいの内容」では有意差は認められない）。

つまり、本調査の集計結果では正住寺院に限ってみても、講を実施する寺院のほうがつきあいは深く、頻度も高いことが窺えたが、統計的には、つきあいの深さについてはこのことが有意であるとはいえない。

以上から、講に象徴される寺院の日常的活動が檀信徒との紐帯を強める働きをしていると捉えることができるが、正住寺院か兼務寺院かによる影響のほうが強く、そもそも寺院の日常的活動が活発かどうかにも正住か兼務かの影響が強いことを考えると、この点についてはさらなる検討が必要であるといわざるをえない。

六　米一升運動と檀信徒との関係性

では、社会活動と檀信徒とのつきあいの関連性はどうであろうか。

ここで、ふたたび、米一升運動を取り上げることにしたい。まず、近江米一升運動への関わりを尋ねたところ、以下のような結果を得た（表17―1）。

「積極的に参加している」「ある程度は協力している」と回答した寺院は、一三七カ寺（六三・四％）を数える。

回答を得た寺院のうち、六割が一定程度かかわっているといえよう。
「積極的に参加している」「ある程度は協力している」と回答した寺院にのみ、「米一升運動によって、これまでの檀信徒との関係に何らかの影響がありましたか？」と尋ねたところ、以下のような結果となった（表17―2）。「積極的に参加している」と回答した寺院と「ある程度は協力をしている」と回答した寺院では回答に差が生じていることが見て取れる。「積極的に参加している」と回答した寺院のうち、一七カ寺（三三・四％）が、檀信徒との関係に変化が生じたと感じている。ただし、そう答えた寺院数が少なく、また、この活動自体が二〇一〇年に始まったばかりのものなので、これらの結果から、近江米一升運動が檀信徒との紐帯に何らかの影響を与えたと考えることは難しい。

表17－1　近江米一升運動への関わり

	実数	%
積極的に参加している	51	23.6
ある程度は協力している	86	39.8
あまり関わっていない	25	11.6
関わっていない	39	18.1
無回答	15	6.9
合計	216	100.0

しかし、そもそも、この活動自体が寺院と檀信徒との紐帯に基づいて行われていることに注意を払う必要があるだろう。というのも、この活動は檀信徒から檀那寺に届けられる仏供米を活用した活動であり、仏供米を提供すること自体が両者の紐帯の強さを示しているといえる。近江米一升運動は農村に七割近くの浄土宗寺院が位置し、米どころという地域性に根ざした特徴的な社会活動だが、その背景には上記の調査結果の分析で明らかになった寺院と檀信徒との紐帯があり、それは、曽田のいう「講を基盤とした」「寺院とお檀家の間の信頼関係のネットワーク」を意味しているといえよう。

現在、近江米一升運動は地域を超えた全国的な広がりを見せている。東日本大震災の発生に際しては「緊急近江米一升運動」が組織され、募金活動と

表17－2　近江米一升運動への関わりと寺檀関係のクロス集計

			米一升運動による寺檀関係への影響				合計
			檀信徒との関係が大いに強まった	檀信徒との関係が多少は強まった	檀信徒との関係にとくに変化はない	わからない	
米一升運動への関わり	積極的に参加している	実数	3	14	32	2	51
			5.9%	27.5%	62.7%	3.9%	100.0%
	ある程度は協力している	実数	2	6	68	9	85
			2.4%	7.1%	80.0%	10.6%	100.0%
合計		実数	5	20	100	11	136
			3.7%	14.7%	73.5%	8.1%	100.0%

$p=.003$（Fisherの直接確率検定）

米一升運動による被災地支援活動が行われた。また、浄土宗大分教区、佐賀教区、熊本教区でも米一升運動が実施されている。さらには、二〇一五年六月、滋賀教区浄土宗青年会は龍谷大学の学生ボランティア団体「トワイライトホーム」に浄米を提供し、フードバンク滋賀とも連携することになり（『京都新聞』二〇一五年七月一九日）、滋賀県内でも活動の幅を広げている。近江米一升運動が檀信徒以外の地域住民との紐帯づくりにも機能するのかどうか、今後の活動を見守りたいと思う。

七　おわりに――若干の結論

以上の考察から明らかになったことをまとめておこう。

本章の目的は、浄土宗滋賀教区の寺院と檀家（檀信徒）との関係に焦点をあて、日常的な法要・行事、教化活動がどのように寺院と檀家の紐帯づくりに機能しているのかを明らかにすることだった。

まず、全国平均よりも滋賀教区の寺院のほうが、日常的活動の実施率が高いことが明らかになった。信仰熱心な教区という宗内の評価が定量データからも示されたといえよう。なかでも、正住寺院においては活動の実施率が高くなる傾向が強い。また、檀信徒との紐帯についても正住寺院のほうがつきあいの内容や頻度が濃密であるが、講に代表されるような寺院活動を実施している寺院のほうが実施していない寺院より紐帯が強い傾向が見られるといえる。

結論をいえば、地域社会における寺院の日常的な法要・行事、教化活動と、寺院と檀信徒との紐帯の程度には関連性があることが明らかとなった。寺院と檀信徒との紐帯の強さを規定する要因は、正住寺院か兼任寺院かの問題、また、講に象徴される日常的活動のあり方であることを不十分ながらも調査結果から示した。ただし、今回の調査は、あくまでも寺院の側から見た檀信徒とのつきあいに関する調査結果であることを認識しておく必要があるであろう。

また、近江米一升運動という滋賀教区に特徴的な社会活動について見ると、それは日常的な法要・行事、教化活動によって保持されている寺檀関係を社会基盤としていることも示唆した。すなわち、浄土宗滋賀教区では、日常的な法要・行事と教化活動、寺檀関係、社会活動の三者が関連しており、そうした寺院と檀信徒との紐帯は、寺院の日常的活動によって支えられていることも提示した。

では、浄土宗滋賀教区は、今後、どのように変化していくのだろうか。今回、檀信徒の年齢層は調査しなかったが、回答者（住職、副住職、その他）の年齢層は六〇歳以上が六割を占めていた（表6）。今後、住職の高齢化はさらに進行していくものと思われる。その際、寺院の日常的活動や寺檀関係の継続性は、寺院の後継者に依拠する部分が大きいように思える。その継続性のために、現状でも住職をサポートする副住職や寺族の力は大きいと推測できるが、その代替わりによって、日常的活動や寺檀関係が継続されるかどうかは注意深く見守る必要がある。

くわえて、正住寺院と兼務寺院の問題もその継続性に大きな影響を及ぼすことは、これまでの分析からも明白である。住職の代替わりや寺院の継承がスムースにいかなければ、当然のことながら、兼務寺院の数は増える。また、地域社会の過疎化の問題も関連する。滋賀教区寺院の過疎地寺院数（過疎地域に所在する寺院の割合）は現状では低いが、滋賀県の過疎化が進めば、その比率は高まり、それにともない兼務寺院数も増加するであろう。兼務寺院問題への対応は滋賀教区にとどまらず、浄土宗全体（さらには他宗派も含めた日本仏教界）の問題であろう。

一方、檀信徒の側について見ると、檀信徒の高齢化や日常的活動への参加率の低下の問題がこれからより顕著になると予想される。滋賀教区の日常的活動を支える講の参加者（講員）は高齢者中心である。講が「地域福祉・高齢者福祉」［曽田　二〇一五］に果たす役割は認めつつも、参加者の再生産や家庭内の信仰の継承が寺院にとって大きな課題になるであろう。

以上から、現在の浄土宗滋賀教区所属寺院の日常的活動とそれを支える寺檀関係が継続されるためには、寺院側と檀信徒側がそれぞれ将来を見こした対応をすることが求められているといえる。

今後、寺檀関係や教区がソーシャル・キャピタルとして機能するのかどうか、地域や地域を超えたソーシャル・キャピタルの醸成に浄土宗寺院がどのような役割を果たすことができるのか、問うべき課題は多いが、次の段階の課題としたい。

註

（1）フードバンクとは、食べられるにもかかわらず、規格外品や賞味期限等の理由で廃棄される食品を食品製造メーカーや農家、個人などから受け取り、それを必要としている人々に無償で配給する活動のこと。もともと一九七〇年代にアメリカで始まり、日本では二〇〇〇年代に活動が始まった［大原　二〇〇八］。なお、「フードバンク寺院」は磯村の造語である。

（2）浄土宗は全国を四七教区に分けており、滋賀県は「滋賀教区」に分類される。また、教区の下部組織として「組」があり、滋賀教区の場合、一〇組に分かれている（詳しくは本文で後述）。

（3）近江米一升運動については、磯村［二〇一一］のルポルタージュをはじめ、当事者である曽田［二〇一三］、社会福祉学研究者の藤森雄介［二〇一四］の先行研究がある。筆者は二〇一二年二月以来、この活動の調査に取り組んでおり、その成果として、拙論［二〇一五ａ、二〇一五ｂ］がある。以下の記述はこれらの拙論に基づく。

（4）農林水産省「作物統計調査」（http://www.e-stat.go.jp/SG1/estat/List.do?lid=000001117357）参照（二〇一五年八月一〇日アクセス）。

（5）二〇〇三年に任意団体として活動を開始し、二〇〇七年に国税庁からＮＰＯ法人の認定を受けた（http://foodbankkansai.org/参照。二〇一五年八月一〇日アクセス）。

（6）二〇〇九年四月に設立された慈善団体。ひとさじの会は通称で、正式名称は社会慈業委員会。東京の浅草・山谷周辺の生活困窮者や路上生活者への葬送支援、炊き出しや夜回り、フードバンク等との協働による施米支援の呼びかけなどの活動を行っている［高瀬　二〇一一、山下・吉水　二〇一二］。事務局長の吉水岳彦が曽田に「困窮者支援の運動を関西でも広めてもらえないでしょうか」と声をかけたことから、米一升運動はスタートした。曽田はひとさじの会の創立時からのメンバーであり、会の監査役も務めており、吉水の活動の協力者だった。

（7）本章では「教化活動」を「僧侶から檀信徒に対する宗教的・道徳的な教導のこと」と限定的に定義しておこう。

（8）曽田氏への筆者のインタビューより（二〇一二年二月二九日実施）。また、曽田氏の考察［曽田　二〇一四、二〇一五］も参考にした。

（9）第一回、第二回の調査報告書は入手できなかった。

（10）調査票では「檀家（檀徒）」と「信徒」を総称して、「檀信徒」として表記した。

（11）なお、質問項目の作成に際しては、調査結果の比較分析を考慮して、第六回宗勢調査［浄土宗宗勢調査委員会編 二〇〇九］と浄土宗総合研究所、浄土宗寺院問題検討委員会が実施した「過疎地域における寺院へのアンケート調査〈正住寺院用〉」［寺院問題検討委員会 二〇一四］の調査票の質問項目を参考にした。

（12）『第六回浄土宗宗勢調査報告書』［浄土宗宗勢調査委員会編 二〇〇九］では、構成比を小数点以下第二位まで示しているが、本章では小数点第一に四捨五入して示す。以下も同様。

（13）なお、第六回宗勢調査の結果は、「貴寺院は、過去一年以内に、宗規で定められている定期法要を勤めましたか。（複数回答）」という質問に対する回答である。

（14）「通常陰暦十月五日より十四日もしくは十五日にいたる別時念仏」のことで、「教理的には報恩感謝の別時念仏であるが、実態的には先祖供養と農耕儀礼が融合した念仏行事」のこと［鷲見定信遺稿論文集刊行会編 二〇一三：一七、三九頁］。なお、別時念仏とは、尋常（平生）念仏に対して、「特別の道場を設け期間を限って精修する念仏のこと」である（『浄土宗大辞典』三巻、浄土宗大辞典刊行会、一九八〇年、二六八頁）。

（15）浄土宗の宗祖・法然（一一三三〜一二一二）の命日（一月二五日）に営まれる法会のこと。知恩院では歴史的にこの日に勤められてきたが、一八七七（明治一〇）年より四月に変更された。命日法要に加え、四月一九日から二五日に営まれている。

（16）「一定地域の人々が参集し、地蔵菩薩を称賛する法会」を地蔵会・地蔵盆といい、地蔵盆は「旧暦七月二四日に、一連の盆行事の終わりの行事として、主に関西地方で、児童を中心とした仏教行事として伝承されてきた」［菅根 一九九八：二二四頁］。子どものためのお祭りという特徴をもつ伝統行事。

（17）正月に修められる法会のこと。浄土宗では『浄土宗法要集』によって元旦に修し、『阿弥陀経』を護念経とし、「天下和順」の祝聖文を唱えて祝う（『浄土宗大辞典』二巻、浄土宗大辞典刊行会、一九七六年、二一〇頁）。

（18）なお、宗勢調査の選択肢は、春彼岸会は春季彼岸会、灌仏会（花祭り）は灌仏会、盂蘭盆会・施餓鬼会は盂蘭盆会、秋彼岸会は秋季彼岸会、何も行っていない・無回答は定期法要は一切行っていない、となっている。

(19) 第六回宗勢調査では、「貴寺院では、教化活動・団体活動を主宰していますか。(複数回答)」という質問がなされた。なお、表9で※で示したものは、「貴寺院は過去一〇年以内に、宗規で定められている臨時法要やその他の法要を勤めましたか。(複数回答)」と尋ねた宗勢調査の別の質問の結果である。宗勢調査の選択肢ではコーラスはコーラス(仏教聖歌)、何も活動していない・無回答はなにも主宰していない、となっている。

(20) 五重相伝会の後、受者がその内容について僧侶から復習を受ける儀礼のこと。五重相伝会については本文を参照のこと。

(21) 「〇〇講」という名称をつけずに、実質的に講の機能を果たしている活動もあると推測でき、それらを加えると、さらに講の実施率は高まる。なお、地域社会における仏教寺院と念仏講の相互関連性に関する先行研究として、[藤井・広瀬・鷲見 一九七七]がある。

(22) 「サラナ」とは「拠り所・安らぎの場所」を意味するパーリ語。マタニティーから就園までの母子が定期的に集まり、お勤めや遊びを通して親子の絆を深める教室のこと。浄土宗総本山知恩院のおてつぎ運動の一環である。おてつぎ運動とは、「総本山知恩院を中心に行われている檀信徒の再編成・再組織を目的とした信仰運動」のことである(『浄土宗大辞典』一巻、浄土宗大辞典刊行会、一九七四年、一八二頁)。一九六二年に「総本山護持運動」として始まり、二年後に「おてつぎ運動」と名称が改められた。

(23) 『浄土宗大辞典』一巻(浄土宗大辞典刊行会、一九七四年、四四八頁)。僧侶対象のものと在家信者対象のものに分かれ、前者を「五重伝法」(または「伝法」)、後者を「化他五重」「在家五重」といい、一般に「五重相伝」(または五重)という(同)。本章では後者を指す。

(24) なお、浄土宗総合研究所現代布教研究班が「結縁五重相伝会についての調査」を二〇〇一(平成一三)年に実施している。これは、『宗報』平成一〇年一月号から平成一二年一二月号までに五重相伝の開筵が報告された寺院二七〇カ寺に依頼した調査である。その調査結果の自由回答欄で、滋賀教区の寺院からの次のような回答が紹介されている。「浄土宗寺院が多く、地域的に五重が盛んで信者同士が他寺の五重に参詣し合う習慣がある」、「檀信徒のすべてが五重相伝の受者となる。信楽方面はほとんどが同じ」［浄土宗総合研究所現代布教研究班　二〇〇二：一八頁］。信楽とは甲賀市信楽町のことで、滋賀教区甲賀組のある地域のことである。

(25)　その他に、無常講（二カ寺）、阿多古講（以下すべて一カ寺）、英霊講、結衆講、親友講、大師講、不動講、明照講、薬師講、不動講、礼賛講との回答もあった。

(26)　これらの講の概要に関する資料［曽田　二〇〇四］は、曽田俊弘氏よりご提供いただいた。ただし、これらの説明は曽田氏が住職を務める浄福寺の付属講社のものであり、浄土宗滋賀教区寺院の全付属講社にあてはまるわけではないとのことである。

(27)　これらの活動はおてつぎ運動の一環であり、知恩院で行う信行・奉仕活動のこと。

(28)　クロス集計の検定にはまずカイ二乗検定を行い、期待度数5未満があった場合はフィッシャーの直接法による検定を行った。

(29)　なお、浄土宗寺院の日常的活動のひとつとして、月参り（故人の月命日に僧侶が檀信徒宅を訪ね、故人を弔うこと）がある。表8に示されているとおり、実施率は六一カ寺（二八・二％）であり、講の実施率に比べ、大きな差がある。

参考文献

〈教団資料〉（五十音順）

寺院問題検討委員会　二〇〇八「兼務住職寺院の問題に関する提言（兼務住職寺院の実態調査集計）」（『宗報』平成二〇年七月号、浄土宗）。

寺院問題検討委員会　二〇一四「過疎地域に所在する寺院の問題に関する中間報告書（過疎地域における寺院へのアンケート調査集計）」（『宗報』平成二六年六月号、浄土宗）。

浄土宗宗勢調査委員会編　一九九九『第五回浄土宗宗勢調査報告書』浄土宗。

浄土宗宗勢調査委員会編　二〇〇九『第六回浄土宗宗勢調査報告書』浄土宗。

浄土宗宗勢調査結果研究委員会編　一九九一『「第四回浄土宗宗勢調査」結果研究報告書』浄土宗。

浄土宗宗務庁編　一九八〇「第三回浄土宗宗勢調査」浄土宗宗務庁（『宗報』昭和五五年七・八月号、浄土宗）。

浄土宗宗務庁編　一九八九『第四回浄土宗宗勢調査結果報告書』浄土宗宗務庁。

浄土宗総合研究所編　二〇一二『現代葬祭仏教の総合的研究』浄土宗総合研究所。

浄土宗総合研究所現代布教研究班　二〇〇二「人材データベースの活用と結縁五重相伝会のあり方」（『教化研究』一三号、浄土宗総合研究所）。

浄土宗総合研究所葬祭仏教研究班　二〇〇二「「葬祭に関するアンケート」静岡教区アンケート第一次分析結果報告」（『教化研究』一三号、浄土宗総合研究所）。

浄土宗総合研究所葬祭仏教研究班　二〇〇五「総合研究　総合研究プロジェクト　葬祭仏教　静岡教区調査結果」（『教化研究』一六号、浄土宗総合研究所）。

浄土宗総合研究所仏教福祉研究班（長谷川匡俊・坂上雅翁・曽根宣雄・鷲見宗信・藤森雄介・関徳子・渡邉義昭・吉水岳彦・石川基樹）二〇〇五「浄土宗　社会福祉事業・活動に関するアンケート調査　集計報告（1）」（『仏教福祉』八号、浄土宗総合研究所）。

浄土宗総合研究所仏教福祉研究班（長谷川匡俊・坂上雅翁・曽根宣雄・鷲見宗信・藤森雄介・関徳子・渡邉義昭・吉水岳彦・石川基樹）二〇〇六「浄土宗　社会福祉事業・活動に関するアンケート調査　集計報告（2）」（『仏教福祉』九号、浄土宗総合研究所）。

浄土宗総合研究所仏教福祉研究班（長谷川匡俊・坂上雅翁・曽根宣雄・鷲見宗信・藤森雄介・関徳子・渡邉義昭・吉水岳彦・石川基樹）二〇〇七「浄土宗寺院・住職の福祉意識について――社会福実践を支える理念について」（『仏教福祉』一〇号、浄土宗総合研究所）。

浄土宗千葉教区・千葉教区教化団編　二〇〇〇『浄土宗千葉教区宗教意識調査報告書――21世紀の寺院のあり方を求めて』浄土宗千葉教区・千葉教区教化団。
〈研究文献〉（五十音順）
磯村健太郎　二〇一一『ルポ　仏教、貧困・自殺に挑む』岩波書店。
稲場圭信・櫻井義秀編　二〇〇九『社会貢献する宗教』世界思想社。
稲場陽二　二〇〇八「［解説］ソーシャル・キャピタルの苗床としてのコミュニティ」（稲葉陽二編『ソーシャル・キャピタルの潜在力』日本評論社）。
稲葉陽二　二〇一一『ソーシャル・キャピタル入門――孤立から絆へ』中央公論新社。
上田紀行　二〇〇四『がんばれ仏教！――お寺ルネサンスの時代』日本放送出版協会。
大谷栄一　二〇一五ａ「現代社会における宗教の社会活動――滋賀教区浄土宗青年会の近江米一升運動の事例」（『本化仏教紀要』三号、本化仏教研究所）。
大谷栄一　二〇一五ｂ「滋賀教区浄土宗青年会の近江米一升運動」（『中外日報』二〇一五年一月三日号）。
大谷栄一・藤本頼生編　二〇一二『叢書　宗教とソーシャル・キャピタル2　地域社会をつくる宗教』明石書店。
大原悦子　二〇〇八『フードバンクという挑戦――貧困と飽食のあいだで』岩波書店。
桜井徳太郎　一九六二『講集団成立過程の研究』吉川弘文館。
櫻井義秀　二〇一二「過疎と寺院」（→［大谷・藤本編　二〇一二］）。
菅根幸裕　一九九八「地蔵会・地蔵盆」（『日本民俗宗教辞典』東京堂出版）。
関　徳子　二〇〇七「「浄土宗社会福祉事業・活動に関するアンケート調査」に関する一考察」（『日本仏教社会福祉学会年報』三七号、日本仏教社会福祉学会）。
全国青少年教化協議会付属臨床仏教研究所編　二〇一二『社会貢献する仏教者たち――ツナガリ社会の回復に向けて』

白馬社。
全国青少年教化協議会・臨床仏教研究所編　二〇一三『「臨床仏教」入門』白馬社。
曽田俊弘　二〇〇四「寺院における「講」の現状と課題」（浄土宗総合研究所仏教福祉研究班研究発表会での発表原稿、浄土宗総合研究所、二〇〇四年一〇月一四日）。
曽田俊弘　二〇一三「活動報告　「米一升運動」について」（『仏教福祉』一五号、浄土宗総合研究所）。
曽田俊弘　二〇一四「寺院における「講」の現状と課題――社会的活動の基盤としての可能性」（浄土宗総合研究所仏教福祉研究班研究発表会での発表原稿、浄土宗総合研究所、二〇一四年一〇月二八日）。
曽田俊弘　二〇一五「地域の寺院の立場から」（龍谷大学社会学部（共生社会研究センター）「地域防災支援に関する研究」主催シンポジウム「地域の防災と被災者支援」での発表原稿、湖南広域消防局北消防署多目的研修室、二〇一五年一月二五日）。
高瀬顕功　二〇一一「ひとさじの会の活動――その意味と可能性」（『仏教福祉』一四号、浄土宗総合研究所）。
武田道生　二〇〇七「仏教信仰教化儀礼の沖縄的受容――「五重相伝会」受者の意識変化（現代沖縄の死者慣行にみる「本土化」と「沖縄化」）」（『宗教研究』八〇巻四号、日本宗教学会）。
谷口　貢　一九九八「講」（『日本民俗宗教辞典』東京堂出版）。
中西直樹・高石史人・菊池正治　二〇一三『戦前期仏教社会事業の研究』不二出版。
名和清隆　二〇一五「地域変動と仏教寺院――特に「過疎化」による寺院への影響」（『大正大學研究紀要』一〇〇輯特別号、大正大学）。
日本仏教社会福祉学会編　二〇〇六『仏教社会福祉辞典』法藏館。
長谷川匡俊編　一九九六『近代浄土宗の社会事業――人とその実践』相川書房。
長谷川匡俊編　二〇〇七『戦後仏教社会福祉事業の歴史』法藏館。
Putnam, Robert D., 1993, *Making Democracy Work : Civic Traditions in Modern Italy*, Princeton, N. J. : Princeton Uni-

versity Press., 河田潤一訳　二〇〇一『哲学する民主主義――伝統と改革の市民的構造』ＮＴＴ出版。
Putnam, Robert D., 2000, *Bowling Alone：The Collapse and Revival of American Community*, Simon & Schuster, NY., 柴内康文訳　二〇〇六『孤独なボウリング――米国コミュニティの崩壊と再生』柏書房。
藤井正雄・広瀬卓爾・鷲見定信　一九七七「村落における仏教寺院と念仏講」(『佛教文化研究』二三号、佛教文化研究所)→のちに［鷲見定信遺稿論文集刊行会編　二〇一三］に所収。
藤森雄介　二〇一四「社会福祉の動向と「仏教福祉実践」の新たな芽生え」(『仏教福祉実践の轍――近・現代、そして未来への諸相』淑徳大学長谷川仏教文化研究所)。
宮城洋一郎　一九九三『日本仏教救済事業史研究』永田文昌堂。
ムコパディヤーヤ、ランジャナ　二〇〇五『日本の社会参加仏教――法音寺と立正佼成会の社会活動と社会倫理』東信堂。
山下千朝・吉水岳彦　二〇一二「ともに寄り添い、ともに学ぶ――ひとさじの会の宗教性に触れて」(→［大谷・藤本編　二〇一二］)。
吉田久一　一九六四『日本近代仏教社会史研究』吉川弘文館。
鷲見定信遺稿論文集刊行会編　二〇一三『仏教と民俗――鷲見定信遺稿論文集』ノンブル社。

謝辞
質問紙調査の実施に際しては浄土宗滋賀教区の静永進瑞教区長、曽田俊弘氏、井野周隆氏、関正見氏、山川宏道氏、所属寺院のみなさまの多大なるご協力を頂戴した。とりわけ、曽田氏には質問紙の設計と調査の実施時のみならず、調査実施後も親身なご助言を頂戴し、本章の執筆に際しても数多くのご教示をいただいた。また、浄土宗総合研究所の今岡達雄氏、武田道生氏、名和清隆氏、佛教大学の広瀬卓爾氏、田園調布学園大学の江島尚俊氏には調査に際して有益なご教示を頂戴した。調査結果の集計に際しては、関西国際大学非常勤講師の小尾真理子氏のサポートを得た。

記して深謝申し上げる次第である。なお、本章の責任の一切は筆者にあることを付言しておく。

追記

本章は、科学研究費補助金基盤研究（C）「寺院仏教とソーシャル・キャピタル——過疎・中間・過密地域の比較」（二〇一二～一四年度、研究課題番号：24520062、研究代表：櫻井義秀）の成果の一部である。

第Ⅲ部

寺と地域社会

第9章　門徒が維持してきた宗教講——真宗高田派七里講

川又俊則

はじめに

地域社会で人々は、複数の関係をもちつつ生活している。その関係の一つに「講」と呼ばれる組織がある。研究においては主に二つの側面から扱われる。一つは地域社会に住む人々の地縁的関係に基づく講である。相互扶助の意味あいが強い頼母子《たのもし》講、葬儀などを担当する契約講〔寺田　二〇一六他〕などが想起されよう。もう一つは宗教講である。かつての伊勢講・富士講、あるいは出羽三山の三山講などの代参講〔平山　二〇〇四他〕もあれば、観音講や大師講などの特定対象に応ずる講などがある。本章は宗教講のうち、地域に根ざしつつ、宗教集団内で組織されている講を扱う。

真宗十派のうち真宗高田派は、浄土真宗本願寺派および真宗大谷派に続く寺院数・檀家数を誇る。寺院数の大半は三重県内にあるという地域的偏在もあってか、これまで、社会学的あるいは民俗学的視点に基づく実証的研究は、地域社会と宗教のかかわりを考えるユニークな事例報告［平松　一九八一、亀崎　二〇一二］以外、管見の限りごくわずかだった。

本章は、鈴鹿市内にある七里講《ななさとこう》を中心に扱う（図1）。真宗高田派中興、第十世真慧《しんね》上人を崇敬する人々の集まりである。具体的には鈴鹿市を流れる鈴鹿川中流両岸を中心にした地域一二カ寺の門徒（檀家、同行）が、二〇〇年以上も毎月の行事を行い、本山参詣も続けてきたという伝統的な宗教講である。

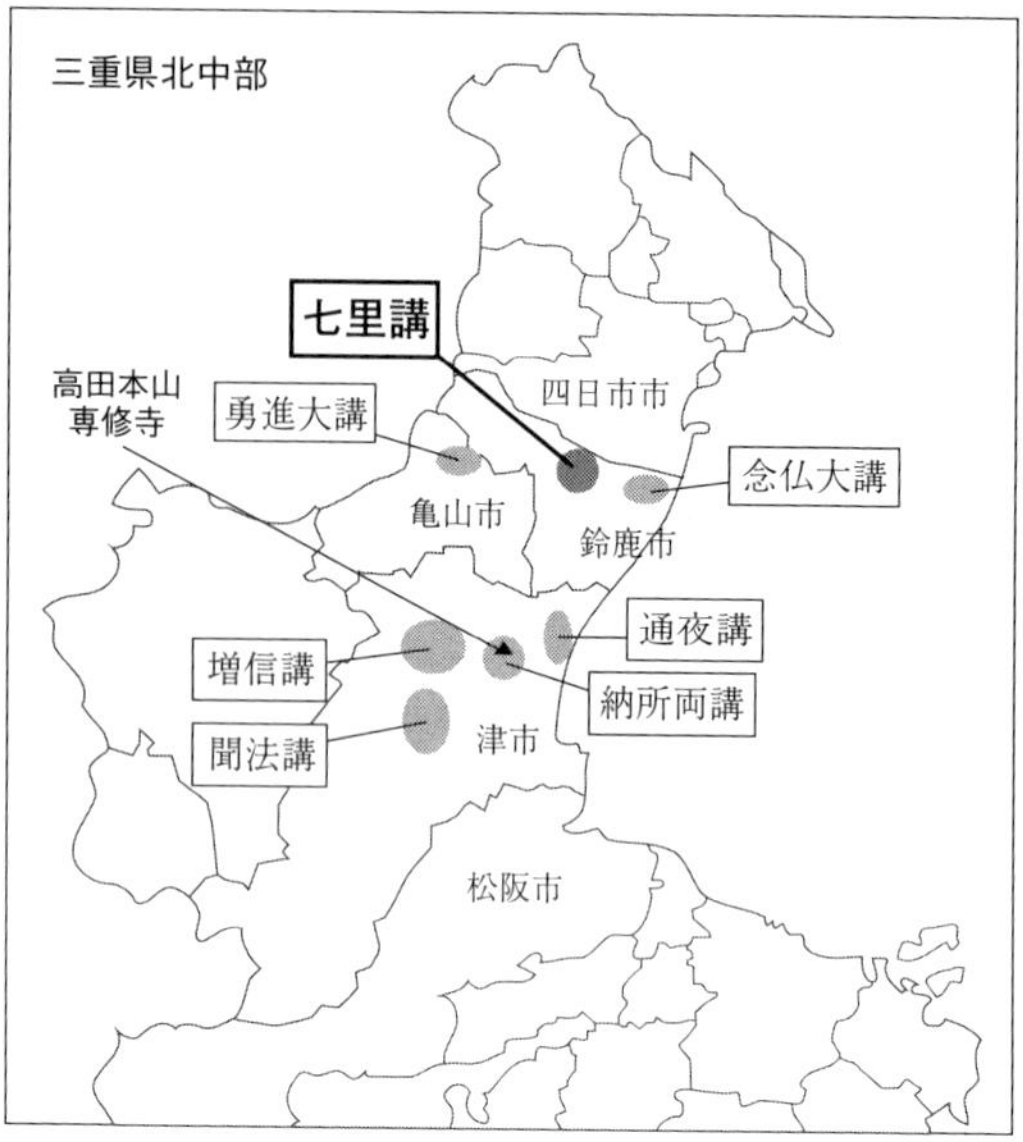

図1　本章で登場する講

周知のとおり、浄土真宗は僧侶のみならず、門徒自身が、たいへん熱心に宗教活動をしてきた宗派である。一九五二年（昭和二七）に能登調査を行った森岡清美による真宗大谷派の例を見ておこう［森岡　一九六二］。石川県輪島市のあるムラでは、門徒の家々を交代しつつ、僧侶無しで年間四〇回以上もオザ（家で行われる法座）が実施されていた。正信偈《しょうしんげ》・和讃を誦し、導師が「お文《ふみ》」を拝読し、改悔文を一同で唱和する。休憩後、ヤヌシ、続いて参加者が次々に口上を述べる。その後に問答がある。問答の速記録の一部が示され、明治前半生まれで義務教育が十分でないような人々であっても、布教師のように歯切れのよい鋭い表現が見られた。森岡は彼らを、親鸞の伝記や説教本を熱心に読み、農耕に支障をきたすくらい説教ごとに寺を参詣し、なかには僧侶にまさる者もいると評した。

それから六〇年以上経ている。真宗門徒であっても、このような事例を現代に見いだすことは困難だろう。真宗高田派で現在活動している講組織はいくつもある。ただし、年間四〇回以上というこの事例や、かつての熱心な活動の報告などと比較するならば、現代の講活動は活発とは言いがたい。門徒自身ではなく、住職側が運営の中心となっているものも多い。しかし、七里講は、現在も門徒を中心に、年間通じて多くの活動を展開している点で特筆すべきだろう。

本章では、七里講に関係する住職と門徒の語り、毎月開催される講の参与観察および関連資料などで、地方都市における寺院とコミュニティの歴史的関係および現況を考えよう。

一　地域概況

三重県鈴鹿市は、世界最高峰の四輪自動車レースF1が開催される「鈴鹿サーキット」を擁することで世界的にも知られている。同市は自動車産業など県下第二の工業都市であると同時に、農業等の第一次産業も茶・花木・稲作などが盛んである。人口は約二〇万人で、三重県内では、四日市市（約三一万人）、津市（約二八万人）に続く（表1）。県内で北勢地方（鈴鹿市、亀山市以北）は、中勢地方（津市、松阪市等）、南勢地方（伊勢市、鳥羽市等）などと比べ、生産年齢人口・年少人口の割合が比較的高い。

筆者は過疎地域において、宗教集団がネットワークの中心に位置づけられるかどうか調査研究してきた［川又

表1　関連地域の人口・面積等

所在地	人口（人）	世帯数	面積（Km^2）	農林業経営体
鈴鹿市	200,538	82,729	194.67	2,914
亀山市	49,844	20,653	190.91	1,071
津市	283,483	123,214	710.81	5,352
三重県	1,821,133	720,638	5777.35	34,414

※人口、世帯数、面積は2015年6月現在
※農林業経営体は2010年2月現在

二〇一四他］。当然ながら、この鈴鹿市はその対象地域ではなかった。また、「消滅可能性都市」として発表された八九六自治体にも同市は含まれていない［増田　二〇一四］。

とはいえ、実際は調査のなかで、大学進学や就職時に、若い世代が大阪や名古屋などの大都市へ移動し、そのまま戻ってこないような事例が多数見られる。地方都市に共通する問題も抱えている。一八歳人口のうち進学者の県外流出が八割という三重県において、若年層の定着は他の過疎地域同様に、大きな課題である。

さて、高田本山専修寺が位置する三重県津市やそれに北接する鈴鹿市では、各市寺院の四分の一から半数近くが真宗高田派である。他宗派寺院と比べてたいへん多いことは注目されよう（表2）。三重県全体を見ても、もっとも数が多い曹洞宗と同程度の寺院が県内に所在している。もちろん寺院がただ存在するだけということではなく、檀家たちがその寺院を支え、また、自ら積極的に宗教活動を行ってきたということも言えよう。

二　真宗高田派と講組織

1　講組織

宗祖親鸞聖人は一二二六年（嘉禄二）、栃木県真《も》岡《おか》市高田の地に専修《せんじゅ》念仏の根本道場を建立（現在の本寺専修寺）

表 2　関連地域の宗教法人数

所在地（合併前）	神社本庁	天台真盛宗	真言宗系	浄土系	真宗高田派	浄土真宗系	曹洞宗	キリスト教	天理教	宗教法人合計
鈴鹿市	68	14	19	13	94	10	10	3	15	343
亀山市	17	13	8	11	22	10	9	1	4	121
関町	3	2	1	0	7	4	3	0	2	34
津市	40	32	20	11	65	14	9	8	22	257
久居市	7	18	1	2	24	6	5	2	6	85
安芸郡	26	48	3	2	3	16	6	3	3	187
一志郡	24	24	8	19	31	5	11	2	13	168
三重県	822	203	244	312	403	422	425	58	384	4517

※亀山市・津市は合併地域の旧市町名

※宗教法人数は2003年現在［三重県生活文化資料研究会　2007］

した。真宗高田派は門弟である真佛《しんぶつ》上人を二世とするが、長らく関東地方が拠点だった。第三世の顕智《けんち》上人は、現鈴鹿市三日市で布教し、その後、同地に如来寺、太子寺が建てられた。一三一〇年（延慶三）七月四日（旧暦）、如来寺で説教した後、顕智上人の行方がわからなくなり、村人は悲しみ、念仏を唱えながら、雨の中を捜したという伝説がある。教えに帰依した門徒らが、顕智上人の遺徳を賛仰する団体として講を発足し、顕智講と呼ばれた。

一九七五年（昭和五〇）、オンナイ念仏会が三重県の無形民俗文化財に指定された。現在は、毎年八月四日の夜、顕智上人の遺徳を偲《しの》び、鈴鹿市三日市にある如来寺、太子寺の境内および周辺街路で、保存会を中心にした地域住民が、傘ぼこを掲げ、その周囲に座り、鉦《かね》に合わせ、念仏を唱えるという行事が行われている。

さらに第十世真慧上人の時代、多くの寺院が転派するなど、真宗高田派はこの地で興隆した。一七六〇年（宝暦一〇）には、三六講（御近所講、三重講、念仏講、三日市講、七里講、榊原講、松阪講他）について記載されている［真岡　一九七一］。

一七四八年（寛正元）の専修寺内の如来堂再建の際、連日二〇〇人が動員され奉仕した。また、至誠《しせい》講・恭敬《くぎょう》講は、御影堂・如来堂の両堂前金灯籠の常夜灯奉仕をし、松阪御掃除講は清掃奉仕をしていた。御助力講、造営講は両堂造営に協力した講であり、越前国造営講は、如来堂に中央御卓を寄進した。廿八日講（三重郡、河曲《かわの》郡、山本西岸寺、津市真明講、新潟県長岡市西願寺など多数）は、親鸞聖人の命日を記した有力講であり、三重講や六名講は灯明料を上納している講である［真岡　一九七二］。さらに、廿七日講（津町、実相寺、刑部《おさかべ》他）は堯円《ぎょうえん》上人を追慕する講である。白塚通夜講は如来堂建立のとき、不足した柱を上納した有力講である。それらの講の成立について起源が明らかでないものが多いが、数カ寺単位の各組が宗教活動を展開し、第十八世圓遵《えんじゅん》上人（一七五八～一八一一）の時代に最盛期を迎えたとの説明もある［長松　一九八九］。

さらに、用度講（進納所）、御廟講（御本廟）、御飯講（両堂の御仏飯共敬準備）、茶所講、掃除講、七里講、開明社などが、一九七一年（昭和四六）時点の有力講として述べられている［真岡　一九七二］。このように真宗高田派には、かつて多数の講があった。本節では、現在複数の寺院がかかわって活動している二つの講について、七里講との比較の意味で概観しよう。

なお、それ以外にも、亀山市に勇進大講（本書第5章参照。一二カ寺）、津市白塚に通夜講（後述する本山専修寺のお七夜最終日の「ししこ念仏」で有名。八カ寺）などが存在する［平松　一九八一］。また、津市には納所両講があり、「お七夜報恩講」では七里講同様に法主の警護を担当している。津市の美里町と榊原町（旧美里村および旧久居市西部）の一一カ寺では聞法《もんぽう》講がある。年に一度、三月下旬に各寺院持ち回りで法会が開催され、同講に下付された御書（真宗高田派歴代の法主が門徒に向けて発したメッセージ）が披露され、法主のご親教（説教）が行われている。このように複数の寺院がかかわる講が現在もあるが、これらは七里講とは異なり、一年に一度や数回の関連行事が活動の中心である。

津市安濃町の一五カ寺と同市芸濃町の二カ寺、あわせて一七カ寺（真宗高田派第一四組の全寺院）が増信講を構成している。毎年春秋に持ち回りで増信講法会を厳修している。春は三月、秋は一〇月のそれぞれ最終土日に営まれ、ほぼ一年くらい前に日程を調整している。

2　増信講

一七五一年（寛延四）、第十七世圓猷《えんゆう》上人から御書が下付されたほか、第十八世圓遵上人、第二十世圓禧《えんき》上人、第二十一世堯熙《ぎょうき》上人などからの下付もあり、合計五通の御書を所蔵している［高林　二〇〇六］。増信講法会では、そのうち二通を宿寺（当番寺）の住職が拝読し、その後、御書の最後に印された花押《かおう》を参詣者に見せている。

かつては一六カ寺だったので、年二回の開催が一巡すると一期休み、当番が春や秋に固定されない工夫をしていた。しかし、数年前に一カ寺が新たに加わり一七カ寺で構成されるようになったため八年半で一巡することになった。ただし、一七カ寺のうち四カ寺は無住のため、他寺院専従の住職が当該寺院の住職を代務している。これら無住の寺院は、寺院活動自体も困難と思われるが、四カ寺の門徒は代務住職とともに他寺院同様に法会を営んでいることは特筆されよう。

同講は長持（大きな木箱）を二棹所蔵している。その一つには、五通の御書や経本、その他記録類が保管され、外側には菊の紋と高田牡丹の紋が刺繡された赤い羅紗の覆いが掛けられている。もう一つには道具類が収納されている。それ以外に、雅楽の和楽器（楽太鼓、鞨鼓、鉦鼓など）を納める楽器箱がある。増信講法会では、楽人による雅楽の演奏もある。雅楽は、本山専修寺では各法会の席で演奏されているが、各地の講ではほとんど見られない。増信講法会の奏楽は、もともとは住職有志によって行われていたが、現在は、一七カ寺の門徒で本山の楽人としても活動している人による。

宿寺では、法会の一カ月前に「御書迎え」を行っている。住職と檀家総代など役員が、前期の宿寺へ行き、御書を受け渡してもらう。かつては長持に棹《さお》を差し、担いで持ち帰った。現在では、車で運んでいる。

住職によっては増信講の当番が近づくと、気運を盛り上げようと、二、三年前から、折りに触れて増信講の成り立ちなどを説明し始めるようである。かつての法会には宿寺の門徒のみならず、近隣地域からも多数集まったという。本堂に入りきらず、掛け出しをして畳を敷いたり、門前に露店が数軒並んだこともあったという。また、稚児《ちご》行列も行っていた。だが、現在は、宿寺の門徒が参詣者のほとんどで、かつてのにぎわいは見られない。

増信講の長は、現在の組長（真宗高田派内の地域ごとのグループ組《そ》の代表）が兼務しており、同講では門徒ではなく住職側がリーダーシップをもつ形になっている。住職組織のなかに年番がいて、書記・会計もいる。

増信講法会には当然一定の経費が必要となるが、その金額は宿寺ごとに異なるわけではない。そこで宿寺の個々の門徒の経費と労力の負担は門徒（檀家）数の多寡で差が生じている。今後の堅実な運営には、このことが現在のところ課題となっている。

3　念仏大講と八日講

鈴鹿市沿岸北部にある、養元寺（池田町）、真永寺（一ノ宮町）、三誓寺（長太旭町《なごあさひまち》）、宣隆寺（長太旭町）、高山寺（長太旭町）の五カ寺は、念仏大講《ねんぶつたいこう》を厳修している。

この講が持ち回りで管理する長持には、第十八世圓遵上人の御書と各寺院の記録が保管されている。念仏大講は、毎年一度行っていたが、各寺院の門徒から、準備や実施の負担が大きいとの声があり、議論の結果、二〇〇〇年

（平成一二）からは二年に一度、一〇月下旬の開催と変更された。

養元寺はもともと天台宗として開創した。一四六四年（寛正五）、真慧上人によって了縁坊が直弟子となり、協力し、得寿坊となった。一五九〇年（天正一八）、鈴鹿川氾濫で草庵を流失すると、第三世が現在の地に造営した。一六五〇年（慶安三）、長生山養元寺と改称、一六八二年（天和二）、本堂再建。大正期に一〇年程度無住の時期もあったが、先々代（第十七世）着任以降、熱心な檀家とともに維持してきている。

髙嶋正廣住職によれば、養元寺では念仏大講を二〇〇八年（平成二〇）一〇月二五、二六日に開催した。二年に一度の開催であることから、その二年間に亡くなった人の追弔も行っているという。一日目は五カ寺の住職による勤行がある。二日目午後は、法主が同法会に参加し、勤行および御親教を行っている。そのなかで御書が読まれ、法話のなかでも、真慧上人のことが話される。参詣者は、概《おおむ》ね二〇〇〜三〇〇人であり、同法会には、稚児行列も行われている。

この講は、真慧上人御真筆の「南無阿弥陀仏」六字の軸も保持している。法会の際に飾られている。

念仏大講をしている寺院で、養元寺のみ別の講組織「八日講《ようか》」がある。名称の由来は不明で、一九〇六年（明治三九）四月一五日以降行われたと推察される。この寺院内には、地域ごとに六組ある。それぞれで廻して管理する長持に、この日付の記載がある。そのなかに、親鸞聖人の軸を入れ、毎月一日に次の家に廻している。廻ってきたら仏壇に供えて毎日のお勤めをする。かつては毎月一五日の一九時から、長持を管理する月番の家に、組の者が集まって勤行していた。その組頭が、住職（御院さん）代わりを務めている。現檀家総代によれば、その頃、しっかり勤めてきたので、今でもお経を覚えており、（経典など）何も見なくても自然に唱えられるのだという。

彼が総代になった前後の二〇年くらい前、会社や役所勤め、共働きの檀家の人々のなかで、一九時に集まるのが困難だということで、同行事へ反対する意見が強くなった。議論の結果、各家庭に集まって行う一五日夜のお勤めは中止となった。しかし、親鸞聖人の軸を入れた箱は、現在も毎月一日に次の家に廻し、預かっている。組ごとに軒数が違うが、概ね、一、二年に一度は廻ってくる。その当番月の間は、何世代もが同居する家も、高齢者だけの家も、皆、お勤めをしているという。

地域の門徒が主体となって行っていた報恩講について、三〇年前の愛知県安城市での様子に関する報告がある[蒲池 二〇一五]。「お経が読めなければ一人前ではない」ことが当たり前で、和讃を練習した大正初期生まれの人の話が紹介され、現況はそうではないことから、「門徒一人ひとりが勤めるという報恩講の原点に立ち戻る必要がある」と主張されている。その主張は、この八日講の檀家総代の話と結びつくものだろう。

三 七里講の成立と展開

1 顕智上人と真慧上人

先述のとおり、第三世の顕智上人は、現鈴鹿市三日市で布教した。その後、同地に如来寺、太子寺が建つ。一三一〇年（延慶三）七月四日、如来寺で説教した後、顕智上人は所在を隠した。教えに帰依した門徒たちが、その顕智上人の遺徳を賛仰する団体として講を発足し、顕智講と呼ばれている。

その後、一五〇年を経て、真慧上人が寛正年間（一四六〇～六五頃）に拠点を関東から現在地に移した[真岡 一九六四]。

一四六五年（寛正六）、比叡山の僧が一身田《いっしんでん》を襲うとの噂がたち、七里講（石薬師、上野、竹野、平田、高宮、庄野、

表3　真宗高田派・七里講　概略年表

和暦	西暦	月日	概要
1310年代			顕智上人の教化で帰依した門徒が顕智講を組織
寛正元	1460		第10世真慧上人が伊勢国各地を教化
1630〜40年代			第14世堯秀上人からの御書
寛延元	1748	7/18	如来堂完成。七里講からも毎日200人石搗き奉仕の動員
宝暦9	1759	7/15	厚源寺恵輪が真慧上人自筆下書きを七里講へ贈る
文政12	1829	10/19	第19世圓祥上人からの御書
天保13	1842	3月	第19世圓祥上人が唐門計画で御書
明治21	1888	3/9〜30	三尊佛詰番
明治22	1890	1月	第21世堯熙上人から真慧上人の御書を書き写され贈られた
明治34	1901		七里講下宿所修繕
明治43	1910		七里講一身田詰所修繕
昭和元	1926		七里講に七ノ字入五七割桐紋章肩衣被為下付伝達
昭和37	1962	11/25〜26	七里講名下賜五百年記念法会（善照寺）
昭和42	1967	11/26	第23世堯祺上人からの御書（現在、これを聴聞している）

西冨田）の人々は、手に竹やりなどを携え、本山警固へ向かったという。これを機に、同講は本山警護の役目を果たすようになったと言い伝えられている［大塚　一九八二］。

上記の事件は、真慧上人の陳述および叡山側の了解の結果、証認書を得、「浄土論」を講賛した謝礼として仏像、礼盤、高座、幢幡を得て終了した。これが、今の高田本山の如来堂本尊である。真慧上人の在世中、高田派へ転宗した寺院は三〇カ寺近く、中興の祖たる存在となった。

2　その後の七里講

一七四八年（寛延元）七月、本山如来堂が建設された。その前の寛保年間（一七四一～四四）に、その石搗《いしつ》き（建造物の基礎工事）が始められた。七里講でも毎日二〇〇人を動員していたという［真岡　一九七一］。また、その後、五〇年ほど経って門の建設が計画され、一八四四年（天保一五）に唐門が上棟された［大塚　一九八二］。この唐門の脚部の銅板には、施主として七里講や七里講員の個人名が刻まれている。

一八五九年（安政六）、七里講が本山に出した願書は次のとおりである。

七里講之儀者、顕智上人様、延慶年中当国河曲郡三日市の里に至らせ玉ふ、其砌七里之内、わづかに三二一人御帰依奉申上、暫く御滞留被為在候、七月四日両御堂にて日中御修行被為在、夫より御行方不相知、帰依同行父母にも相別れ候様に歎き、一同途方暮、落涙袖を絞り、無詮方、被為出玉ふ日を御命日といたし、顕智講と称へ、毎月四日講中相寄り御恩報じ相勤め被在候。［真岡　一九六四］

この時代、すでに七里講が認知されていたことは明らかである。

七里講で保管している長持には、「七里講中記録帳」が残されている。江戸中期から現代にいたるまで、さまざまな記録がなされ、貴重な歴史的文献でもある。

明治以降に開催された法会を見ると、聖人の回忌など本山でも実施されている大きな行事について、七里講独自で開催していることがわかる（表4）。また、一八八九・九〇年（明治二二・二三）、一九六二・六三年（昭和三七・三八）など連続で開催したこともあった。前述のとおり、法会開催に際して、当番寺の準備が相当たいへんだと推察するが、年ごとに当番寺を変えることで、準備負担の分散をはかったと思われる。

表4　明治以降に七里講で行われた法会（一光三尊佛ご開扉以外）

和暦	西暦	内容	日数	開催寺院
明治22	1889	新御書披露法会（第21世堯煕上人）	2日間	福萬寺
明治23	1890	祖師大師御開扉	2日間	善照寺
明治43	1910	中興上人四百回年忌	2日間	来教寺
大正5	1916	祖師大師六百五十回年忌	3日間	青蓮寺
大正13	1924	聖徳皇太子奉賛会・震災復興追悼法会	2日間	善照寺
昭和37	1962	中興上人四百五十回忌・七里講名下賜五百年記念法会	2日間	善照寺
昭和38	1963	宗祖聖人七百回忌	1日間	青蓮寺
昭和48	1973	宗祖聖人御生誕八百年・開宗七百年記念	1日間	西光寺

一八三五年（天保六）以降、寺院分担金などの記録もある。

この記録帳には、寺院名ではなくムラの名前（庄野宿、都賀〈現津賀〉村、岡田村など）で記載されている。また、本山へ納める灯明料などは、各寺院均等ではなく（おそらく寺格・檀家数などによって）、講中内での割合を細かく定めていることも記されている。

一例を挙げよう。一八七〇年（明治三）九月四日、本山献上金の金一両および玉保院《ぎょくほういん》（本山と七里講の各寺院の連絡役を務めた寺院。現在は七里講が独自に本山と連絡をとっている）への金二朱の分担は、以下のとおりである。銀九匁《もんめ》七分二厘　石薬師、同六匁五分六厘　上野、同五匁八分　上田村、同九匁七分二厘　高宮村、同四匁九分　津賀村、同六匁八分八厘　西冨田村、同七匁九分　庄野、同四匁九分　平田村、同二匁三分八厘　弓削《ゆげ》村、同二匁三分八厘　岡田村、同六匁八分八厘　竹野村となっている。

金銭や物品の分担・支出について細かく記録されているということは、この講組織の活発さも示されているだろう。また、すでに一一カ寺に拡大していることもわかる。

この記録帳によれば、一四六四年（寛正五）に「七里講」という講名を、当時の法主から下しおかれ、代々、毎月四日に参会し、（本山へ）登山の日を定めていたと記述されている。これらを踏まえ、現在の七里講でも、自らが伝統的な講組織として活動を継続してきたのであり、今後も続けたいとの思いが、後述のとおり、講長から講員へ伝えられているのである。

四　現在の七里講

現在の七里講の構成寺院は、鈴鹿市の石薬師、上田、山の原、高宮、津賀、西冨田（中冨田）、庄野、平田、岡田、弓削、竹野、上野にある一二カ寺である（表5）。住職は、五〇歳代の兼職住職から、八〇歳代の退職住職（現役時代は兼職し、退職した住職が役割分担）など、さまざまな年齢・経歴である。

表5　七里講の構成寺院

七里	町名	寺院名
石薬師		浄福寺
	上田	西生寺
	山の原	西願寺
高宮	加佐登	青蓮寺
	津賀	来教寺
西冨田		福萬寺
庄野		善照寺
平田	平田本町	西光寺
	弓削	随念寺
	岡田	来迎寺
竹野		正運寺
上野		浄国寺

七里講は、あくまでも門徒たちによる組織である。各寺院から選ばれた講員から講長・副講長・会計が選ばれ、組織のリーダーとなっている。各寺院とは完全に別組織となっており、同講自体に会則があり、独立会計によって運営されている。

ただし、四日講や報恩講などの法要は、各寺院の住職たちが行う。それらの行事で住職は欠かせない。したがって、住職側でも、七里講について、毎年当番を決め、講長と連絡をとり、対応している。年に九回の四日講を開催する当番寺は、表5のような順番で行われることが慣例となっている。

1　寺院の概況

筆者の調査の限りでは、各寺院の檀家数は、約五〇～二五〇軒と寺院によって数が大きく異なっている。いずれも鈴鹿川の両岸にあり、稲作をはじめとする農業、あるいは畜産業なども盛んな地域である。現在でも、兼業農家（かつては専業農業、現在は兼業）が多い。第二次世界大戦後は、新たに住宅地が造成されたところもある。市内中心部・商業地域に近い（市役所まで自動車で一〇～二〇分程度）。鈴鹿市内でも、人口が維持できている地域だと言えよう。

夏期に行われる「棚経」（一～三日程度）は、七里講をしている寺院の多くでも実施している。年中行事として、寺院の仏具掃除である「お磨き」も実施しているところが多い。地域にある他宗派寺院や地域住民との交流も、「老人会主催の慰霊祭」の会場を交互にしたり、地域の他宗派寺院や神社などと一緒に「おおみそか巡り」の会場を提供するなどの形で実施されている。

寺で専従している住職もいるが、兼職あるいは退職（現役世代は兼職し、退職世代が住職との役割分担）している住職がほとんどである。

2　四日講

平日であろうが土日であろうが、毎月四日、各寺院から二名ずつと講長、副講長などが、年間予定で決められた当番寺に集まって「四日講」を厳修している。中興上人の御画像を掛けて勤行し、当番寺の住職の法話を聞き、最後に真慧上人より賜った御書を聴聞し、解散となる。少し詳しく見ると、以下のとおりである（写真1参照）。

写真１　四日講の様子（①③：2014. 7. 4　②④：2015. 7. 4）

①四日講の当日、看板が本堂前に立てられる

③住職が両側に並ぶ

②勤行前に講長が挨拶

④当番寺院の住職による法話

前日もしくは当日、看板他の準備がなされる。

当日、九時三〇分までに本堂内で全員イスに着席する。本尊に向かって左が講員（その年度の世話方もしくは毎月の担当門徒）、右が当番寺の門徒、合計三〇～四〇名である。講員は皆、七里講独自の輪《わ》袈裟《げさ》をつけている。講長は、初参加者向けに七里講の成り立ちを簡単に説明する。他用で欠席せざるをえない者を除き、住職たちも当番寺へ集合し、一〇時の勤行まで、控室で待機している。

一〇時、鉦の合図で住職たちが入堂。筆者が参加した二〇一四年度・一五年度の四日講は、七人から一一人の住職が集《つど》っていた。勤行が始まると、講長・副講長が焼香し、次に講員たちが順番に焼香へ進む。正信偈、和讃と続く。その後、当番寺の門徒たちが焼香し、念仏、回向文、引声念仏となる。それらが終わると、他寺の住職は退堂する。ここまでおよそ三〇分程度で進行する。

一〇時四〇分から三〇分程度、当番寺住職の法話がある。筆者の見解では、自らの寺で行う法話とは聴衆者が異なるため、それぞれ工夫されているように感じた。御書プリントの配布、黒板を使用しての説明、日常の出来事を交えたもの、プロジェクターによる写真の提示など、筆者が参加した四日講では、毎回、住職の個性がにじむ法話風景が見られた。ただ、いずれにしても七里講の行事ということを中心話題としていた。

最後に、真慧上人御書の聴聞がある。一九六七年（昭和四二）に法主によって書かれた御書が繙《ひもと》かれ、その内容を当番寺の住職が読み上げて終わる。その後、講長が全体のまとめとして、本日の参詣の御礼の一言と、同月一五日に行われる灯明まいりの説明をして、解散となる。

二月は報恩講、五月は農繁期、一一月三、四日に本山で納骨堂法会があるため（同月一五日に法主が他へ出張の用事があったため）、四日講はない（表6のように、七里講として本山での役目がある）。したがって、四日講は年間九回実施される。

3　他の行事

(1) 灯明まいり

当月の当番として、四日講参詣者が一五日に灯明料を持参し本山専修寺に赴く。このとき住職は随伴しない。あくまでも門徒の講として実修されているからである。

当日は、高田本山専修寺内にある七里講詰所（御対面所内）に一一時一五分に集合する（七～九月は空調設備が整った宗務院一階ロビー集合）。講長が、初参加者向けに、当日の流れや灯明まいりの意義などを説明する。一六日（新暦一月一六日、旧暦一一月二八日）が親鸞聖人の月命日にあたるため、その前日である一五日午後から逮夜《たいや》とな

表6　本山でのおつとめ（2014年度）

日にち	内容	人数
4月2日	一光三尊佛御輿担ぎ	2カ寺6名
4月3日	一光三尊佛御開扉詰番	2カ寺5名
4月4日	一光三尊佛御開扉詰番	2カ寺5名
同	稚児練り	2カ寺5名
4月5日	一光三尊佛御開扉詰番	2カ寺5名
同	稚児練り	2カ寺5名
11月3日	納骨法会受付手伝い	6カ寺12名
11月4日	納骨法会受付手伝い	6カ寺12名
1月9日	お七夜報恩講詰番	2カ寺5名
1月10日	お七夜報恩講詰番	2カ寺5名
1月11日	お七夜報恩講詰番	2カ寺5名
1月12日	お七夜報恩講詰番	2カ寺5名
1月13日	お七夜報恩講詰番	2カ寺5名
1月14日	お七夜報恩講詰番	2カ寺5名
1月15日	お七夜報恩講詰番	2カ寺5名
1月16日	お七夜報恩講詰番	2カ寺5名
2月1日	本山年賀式	2カ寺4名

り、その前に灯明料を持参し、勤行することがこのおまいりの意義だと述べられる。

その後、賜春館《ししゅんかん》（対面の間）へ移動し、法主との対面となる。このとき講員たちは法主からお言葉を頂戴する。月々に、また、その時々の事柄について法主ご自身の考えが示され、それを直接伺う貴重な機会となっている。その後、如来堂を参拝し、御影堂で小一時間程度の逮夜勤行を厳修する。御影堂では、毎月の各勤行後に、常在説教布教師が任命されている。当日の当番による説教を拝聴する。そして、お非時《ひじ》（昼食）をいただき、一三時三〇分に終了、解散となる。

(2) 報恩講（七里講）

毎年二月の日曜日に、四日講ではなく報恩講が開催される。四日講は午前中だけだが、報恩講は、お非時をはさんでの行事となる。本山から説教師を招いての説教もある。

講員たちは、当番寺に昼前に集合する。まず、「七里講報恩講世話方会議」が開かれる。各寺から選出される次年度の講員の提案がなされ、了承される。会計報告や次年度予算、懸案事項等が議論される。次年度以降に行われる本山諸行事に対して、七里講としてどう対応していくのかも議論される。会議終了後、講員たちはお非時を食べ、休憩をはさんで、午後一時から勤行となる。これは四〇分程度で、その後、説教師による説教が二時間弱続く。普段の四日講では、説教は三〇~四〇分程度なので、いつもより長い。

もともと、各寺院で一〇月から一二月にかけて、報恩講を行っている。また、本山専修寺でも、後述のとおりに報恩講を実施している。それとは別に、七里講としても報恩講が実修されているのである。

(3) お七夜報恩講（高田本山専修寺）

毎年一月九~一六日は、本山専修寺にて「お七夜報恩講」が行われる。近隣住民はもとより、県内外の末寺から、多数の同行（門徒）が参詣に来る。

二〇年前と比べて近年は参拝者が少ないという声は、筆者が四年ほど続けてきたこの真宗高田派調査において、各地の住職や門徒からよく聞くことでもある。

筆者自身は二〇年前を知らないが、三〇年以上前の様子を記した平松令三の報告では、「巨大な御影堂が、一パイに詰まった人々の和讃を詠唱する声で振動するかのようであった」とされ、一月一五日、御影堂内にはまさに立錐の余地もない門徒の集合の様子が示された写真を見ると、その当時の様子が想像される［平松　一九八二］。その頃と比べると確かに、筆者が四回ほど参詣した二〇一五年（平成二七）一月の報恩講は、日曜祝日には参道に出店もあってにぎやかだったものの、歩くのが困難なほどでもなかった。また、御影堂内が参詣者で溢れかえるという印象もなかった。もちろん、それ以外の日の勤行を何度となく参加見学している筆者にとって、このお七夜報恩講

写真2　お七夜報恩講（2015.1.9）

御影堂内には七里講が寄付した提灯がある

には多くの熱心な門徒たちが集まっているとの印象はある。

七里講員には、裃《かみしも》を着て、御影堂とお墓所へ参拝される法主を警護する役割がある。先述のように、納所両講の講員とともに、並んで法主警護をしている。そして、連日行われている法要で七里講の詰番と講長らは、御影堂内の内陣に座り、法要のあいだ僧侶をずっと警護していた（写真3参照）。

かつては四月に行われる「十万人講法会」のときも、七里講の代表者が裃を着て御影堂とお墓所へ参拝される法主を警護していたが、平成二五年からはその役割はなくなった。

⑷　一光三尊佛御開扉・出開帳

栃木県本寺専修寺にある親鸞聖人が直拝した「一光三尊佛」を、一七年に一度、津市にある本山専修寺で御開扉する行事が「一光三尊佛御開扉」である。ちょうど筆者が調査をしていた二〇一四年（平成二六）四月から二〇一六年（平成二八）三月まで、一連の行事が行われている。

本寺専修寺の秘仏「一光三尊佛」を、一六三八年（寛永一五）、第十四世堯秀上人が御開扉し、その後、一七二九年（享保一四）、第十七世圓猷上人が本山専修寺に初めて迎えて御開扉を行った。

この「一光三尊佛」を本山専修寺に迎えている期間、別院や一般寺院で「出開帳《でがいちょう》」して法会を営むこともできる。

七里講では、明治以降八回にわたって出開帳の法会を実施してきた（表7）。昭和初期までは五日間、近年三回は二日間の開催となっている。ただし、二〇一四年からの御開扉においては、講内で議論してきた結果、「出開帳」法会を行わないことになった。先に、親鸞聖人の七五〇回忌遠忌報恩大法会が本山専修寺で、二〇一二年（平成二四）四月六日〜一六日まで厳修され、かつ、七里講内の各寺院でそれぞれ「遠忌大法会」を、多額の費用をかけて実施してきたことも大きな要因となっている。

ただし、本山専修寺で厳修されている法会については、詰番として二カ寺ずつ講員が役割を果たしている（表6、写真3）。

表7　一光三尊佛御開扉・出開帳の法会

和暦	西暦	回	日数	開催寺院
明治20	1887	第1回	5日間	浄福寺
明治36	1903	第2回	5日間	善照寺
大正8	1919	第3回	5日間	青蓮寺
昭和11	1936	第4回	5日間	西願寺
昭和26	1951	第5回	3日間	浄福寺
昭和42	1967	第6回	2日間	福萬寺
昭和57	1982	第7回	2日間	西光寺
平成11	1999	第8回	2日間	来教寺

写真3　一光三尊佛の法要（2015.4.13）

詰番として内陣に並ぶ七里講員

五　考察

1　住職と門徒にとっての七里講

(1)住職

一二カ寺の住職の多くは都合のつく限り毎回、四日講に参加する。住職同士の地域でのつながりはたいへん強い。新しく住職になった場合、自らの師以外に、この講の住職に諸事を教えてもらうこともあるという。

自らの寺以外の状況、すなわち、七里講各寺の様子他を、四日講や七里講の報恩講によって、自らの目で確認することができる。一年に一度ほど担当する四日講の法話では、いつもとは違う聴衆の前で行う。住職たちにとって、門徒への教化に重要な行事と認識されている。

他の講組織と比べ、門徒の主体性がたいへん強いこの講では、住職は法要を実修することが大きな役割である。次年度の開催についての日程調整も行っているが、あくまでも門徒たちの依頼に応えて行うという基本姿勢は崩していない。同講の歴史の重みはそれぞれ十分理解しており、毎回異なる住職であっても、法話は同講の歴史に必ず触れた内容だった。もちろん、それぞれの法話に、住職自身の個性は出ている。

(2)門徒

各寺院から毎回二人ずつが参加している。「七里講世話方会議」が年に一度開催され、次年度の予定はここで決定する。基本的には、四日講の開催順序は決まっている（表5の順番。随念寺と来迎寺は交互開催）。七里講の年間を通じた担当として各寺院で講員が決められる。ほとんどの寺院では、毎回の四日講に参詣する人を、講員だけではなく当番制として異なる人にあてている。それは、他寺で開催される講に参加すること、あるいは他寺の人々を講として迎えるという交流が、それぞれ重要なものと見なされているからである。当番寺によっては、四日講のお手伝いに二〇名近く集まることもある。

昭和時代は、一度、講長に選出されると、一〇年以上担当する例が多かった。講長と会計、また、副講長が設定されるときもあり、これらの役職者は、四日講に毎回参加している。他の講員は、年に一回もしくは数回の参加となり、式次第（運営）をリードする役割は、講長・副講長などが果たしている。

この七里講の歴史的意義を重んじ、書籍として残した者もいる［大塚 一九八二、眞岡 二〇一〇］。長持に保管している記録をデータ化した者（現講長川北幹翁氏）もいる。本章は貴重なそれらをいくつも参照させていただいた。

2 継続の意義

若干の繰り返しもあるが、次の点を指摘しておきたい。

まず、歴史ある講を継続しているという「誇り」である。毎回、勤行前の講長挨拶、当番寺の住職の法話の後の御書聴聞のときに、「七里講」の成り立ち（本山護持）と、ずっと続いてきた貴重な講であることが語られている。

続いて、「変化」しながらの維持である。農繁期の変化などにともない、四日講の休みの時期を九月から一一月（同時期は高田本山専修寺で納骨堂法会）に変更した。かつては毎回実施していたお非時も中止し、年に一度の報恩講のときだけに変更した。このように、状況にあわせて行う行事の維持のための変更は、他行事・他宗派・他地域などでも見られる［川又　二〇一四］。そしてこの七里講でも、講員たちが激論を交わし、その時々に応じて、維持のために「変化」してきたのであった。

政治・経済・文化構造と住職という四つの観点［川又　二〇〇五］で、若干議論したい。

先行研究の検討から得た作業仮説によれば、立地区分によって、経済構造の違いはあっても、他では大差がなかった。それは、本事例においても同じことが言える。

一二カ寺では、檀家数や職業の違い（兼業農家が多い、サラリーマン退職者が多いなど）が見られた。ただ、七里講自体にそれらはあまり影響していない。そもそも年間を通じた講員が二名ずつ決められ、また、四日講などでも、各寺院で決めた人々が参加するからである。

これらの行事に参加する者は、各寺院の役員なども多く、もっぱら、退職した高齢者や主婦などが中心である。次世代とは周辺もしくは遠方における別居が見られる。

地域によっては、空き地などが住宅地に変わってマンションが建ち、人口増が見られた所もあった。だが、この七里講のある地域で大規模宅地開発はなく、新しい檀家などはあまりいなかった。住職たちによれば、墓地を求める人が若干あった程度である。つまり、七里講の寺院では門徒の構成はあまり変わっていないという。だとすると、立地環境において、現状維持できているが、中長期的に継承可能性の部分でやや課題があろうか。

住職は兼職や退職住職が中心だった。彼らは、自らの寺院で、葬儀・法事、各年中行事等以外にも、文書による伝道等も実施してきた。たとえば、一年に三回の通信などを発信している住職もいる。各寺院では、配偶者とともに檀家の日常的な相談にのるなど、地域住民（全体の過半数が檀家の寺院が多い）にとって、寺院が大きな位置を占めていることを自覚しながら寺務を行っている。

もちろん、寺院の枠組みを超えた組織として講があるのだが、門徒たちにとっては各寺院が基本単位であり、それぞれの寺院および住職の存在も大きい。

3　今後の課題

農村社会学の見地から、過疎農村地域の実態を分析するときに、周辺の地域に在住しつつ過疎地域世帯と関係を持ちつづける「修正拡大集落構造」と見ることの重要性が指摘されている〔徳野他　二〇一四〕。七里講のある地域は過疎地域ではなく、むしろ人口維持ができている地方都市の一地域だが、門徒の方々へのヒアリングにおいて、次世代の多くが同地ではなく、近隣や大都市などへ移動していた。講組織メンバーも高齢者がほとんどであった（図2）。

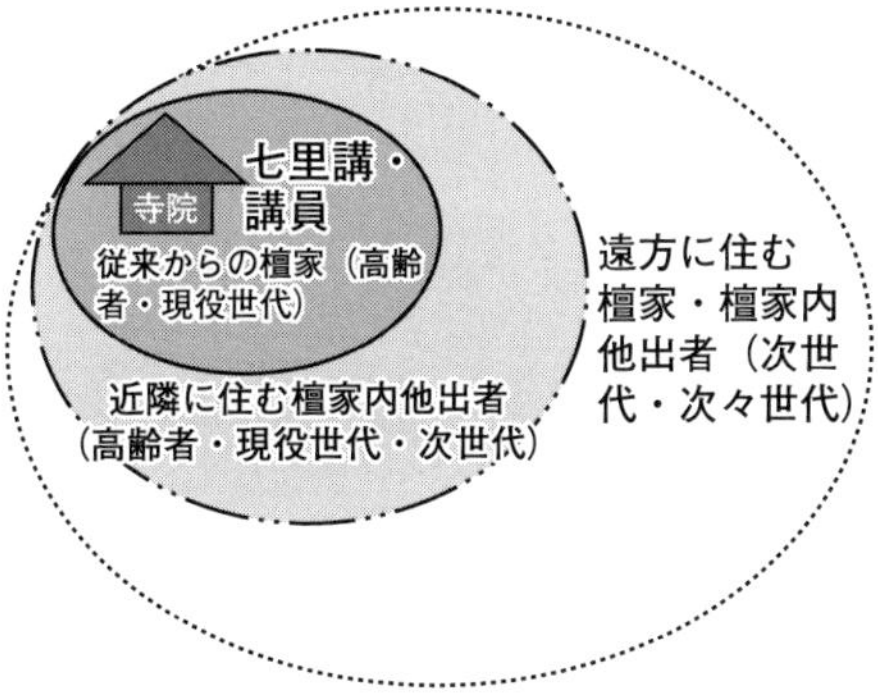

図2　寺院と講員らの距離

現講長も前講長も農業や自営業ではなく勤務者で、その勤めを退職してから、七里講とかかわったのだという。高齢者がこれまでも七里講を支えてきたのであれば、今後も同じように継承されると見ることもできよう。しかし、両名とも小さい頃から、両親なり祖父母なりが七里講とかかわり、また自らやその子どもたちが、七里講の法会における稚児行列に参加するなど、七里講や寺の年中行事に、小さい頃から親しんでいたということは見逃せない。七里講組織で中心メンバーとして運営に直接かかわるのは高齢期の人々だとしても、それ以前から、七里講とのかかわりがあったことで、その継承がスムーズになされると言えるからである。

こう考えると、たとえばこれまで続けてきた一七年に一度の「一光三尊佛」の出開帳を、今回実施せず、稚児行列もしなかったことが、次の若い世代に与える影響もありそうだ。寺院と門徒との関係が薄くなっていくことも予想される。そうすると、この講の維持は今後やや困難になるかもしれない。その兆候はこれまでの記述でも見いだせよう。

先の「修正拡大集落構造」に沿って言えば、現在、各寺院の近隣に住む高齢者が講組織を支えている。その外側に位置する次世代の人々は、年中行事や各家の葬儀や法事などの場面で、高齢者たちとともに参加し、結果的に寺院自体を支えていることになる。ただし、寺院を超えた枠組みたる講という組織に、近隣・遠方の人々はなかなかかかわりきれていない。近隣の子どもが四日講に参詣する親の送迎をする、遠方の孫世代がひ孫を連れて稚児行列に参加するなどのケースもあるが、より積極的なかかわりをもつということではない。したがって、講の維持はこれらの外側に位置する人々が、少なくとも月一度の四日講や灯明まいりに参加できる程度の距離に戻って居住できるかどうかということになるのではないだろうか。

おわりに

本章冒頭に述べたように、「過疎と宗教」という観点で筆者は調査研究を進めている。そのなかで、伝統的講を現在も積極的に推進し、多数の寺院の門徒が寺院を超えた組織を作って運営している七里講の存在を知り、たいへん興味深い事例として調査を始めた。そして、講長はじめ同講員、住職の熱心な宗教活動を確認した。丁寧に文書記録も保管し、自らを歴史的な講と規定しながら、その維持については、他地域の行事や講と同様に、状況にあわせた対応という工夫もしていることが判明した。

だが同時に、次世代への移行は、けっして安穏としていられない実態もわかった。

講員たちは、誇りある講を継続する自負をもっている。毎回、勤行前の講長挨拶、当番寺院住職の法話後の御書聴聞のときに、本山護持という七里講の成り立ちと、ずっと続いてきた貴重な講だということが繰り返し語られている。ただ、他行事と同様、状況にあわせた変更を繰り返している。かつて専業農家中心だったこの地域も、今は兼業農家が中心である。農繁期の変化などにともない、休みの時期を九月から一一月に変更した。かつては毎回実施していたお非時も、当番寺の門徒たちの労力を考え、一〇年ほど前に中止し、年に一度の報恩講のときだけとした。四日講は土日祝に限らず、ほとんどが平日午前中に開催されている。したがって、現役の会社員らには参加困難な予定になっている。今後、維持のために、その日程が変更されるかもしれない。実際に世話方会議で話題にもなっている。ただし、「四日講」とある以上それを維持することがこの七里講の根本であると、現講長はじめ講員たちは現状維持を志している。

現在、この講組織に中心的にかかわっているのは、高齢者である退職男性もしくは主婦である。彼らや彼女たち自身もその上の世代がかかわっていた頃は、他地域で生活していた者であったり、あるいは自らは寺院行事にほとんどかかわっていなかった者であったりする。しかし、彼らは子ども時代に七里講がどのようなものかを知っており、一七年に一度の「一尊三光佛御開扉」の行事にも参加してきた。昔を回顧して稚児行列などを思い出す人もいる。

予測の範囲でしかないが、今回、出開帳の法会を実施しないという選択は、費用や労力負担と宗教行事自体の意義に対して、現代の門徒の意識が大きく前者に傾いていることを示した。そして、それは戻ることがない変化を示しているように思われる。そうだとすれば、後世代に対して、多大な影響をもたらすかもしれない。社会環境他の変化に対して、一寺院ではなく多くの同行が率先して活動してきた長い伝統をもっている講組織ですら、人々の社会移動、意識の変化やそれにともなう状況変化が見られるということを示した事例となるだろう。

文献・webサイト

蒲池勢至　二〇一五『真宗門徒はどこへ行くのか――崩壊する伝承と葬儀』法藏館。

平松令三　一九八一「津市白塚町の高田派本山通夜講――その成立をめぐる諸問題」千葉乗隆博士還暦記念会編者『日本の社会と宗教――千葉乗隆博士還暦記念論集』同朋舎出版、五八八―六〇六頁。

平山　眞　二〇〇四「宗教講の解体と変容――三山講と山の神講を中心に」西山茂編『仏教系新宗教教団における教導システムの比較研究〈3〉（平成一五年度科学研究費補助金基盤研究（C）（2）調査研究報告書）』一五―三一頁。

亀﨑敦司　二〇一二「真宗村落における祈禱儀礼の継承――津市周辺の真宗高田派のムラを事例として」由谷裕哉編『郷土再考――新たな郷土研究を目指して』角川学芸出版、一三〇―一四八頁。

川又俊則　二〇〇五「都市・郊外化地域の寺檀関係に関する予備的考察」『宗教学論集』二四輯、駒沢宗教学研究会、一二五―一三八頁。

川又俊則　二〇一四「人口減少時代の宗教――高齢宗教者と信者の実態を中心に」『宗務時報』一一八号、一―一七頁。

川又俊則　二〇一五「変わりながら続ける行事」『月刊住職』四八七号、五八―六五頁。

眞岡慶光　二〇一〇『慶喜（きょうき）眞岡慶心法話・寄稿集』寿福院。

真岡慶心　一九六四「北勢に於ける真慧上人の足跡を偲びて」『高田学報』五二号、高田学会、一九―三七頁。

真岡慶心　一九七一「専修寺如来堂と諸講」『高田学報』六三号、高田学会、三八―四〇頁。

増田寛也　二〇一四『地方消滅――東京一極集中が招く人口急減』中央公論新社。
三重県生活文化資料研究会編　二〇〇七『三重県の墓制／三重県の社寺・教会』（『三重県史』民俗資料集二）。
森岡清美　一九六二『真宗教団と「家」制度』創文社。
長松時見　一九八九「三重大講について」『高田学報』七八号、高田学会、三八―五五頁。
大塚竹生　一九八二『西冨田村とその周辺――私の郷土史』非売品、東海印刷、一八一―二三三頁。
高林亮英　二〇〇六「安濃郡の増信講」『高田本山だより』六七号、真宗高田派宗務院。
寺田喜朗　二〇一六「地縁ゲマインシャフトと葬送習俗の変容――旧根白石村の契約講のモノグラフ」寺田喜朗・塚田穂高・川又俊則編『（仮）実証的宗教社会学――地域・運動・国家』ハーベスト社（刊行予定）。
徳野貞雄・柏尾珠紀　二〇一四『T型集落点検とライフヒストリーでみえる　家族・集落・女性の底力――限界集落論を超えて』農山漁村文化協会。
三重の統計情報　http://www.pref.mie.lg.jp/DATABOX/index.htm
真宗教団連合　http://www.shin.gr.jp/
真宗高田派本山専修寺　http://www.senjuji.or.jp/

謝辞
　調査にご協力いただきました七里講の講長川北幹翁様、前講長太田善朗様、講員の方々、また各寺院の住職の皆様、ありがとうございました。

第10章　抵抗と断念――地方寺院はなぜ存続をめざすのか(1)

ダニエル・フリードリック
稲本琢仙　訳

日本の田舎を車で走ると、地方は劇的な変化を経験していることがよくわかる。空き家やほったらかしの畑、廃校の増加があちこちに見られるのだ(2)。地方の宗教施設において、複数の寺院もしくは神社を兼務する宗教者や、他の職に就く宗教者についての報告は増加傾向にある(3)。政府、宗派、地方自治体は人口減少に対して数多くの対策をとってきたにもかかわらず、これらの処置に効果がなく、地方の村の消滅は避けられないということが過疎地域の問題に長期間取り組んできた結果、わかったことである。人口減少に対するあきらめは、しばしば包み隠されずに表現される。この代表的な例として、石田奈々（仮称）の淡々とした対応が挙げられる。彼女は現在島根県の小さな山村の寺院の住職をしている母親から寺を継ぐことになっており、寺院の将来について、「実家の寺は廃寺となるでしょう」というきわめて現実的な対応をはっきり述べた。

「過疎」という言葉は、防災や教育、健康管理といった必要不可欠なものが持続不可能であると判断された地域に対して言及するためにもっとも基本的な用語として用いられた。研究者は、過疎の種類と微妙な法的定義の類型を発展させたのち、以下の要素の組み合わせに基づいて、過疎という言葉を用いた。その要素というのは、(1)人口減少率が二五％以上、(2)六五歳以上の高齢者の割合が二四％以上で、一五歳から三〇歳未満の若年人口の割合が一五％以下、(3)財政力指数が〇・四二以下である［山本　一九九六：二一一頁］。過疎地域の住民は地域の変化について問われたとき、空の店舗や廃校の数、もしくはコンビニエンスストアの不足といったような具体的な兆候を示す。

一般的に、北海道は日本の地理的外縁に位置し、経済は農業セクターの経済状況と日本のエネルギー政策の転換によって悪影響を受け、さらに過疎化によってひどい打撃を与えられたと言われている［Culter 1999］。北海道は生活保護受給世帯数が多い地域の一つでもある[4]。二〇〇九年に行われた浄土真宗本願寺派の調査によると、北海道内の本願寺派寺院三四八カ寺のうち、一七六カ寺が過疎地域に位置している。割合で言うと、全国的には一八・八％なのに対し、北海道は五〇・六％なのである。地理的に言うと、一六組《そ》あるうちの一五組が過疎地域にあることになる[5]。

本章では願成寺（仮称）に注目する。願成寺は浄土真宗の寺院で、天候に恵まれれば南ヌプリ市（仮称）から車で約一時間の山川町（仮称）という小さな町に存在する。本章では願成寺を事例に、主として二〇一二年九月から二〇一四年九月の間に北海道の浄土真宗寺院において行った二年間の文化人類学的フィールドワークを通して、過疎の問題を日本の農村地域における過去と未来の問題についての議論に広く位置づけることを試みる。さらに、文化人類学的な調査結果の文脈を宗派、地域の歴史を参照することで深めていく。本章では一寺院（願成寺）について焦点をあてる。二人の登場人物のエピソードしか語られないが、彼らの経験は日本中の過疎地域の寺院に見られる問題をそのまま映し出している。それらの人々の語りを詳しく見ることによって、個人の宗教的感覚が過疎化によってどのように影響を受けたのかが明らかとなる。こういう分析方法をとらなければ、人々の語りは過疎地特有の活動や雑多な問題、いわゆる過疎地域における寺社の問題一般に埋没してしまうのである(6)。これらの語りにおいて収斂している部分と互いに矛盾する部分を見ていくことで、大きなシステムのなかにあっても個性的に行為する個人の役割が浮き彫りになるのである(7)。本章では、特定のコミュニティにおいて矛盾をかかえる過疎化への応答を描き出す以上のことを企図しており、宗教人類学や宗教研究に貢献するのみならず、宗教の盛衰について一般的な説明を行おうと考えている(8)。

さらに、地方の宗教施設が制度として確立される様相を宗教人類学的に記述するという本章の射程を超えることになるが、後述する研究と比較対照されるべき知見を提示できるのではないかとも考えている。社会学者であるロバート・ウスナウは、カンザス州における地方の過疎化と教会に対する影響を研究し、教会の構成員の数と教会の全体数は減少した一方で、教会に行く人の割合は増加し、閉鎖された教会の数は人口減少によって予想されるほど多くなかったことを明らかにした。その上、ウスナウは、カンザス州における人口減少地域では、地元密着型のメソジスト派教会が神学的に厳格な教会よりも安定する傾向があることに注目している［Wuthnow 2005: 132］。彼によると、主流派プロテスタント教会が安定しているのは、地域の宗教市場をおおまかには独占しているからで、その結果、人口が増加した地域で信者があまり増えず、人口が減少した地域でも信者があまり減らないということになっている［Wuthnow　2005：131–132］。他方、経済学者であるワファ・ハキーム・オルマンは、一九八〇年代の農業危機以降も信徒の動きが少ないことを報じた研究において、信徒の残存率は農地下落にともなって上昇し、この傾向は保守的な考えをもつ宗派でより顕著であることを示した［Orman　2013：19］。彼女によれば、教会出席率の上昇は、「宗教コミュニティが提供できる精神的で感情的なサポート」の結果と推測する。このことを検証するために彼女は二〇〇〇年代前半の商品相場急騰後の信徒の動向について追跡調査を計画していた［Orman　2013：20］。私は北海道の地方農村部における宗教入信のパターンは、ウスナウによって議論されたパターン――寺院仏教、とくに浄土真宗によって確立された深い結びつき（後述）――と密接に結びついているという仮説を立てているが、そのような問題は社会学者に任せることにしたい。

人類学者であるキャスリン・ダドリーは、ミネソタ州のスタープレイリーと名づけられた農村のフィールドワークを行い、一九八〇年代の農場危機と、農業の継続的な工業化に続く数年間、農村社会がどのように劇的に変わってしまったかを述べている。学校やカフェ、映画館、商店は閉鎖されてしまい、教会は信者の減少によって複数の教区で兼務する牧師により維持されている［Dudley　2003：188］。ダドリーによれば、調査対象者たちは、現在直面する問題が自分たちで何とかできる水準を超えていることを認識しているが、同時にまた自分たちの不運を人のせいにはしたくないという個人的良心とで葛藤していることを記述する［Dudley　2003：190］。スタープレイリーの農民であるハロルドとジェーン・ガンダーソンの語りも興味深い。彼らは穀物の低い値段と備蓄作物がダメになってしまったことによって農場運営のためのローンの支払いができなくなっていた。二人とも、とくにハロルドがそうなのだが、神との関係を深いレベルで感じることができたにもかかわらず、地元の教会では疎外されていると感じ、しかも、地域の牧師によって彼らの霊的渇きが癒やされていないという憤懣を述べたのである［Dudley

2000 : 133–134]。日本の過疎地域においても多くのフィールドワークが行われるにつれて、過疎化の結果による共同体の道徳や個人の信仰、宗教的なコミットメントの変化、そして共同体そのものの変化によって生み出された種々の問題に対応し、癒やしを与えるような宗教指導者の指導力についても調査が進むものと考えられる。

比較研究のために意味をもつ第三の研究対象は、宗教施設それ自体と宗派の外郭団体による過疎対策についてである。アメリカのカトリック史において、デヴィッド・S・ボーヴィは一九八〇年代に地方の農民と教会が直面した問題、すなわち数十万人の農民がローンを支払えなくなり、地方の人口が急速に減少したときに全国カトリック農村生活会議 National Catholic Rural Life Conference（NCRLC）が行ったさまざまな方法を記している［Bovee 2010 : 292］。ボーヴィによれば、カトリック教区と大司教区が、カウンセリングの提供や人生相談、無利子貸付、ロビー政治、抵当流れにされた農場の売却を防ぐための抵抗活動の組織化、そして地方で奮闘する個人を支持するための他の宗教団体や世俗の団体と一緒になった活動を行った［Bovée 2010 : 293–304］。本章ではひとつの寺院における過疎化への取り組みだけを述べる。その取り組みは、ボーヴィが取り上げたトップダウン方式での宗教教団の過疎化に対する応答、社会における宗教団体の位置、制度的権力構造における種々の利害集団において宗教団体がどのような位置を占めるのかという問題にも考察を広げるものである。

一　拡大発展

佐々木馨によると、北海道における浄土真宗寺院の成立は一五、一六世紀にさかのぼり、本願寺第八世である蓮如（一四一五～九九）と、彼の後継者である実如（一四五八～一五二五）のもとで北方伝道がなされた［佐々木　二〇一二：五一三―五一四頁]。しかしながら、開拓使が置かれる明治（一八六八～一九一二）・大正（一九一二～二六）時代まで仏教は拡大しなかった。急速に近代化する日本の中で居場所を見つけ出すことに苦心し、政府による神仏分離の推進に揺れた寺院にとって、北海道の植民地化を支えることは、政府に対する自らの忠誠と価値を証明するチャンスであった(9)。浄土真宗は道路建設や農業移民の奨励、アイヌ民族への浄土真宗の教えの普及を通して北海道の発展に貢献した[Ketelaar 1997：536-537]。おそらく浄土真宗の活動としてもっともよく知られているのは本願寺街道であろう(10)。北海道の開発での成功は、仏教寺院が近代化と国民国家の維持に役立つということを示した。

北海道の拓殖が進められた明治・大正時代に仏教が成功した遺産としては、おそらく現在の北海道の仏教寺院の約四六％がその由来を浄土真宗にもっているという事実から明らかである[佐々木 二〇一二：五〇二―五〇三頁]。北海道における寺院設立の典型的なパターンを地域の記録が示している。その上、私たちは歴史学者であるジェームズ・ケテラーの以下のような言葉を心に留めておくべきだ。「仏教寺院を制度化することは、日本文化をこの地で確立することとおなじことなのである。」ケテラーは、宗教的儀式の提供に加えて、北海道の辺境の集落における最初の仏教者は、政治家や郵便局長、地元の歴史家としても力を尽くしたと詳しく述べている[Ketelaar 1997：543]。

このような歴史的背景をおさえたところで、山川町の説明に移ろう。郷土史によると、日本海と旭川をつなぐ道の開通に続いて、一八九一年（明治二四）、山川町は急速に発展した(11)。宗派の史書には多くの開拓者が温泉の数と豊富な木材資源のためこの地域に引き寄せられたということが記録されている。一九一二年（大正元）の鉄道の完成に続いて、開拓者の数も増えつづけた。一九一三年、岐阜県から来た僧侶が説教所を設立し、これが後の願成寺となった。年月が経つ間に森林が切り開かれ、農家の入植も進められた。大正時代を通じて地域の人口も増えつづけ、他の寺院や神社も村の中に定着した。現在、町の中に七つの寺院が存在し、そのうち四つが浄土真宗本願寺派、もしくは大谷派に属している。残りの三つは、日蓮宗、曹洞宗、真言宗智山派である。加えて小さい神社も存在し、近くの町の宮司が管理運営を兼務している。

二　縮小

一九六〇年代から現在まで、山川町は町の労働人口の変動と住民の減少により多くの変化を経験してきている。一九六〇年に過疎地において自立を促進するために出された南ヌプリ市の計画によると、市の利用可能な労働力の四三・一％は、農家もしくは林業関連の職に就いている。二〇〇五年までに、農家と林業者の数は労働人口の一五・六％まで減少し、サービス業の従事者は一九六〇年の二九・四％から六三・五％まで上昇し、労働力の中でもっとも大きな割合となる。その計画の立案者によると、サービス業の従事者の割合の増加は、山川町の観光産業の継続発展の結果であると説明する。人口に関して、一九八五年、山川町には一万二六九〇人の住民がいたが、二〇〇五年には八四〇〇人と、四二九〇人が減少している。市の過疎対策はこれらの数字には多くは説明を割かないが、住職との会話によると、この減少は南ヌプリの中心部への移動といったような自治体内での人口移動や、札幌への転出のような自治体外への人口移動によるということである。また山川町の人口減少のもうひとつの重要な原因は、町の高齢者の死亡によるものである。

おそらく、減少しつづけていく高齢者の数と町の活性化のための計画の基盤である観光振興の結果、失われる町のアイデンティティへの郷愁――郷愁というよりは幻想かもしれない――にしばしば私は直面した［Ivy　1995 : 20

-22]。これらの要素を探求することで、どのように過疎地の住民が抵抗と断念の観念の中にとらわれているかが見えてくる。

毎夏、町の温泉宿と南ヌプリ市が協力して、花火が打ち上げられ、神輿が川を下る夏祭りを宣伝している。伝統的に町出身の若者は川を下る神輿を誘導する役割がある。しかし、若者不足のためその代わりが必要とされている。二〇一三年の七月、地元の新聞に祭りの参加者を地域の中から募集する広告が掲載された。二〇一四年には、地元のメンバーは祭りの行事を行うために新人を迎え入れた。地元のホテルが祭りの期間満室になり、南ヌプリの市長や他の人々が、町の復活――それどころか、その祭りは町の活性化のための公式な計画の中に含まれる――に重要であるとしているその祭りで熱のこもったスピーチをするとはいえ、祭りに興奮するのは難しい。年配の人は次のように説明する。祭りが経済効果をもたらしたことは確かだが、自分は祭りとのつながりがない。祭りの実行者や参加者、多くのスタッフは町の出身ではないので、彼女にとって祭りは町のアイデンティティ創出に向けた空々しいイベントにすぎない。

北海道における浄土真宗寺院の拡大と成立を簡単に述べ、地域における社会経済の移行の詳細を提示してきたが、次に願成寺の抵抗と断念の姿勢に注目していく。

三　抵抗の行為――コミュニティ、記憶、そして労働

前述したように、明治・大正時代における寺院の建立は、コミュニティ成立の具体的なシンボルとして役立った。寺院は文化教育、宗教実践、政治権力の場であった。拓殖時代の写真を見ると、寺院がどのように景観を変えてき

たのかがわかる。多くの集落において、寺院は隣接した地域の中でひときわ大きく目立つ建築物である。寺院の記録は寺院建立時における入植者の犠牲を記述している。たとえば寺院の歴史には、寺院の鐘楼を作りなおすために宝飾品や髪留めなどを寄付した女性の存在を記録している。古くからの信徒の方と話したときに、発展拡大した時代における寺院コミュニティに尽くしてきた彼らの祖父母や両親の思い出を聞かされることが多かった。それぞれの自宅の仏壇に対して行われる月忌参りにおいて、僧侶は若い世代が寺の行事に参加してくれるようにと、彼・彼女らの両親や祖父母が寺院とかかわってきた思い出話をする。[12]多くの信徒にとって、寺院を護持してきたことで、彼・彼女らの祖父母、両親、そして村の創立者たちに対する共同の記憶をも維持してきたのである。信徒たちは、寺院が今後思い切った変化なしでは生き残れないと気づいているが、寺院がなくなるということはコミュニティの記憶における物理的な空間を消し去ることになると感じているのである。[13]

自治体の周縁部に位置する願成寺のような寺院においては、過疎の影響に抵抗するために、他の場所に移っても信徒が寺院との関係を続けることを促す方法を見つけることが必要となる。比較的大きな行事の場合、願成寺は信徒を寺まで連れてくるためのマイクロバスを用意することもある。当初はほとんどすべての寺院活動にバスを使っていたが、コストの増大と利用者の減少によって、現在では報恩講と特定の寺院行事のときのみバスを用意している。札幌などの都市部へ移動してしまった信徒に対しては、葬儀や葬儀以降の関わりのために願成寺との関係を維持させていく一方で、居住地に近い寺院での常例布教への参加を促している。

願成寺では、武田賀勇以上に抵抗の魂を体現する人はいないかもしれない。彼の寺院活動や社会活動への熱心な参加からわかるように、武田は古くからの信徒である。そして彼の祖父や父が以前に行っていたのと同様に、現在は寺院総代を務めている。建設業者である武田は、寺院行事の後にしばしば寺院の設備を調べる。本堂を囲む障子の小さな穴、もしくは葬儀の時に棺を置く台によって畳についた傷でも小さいノートにメモし、修復の計画に加える。最初に願成寺に行ったとき、武田は願成寺創設時からの信徒である祖父母や両親がいかに適切な管理に傾注してきたかについて述べた。その上、きちんと維持管理された寺院自体が、コミュニティにとって寺院が重要であることを示すものだという認識を示した。武田は、寺院の適切な維持管理は住職、寺族との連携のもとに行う信徒全員の責任であると述べた。その維持管理のために、願成寺において寺院の男性信徒は行事の後に本堂の清掃の義務があり、一方女性はホールと台所の清掃が割り当てられる(14)。ある朝、行事の後に椅子を積み重ねていたとき、武田は、信徒が高齢化しているので古いやり方では女性信徒がつらい思いをするから、住職の配慮のおかげでこの役割分担に決まったということを述べていた。寺院の坊守は、男性が本堂の掃除を受けもっている姿を見ることで、女性たちのつながりを再活性化し、自分たちの受けもつ場所に集中することができるとさまざまな場面で語っていた。また、椅子を積み上げることや掃除機をかけることなど特別な能力を要しない仕事をすることで、新参者がすぐに寺院にとけ込むことができるのである。

私が願成寺を訪問している間、武田は願成寺の次世代を確保する方策についてしばしば述べていた。多くの場面で、武田は住職と信徒、そしてコミュニティとのつながりが大事だと主張した。年に一回のパークゴルフ大会後、ジンギスカンと生ビールで懇親を深める間、武田は新井一大（副住職）に、彼の父（住職）と信徒との親密な関係、そして信徒とともに行う積極的な活動が同世代の男性の寺院行事への参加を促していたと説明した。新井は寺の住職である父親の跡を継ぐために最近北海道に帰ってきたのだった。武田はその時、寺院行事に若い年代を巻き込む新井の新しい計画に質問し始めた。今年のパークゴルフ大会は、若い人たちに参加を呼びかけた武田の努力にもかかわらず、五〇歳以下の参加者は新井と訪れている研究者、そして自分たちの妻だけだったからだ。若い人を入れる役割は新井にあるというのである。新井の娘が寺院の駐車場で自転車に乗っていたのを見て、武田は寺院行事に若い家族を巻き込むためには小学校のPTAを通じたつながりが使えるだろうと述べた。武田は、自分がコミュニティのメンバーにとけ込んでいるということを示すためにこそ、新井がさまざまな地域の行事に参加すべきであると繰り返した。西の山々に太陽が沈むと、武田の妻が、家に帰る時間だよと合図した。武田はビールを飲み終え、明日の晩の元気村会（まちづくり協議会）に参加してくれるのを待っていると新井に伝えて帰ったのである。

四　断　念

二〇一三年は、願成寺にとって記念の年だった。四月に新井とその妻である千春、そして二人の娘が北海道へ戻ってきたのである。一五年前に決められていたこととはいえ、新井は高校を卒業後大学院まで進み、その後東京と京都で大学の講師として働いていた。願成寺の信徒にとって、新井の帰郷は次の世代へと寺院が継承される――少なくとも住職がいる状態になる――兆候であると話された。新井の帰郷は歓迎されたにもかかわらず、その地域の他の僧侶からは、学歴があり、過疎地域の寺院の難しさもあるので帰ってくるのはもったいないとうわさされた。山川町に戻ってきてから、新井は元気村会のもとで行われている地域活性化運動に積極的に参加している。

二〇一三年は寺院創建から一〇〇周年の年でもあった。一一月に行われる特別な法要のため、その準備として新しい畳や、京都に発注した内陣と余間を仕切る襖、外壁の塗装、そしてその他さまざまな設備の改修が行われた。今これらの改修を行うことは、自分たちの世代にとって、寺院の創始者たちへの尊敬を示すとともに、ほとんどが山川町を出て南ヌプリや札幌で暮らす若い世代に寺院の価値を示すことにもなると住職は説明した。

二〇一四年の八月に行った新井への最後のインタビューの中で、私たちは願成寺と山川町における自治体間、地域間の人口移動の影響の話題に戻った。新井によると、自分の小、中学校の同級生では、一人を除いてそのほとんどが南ヌプリか札幌へ行ってしまった。新井によると、彼らは地域を去り、行事もしくはお盆や春と秋の彼岸のために戻ってくることもなさそうであるということだ。世代間継承が失敗した責任はどこにあるのかという質問に対する答えの中で、新井は山川町を去った同級生の多くは、現在はなくなったボーイスカウトに参加し、新井と同じように日曜学校に参加していたと述べている。それらの人たちは、村の中に就職先がないという理由で出ていった。現在彼らは自分の家族をもち、それぞれ新しい場所で暮らしている。多くの友人にとって一時間弱の寺院の行事に参加するために三、四時間も車で移動するのは大変である。新井が語ったことは、暗に山川町のような場所において浄土真宗を世代間で伝えることは、宗教的な問題よりも人口的な問題の困難さが大きいのだということだった。

二〇一四年の夏、寺院を地域に開放する試みの一つとして、新井は寺院でコンサートを行うためにクラシック音楽をしている友人を招いた。新井はそのイベントをかなり広く宣伝したが、寺院の本堂が満員になったコンサートにおいて信徒は聴衆のたった三分の一だけだった。このイベントは表面的には成功に終わったが、新井は音楽を楽しんだ一方で、寺院の他の行事には参加する意思がないと思われる人たちから次回のコンサートはいつありますかという質問をされたことでフラストレーションをかかえていた(15)。新井は、地域の人たちから価値ある場所として寺院を認識してもらうための方策を模索する一方で、それらのイベントを行うには地域の人々の協力が必要であることに気づいた。しかも、彼は、寺院は宗教活動の中心として存続すべきであるという両親の思いを共有している。彼が私に気づかせてくれた寺院の意義は、教えを聴くための場として存在することであった。その上、コンサートや文化的行事をする場所は地域の他の場所にもあり、新井はそれらの場所と張り合うよりはむしろ支えたほうがよいとさえ感じている。

願成寺において積極的に支えてくれる信徒の数は減少しつづけているとはいえ、彼は自分が幸福であると考えている。なぜなら、寺院の建物は新しく（本堂と庫裏は二〇〇〇年に建て替えられた）、多くの信徒が寺院に対してたくさんの時間とお金を提供してくれるので、新井は、寺院の存続に集中するための時間と場所を得ることができている。話の中で、私は新井に本願寺が決定したという二〇一四年夏の通達についての考えを尋ねた。それぞれの地域の問題を調べ、対応の適切な計画を立てるための本部を設けることによって過疎への対策を分権化するという内容である(16)。まるで私の質問を予期していたかのように、躊躇することなく彼はこう言った。「本願寺からの実質的なサポートはありません。自分たちでやるしかありません。変化といえば新たなアンケートが届き、それに答えなければならないことくらいです(17)」。

これまで述べてきたこと――とくに新井には他にもできる仕事があったという事実――から、読者はなぜ新井が実家の寺院に戻ってきたのかという疑問をもつかもしれない。さまざまな場面で、新井は、願成寺に戻ってきたのは自分の選択であるということをはっきりと言っている。新井は自分の決断に影響したさまざまな要素を挙げている。最初に私が訪ねたとき、新井は得度の後、ある信徒から受けたサポートや、住職としてどうあるべきかについて教えてもらったことを思い起こしていた。法話の中で、新井は寺院の元総代がいかにしてお盆の時父よりもむしろ自分に来てもらいたいと頼んだか、そして開拓者が直面した地域との揉め事や寺院を建てたときに彼らが払った犠牲について、いかにして聞いたかについてかつて話した。しかし他の場面で、新井は、もし父の跡を継がなかったとしたら、寺を継いでくれる人との結婚というプレッシャーを妹に与えていたかもしれないし、自分はそのような形で妹の結婚を制限したくなかったと述べていた。同じようにもし彼の妹の夫が寺を継ぐ気がなかったら、廃寺は早まっただろうとも述べた。新井は、人口の変化が今後廃寺もしくは近隣の寺院との合併をほぼ間違いなくもたらすであろうという事実を率直に話し、あわせて、信徒とのつながりや寺院の歴史を知ること、そして妹の将来を制限することへの懸念など、兄としての思いやりから北海道へ戻ることを決断したと教えてくれた。

新井の寺院を引き継ぐ準備へのモチベーション（動機づけ）が武田の信仰心と似ているということに注目すべきである。二人とも、地域住民との関係性を大事にし、寺院を創設した人たちの努力に敬意を払っている。これは、武田にとって寺院の建物を維持するという仕事であり、また父の跡を継がないと廃寺を加速すると新井は考え、できる限りのことをしたうえで、いい形での幕引きを図りたいとももらしていた。どのような縁で新井、武田、他の僧侶が動機づけられているのかについてはさらなる調査が必要であり、浄土真宗信徒が寺院行事に参加する際の動機づけとも重なり合うものであることを指摘したい(18)。

五　考察

人口減少の理由とそれが寺院仏教へ与えた衝撃は、個別の宗派であれ、仏教界全体であれ、それらの新聞、雑誌の記事に共通してあらわれている(19)。その上、イアン・リーダーが指摘するように、学者たちが寺院における過疎への取り組みを調査することが多くなっている一方で、それらの学者たちは、制度としての仏教に問題があるとの見解を示し、復興の希望のかけらとして困難を克服するさまざまな革新的な方法を探す傾向にある［Reader 2011: 236］。リーダーは、こうした研究動向は問題のとらえ方を誤っており、現代仏教は「日本仏教そのものに胚胎する衰退」の局面にあり、「死の苦痛の中にある」と指摘するのである［Reader 2011: 236］。リーダーは傍証のための資料を挙げている。すなわち、数ある指標の中でも、日本人は宗教制度、宗教実践、宗教者といったものに飽き飽きしており、都市化とそれにともなう変化や、宗教団体からの的外れな応答、巡礼者の減少が論より証拠であるという［Reader 2011］。私は仏教が復興しているという小さな光を探す努力が間違っているというリーダーの考えには同意するが、このような傍証に基づいて、寺院仏教という宗教制度が死につつあるとまでいうのは性急ではないかと考える。

個々の住職や寺院とコミュニティが、過疎化の弊害に抵抗しようとする、もしくは甘受している実態がある一方で、現代仏教のイノベーションを説く宗教学者たちは、現代仏教が衰退し堕落しているというレトリックをしばしば用いる。その結果、僧侶たちまでもかつての仏教は隆盛を誇っていたというノスタルジアに浸ってしまうのである。一例を挙げよう。ジョン・ネルソンは近著『仏教の新しい試み』の中で、現代の状況は、僧侶と宗門の指導者たちが、外社会は凄まじい嵐に見舞われているにもかかわらず、外の音一つ聞こえない閉鎖的な建物の中で宴を行っているようなものであると述べている。しかも、一握りの大胆な僧侶のみが、現状の問題を確認し解決するために外へ飛び出しているにすぎず、残りの大多数の僧侶たちは相変わらずの宴を続けているという［Nelson 2013：9］。こういう言い方はおなじみのものだが的を射ている。寺院仏教は僧侶の寛大さのためひどい苦境にある。寺院仏教の未来にとって唯一の希望は、数少ない良い僧侶によって「寺院を利用する人本位に伝統を作り替え」てもらうことだ［Nelson 2013：二一五頁］。ネルソン他の論者は、寺を維持していくのは僧侶と寺を取り巻く地域社会の責務であると述べ、社会変動に対する個人的責任を主張するのである。ここで、人類学者ブリジット・ラブによる、地域活性化は地域社会それぞれの責任においてなされるという分析のやり方に注意しておく必要がある。ラブは、これらの努力は〝持続可能な発展活動を支え、自らを支える力を利用できない場所に脅され追いやられる新自由主義的な精神への反省である〟と記述している［Love　2013：122］。北海道でもっとも古い浄土真宗寺院の一つで生まれ育った僧侶は、北海道に戻り実家の寺院を継ごうとしている（現在は京都の研究所で働いている）一方で、信徒がいないなかで行う新しい儀礼や活動の確立は寺院を救わないだろうと説明した。

最後に、私たちが「寺院仏教のバブル崩壊――あるいは、より正確には泡からゆっくり空気が抜ける状態――」の目撃者であるということを示したいと思う。北海道において、明治・大正時代は、最初の開拓者の宗教的、政治的、文化的な必要性を満たすために建てられた多くの寺院の拡大期であった。数十年後、国家の経済政策が太平洋ベルト地帯と都市圏の発展に力を注いだために、地方の人口に比べてあまりに多くの寺院が残ってしまった(20)。さらに、こうした人口変動は、イアン・リーダーや私が確認した危機感をもたらした［Reader　2011：233］。そうした危機感はかなり長期間受け継がれてきたものとも言える。山川町の住民は、学校やスーパーマーケット、コンビニの閉鎖による変化に耐えてきた。それは地元経済の破綻であり、そして自営農家がもはや安定した収入源になりえないという気づきでもある。このような社会全体の変動を視野に収めれば、日本の寺院仏教がなくなるということが、なぜ学校やスーパーマーケット、コンビニの閉鎖とは異なる、別次元の崩壊感として意識化されるのかを検討すべきではないだろうか。

私の調査に協力してくれた人たちは、過疎化に抵抗するか、屈するかにかかわらず、地域とのつながりによって動機づけられていた。願成寺の創設を支えた両親と祖父母の努力に動機づけされた武田は、寺院が存続可能な地域の重要なものとして見られるように尽力している。願成寺が廃寺もしくは他の寺院と合併される可能性が高いという事実を認めざるをえないにもかかわらず、新井が感じた地域とのつながりは彼を願成寺に呼び戻す動機となった。過疎化の影響に屈するか、抵抗しつづけるかはともかく、二人は、寺と村が不安定であること、そうした状況を何とか改善しようと日本社会が一九六〇年以来格闘しつづけていることを認識している。寺院バブル崩壊後の仏教の目撃者として、私たちは寺院仏教が立ち往生している様と、仏教の実践と教義に対してまったく動機づけられていない社会を見つづけている。寺院と信徒、個々の寺院と宗派、そしてそれぞれの寺院間の関係は、すべて流動的である。とはいえ、これらの関係において論議された結果として、私たちはおそらく寺院の合併や廃寺、あるいは現時点では思いもつかないような形態で社会の大きな変化を受け止める寺院コミュニティを見ることになるかもしれない。最後に付言すれば、本章は寺院という宗教施設の存続に着目したものであったが、地域社会における共同の記憶、日本の全体社会における農村地域の位置や役割という問題にもふれていたことを指摘しておきたい。

註

（1）情報提供者の匿名性を守るため、人・神社・寺院・市町村の名前については仮称を用いる。加えて、本章のデータは、県や市町村、そして地方の寺院や自治体の史料に依拠している。情報提供者の身元を明らかにしないために、適切な引用を用いることなしにそれらの出典から用いるときは文中で指摘する。この調査は、国際交流基金からの多くの助成金によって可能になった。加えて、この研究を可能にした調査協力者たちの参加と協力に謝意を表する。

（2）二〇一三年八月に総務省から出された報告書では、八二〇万もの住宅（一三・二％）が放棄されたと見積もられている。これらの数字は国内外のメディアに広く取り上げられた。

（3）マーク・ローウェは以下のことを報告している。どのように外部の雇用に依存しているかは、一貫して二〇％から四〇％の僧侶が兼業しているという宗派の調査により分類される。詳細は［Rowe 2011 : 19］を参照。もっとも印象的な報告の一つは、山村明義によって書かれたものである。彼は神社をかけもちしている神職（一人で六六社の神社を受けもっている神職も含む）や、神社の収入では食べていけない神職、神社神道は危機的状況にあると結論づけている跡継ぎのいない神職と出会った［山村　二〇〇九］。

（4）二〇一二年度、北海道は生活保護を受給している個人の割合が日本の都道府県で二番目に高かった。詳細は［総務省　二〇一五］を参照。

（5）二〇〇九年の調査。

（6）過疎地域における宗教施設の挑戦の研究として、最近では以下のものがある。［川又　二〇一三］、［猪瀬　二〇一四］。

（7）フィールドワークによる記述より大きな社会システムに位置づけることに成功した重要な研究としては［Biehl and Petryna　2013：2-3, 11-12］を参照。

（8）例としては［Chilson　2010：202-210］［Robbins　2014：2-15］を参照。

（9）神仏分離については［Ketelaar　1990＝二〇〇六］を参照。

（10）本願寺街道については以下を参照。［Ketelaar　1990：534-546］、［南木・高島　一九八九］。

（11）アイヌの歴史を専門とする学者によって用いられた方法に従うことで、私たちは現代人よりむしろシャモや和人の歴史の始まりについてより正確に評することができるだろう。北海道の歴史を述べるにあたっての表現の問題については［Howell　2008：134］を参照。

（12）寺院活動において、法話の文脈の中でこのことがどれほど繰り返されるのかということについての簡潔な記述は以下を参照。Daniel Friedrich, "Sato Masaki: The Globally Local Priest," in *Figures of Buddhist Modernity in Asia*, ed. Justin McDaniel, Mark Rowe, and Jeffery Samuels, Honolulu: University of Hawaii Press, forthcoming.

（13）ボストンにおけるカトリック教区の閉鎖という文脈でこれと似たテーマについては［Seitz　2011：143-144］を参照。

（14）私が訪れた大多数の寺院において、男性はたいてい境内や建物を維持する責任があり、一方で女性はたいてい寺院の清掃の仕事を果たしている。新潟の寺院で行われたフィールドワークをもとに、ジェシカ・スターリングは、

(15) 寺院行事において掃除などの労働を表立ってやる傾向がある一方で、女性はほとんど裏方に徹しているということを述べている［Starling　2013］。

(15) コンサートや五〇〇円ヨガといったような文化的イベントを主催することは、寺院が地域における役割を再形成しようとする一つの方法である。しかし、調査結果によると、これらのイベントの参加者（とくにヨガ教室の参加者）は、寺院での他の活動への参加意欲がほとんどないと思われる。

(16)［本願寺　二〇一五］を参照。各教区別の対策が書かれており、北海道教区は各組の実態調査を計画。

(17) 同様に、東日本大震災によって打撃を受けた浄土真宗寺院についての事例研究の中で、McLaughlin は宗派内の官僚制が救援活動を妨げていたという僧侶の思いについて論じている。以下を参照。Levi McLaughlin, "Understanding Religious Responses to the 2011 Disasters in Japan through Statistics and Ethnography," forthcoming.

(18) 動機づけ要因としての縁については［Rowe　2011］を参照。

(19) メディアにおいての宗教と過疎化についての記事の包括的なリストは［冬月　二〇一一］を参照。

(20) 戦後の経済政策と、人口変化の関係性の簡潔な概観については［Matanle et. al.　2011 : 85-87］を参照。

参考文献一覧

冬月　律　二〇一一「宗教が報じる過疎問題」櫻井義秀編『北海道の過疎・過密問題と宗教施設』北海道大学文学部社会システム科学講座、一三一―一四九頁。

本願寺　二〇一五「宗門の過疎対策：浄土真宗本願寺派」http : //www.hongwanji.or.jp/project/kaso 01.html「平成27年度「教区寺院振興支援対策（過疎対策）推進計画書」一覧（要約）」http : //www.hongwanji.or.jp/source/pdf/h27_kaso 2.pdf（参照　二〇一五年九月一四日）。

猪瀬優理　二〇一四「教団の維持・存続と少子高齢社会——信仰継承に着目して」『現代宗教2014』（国際宗教研究所）

一四〇—一五八頁。
川又俊則　二〇一三「葬儀と年中行事の「継続」——三重県の過疎地域における事例を中心に」『宗教学論集』（駒澤宗教学研究会）三二、一三九—一五九頁。
南木　寿・高島　章　一九八九『東本願寺北海道開教史——特に本願寺街道を中心として』函館大谷高等学校宗教部。
佐々木馨　二〇一二「北方地域と浄土真宗」今井雅晴先生古稀記念論文集編集委員会編『中世文化と浄土真宗』思文閣出版。
真宗大谷派北海道教区編　一九七四『東本願寺北海道開教百年史』真宗大谷派北海道教務所。
総務省　二〇一五「都道府県別生活保護被保護実世帯数及び実人員（平成24年度）」http：//www.stat.go.jp/english/data/nenkan/1431-20.htm（参照　二〇一五年四月一八日）。
山村明義　二〇〇九「いま、神社神道が危ない」『諸君！』（文藝春秋）四一—三、一一三—一二五頁。
山本　努　一九九六『現代過疎問題の研究』恒星社厚生閣。
João Biehl and Adriana Petryna 2013 "Critical Global Health," in *When People Come First：Critical Studies in Global Health*, ed. João Biehl and Adriana Petryna, Princeton：Princeton University Press.
David S. Bovee 2010 *The Church & the Land：The National Catholic Rural Life Conference and American Society* 1923–2007, Washington D.C.：The Catholic University of America Press.
Clark Chilson 2010 "A Religion in Death Throes：How Secrecy Undermines the Survival of a Crypto Shin Buddhist Tradition in Japan Today," *Religion Compass* 4/4.
Suzanne Culter 1999 *Managing Decline：Japan's Coal Industry Restructuring and Community Response*, Honolulu：University of Hawaii Press.
Kathryn Marie Dudley 2000 *Debt and Dispossession：Farm Loss in America's Heartland*, Chicago：University of Chicago Press.

Kathryn Marie Dudley 2003 "The Entrepreneurial Self : Identity and Morality in a Midwestern Farming Community," in *Fighting for the Farm : Rural America Transformed*, ed. Jane Adams, Philadelphia : University of Pennsylvania Press.

Daniel Friedrich forthcoming "Sato Masaki : The Globally Local Priest," in *Figures of Buddhist Modernity in Asia*, ed. Justin McDaniel, Mark Rowe, and Jeffery Samuels, Honolulu : University of Hawaii Press, forthcoming.

David L. Howell 2008 "Is 'Ainu History' 'Japanese History?'" *Journal of Northeast Asian History* 5/1.

Marilyn Ivy 1995 *Discourses of the Vanishing : Modernity, Phantasm, Japan*, Chicago : University of Chicago Press.

James Edward Ketelaar 1990 *Of Heretics and Martyrs in Meiji Japan : Buddism and Its Persecution*, Princeton, N.J. : Princeton University Press. 日本語訳：ジェームス・E・ケテラー著、岡田正彦訳『邪教／殉教の明治——廃仏毀釈と近代仏教』ぺりかん社、二〇〇六年。

James Edward Ketelaar 1997 "Hokkaido Buddhism and the Early Meiji State," in *New Directions in the Study of Meiji Japan*, ed. Helen Hardacre and Adam L. Kern, Leiden : Brill.

Bridget Love 2013 "Treasure Hunts in Rural Japan : Place Making at the Limits of Sustainability," *American Anthropologist* 115/1.

Peter Matanle et. al. 2011 *Japan's Shrinking Regions in the 21st Century : Contemporary Responses to Depopulation and Socioeconomic Decline*, Amherst, NY : Cambria Press.

Levi McLaughlin forthcoming "Understanding Religious Responses to the 2011 Disasters in Japan through Statistics and Ethnography," forthcoming.

John Nelson 2013 *Experimental Buddhism : Innovation and Activism in Contemporary Japan*, Honolulu : University of Hawaii Press.

Wafa Hakim Orman 2013 "After the Farm Crisis : Religiosity in the Rural United States," Institute for the Study of Labor

Discussion Paper Series No. 7511, *Forschungsinstitut zur Zunkunft der Arbeit/Institute for the Study of Labor.*

Ian Reader 2011 "Buddhism in Crisis? Institutional Decline in Modern Japan," *Buddhist Studies Review* 28/2.

Joel Robbins 2014 "'How Do Religions End ?' Theorizing Religious Traditions form the Point of View of How They Disappear," *Cambridge Anthropology* 32/2.

Mark Rowe 2011 *Bonds of the Dead : Temples, Burial and the Transformation of Contemporary Japanese Buddhism*, Chicago : University of Chicago Press.

Jessica Starling 2013 "Preparing the Buddhist Feast : Labor, Gender, and Community at a Contemporary Jōdo Shinshū Ritual," paper presented at the annual meeting of the American Academy of Religion, Baltimore, Maryland, November 22–26.

John C. Seitz 2011 *No Closure : Catholic Practice and Boston's Parish Shutdowns*, Cambridge, MA : Harvard University Press.

Robert Wuthnow 2005 "Depopulation and Rural Churches in Kansas, 1950–1980," *Great Plains Research : A Journal of Natural and Social Sciences* 15.

第11章　廃　寺――寺院・門信徒の決断

坂原英見

一　課題の所在

浄土真宗本願寺派では、二〇一四年二月、第二回「宗門教学会議」を開催、そこで「近未来社会の危機――人口減少・超高齢化社会と宗教の役割」というテーマのもと、シンポジウムを開催した。これは人口減少社会に向き合った教団として初めての取り組みであった。

そこにおいて講師の一人である富野暉一郎龍谷大学教授（元逗子市長、元島根大学教授）が次のように語られた。

「過疎地の僧侶におうかがいしたい。過疎地に住んでいる人々、特に若い人々の声をきいておられるだろうか」（趣意）。

私が知るかぎり、今日まで過疎地の寺院に対して、このように具体的に問題提起した声を聞いていない。この声が唯一であり、それ以後もないように思う。その意味からもきわめて貴重な提言で、また、ありがたい問いだったが、過疎地の住職として私自身に突き刺さった問いでもあった。

この時まで、私は「廃寺問題」について「しかたない」という考え方をもっていたように思う。しかし、富野先生の提言に接したその瞬間に強い怒りに似た感情を覚えた。提言はまったく正論で、すぐに気持ちを落ち着かせて深くうなずいたが、一方で「先生に何がわかる。過疎地の寺がどんな思いで生きているのか知ってて言ってるのか」という思いは脳裏から離れることはなかった。このことは、あらためて「廃寺問題」が「しかたない」ではすまされない課題であると考えなおすきっかけを私に与えてくれた。

私は過疎地の寺院に生まれ育ち、過疎地の寺院を継承した。三五年前、僧侶になった段階ですでに日本有数の過疎の村であり、過疎のお寺を継承し、過疎の寺で死ぬと思って生きてきた。そのあいだに廃寺に六度であってきた。お寺を廃される住職・坊守・寺族の決断を間近で見てきた。また廃寺にあった門信徒の方々の声にもずっと接し、法要してきた。過疎地の寺は続けるのも、護持するのも、廃寺するのも、大変な作業である。

しかし、私は「廃寺」を問題視するよりも、過疎の人々のことを考えるべきであり、お寺よりも過疎地の村人を考えるべきだと考えてきた。お寺の存続よりも地域の人々を考えることのほうが重要だと考えてきた。

実際、先の宗門教学会議においても、講師である金子隆一国立人口問題研究所副所長、鬼頭宏上智大学教授（当時）と富野先生の三者とも、過疎地の寺院には過疎地の「看取り」に力を入れてほしいとの提言を寄せられている。私自身も三五年間そのような思いで実践してきたつもりであり、妻もまた坊守としてそれに向き合ってきてくれている。
しかし、あらためて「過疎地に向き合っているか」と問いなおされた時、先述のように私は怒りを感じた。そして過疎地の当事者は、この正論に対して、やはり腹立ちを感じる方が少なくないのではないかと思う。そのように感じるだけの取り組みをそれぞれに長年行ってきているからである。それでも富野先生の問いは深く正鵠を射ていた。「廃寺問題」とは、「寺とは何か」「過疎とは何か」を問う内容であり、課題がきわめて大きく、だからこそ私も「しかたない」と思考停止していたのではないかと気づいた。

本章はこの問いに真摯に向き合おうとする試みであり、過疎地にある一人の僧侶の考えを吐露したものである。

二　廃寺の実際

私のであってきた廃寺のプロセスについて、内側から見ることのできた若干の例を以下に記す。ただ、その寺族は親類や親しい方々ばかりである。客観性を問われれば不十分といわざるをえず、その意味では私の所感にすぎないと言えなくもないだろうが、ある具体性をもった事例として参照されたい。以下の三件は廃寺であり、一件は代務住職によってまだ存続している事例である。

(1) 事例1

①A寺の状況

A寺は過疎地で、しかも集落から一キロ近く離れ、山中に一カ寺存在していた。歴史は古く五〇〇年に及んでいた。住職は有名な布教使で、優れた法話を行い戦前から熱心に教化されていた。とくにお寺を皆さんに開放し、本棚の本は自由に読みまた借りることができる。婦人会、青年会を中心となって行い、日曜学校、子ども会、盆踊り、除夜、寺報などの活動も活発に行い、組や地域の役もしておられた。門徒の仲人を何度も務めた。その住職の教化について、亡くなられて三〇年近くになっても、お寺の子ども会に行ったことを楽しそうに思い出す人が多い。私の目標とする方である。

門徒はほぼ五〇戸、そのうち地元には三〇戸ほど、さらに他寺院の門徒であるが普段のお参りをA寺に依頼する「信徒」と呼ばれる家が当時推定一〇〇戸以上あった。なお、この「信徒」の呼称はその地域独特なもので、浄土真宗本願寺派の正規の呼称と意味が異なる。別の地域では「化境《けきょう》（教）」とも呼ばれるが、私たちの地方では一種の地域割のように、他の寺院の門徒も地元のお寺に普段の法要を依頼したり法座に参り寄付も行う。他の地域にある本来の所属寺と併せ二カ寺とつきあう家が伝統的に多くあるのである。

住職夫妻には継承者がなく、一時期お寺に養子を迎えることが決まっていた。しかし破談になり、その後養子が決まらない。私の身内にも声がかかったが、山中に一軒であることから決まらなかった。そのままご住職が亡くなられ、坊守さまは親族を頼られて出ていかれた。その際隣寺の私にも一度は住職兼務のお声があった。真剣に考えていたが、車で一時間離れたお寺の住職である親族がA寺の住職代務されることになり、私も父も引いた。その後しばらく熱心な門信徒さまが法座を維持しつつ、法要を代務住職が行っておられたが、やはり遠距離であることから住職代務を引かれ、代務者がその後数名変わった。門信徒にとってはお参りのたびに相手が異なるといった混乱が生じ、ついに別の隣寺が一旦住職の兼務を受けられ、その上で寺院を解散した。最後の廃寺の直接の要因は宗派などへの負担金の支払いがあった。所属の門徒は多くが隣寺の門徒となり、八戸が私のお寺の門徒となっている。

②A寺についての所感

A寺は地元に門徒が少なく、他寺院の門徒である「信徒」という家のほうがはるかに多かった。そのことと山中に一軒のみで隣家がないという厳しい立地条件が重なり、容易に後継者が得られない状況のまま住職が亡くなった。最後に解散を決定された隣寺住職が早期に住職を兼務されれば、組織も整ったまま解散せずに兼務寺院となっていたかと思う。結果的に遠距離の代務は困難であった。五〇〇年続き、晩年も優れた教化を行われた住職であったが、その死後、責任者が転々とした結果、急速に門信徒の心が離れていった。近年誰も訪れない伽藍は屋根が落ち動物が棲み、破壊がひどく、昔のにぎやかなお寺を知っているものにとってきわめて痛ましいありさまである。

(2) 事例2

①B寺の状況

B寺は山中の著しい過疎地ではあったが、集落の中にあり、A寺と異なり寂しさはなかった。地域の城主の一族が建立した寺で歴史も四五〇年に及ぶ。住職夫妻はともに教員や地域指導員として十分な収入があり、また門徒が地元に四〇、地元外には二〇ほど、他寺院の門徒である信徒が当時一〇〇近くあった。

戦後に一度大修理が施されたが、立派な材で建てられた優美で大きな本堂、また広い庫裏があり、今も威容を感じることができる。

住職夫妻には関西の都市部に子どもがおられ、また車で一時間ほどのところにもご親族がおられた。しかし、お寺の継承はされなかった。

B寺はかなりの積雪地であること、またお寺の集落を包む地域全体が早くから限界集落とされ、厳しい過疎地であり、門信徒が高齢化していたことが継承されない理由だった。

そのなかで住職夫妻は熱心に活動されていた。とくにお寺に生まれた坊守さまは地域の小学校の教員、分校の校長を歴任され、まったく地域の母親のように生きておられた。教化にも熱心で研修会を多く行われていた。

鐘楼の建て替えがあり、門信徒から寄付を募られた。この時はみな廃寺のことは夢にも思わなかった。ところがお寺への寄付のあと、教団の大法要の寄付依頼が続いてきた。その時、総代などの役職者が批判された。教団への寄付がわかっていたはずなのに鐘楼への寄付募集を行ったとの批判があった。一方で、村では過疎地振興事業と激甚災害復興事業を巡り村内の対立が深刻化、村長・助役・収入役の三役を受けるものがいないという三役不在の状況が続いた。村での派閥争いの渦中に、総代会が二種の寄付を巡って皆からの批判を受け退任していかれた。

総代会のいない状況に追い込まれたなかで、住職夫妻は話し合いを繰り返したが、村内の政治的対立も加わり、ご法座にも参れない混乱が生じた。それでもまだお寺が解散するとは思っていなかったように思う。私の父は当時かなり親しく相談を受け、そのため私も夜ごと相談にこられるご夫妻の声を聞いていたが、話し合いの中ではお寺をやめるという選択はなかなか出なかったように思う。

異常な状態が二年続いたうえで、お寺生まれの誠実で壮健な坊守さまが「もう疲れました」と父に語ったのを隣の部屋で聞いた。廃寺へと進み始めたのはこの時だったと思う。さらに二年の後、住職が手続きをすませて廃寺を決定された。その間、隣々寺であることから、若い私も、私や他の隣寺が兼務できないかをご夫妻に尋ねた。すると即座に声をそろえて、「ご無理です」とお答えになった。

急な廃寺になったため、廃寺法要には大法要並みの出席者があった。法要の最中、市街の住職から、「なんとかならんかったのか」との声もでた。四五〇年の歴史、しっかりとした大きな伽藍、満堂の参詣者。急な廃寺。信じられないというのが実感だったのであろう。その声に父をはじめ近隣の住職・寺族、また門信徒は下を向かざるをえなかった。出席者みなが申し訳ないという思いを共有した法要だった。所属の門徒は多くが隣寺の門徒となり、六戸が私のお寺の門徒となっている。

②B寺についての所感

廃寺から一〇年以上、住職夫妻は壮健であった。A寺と異なり廃寺手続きはすべて住職夫妻が行った。またその間、継承者探しがまったく行われなかったのもA寺と異なる。兼務も考慮されなかったのは記述した通りである。B寺の場合、厳しい過疎地で後継者不在が理由となっていること、また熱心な教化がされていたことはA寺と同様だが、その内容はまったく異なる。経済的負担が直接の引き金であるが、過疎地における人間関係の不信感の増大、私はこれを心の過疎化と呼んでいるが、一人暮らしの方が増えていくなかで、積極的な考え方が失われていく側面が見えた。B寺の急な廃寺は、過疎の直面する課題を有していると思う。

また、A寺ほどではないが、伽藍の威容は見えるが、B寺も荒廃が進んでいる。A寺・B寺ともその土地すら地域の人々の土地ではなく、混乱の末の廃寺という経緯から、誰も入れないし除草もされない。私はB寺の住職ご夫妻に可愛がられていた。また、後に残った地域の人々とも親しい。そのため両方の声が聞こえるが、住職ご夫妻への事後の批判はA寺よりB寺にはるかに強く残っている。これは廃寺の決定を誰が行ったかにも大きく関わっているだろうし、兼務という苦肉の策ではあるが、存続のプロセスも経ていなかったことがその批判の強さの特徴として考えられる。

(3)事例3

①C寺の状況

C寺も厳しい過疎の集落の中にあり、寺院所在地の状況はB寺によく似ている。私が僧侶になる頃にC寺の廃寺が完了した。そのためA寺、B寺ほど私はプロセスを知っていない。C寺は明治維新の頃までは念仏道場であり、明治期に寺として独立した。廃寺当時門徒は一五戸、他に地域に信徒が五〇戸ほどあり、そのうち私のお寺の門徒が二〇戸ほどであった。住職は昭和三〇年頃から町に出て、法座などの運営をすべて地域の門信徒が行う状態が続いていた。昭和五五年に元住職が亡くなり、町で葬儀され一旦C寺そばの墓地に葬られたが、やがて遺族が墓地ごと町に移転していかれた。私は葬儀や墓地での法要に加わっている。C寺は廃寺後すみやかに地域の集会所になった。それまでも長く住職は不在で地域の人によって運営されていたうえに、遺族がお寺のすべてを地域にゆだねたこともあって、混乱なく廃寺と公民館への転換が行われた。墓地でのお別れの際、遺族は「もうここには来ないでしょう。ありがとうございました」と語っておられた。門徒はおおむね私のお寺の門徒となっておられる。

②C寺についての所感

C寺は廃寺になって三五年、住職不在になって五〇年経つが、今もきれいである。ここまでの二カ寺に比し伽藍の規模はずっと小さいが、大きな本尊のある立派な集会所として地域の中心に生きつづけている。鳥害除けのために使い古しのCDが伽藍中にぶら下げてあり、それがキラキラ光って美しい。廃寺後、伽藍が地域とともに延命し本尊も立派に地域の人たちを看取っている点、本尊もなく急激に傷んでいるA寺、B寺と異なる。また、私の寺が吸収合併したのでなく、地域の集会所となったため、私の寺の門信徒に特別の負担も生じていない。ただ、地域全体が激甚な過疎・高齢化の中にあり、この三五年で戸数は四分の一に減っており、人口減少はさらに著しい。地域の人にとって集会所としての維持も負担感が生まれている。

(4) 事例4

①D寺の状況

D寺は正確には廃寺になってはいない。隣寺に兼務され寺院として存続している。ただ最後の住職は私の親類であり、私に継承が依頼された寺院でもあり、その意味で関わってきたので記したい。

D寺の歴史はA寺、B寺と同様、戦国期にさかのぼる。門徒は地元にほぼ三〇、地元外に二〇、また化境が六〇戸ほどである。化境地は上下二地区あったが、過疎地である。ただ、ここまでの寺院に比して過疎化・高齢化とも緩やかで、高速道のインターチェンジから車で一五分の里山である。本堂はA寺、B寺同様正面側面ともに七間あり、勇壮である。D寺は代々住職がいたが、先代の時都会へ出て成功し、田舎へ帰らなくなった。そこで私の親類が継承した。しかし親類の後継予定者にやむをえない事情が生じ、後継できなくなった。後継予定者は住職存命中に門信徒にも広く事情を説明し、住職夫妻とともに親類や周辺寺院にも相談していった。その中で住職が亡なっていった。

最初に元の代々の住職家に後継を相談したが拒否された。また、その際寺院の土地が代々の住職家が所有していることも判明した。そのうちに親類の私にも父を通して兼務の打診があった。他の親類や近隣の寺院の協力のもと、私に兼務しないかというのである。D寺の総代などに詳しく話を聞いた。私は当時大学院の学生で就職もしておらず、卒業後の仕事として自坊と二カ寺併せればとも考えたが、車で二〇分離れた大きな伽藍の寺であり、教区も異なる。そこまでにA寺、C寺含め四カ寺の廃寺を見、B寺が進行中であった。それを見ていたなかで、気になる点として次のことをおうかがいした。「地元の人が一枚になって護持してくださるか、私のお寺の門信徒に後で負担が生じないか」というものである。

D寺の総代は正直に意見が割れていることを教えてくださった。とくにD寺周辺は真宗寺院過密地であり、他の寺との合併論も多いと聞き、私は慎重な応答に変わった。

D寺では門信徒のみなさまが幾度か会議を開き、後継者も探したが見つからず、坊守さんもお寺を出て行かれた。廃寺が検討されたが、当面組長さんが代務住職され、話し合いが続いた。その中で化境の上・下二地区あるうち、お寺から遠い下地区は化境を離れた。しかし上地区は廃寺を承知せず、隣寺を頼り、お寺のある上地区住民が一枚岩となって支えるとのことで隣寺住職が兼務を引き受けていった。

②D寺についての所感

D寺ではまず継承できなくなった継承予定者が、その時広く相談していかれたことが適切な対応だったと思う。すでに高齢だった住職夫妻は十分な対応が困難であったが、相談を受け総代会が中心となって議論しながら進んでいかれた。

そのため当初は私や父をはじめ親類に頼られていたが、寺として組織だった対応が進められ、化境地は半減したが、一丸で支える態勢にはなり、A寺、B寺などのような混乱が少なく、落ち着いて移行されたと思う。また、兼務者が私のような遠いものでなく、隣寺に受けていただいたこともよかった点である。

誠実な兼務住職に私は感謝しており、また兄事している。しかし、D寺の地元の過疎もなお進行しつづけており、D寺の行く末は私にとって心にかかりつづけているものでもある。

三　内側から見た廃寺

以上の諸例をまとめるならば、寺族として内側からの努力は大きくても、廃寺を決定するほどの困難な要因に対しては有効ではない。門信徒や近隣の寺の協力を早期に仰ぎ、混乱をできるだけ少なく移行していくことが廃寺から荒廃へのプロセスを防ぐために大切なことであると思う。以下、個別の要素を分析する。

(1)廃寺・兼務化の要因、四例共通のもの

①過疎、後継者不在

廃寺への条件はいずれも過疎地で後継者不在であった。D寺も後継者の状況が変わったことから兼務寺院になったものである。

②門徒より信徒・化境のほうが多い、化境（他の寺の門徒で護持に協力する家）の問題点

A寺　地元門徒三〇　地元外門徒二〇　信徒・化境一〇〇
B寺　地元門徒四〇　地元外門徒二〇　信徒・化境一〇〇
C寺　地元門徒一五　地元外門徒なし　信徒・化境五〇
D寺　地元門徒三〇　地元外門徒二〇　信徒・化境六〇

前にも述べたように、私の地方で信徒あるいは化境と呼称する制度は地方独特のもので、教団の正式な呼称と意味が異なる。古くからある制度であり、個々の地域やお寺で認識は異なってもおり、混乱しやすい。プラス面としては信徒・化境が多くあることが法座参加者も多く、普段の法要も多いため、お寺の活性化になる。一方廃寺に関してマイナスに作用する例を見てきた。共通する点は二カ寺以上と交際し寄付等を負担する家が多く、一カ寺だけとつきあう地元門徒が少ない。これは「ウチの寺」などの意識をもつことを困難にした要因となっていた。

③経済的負担、伽藍の維持と宗派への負担金など

A寺、B寺では廃寺の直接の引き金が経済的問題であった。またC寺は現在の御堂の維持が課題化しつつある。D寺も護持の困難さが要因の一つであった。

なお、伽藍について規模を示す。A寺、B寺、D寺は規模、門信徒数などよく似ている。

A寺　本堂七間四面　鐘楼、経蔵、庫裏など
B寺　本堂七間四面　鐘楼、庫裏など
C寺　本堂四間三間　庫裏なし控室付属
D寺　本堂七間四面　鐘楼、庫裏など

④門信徒の行く末、隣寺への所属について

四例のうち、当初から門信徒が隣寺を頼んだのはC寺のみであったが、C寺の門信徒は廃寺以前に長く私の父が法要を勤めており、そのまま移行したものである。他の三例は最初に隣寺を頼まなかった。しかし結果的に全寺院の門信徒が隣寺を頼むことになった。

隣寺に所属していくことは微妙な拒否感があり、寺院の合併が行われにくい大きな要因となっている。しかし、遠距離の寺院より隣寺や組の寺院を頼むことを早期に行うほうが招かれざる混乱を防ぐ要因となっていた。

(2)廃寺の要因やプロセス、個別特徴的なもの

①A寺独自のもの

A寺は周辺に人家がない。これは継承者の入寺を阻む要因となっていた。

また、A寺は住職が亡くなってから後継問題が一気に表面化していった。遠距離の親類のお寺に頼まれたことが結果的には無理を生じてしまった。代表役員が転々と変わったうえの廃寺であり、人々の心が離れ、伽藍の荒廃も一気に進んだ。

②B寺独自のもの

B寺は地元地域全体が限界集落とされている地域であり、著しい過疎地の中の集落にある。集落の中のB寺は山や畑、家に囲まれた美しい寺であったが、地元地域全体の過疎化は住職夫妻が後継者の入寺を早くに断念した要因でもあったと考える。

B寺の場合地域の対立に寄付問題と化境問題が重なって、お寺や総代への批判となった。結果として誰もが当初望んでいなかった方向へ、個々の努力にもかかわらず進んでいったように思う。廃寺になったにもかかわらず、伽藍は除草もされないなかで長く威容を保っていた。それだけしっかり修理されていたのであったが、急に廃寺が決まってしまったものである。混乱の中住職夫妻が廃寺を決定していったこと、他の寺のように門信徒が諦め、納得する期間や機会が少なかったこともあり、遺された門信徒からの批判が大きくなってしまった。

③C寺独自のもの

C寺は厳しい過疎地の中で、しかも住職・寺族が不在の状況が長く続いたが、ずっと門信徒や地域の人々によって維持されていた。また伽藍も小さく、護持が容易だった点も特徴的である。そのためいつの間にか廃寺になり、スムーズに集会所になった。他の事例では容易に越えられない隣寺への所属も、実態が先行していたために混乱なく進んだ。廃寺問題に向き合う時、混乱していったA寺・B寺とともに、学ぶところの多い事例であると思う。

④D寺独自のもの

D寺は廃寺にならなかった。他の廃寺より過疎化は厳しくなく、ある程度里山という言い方が似あう地域である。しかし地元地域の半分は離脱する事態も生じ、スムーズに隣寺が兼務する状態に移行できなかった。

しかし、他の三例と異なり寺院として維持する決定を見た最も大きな要因は、総代会などの組織が壊れずに進んでいったことであると考える。D寺はC寺よりはるかに伽藍規模が大きく、護持地元の半減というなかでも決定されたことは、私たちに大きな示唆を与えるものである。

(3) 廃寺と荒廃、心の過疎化について

以上はとくに詳しく関わった廃寺および兼務寺院の状況である。その中で痛ましい伽藍の荒廃と住職・寺族・門信徒関係者の努力や思いの一端を記述した。伽藍が荒廃しているA寺・B寺は、住職夫妻のかつての教化を思うと信じがたい現実である。C寺などは実際の寺族による教化が長くされないにもかかわらず、伽藍が荒廃せずに三五年、静かに地域と歩んでいる。過疎が進行するならばC寺の状況も変わるかと思うが、D寺の事例と併せ、門信徒・地域にお寺がゆだねられた場合、除草・清掃などに地元の人が入ることができるのである。ゆだねられなければ誰も入ることができない。責任の所在を明確にして長期の視野に立って混乱少なく存続・廃寺していくことが重要であると思う。私の恩師の一人が近年近隣の無住となったお寺の伽藍を、地域の人々に懇志を仰いで最後の法要をしたうえで自らも負担しながら取り壊し整地された。私の経験と課題に共通するものもあり、さらに詳しくおうかがいしていきたいと思う。

また、廃寺となった地域の人々にこのほど私たちの研究所が聞き取り調査を実施した。地域住職である私の所感のみならず、社会学の知識に基づく調査が進められている。この成果もまた廃寺問題を考える有効なデータとなるであろう。とくにA寺・B寺の荒廃は、そのプロセスの中で地域の心の荒廃も顕著に示したものである。

これは住職・坊守・寺族・総代・門信徒の責任に帰するものとは思わない。相互の信頼感や地域づくりの意欲の沈滞など、心まで過疎に蝕まれていく変化は、その渦中では客観視のままでいることがきわめて困難である。現在私のお寺の地元もまた、同じ意識が感じられる。

過疎化の中で寺院の荒廃とともに、人間関係まで崩壊していくことをくいとめるようなあり方は考えられるのだろうか、廃寺問題が「過疎とは何か、寺とは何か」を考えるものとなるのはここからである。

四　過疎とは何か、寺とは何か

荒廃したA寺・B寺は過疎地ながら活発に活動しておられた。廃寺にいたるプロセスも苦悩や努力を重ねてもおられた。しかし、お寺は荒廃し、批判を受けておられる。

冒頭で富野暉一郎先生のご提言を掲げたが、「正論」を「腹立たしく」思うのは、このようななかでも、過疎地の者はすべきことはことはやってきたとの思いがあるからだ。

(1)過疎の兼業寺院

もとより過疎地のお寺の多くは兼業である。兼業に休日はまったくない。通常の業務を行ったうえになお忙しく土日を過ごし、夜間もしばしば出かける。家族旅行などなく子どもの運動会にも簡単に出られない。そして稼いだお金で本山への納付金やお寺の修理を自分も負担していく。門信徒の戸数も経済力もなくなっているなかで、頼りきっていくわけにはいかないのだ。

さらに時間もないなかで地域の役を務めていく。お世話になっているから、率先して受けなければならない。その中で一人ひとりの声に住職・坊守が向き合って身をさらして生きている。坊守も兼業したり専業の場合は住職勤務中の寺院のすべてを担い、買い物に車で往復一時間以上はかけて町へ出ていく。このように過疎地の兼業寺院の実態は厳しく、意欲や生きがいの持続が課題である。

しかし、それも過疎問題の一部なのである。私が向き合ってきた声を一部報告する。

(2)過疎の苦悩——法要の中から聞く

近年は聞き取りや看取りを意識して行い、お参りの時間を延ばしている。一人暮らしの方のところへお参りに行くことも多く、それにより、過疎に苦悩する方の声を聴くことができる。

高齢の女性、六〇年以上一人で暮らしてきた。近くに人家はない。この方は若いころ看護師をめざし、町の学校に進んだ。成績は抜群だった。しかし親が結婚を決めてしまい、隣家から離れた山の中の家に嫁いだ。嫁いで数年、子ども数人生まれたが夫は出征して戦死、女性は義弟《おとうと》さんと再婚したがやがて義弟さんも戦死、子どもはみな村を出て、以後は村で先祖以来の田畑を守り、義父母を送り、半世紀一人で過ごしてきた。一番悲しかったことは、大きな災害が生じ、土砂崩れで母屋が倒壊した際、子どもたちに家を建てなおす協力を頼み、あるいは誰か帰ってきてほしいと頼んだところ、子どもたちは「こんな家も田畑も金をもらってもいらん」と言われたことだという。そして七〇年前、町の学校で看護師になりたかったとずっと思いつづけてきたと何度も語っておられた。

幸い、この方は最晩年、子どもさんの一人が夫婦で帰ってこられ看取られてなくなった。

別の方である。この男性は男三人兄下の一番下だった。二人の兄は町で成功して出ていったため、両親と村に残った。結婚して村の中でいろいろな役を受け活躍していた。その方があるときこう言った。あなたはいい、田舎にいても町で勝負する力がある。兄貴たちも町へ出て行った。でも僕には町へ出ていく力がない」と嘆きつづけた。私はさまざまに励ましながら聞きつづけた。村で活躍していることの素晴らしさも語った。しかしこの方は「一度出てみたい。でもできない」と嘆いておられた。

このように、過疎地に残りつづけ家を守るという考えは、現代でも苦悩の要因の一つになっているのによく出会う。本章もおのずと過疎地に残ることを奨励する方向で語っているが、じつはこれらの見方は考えなおす必要はないのだろうか。過疎を人口問題ととらえ、人口減少をマイナスとして考える視点では過疎地に残ることはマイナスでしかない。過疎問題・廃寺問題は人口が減少することや寺を廃寺にすることを負に考える視点から脱却しなければ、この嘆きから抜け出せない。価値観を変える必要があると思う。

(3) お寺の担うべきこと――心の過疎からの脱却

私の寺では毎年「中学校卒業お祝い会」を行っている。もう五〇年以上続いている。集団就職で町へ出ていく子どもに、最後の思い出を提供する場をお寺でつくったものだ。この会を最後に離ればなれになった方も多い。東日本大震災から一年後の年、七名の中卒者が出席してお祝い会を行った。ごちそうをつくる仏教婦人会の方のほうが多かった。いろいろとおしゃべりをしたあと、卒業生の一人がお礼を言ったなかに次のような言葉があった。

「今日は朝から村のお母さんたちにお世話になりました。僕は今日まで、東日本の被災者の皆さんが気の毒で何かできることはないか、僕たちは家がありふるさとがあるけれど、家やふるさとを失われた人々に何か申し訳ないような気持ちももちながらすごしていました。でも、今日村のお母さん方のお話を聞いて驚きました。僕は村の方はずっと村におられたように思っていたけれどそうじゃなかった。多くの人は結婚したり引っ越したりして村にこられた方だった。僕たちのふるさとはつくっていただいていたんですね。今日来てよかった。僕もどこにいてもふるさとになれるように生きていきたい」。

ここに、過疎地の中から力強く生きる主体が確立されているように思った。固定化してみるようなものは何もない。一人ひとりの主体の確立こそ重要ではないのだろうか。そこに寄与していくことが私たち過疎地の宗教者の役割でもあろう。

また、もう一つ考えなければならないことがある。林芙美子の『放浪記』にも千光寺の赤い塔が出てくることが知られている。尾道に帰郷する主人公の喜びと懐かしさと力強さとがそこに記されていた。寺院存在には歴史の中で多くの人々の思いが積み重なっている。

私の寺の除夜の鐘つきの時、町から人々が帰ってきて鐘をつき善哉《ぜんざい》を食べる。あるとき、私の父が杖をついて歩いていたら、町から久しぶりに帰ってきた女性が「あ、このおじいちゃん、生きとった」と懐かしそうに嬉しそうに言っていた。お寺も僧侶も千光寺の「赤い塔」になれると思う。

五　まとめ

以上、すべて私が実際に体験した出来事とそこで感じた所感を述べてきたが、過疎問題・廃寺問題にであったなかで、とくに気づいてきたことを、以下にまとめておきたい。

社会現象としての過疎化は寺院で救済することは困難である。しかし「心」の過疎化についてはお寺には大きな仕事がある。

過疎地に生きることは負ではない。国家や社会が都市に生きることを称賛してきただけであり、どこで生きようと正も負もないことは言うまでもない。

したがって過疎地に向き合う寺院の仕事は気の毒な人々への「看取り」にとどまってはならない。それは上から見ているだけで救いにはならないからだ。寺院の仕事は、個々の人々の主体の確立を願っていくことであるし、そこでこそ、過疎地でできることはあると思う。

また、廃寺問題の中で痛感してきたこととして、お寺は寺族のものでもないが、現代の門信徒のものですらない。時間的空間的に広い裾野をもった尊厳性を有し、その存在が人々に力を与えてきた。したがって廃寺にあたっては尊厳ある終焉も考えなければならない。すぐれて努力されてきたにもかかわらず、廃寺にいたらざるをえなかった先達の痛ましい経験から、私たちはたくさんのことを学び取らなければならない。

現在廃寺問題について私は、このような所感を有している。私たちの研究所では本年（二〇一五年）過疎地の人々に対し聞き取り調査を行った。内容は廃寺問題も含んでいる。したがってそこからは私の個人的経験や所感にとどまらない成果を生むと期待している。その成果を仰ぎ、さらに学びを進めたい。

参考文献

稲葉陽二　二〇一一『ソーシャルキャピタル入門――孤立から絆へ』中央公論新社。
稲葉圭信・櫻井義秀編　二〇〇九『社会貢献する宗教』世界思想社。
猪瀬優理　二〇一一『信仰はどのように継承されるか――創価学会にみる次世代育成』北海道大学出版会。
鵜飼秀徳　二〇一五『寺院消滅――失われる「地方」と「宗教」』日経BP社。
櫻井義秀　二〇一〇『死者の結婚――祖先崇拝とシャーマニズム』北海道大学出版会。
浄土真宗本願寺派総合研究所編　二〇一三『寺院活動事例集　ひろがるお寺――寺院の活性化に向けて』宗門長期振興計画推進対策室。
徳野貞雄・柏尾珠紀　二〇一四『T型集落点検とライフヒストリーでみえる　家族・集落・女性の底力――限界集落論

を超えて（シリーズ地域の再生11）』農山漁村文化協会。

ロバート・D・パットナム著、柴内康文訳　二〇〇六『孤独なボウリング――米国コミュニティの崩壊と再生』柏書房。

広井良典・小林正弥編　二〇一〇『コミュニティ――公共性・コモンズ・コミュニタリアニズム（双書　持続可能な福祉社会へ――公共性の視座から1）』勁草書房。

第12章　仏婦がつくる地域――ビハーラの可能性

猪瀬優理

一　人口減少社会における寺院

本章の目的は、地域における寺院の存在が地域社会形成に対してもっている可能性について、広島県三次《みよし》市を中心とした広島県北部で行われているビハーラ活動を事例として考えることである。とくに、仏教婦人会（仏婦）が中心として担ってきた病院におけるビハーラ活動に焦点をあてる。

仏教の視点から行われる終末期ケアの名称として「ビハーラ」という語を使用することが提唱されてから三〇年ほどの年月が経過しており、当初提唱された定義からその意味する範囲が拡大している。そのため、本章ではまずごく簡単にではあるが、ビハーラとは何かについて確認しておきたい。

二　ビハーラ概念の展開

ビハーラ（vihāra）という言葉は、「古代インドにおいて仏教経典の記録などに使用されたサンスクリット語で、「精舎・僧院」「身心の安らぎ」「休息の場所」を原意」とするとされている〔浄土真宗本願寺派社会部社会事業担当二〇〇九：一三頁〕。

現在、「ビハーラ」という言葉は、医療および福祉の分野における仏教者の活動を指す言葉として関係者に広くもちいられている。その端緒は田宮仁が一九八五年に「仏教ホスピス」という表現に替わるものとして「仏教を背景としたターミナルケア施設の呼称」として提唱したものである〔田宮　二〇〇七：三頁〕。

日本の近代医療におけるターミナルケア・緩和ケアにおける宗教の働きかけ、関わり方としては、仏教よりもキリスト教のほうが先んじていた面があり、ターミナルケアを行う施設の名称としてはホスピスのほうがよく知られていた。そのため、仏教を背景にもつターミナルケア施設については、その宗教的背景の違いを考慮して「仏教ホスピス」という表現がもちいられていた。このような状況に対し、田宮が「仏教ホスピス」という木に竹を接《つ》ぐような表現を避けて、「仏教の主体性と独自性を求めようとした」際に、選ばれた言葉が「ビハーラ」である〔田宮二〇〇七：四頁〕。

田宮が「ビハーラ」を提唱した際に掲げたのは、以下の三つの理念である。

（一）限りある命の、その限りの短さを知らされた人が、静かに自身を見つめ、また見守られる場である。

（二）利用者本人の願いを軸に看取りと医療が行われる場である。そのために十分な医療行為が可能な医療機関に直結している必要がある。

（三）願われた生命の尊さに気付かされた人が集う、仏教を基礎とした小さな共同体である（ただし利用者本人やそのご家族がいかなる信仰をもたれていても自由である）［田宮　二〇〇七：六頁］。

以上のとおり、提唱された当初、「ビハーラ」は、「限りある生命の、その限りを知らされた人」への医療行為と看取りを行う仏教を基礎とした施設・場を指す言葉であった(1)。

しかし、最初の提唱から三〇年を経過した現在では、「ビハーラ」の語は「仏教的な終末期ケア」にとどまらない幅広い含意をもったものとして使われるようになっている。「ビハーラ」提唱から二〇年後の二〇〇五年に発表された、谷山洋三「ビハーラとは何か？——応用仏教学の視点から」では、ビハーラの再定義を行うため、文献資料・インターネット検索による情報の整理を行っている。谷山によると、二〇〇五年五月二日にインターネットの検索サイトGoogleTM日本語版［www.google.co.jp］で「ビハーラ」を検索語として検索したところ、四三九〇件のヒットがあった［谷山　二〇〇五：三四頁］(2)。

谷山はこれらのインターネット検索の結果から、ビハーラを標榜している組織（NPO、ボランティアグループ、医療機関、社会福祉施設、研究会、寺院関係施設など）を抽出し、ビハーラの定義や活動の内容とその拡大状況を確認したうえで、ビハーラの定義を狭義（提唱時の原義）・広義・最広義の三つに分けて提示している。

狭　義「仏教を基礎としたターミナルケア活動及びその施設」（例：長岡西病院ビハーラ病棟、佼成ビハーラ）

広　義「老病死を対象とした、医療及び社会福祉領域での、仏教者による活動及びその施設」（例：藤原胃腸科、本願寺派のビハーラ活動、日蓮宗のビハーラ活動）

最広義「災害援助、青少年育成、文化事業など「いのち」を支える、または「いのち」についての思索の機会を提供する、仏教者を主体とした社会活動」（例：地球人ネットワーク飛驒、ビハーラ鹿北、大阪の應典院）〔谷山　二〇〇五：三九—四〇頁〕(3)

谷山は、以上の定義を提示した後、調査対象とした組織のほとんどが広義・最広義にあてはまることを確認し、「今や、ビハーラの定義は広義を用いるべきではなかろうか」と述べている〔谷山　二〇〇五：四〇頁〕。そして、将来的に活動地域の拡大と領域の多様化が見られた場合には、ビハーラの定義として「最広義を採用すべきかの議論」が必要になるとしている。

この論文からさらに一〇年経過した現在では、この議論の必要性がより現実的なものになっているだろう。「ビハーラ」とはどのような活動なのか。谷山の最広義の定義を踏まえると、ビハーラの定義においてもっとも重要な点は「仏教者」が活動主体であることとみなすことができる。では、「仏教者」とは具体的にはどのような立場の人を指すのだろうか。僧侶が念頭にあがるが「仏教を基礎」として活動を行う人は僧侶だけではない。谷山の定義において広義の代表例とされている本願寺派のビハーラ活動を例にこの点を考えてみたい。

三　浄土真宗本願寺派におけるビハーラの特徴

教団単位でのビハーラの取り組みとしては、本節で取り上げる浄土真宗本願寺派の取り組みがもっとも大きなものである。(4)

しかし、ビハーラ提唱者の田宮仁は「ビハーラの活動は仏教の特定の一宗一派の教義に偏ったものではなく、超宗派の活動である、という一つの基本姿勢を、活動開始に先立ってビハーラ提唱と共に掲げ」ている〔田宮　二〇〇七：七頁〕。ビハーラの取り組みが特定宗派の教義に依拠したものになると、一般の人の目から見ると、偏った活動、布教・宣教活動として映り、一般社会に受け入れられない活動になってしまうとの懸念からである。また、超宗派であることを強調するのは「仏教の根本課題の一つである「いのち」を巡る「生死」の問題に立ち返った、新仏教運動であり、仏教福祉の可能性を実証する意図があったから」でもある〔田宮　二〇〇七：八頁〕。

田宮の観点から見ると、宗派・教団レベルでの活動や人材養成には限界があるとされている〔田宮　二〇〇七：七九頁〕。しかし、浄土真宗本願寺派の宗派としての取り組みが全国的にビハーラ活動を広めることに大きな役割を果たしているのも事実だろう〔谷山　二〇〇五：三九頁〕。

とくに、本章の事例となる広島県北部では浄土真宗が地域全体に共通した信仰としてある。このような一宗派が大多数を占める地域においては、その宗派が行う活動については田宮が懸念するような布教・宣教活動として受け取られる可能性は低くなり、むしろその宗派の活動であるがゆえに信頼を得やすい可能性が高くなるだろう。

浄土真宗本願寺派では、社会部担当の事業としてビハーラ活動の推進が一九八六年に提案・準備され、翌年からビハーラ活動者の養成を始め、実質的に「ビハーラ実践活動」を展開している。一九八七年に出された基本構想では、次のように述べられている。

> 病床にある老・病・死の苦悩の解決のために、又、生命の尊厳性を正しく見つめることができるようにとの願いをもって、ビハーラ活動を実践いたすべくその人材養成を始めます。
>
> ビハーラ実践活動の概念については、入院・在宅を問わず、病床に伏す人々の精神的な悩みに対し、それを和らげ、人間としての尊厳性を保ちつつ生きられるよう、家族など多くの人々とともに宗教者として精神的介護（ケア）に当たるものです。
>
> 〔浄土真宗本願寺派社会部社会事業担当　二〇〇九：三頁〕

つまり、当初より浄土真宗本願寺派のビハーラ活動は終末期に限らず、広く「病床に伏す人々の精神的な悩み」に対し「宗教者として精神的介護」にあたるものとして構想されていた。現在、ビハーラ活動の方向性は次の五つとされている。

一　広く社会の苦悩にかかわるビハーラ
二　自発的にかかわるビハーラ
三　相手の心に響くビハーラ
四　医療・福祉と共にあるビハーラ
五　深くいのちを見つめるビハーラ

〔浄土真宗本願寺派社会部社会事業担当　二〇〇九：一五頁〕(5)

以上によると、ビハーラ活動は、苦悩、いのちを見つめることの多い医療・福祉の現場において、相手との交流を大事にして行う自発的な活動である。終末期に限らない広がりをもった活動として定義されていることが確認できる。

ビハーラ活動開始から二〇年を総括した報告書によると、一九八七年に募集された「ビハーラ活動者養成研修会」第一期への参加者は男性四九名、女性一〇名でそのうち僧侶が九〇％、寺族二％、門徒八％という割合であったが、第一八期終了時点では、養成研修修了者は総計九九八名となり、男性四七六名、女性五二二名、僧侶六四％、寺族一〇％、門徒二六％となっている〔浄土真宗本願寺派社会部社会事業担当　二〇〇九：四頁〕。第一期から第五期までは僧侶が七〇％を超えていたが、第八期以降は門信徒の養成研修修了者が三〇％代に上がったとの記述も見られる〔浄土真宗本願寺派社会部社会事業担当　二〇〇九：二四頁〕。男性僧侶を中心とした活動から、女性や門徒の参加が増加する形へと発展してきたことが見てとれる。ビハーラ会員の構成については、門信徒が九八六名（四九

%）、僧侶が六〇八名（三二%）、寺族が三九一名（一九%）、男女比では男性七五五名（三七%）、女性一二九五名（六三%）との報告もある［浄土真宗本願寺派社会部社会事業担当　二〇〇九：二四―二五頁］。

深水［二〇〇一：一九〇頁］は、本願寺派教団におけるビハーラ活動には、第一に教団活動活性化策として、第二に社会から要請された活動としての二つの側面があると指摘しているが、ここでは、浄土真宗本願寺派のビハーラ活動の特徴として次の三点をあげたい。(6)(7)

一つ目は、男性を中心とした僧侶の活動のみならず、女性を中心とした門信徒の活動にも広がりをもっている点である。一般的にビハーラ活動においては「ビハーラ僧」という言葉が象徴するように、僧侶（宗教者）の活動を中心に捉えて考える傾向があるように思われる。しかし、浄土真宗本願寺派のビハーラ活動においては、「ビハーラ僧」の役割も重視していると同時に、門信徒によるビハーラ活動が広く行われていることが重要な特徴である。

また、浄土真宗本願寺派のビハーラ活動の特徴の二つ目として、全国的にビハーラ活動を展開していることがあげられる。二〇カ年総括書で集約されている教区ビハーラ活動や教区内活動団体の一覧を見ると、北海道から沖縄までの各地での活動が報告されている［浄土真宗本願寺派社会部社会事業担当　二〇〇九：一八―二三頁］。

三つ目の特徴は、浄土真宗本願寺派としてビハーラを実践する施設を設置・運営している点である。京都府城陽市にビハーラの理念に基づいた介護と医療を行う施設として、特別養護老人ホームビハーラ本願寺とあそかビハーラ病院を設置している。とくにあそかビハーラ病院は、緩和ケア専門の施設である。常勤のビハーラ僧が三名おり、主にスピリチュアルな痛みに対するケアを行う態勢が整えられている。ビハーラ僧の常駐だけではなく、病院ボランティアを積極的に募集しており、ビハーラに関心のある僧侶や門徒などの受け入れ先ともなっている。教団が設立母体となってビハーラの実践を行う拠点をもっている例は非常に少ない。この病院の設置は、実質的な効果にとどまらず、象徴的にもビハーラ活動を推進する効果があるだろう。

また、浄土真宗本願寺派のビハーラ研修会参加者を対象に実施したアンケート調査の報告によると、少なからぬビハーラ活動者が「ビハーラ活動とは何か」という疑問、「あれもビハーラ、これもビハーラ」とされる現状に疑問と不安を抱いていることが指摘されている〔早島・横尾　二〇一一：一五一―一五五頁〕。この報告では、「ある活動がビハーラ活動であるのかを問うのではなく、ビハーラ活動にする、その自覚と目的意識とが問われる」〔同前：一五五頁、傍線は原文どおり〕、と総括している。つまり、ある活動を「ビハーラ」にするためには、その活動者の「仏教者」としての意識が問われるということである。

そこで、本章では「仏教者」の意識について考えてみたい。ビハーラ活動では僧侶による活動が注目されがちだが、本章では、女性の門徒によって担われている活動に着目する。これらの担い手が「仏教者」であることはどのようなところにあらわれているのだろうか。この考察を通して、これらの活動者が仏教者であることを保証する「寺院」という場が地域社会形成に果たす役割について検討してみたい。

四　広島県三次市について

広島県三次市は、広島県北部、島根県との県境に位置する都市である。三次東インターチェンジは中国自動車道と中国横断自動車道尾道線の交差地点にあることから、山陰と山陽、関西圏と九州圏を結ぶ交通上の拠点となる位置を占めている。三次という地名がその土地の成り立ちを示すように、江《ごう》の川、馬洗《ばせん》川、西城川という三つの大きな川、江の川の支流が合流する地で、かつてより山陽と山陰をむすぶ江の川水運の拠点としても重要な位置を占めてきた。

現在の三次市は、二〇〇四年四月一日に旧三次市、君田《きみた》村、布野《ふの》村、作木《さくぎ》村、吉舎《きさ》町、三良坂《みらさか》町、三和《みわ》町、甲奴《こうぬ》町の八市町村が合併されて成立したものである。合併に先立ち、三次市では二〇〇三年に「新市まちづくり計画」を策定した。二〇〇六年には、この計画をもとにしてまちづくりの総合指針として「三次総合計画――みよし百年物語」を策定している。この計画では、三次市の五〇年後、一〇〇年後を見すえてめざすべき理想の街の姿を実現するため、「こども」「健康・福祉」「文化・学習」「産業・経済」「環境」「都市」という六つの柱を立て、それぞれの達成目標を掲げている。このうち、「都市」の達成目標の一つとして「将来の一〇万人都市計画」が提示されていた。

しかし、国勢調査データで二〇〇〇年までは六万人を超えていた三次市の人口が、二〇〇五年から二〇一〇年までの五年間の間に五万九三一四人から五万六六〇五人と減少の一途をたどっていることを踏まえ、三次市は「将来の一〇万人都市建設」はもはや現実的ではなくなって」きたとして、二〇一四年から新たに「第2次三次市総合計画」を策定した。現在では、人口減少・少子高齢化の進行する地域社会へ対応するための行政計画を推進しつつある［三次市　二〇一四：二―四頁］(8)。

総合計画によると、三次市の地域自治体と行政との意見交換会においては、「地域のつながり」があり、「地域活動やボランティアが盛ん」であるとして、コミュニティのあり方に高い評価がある。一方で、少子高齢化の進行によって「集落機能の低下」「自助・共助の弱まり」が問題点として出てきているとの認識が示されている［三次市　二〇一四：五頁］。

そこで、総合計画では、中心市街地を除く人口減少・少子高齢化が進行している地域における集落の生活機能の維持のために、「集落区域の見直し」「新たな自治活動の展開」「集落の新たな担い手となる定住人口の確保」が必要との認識に立ち、「自然や伝統行事等の地域の資源を掘り起し、その魅力を向上させることにより、地域の良さを再認識し、その良さや強みを積極的に発信し、交流人口の拡大や定住につながる取組を展開」することで、人口減少・少子高齢化が進行する地域社会に対応しようとしているのである［三次市 二〇一四：九頁］。

三次市は人口減少・少子高齢化のただなかにいるが、交通の要所という「強み」があり、現時点では、住民同士の地域のつながりや助けあいの活動が機能しているという「良さ」のある地域である。しかし、三次市総合計画が懸念するように、今後もこのような利点が維持できるのかは確かではない。現在もっている「強み」や「良さ」を強化していく方法として、三次市の行政の視点からも地域のつながりを維持し、活性化させるための資源として自然環境とともに「伝統行事等」が資源として認識されている。浄土真宗は、三次市における伝統のうちの一つである。

五　広島県三次市のビハーラ活動

広島県三次市、庄原市には僧侶の発願によって設置にいたった、高齢者福祉施設や病院が複数ある(9)。広島県三次市の隣の市である庄原市にある社会福祉法人相扶会は、親鸞聖人七〇〇回忌の記念事業として妙延寺住職の発願により一九六五年に設立されている(10)。三次市三和町の社会福祉法人美和会喜楽園も親鸞聖人七〇〇回大遠忌の記念事業として明正寺住職により提案されたことに端を発して一九六三年に設立されている(11)。三次市山家町にある社会福祉法人慈照会は一九七三年に法正寺住職により設立され、その後、一九九〇年にビハーラ花の里病院が設立されている。一九九四年に医療福祉法人微風会が設立され、慈照会とともに山家町の他、三次市市街においても医療福祉の施設・サービスを展開している。ビハーラ活動二〇カ年総括書によると、ビハーラ花の里病院を活動場所として広島・県北仏婦ビハーラ活動の会（仏教婦人会）会員二四三名の活動が報告されている［浄土真宗本願寺派社会部社会事業担当　二〇〇九：二一頁］。この活動と連動したものとして、有志の浄土真宗本願寺派寺院の僧侶によるビハーラ法話会もこの病院で継続的に実施されている(12)。

つまり、この地域には本山から「ビハーラ」活動が提案される以前から「仏教者」による福祉・医療における活動が広がりをもっていたのである。本章では、僧侶だけではない、門徒の活動に着目することが主眼であるため、これらの活動の中でもビハーラ花の里病院で行われている広島・県北仏婦ビハーラ活動の会に焦点をあてる。

六　広島・県北仏婦ビハーラ活動の会の概要

広島・県北仏婦ビハーラ活動の会は、一九九〇年に三次組《そ》の仏教婦人会において発足した病院ボランティア活動である。当初は有志の三次組仏教婦人会員のみでビハーラ花の里病院におけるボランティア活動が行われたが、間もなく広島県北部の他の組《そ》、備後教区の三谿《みたに》組・比婆《ひば》組・世羅《せら》組、安芸《あき》教区の高田北組からも活動への参加を希望する声があがり、教区を超えた地域の広がりをもった病院ボランティア活動を行う団体として「広島・県北仏婦ビハーラ活動の会」が発足した［県北仏婦ビハーラ活動の会　一九九三］。

活動場所はビハーラ花の里病院である。毎週水曜の一二時三〇分から一六時に、備後教区の三次組・三谿組・比婆組・世羅組、安芸教区の高田北組の有志女性（仏教婦人会会員および坊守などの寺族女性）で構成される会員が病院内でのボランティア活動を実施する。

活動内容は、事前学習会[13]、病棟でのボランティア活動、ビハーラ法話会の法話の聴講、事後の反省会である。ボランティア活動の具体的内容は、時代によって変化しているが、基本的には病院から要請される病院スタッフの補助的な活動を行っている[14]。

会員は現在二〇〇人を超える程度である[15]。会員は二年を一期として、会員登録を更新する形で活動に参加している。各会員の参加回数は年四回と決められており、それぞれの組でつくられたグループ毎に年間計画が定められ、一つのグループはおよそ三カ月に一回の頻度で活動を行っている[16]。

会費は年間一〇〇〇円であり、これが会の活動資金となる。宗門（本山）からの助成は受けておらず、任意団体としての活動である。事務局は地域にある寺の住職・副住職が主として引き受けている。基本的には一年任期であるが、本格的に事務局を担当する前の年度からその業務を補助的に担当し、次の年に中心的に事務局を担い、次年度に次の事務局担当の指導にあたるという流れになっている。当会の役員は各組の代表者が務める。会長職は会の発足以来、一貫して藤井睦代さんが担っている。他の会員は、年に数回の参加であるが、藤井会長は会の発足以来、ほぼ毎週活動に参加している。また、五年に一回の頻度で浄土真宗本願寺派の御裏方に面会をしているほか、ハワイの病院との訪問交流を二年に一回の頻度でビハーラ活動の会の有志の人々を募って行っている。

ビハーラ活動の実際の流れは次のとおりである。一二時ころにビハーラ花の里病院に集合し、病院の食堂で昼食をとり[17]、その後仏壇の置かれているホールに一二時半ごろに集合する。三〇分ほどの病院スタッフからの講演を聞いたあと、仕事分担が振り分けられ、各自の活動に入る。その際には、揃いの水色のエプロンと三角巾を身につける。一五時まで清掃や布巾たたみなどのボランティア活動をしたあと、一五時から仏間のあるホールでビハーラ法話会の担当僧侶による法話が行われる。法話後は、病院から提供されるお茶とお菓子を前にしながら活動記録を書き、活動の振り返りなどを行ったあと、各自帰途につく。

本山からの助成を受けない任意団体として活動していることで資金面では制約はあるが、逆に自由なことができる。たとえば、現代ホスピスプログラム創始者として著名なシシリー・ソンダース博士にイギリスまでビハーラ活動の会の有志の関係者で訪ねて行ったことがある。本山からの助成を受けた団体であれば、本山からの許可を得なければこのような活動はできない。

この活動に携わる人々にとって、「ビハーラ」はどのように受け止められているのだろうか。この検討を通じて、「仏教者」とは誰か、また、寺院に端を発するビハーラ活動がいかなる形で地域をつくりうるのかを考えてみたい。

七　会長・藤井睦代さんにとってのビハーラ活動

藤井睦代会長は、神戸出身の一九二八年生まれである。カトリック信仰をもつ家庭に生まれ育ち、カトリック教徒としてシスターの奉仕活動を身近に見て育った。シスターたちが奉仕に打ち込む姿に「社会に還元するのが当たり前」という姿勢を学んだことが現在の活動の根本にある。浄土真宗の門徒になったのは、夫の仕事の関係で三次に移り住んだ縁である〔藤井　二〇〇〇：一一―一三頁〕。門徒ではなかったが知人の縁で本願寺派寺院の離れで八年間起居し、門徒ではないが寺の行事などの手伝いもこなしてきた。寺の離れとは別に三次市内に住居をかまえるようになった後に、お寺への思いが生じ、世話になっていた寺院の門徒となった今では、所属寺院の仏教婦人会会長を現在（二〇一五年八月）にいたるまで長らく務めているなど熱心な門徒である。また、今は会長の任を退いているが、三次組仏教婦人会会長としても長く活躍した。自身の提案で立ち上がった三次組仏教婦人会コーラス部の部員でもある[18]。三次組の連続研修会[19]には第一期から参加している。八〇歳を過ぎてから大病をし、大きな手術も経験しているが、その後も、ビハーラ活動を毎週水曜日に行うほか、寺院にかかわる活動を継続している。自らを「お寺オタク」と称するほどである。「ビハーラオタク」と自称されたこともあるが、再度確認したところ、「ビハーラオタクじゃない、お寺オタクだ」とのことであった。ビハーラに限らない仏教への信仰が根本にあるということだろう。

ビハーラ活動の際に注意せねばならないこととして、繰り返し述べられていたのは、「してあげる」ではなくて「させていただく」という気持ちで取り組む、ということである。「専門家ではなくて、「ただの主婦」である自分たちが「いかがですか」と声をかけることで変わることもある」「傾聴ボランティアというのは、なにかしながら手仕事しながら「いかがですか」というほうが話せる。ただ病院に行って（何も仕事をしないで）「いかがですか」というだけでは話す人はいない」と述べる。

また、藤井会長が取り組みにおいて、大切にされているのは、ご縁、つながりを大事にするということであった。活動のなかでは患者さんだけでなくそのご家族にも出会う。これらの出会いを大切にし、患者さんが病院から去られた後も手紙などでご家族とのつながりを続けている例も少なくないという。お寺にかかわる活動（仏婦、ビハーラ、コーラス）で出会った人々とはつながりを続けたいという思いがある。

また、藤井会長にとってのビハーラ活動の意味あいを知るうえで象徴的な出来事は、ビハーラ活動の会の立ち上げの際に「奉仕専門チームを立ち上げてみては……」との提案があったときの対応であろう［県北仏婦ビハーラ活動の会　一九九三：三二頁］。聞き取りや補足としていただいたお手紙によると、この提案は、「会員が介護二級程度の資格を取って有資格者として活動する」との趣旨だったが、この提案を聞いてその場で断ったという。そして、「どうしても資格取得をしろというのなら、自分についてきてくれている会員を引き連れてこの活動から一切手を引く」、とまで言い切った。「素人がすること」ということに意味があると考えていたからである。ビハーラ花の里病院のロビーにも掲げられている「一切恐懼《いっさいくく》　為作大安《いさだいあん》」「病みて悩める人々の　安らぐ家とならむかな」との病院の設立理念、「ビハーラの心」を重視している。また、この活動を始めて現在まで続けている背景にはこの病院を設立した法正寺前住職との約束がある、とも語っている。ビハーラ活動は「自分がしたいからする」が根本であるが、ビハーラ活動自体が「縁」をつなぐための活動であることを意味しているととらえられる。

八　僧侶にとってのビハーラ活動

ビハーラ花の里病院における僧侶の活動としては、ビハーラ活動の会と同日、毎週水曜日に開かれるビハーラ法話会がある。また、県北仏婦ビハーラ活動の会の事務局を請け負っている僧侶の存在がある。

そのなかで専正寺の前住職にビハーラに関した話を伺うことができた。ビハーラ花の里病院やビハーラ活動の会の立ち上げにもかかわり、イギリス訪問にも同行しているなどビハーラ活動に積極的にかかわっておられる。この方はビハーラを「仏教にはビハーラはもとからあるものだからやろうということになった」活動だと認識されている。当会の活動の立ち上げは、ちょうど本山のビハーラ活動が立ち上がる時期にも重なっているのだが、思うような支援は得られなかったという。期待した支援は資金的な支援ではなく、「ビハーラ」の具体的な方向性のようなものを本山から指示してほしかったのだという。しかし、期待した形では提示されなかったので、独自に活動の方向性や内容をつくっていった。ビハーラ活動の会の活動は二年更新であるが、二年の期間を終えた人に修了証を独自につくったのもその一つである。また、活動中に何か不測の事態が生じた場合に備えて会員には保険に加入してもらうようにもしたという。これらの話から、事務担当として活動の実務的な形を整えることに尽力されてきたことがうかがえた。

医療や福祉に携わる人は「心」をもっていないといけないが、最近の医者は専門的になりすぎているとの意見をもっており、これらの現代社会の医療に不足しているところを補うものが「ビハーラ」であり、これを「生活の良さを求める」という考え方だと捉えている。生活ということについては、「教えのなかに生活があるのである。生活のなかに教えがあるのではない」とも語っており、「生活の良さ」とは仏教の教えのなかにある生活が送れている状態と推測できる。つまり、ビハーラ活動は仏教の教えを体現する実践なのであろう。[20]

九　活動会員にとってのビハーラ活動

活動会員の受け止め方についても簡単に触れておく。[21] まず、会員はお寺のご門徒や坊守などの女性であり、ビハーラ活動に参加した経緯は、寺院に所属していたことである。しかし、任意団体であるので、寺院を通じて活動に参加するといっても、強制や義務ではない。単位仏婦の会員が全員参加しているわけではない。つまり、それぞれの会員によって動機やきっかけの内容は異なるが、何らかの形でビハーラ活動に心惹かれるものがあり、活動に参加することを決めている。

ある参加者は、父親を病気で亡くしたことを機にこの活動に参加する気持ちになったのだという。[22] この方は、活動が終わった後の反省会の時間にビハーラ活動についての感想を尋ねた際、「まだ活動を始めて一年ほどだが、ビハーラ活動とはこういうことなのかなと思ったことがある」と前置きしながら、「前回の活動の時だが、法話のあと、病室に向けて患者さんの車いすを押しながら、法話の内容から八〇歳も過ぎた患者さんがお母さんを思い出したと語られるのを廊下で聞かせていただきながら、八〇歳を過ぎても母親のことを思う気持ちを思いながら、ビハーラとはこういうことなのか、と実感した」と話してくれた。

しかし、現在のボランティア活動の作業場所の多くは病室外にある作業台であり、直接患者と話す機会は少ないのが現状である。法話会への車いす移動の補助は現在も行われているが、病状が重い患者が多く、法話を聞きに来られる患者が減少しているため、その機会自体が減っている。したがって、活動会員にとっては、患者と会話できる機会は非常に貴重なものとなっている。筆者が参加した際には、貴重な患者との会話の機会がもてたことを嬉しそうに報告する会員の姿が見られた。

一〇 「仏教者」とは誰か。ビハーラとは何か。

患者が語る言葉を「傾聴」することは、活動会員にとって「仏教者」としてのあり方を発揮できる、あるいはその自覚を得ることのできる機会として、ビハーラ活動のなかでも重要な要素である。しかし、「傾聴」をする機会は少ない。当会についての先行研究では、当会の活動が補助的な単純作業を繰り返しているだけで、入院患者のこころのケアには十分機能しておらず、臨床における積極的意義はないのではないか、との指摘がある［深水　二〇〇一：二一〇頁］。「仏教者」としての専門性が発揮されていないという指摘である。

この点について、「（ビハーラ活動は）患者さんのためじゃないよ、自分を元気にするために来るんだよ」と藤井会長が会員に呼びかけていることの意味について考えてみたい。

第一に、活動前の事前学習会で健康や介護についての有用な知識を得られること、法話会で自分のお寺以外の多様な僧侶による視点の異なる法話を聞くことのできる機会を得られることは直接的なメリットとしてあげられる。聞法を重視する浄土真宗の伝統のなかでは、より深く法話を聞くことのできる機会を得られることは「仏教者」としての意味がある。

第二に、活動自体が実質的にもっている意味に注目したい。看護師や介護士が仕事の合間に行うはずの雑用を代替する活動を、病院からいわれるままに補助的な単純作業を繰り返していると評価することは簡単である。しかし、そのようにして病院スタッフの仕事をビハーラ活動会員たちが手伝うことによって、時間的・精神的余裕が病院スタッフに生じる(23)。これによって、間接的に患者へのケアが充実したものとなるという効果が期待できる。

第三に、同じ活動を経験した仲間ができるということである。まず、活動の場・経験を共有するということ、そしてビハーラ活動が終わった後で、会員同士で同じ経験を共有しあい、語りあう場をもてることは重要である。さらに、藤井会長が二〇名ほどの活動参加者に対して、毎週お礼のハガキを手書きで翌日には書き送っていることも大きな励ましになっている(24)。このハガキは活動参加者の楽しみとなっており、ある参加者は前回の活動参加の後に会長から送られたハガキを筆者に見せてくれた。ハガキが届かないと心配されたり、督促されたりするのだという(25)。当会では諸事情により、活動に参加できなくなってしまった人たちにも縁をつなぐための活動が用意されている。イギリスの病院に日本の古切手を送付する活動である。この活動は、イギリス訪問の際、病院で古切手を資金調達の手段として集めているのを見て、始まったものである。会員や元会員が毎年二月の切手送付時期に、藤井さん宛てに一年間集めた切手を送付してくる。この活動は、会員にとっては直接的に病院に来られない時期においてもビハーラにかかわることのできる機会を提供する重要なツールになっていると思われる。

つまり、ビハーラ活動に参加することによってこのような活動に共感する人々との「縁」「つながり」がつくられ、それを大事にする姿勢が形成されているのである。

一一　おわりに――人口減少社会におけるビハーラの可能性

以上、県北仏婦ビハーラ活動の会について検討してきた。一〇年以上前の調査研究においては、県北仏婦ビハーラ活動の会に対して、今後は臨床において仏教信仰の有効性を発揮した活動を行うべきだとの指摘・提言がなされている［深水　二〇〇一：二一〇頁］。では、「仏教信仰の有効性を発揮した活動」とは具体的にどのようなものであろうか。これは、「ビハーラ」とは何か、ビハーラを担う「仏教者」とは何者なのかという問いと重なるものである。

僧侶は宗教の「専門家」である。しかし、ビハーラ活動においてその専門家性を全面的に出そうとすると、ビハーラ花の里病院での表の活動のように法話という形での関わり方が中心になる。ビハーラに関する先行研究を検討してみると、「ビハーラ僧」という名称で患者やその家族などとつながりをもとうとするとき、「仏教の専門家」であることを前面に出すことはつながりの形成に妨げになる場合があると捉えられているようである。ビハーラ僧の役割を「利用者側でその時々に応じて選択できるような環境整備の一助と表現できるかもしれない」［森田　二〇一〇：二六頁］とする意見や、「何かをしようと思うのではなく、何かをしないでおくことの重要性」「ビハーラ僧は自身の存在を主張する必要はなく、部屋の片隅に置かれた「屑籠」のような存在であることを期待する」＝「仏教者屑籠論」〔田宮　二〇〇七：一三頁〕の指摘である。言い換えれば、ただ一人一人と「仏縁」をつないでいくということを重視する姿勢という、非常に見えにくいところに「仏教者」としての「専門性」、「ビハーラ活動」として呼ばれる所以がある、といえるのではないだろうか。

日本仏教社会福祉学会編『仏教社会福祉入門』（二〇一四年、法藏館）では、仏教的人間観とは「いのち」をあるがままに捉えることであり、その基盤として「縁起」という仏教思想、「いのち」が「支え合いとつながり」のなかで成立しているという捉え方があると指摘している〔日本仏教社会福祉学会編　二〇一四：一四—一七頁〕。また、同書では、「ビハーラの現代的意義」として、物事を切り分けて捉える近代思想に対し、仏教に基づくビハーラを、医療と福祉を一体化し、人間の「苦」に取り組むことを通して、近代思想の弊害を乗り越えていく実践として位置づけ、縁起という仏教思想、ひととひと、ひとと社会などのつながりを重視する「いのちの尊厳を柱とする人間尊重」の思想を体現するものとしている〔同上　二〇一四：一三五—一三六頁〕。「いのちの連帯感」との表現がもちいられる場合もあり、とくに浄土真宗のビハーラ活動においては「御同朋の精神に基づいて、人間的な交流をはかる」ものだとの指摘もある〔奈倉　二〇一〇：二三頁〕。

最後に寺院を通じて「縁」「つながり」がつくられることの意味について検討してみよう。四半世紀にわたり広島県三次市で毎週続けられてきた活動は、病院のなかで補助的な手作業を行うことであり、有志僧侶による法話を患者とともに聞法するという活動である。地道で目立たない活動ではありながら、その活動がたゆみなく続けられてきたことの意義は深い。それによって、地域における助けあいの関係の構築、つながりを目に見える形で意識することが可能になっているのではないかと思われる。

このような活動がなされていることは、活動に直接参加していない人でも、三次市周辺の地域に住んでおり、単位寺院の仏教婦人会などお寺の活動にかかわっていたり、ビハーラ花の里病院に入院した家族・知りあいなどがいたりすれば、自然と知られていくことになる。藤井会長も「最近は勤めに出ている女性も増えてきていて、今は活動に参加できないけれども、退職したら参加させてほしいと言ってくれる人もいる。嬉しいことだ」と語る。実際に、筆者が活動に参加させていただいた際に初めてボランティアに参加したという女性は、勤めがあったためこれまで出てこられなかったが、今年に入って仕事を減らしたのに際し、活動に参加するために意識的に水曜日に仕事を入れないようにしたと話していた。そして、初めての参加にもかかわらず、「この活動は大切なので、次の世代につないでいかないといけない」と話してくれた。[26] つまり、実際に活動に参加しないにしても、地域の病院において地域の門徒女性、また僧侶たちが重要な活動を続けていることを地域の人々が認識しているということである。これは、三次市の地域自治体と行政との意見交換会において、「地域のつながりがある」「地域活動やボランティアが盛ん」であるとコミュニティのあり方に高い評価がなされていたことの根拠の一つともなっているだろう。

註

（1）ケアの対象には、患者本人だけではなく、家族など患者と親しい関係にある人々も含まれる。

（2）試みに二〇一五年六月一〇日に同様の検索をしてみたところ、「約一〇万九〇〇〇件」のヒット件数があった。およそ二五倍の増加である。

（3）長岡西病院ビハーラ病棟は、具体的な臨床の場を求めていた田宮仁の思いを受けて、田宮の両親と兄たちの支援で「長岡医療と福祉の里」の関連事業として、長岡西病院の開設開業とともに一九九二年に開設された緩和ケア病棟であり、超宗派を標榜している［田宮　二〇〇七：九頁］。佼成ビハーラとは、立正佼成会付属佼成病院に二〇〇四年に設置された緩和ケア科ビハーラ病棟を指す［田宮　二〇〇七：一八頁］。医療法人ビハーラ藤原胃腸科は「医療と福祉の連携を推進する中で、仏教的癒し、スピリチュアルケアを導入し、高齢者たちが生きていることのありがたさ、素晴らしさを実感できるよう、心の癒しを重視した医療・介護サービスを推進」している［デイサービスセンター・認知症ビハーラ「藤原胃腸科の紹介」http://www.vihara.or.jp/vihara/htm/fr_vihara.htm　最終アクセス二〇一五年八月二四日］。地球人ネットワーク飛驒は、高野山真言宗・飛驒千光寺の住職大下大圓が代表を務めるNPO団体である。ビハーラ鹿北は小規模多機能施設や地域交流施設を運営するNPO法人である。浄土宗大連寺の塔頭である應典院は地域住民などに広く開放されたさまざまな取り組みを行う寺として有名である［秋田　二〇一一］。

（4）このほかにも日蓮宗ビハーラ・ネットワークが知られている。

（5）かつては、「Ⅰ・広く社会の中でいのちを見つめるビハーラ、Ⅱ・いつでもだれにでも実践できるビハーラ、Ⅲ・相手の望みに応えるビハーラ、Ⅳ・医療・福祉と共にあるビハーラ」の四つとされていた［浄土真宗本願寺派社会部「ビハーラ活動一〇カ年総括書　三、ビハーラ活動の現状分析［一］ビハーラ理念の現状」http://social.hongwanji.or.jp/html/c11p8_03.html および篁俊男「ビハーラ資料　新しいビハーラ活動の五つの方向性について」http://social.hongwanji.or.jp/html/c11p7_13.html　最終アクセス二〇一五年八月二四日］。

（6）ビハーラ活動は社会の変革状況に対して教団がもった危機感に基づいて一九八六年に始まった全員聞法・全員伝道を提唱する「基幹運動（門信徒会運動・同朋運動）」の具体的な方策の一つとして始まったものである［深水二〇〇一：一八九頁、浄土真宗本願寺派本願寺「宗門の基幹運動推進に係る総括について」http://www.hongwanji.or.jp/source/pdf/jis_shumon_kikan_soukatu.pdf　最終アクセス二〇一五年八月二四日］。「基幹運動」は、二〇一二年四月からその名称を「御同朋の社会をめざす運動」（実践活動）と改め、「基幹運動の成果を踏まえた宗門の活動」として進められている［浄土真宗本願寺派本願寺「御同朋《おんどうぼう》の社会をめざす運動」（実践活動）総合基本計画・重点プロジェクト』http://www.hongwanji.or.jp/source/pdf/jis_1502_1.pdf　最終アクセス二〇一五年八月二四日」。「重点プロジェクト」に掲げられている「宗門の課題リスト」には「災害支援」「環境問題」「高齢社会」「ターミナルケア」「自死自殺」「葬送儀礼」「日常の寺院活動」が項目としてあげられている［浄土真宗本願寺派本願寺「重点プロジェクト基本計画〈二〇一二（平成二四）年度〜二〇一四（平成二六）年度〉」http://www.hongwanji.or.jp/source/pdf/jis_2012_jyuten-project_kihon_keikaku.pdf　最終アクセス二〇一五年八月二四日。この運動は上記「実践運動総合基本計画」によると、二〇一七年までの三年間の継続が決定された］。二〇一五年二月に開催された第一五回ビハーラ活動全国集会の分科会のテーマをみると、「災害支援①②」「原発問題」「高齢社会①②」「医療とビハーラ」「子ども」「グリーフケア」「自殺自死」「ビハーラ入門講座」の一〇部会となっており、重点プロジェクトの課題リストと重なっている［浄土真宗本願寺派社会部「第一五回ビハーラ活動全国集会——ビハーラものがたりの新展開」http://social.hongwanji.or.jp/files/c11_15_moushikomi.pdf　最終アクセス二〇一五年八月二四日］。

（7）深水は「極端に高度化した医療を抱える社会から要請された活動」［二〇〇一：一九〇頁］としているが、前註（6）に示したように現在のビハーラ活動の対象は医療領域を超えて広がっている。

（8）二〇〇五年以前の三次市の人口（現在の範囲）は、国勢調査によると一九八〇年六万三五八二人、一九八五年六万四〇八九人、一九九〇年六万三五九六人、一九九五年六万二九一〇人、二〇〇〇年六万一六三五人と推移している［三次市・双三郡・甲奴町合併協議会　二〇〇三：三頁］。

（9）この地域には一九六五年に結成された白鵠会という有志の青年僧侶の会があり、さまざまな活動を展開してきた。病院にお見舞いに行く際に持参するために制作した『こころのお見舞い』（本願寺出版社）などの出版や高齢者施設での法話活動、海外支援を行うダーナ・インターナショナル・センターなどがある。これらの福祉施設を設立した住職も白鵠会のメンバーである。

（10）ビハーラ活動二〇カ年総括書では、妙延寺仏婦ビハーラ部として、仏教婦人会会員二五名の活動が報告されている［浄土真宗本願寺派社会部社会事業担当　二〇〇九：二一頁］。

（11）ビハーラ活動二〇カ年総括書では、ビハーラ喜楽園として仏教婦人会会員九二名の活動が報告されている［浄土真宗本願寺派社会部社会事業担当　二〇〇九：二一一頁］。

（12）ビハーラ活動二〇カ年総括書によると、以上の他に庄原市における比婆組仏教婦人会ビハーラの会（八二名）、三次市におけるビハーラ備後の活動として三次中央病院におけるボランティア女性部の活動（一四名）、同じくビハーラ備後の活動としてビハーラ花の里病院におけるボランティアの活動（一五名）、備後教区門徒推進委員連絡協議会として門徒推進委員と一般賛同者による病院訪問活動（六〇名）が報告されている［浄土真宗本願寺派社会部社会事業担当　二〇〇九：二一一頁］。

（13）事前学習会については、かつては「約三〇分の老人介護についてのビデオ上映と、病院職員から守秘義務や名前を呼ぶことなどの注意があらためて示される」［深水　二〇〇一：一九五頁］という内容だったが、二、三年前より、病院の五つの部署（神経内科、内科・老年科、歯科、放射線科、リハビリテーション科）より一カ月に一名ずつ交代で、その科の職員からの専門的見地から健康についてのアドバイス等が行われるという内容に変更されている。二〇一二年に龍谷大学で実施した社会調査実習の報告書では、事前学習会の内容は「ビデオ研修」とされている［竹内　二〇一三］。現在の事前学習会は、活動会員の生活や家族介護においても有用な話が聞ける機会となっている。筆者が参加した際には、リハビリテーション科の担当者から「正しい座る姿勢と腰痛との関係について」の話が、腰痛解消に良い運動の実践を含めてなされた。この事前学習会は好評のようで、活動者の一人が当日の午前中に市内の店で、「ビハーラ活動でよい話が聞ける。活動してみたらよい」と友人女性を誘っていた女性を見かけたと藤井会長に報告していた。

（14）一九九七年七月に行われた深水［二〇〇一：一九五—一九六頁］の参与観察によると、具体的に行われていた活動には「テーブル床頭台の上・ベッド周りの清掃・シーツ交換の補助・法話会への車いす移動の補助」があげられ、註として「そのほかには、爪切り・ひげそり・おしめたたみ・おしぼりの整理などの作業が行われる」［深水　二〇〇一：二〇九頁］とされている。筆者が二〇一五年三月一一日に参加させていただいた際に行われていた作業は、おしぼりの整理、ビニール袋のたたみ直し、廊下・ベッド周りの清掃、シーツ交換の補助、法話会への車いす移動の補助であった。おむつをたたむ作業は、紙おむつに変わったためなくなっている。また、爪切り等の患者との直接的な身体的接触をともなう作業は行われていない。

(15) 深水［二〇〇一：一九四頁］には、約四〇〇人の会員を抱えているとの記載があり、ビハーラ二〇カ年総括書では、二四三人の報告が記載されている［浄土真宗本願寺派社会部社会事業担当　二〇〇九：二一頁］。背景には人口自体の減少、女性の就労形態の変化などもあり、単純に参加者が減ったとはいえない。状況の変化にもかかわらず活動が一定の規模で継続されていることが注目される。

(16) 深水［二〇〇一：一九五頁］では、各会員の活動は年二回と記載されているが、現在は前述のとおり年四回の活動となっている。年二回の当初は農繁期を外した活動計画となっていたが、患者や病院スタッフからビハーラ会員はいつ来るのかとの質問が相次ぎ、ビハーラ活動の会での検討の結果、一年間を通して活動できるよう活動回数が増やされたとのことである（二〇一五年四月二九日　藤井会長への聞き取りおよび、その補足の文書回答）。

(17) 昼食は別の場所でとってくる場合もある。

(18) このコーラス部は、龍谷大学コーラス部出身の三次市内の寺院の住職による指導を得て二六年にわたり継続されている。第一・第三木曜日の夜に練習がもたれ、毎年一回行われる三次組仏教婦人会の大会で披露される。仏教讃歌を歌うコーラス部であり、その歌詞から展開した法話が住職からなされ、仏法の教えを深く味わう時間となっている。また、市の一般の合唱団も参加する合唱祭に出場し、仏教讃歌を歌う活動もしている。歌をもちいた伝道活動の実践ともいえる。

(19) 門信徒の教化育成のために各地区で実施している研修会。

(20) 藤井さんの求めに応じて現門主である当時の新門がビハーラ花の里病院を訪問されたことがある。ビハーラ花の里病院にはその時の写真が保管されている。藤井さんも折に触れて、ご門主や御裏方と会話を交わす機会があるとのことで、本山全体からビハーラ活動に理解と共感を得られているとの実感をもっている。

（21）深水［二〇〇一］では、ビハーラ活動者一〇〇名に対して質問紙を配布し、七七名の回答を得たアンケート調査を実施した結果が報告されている。病院での活動時に調査票を配布して郵送回収を行う形式である。この結果から、ビハーラ活動参加者の意識を見るとビハーラボランティアの独自性や宗教的専門性が十分に発揮されているとは言えないと結論している［深水　二〇〇一：二〇一頁］。また、その活動動機として、奉仕的動機、消極的動機（単位寺院の仏教婦人会における勧誘への対応としての参加）、互酬的動機（見返りの期待）の三つをあげている［深水　二〇〇一：二〇三頁］。

（22）二〇一五年三月一一日の活動。この方以外にも、当院に両親が世話になったので、その御恩返しとしてボランティアに来ていると語る方もあった（二〇一五年七月二二日の活動）。

（23）ときに病院ボランティアは業務の妨げとみなされ、病院スタッフから歓迎されないものとなる可能性もある。しかし、僧侶の発願によって設立されたビハーラ花の里病院では設立と同時にこのボランティア活動が開始されているため、病院スタッフとの関係は比較的無理のない形で組み込まれているものと思われる。

（24）藤井会長から見れば「仏縁」をつくり、大事にするということである。

（25）ビハーラ活動の反省会の際には、ビハーラ活動の記録を記録簿に必ずつけているが、このときに参加者全員の名前を記載してもらう。全会員が帰った後に藤井会長が参加者の名前を漏れがないようにその回の班長とともに確認する作業をすることが重要な仕事となっている。

（26）二〇一五年七月二二日の活動。

引用・参考文献

秋田光彦　二〇一一『葬式をしない寺――大阪・應典院の挑戦』新潮社。
県北仏婦ビハーラ活動の会　一九九三『ビハーラ――わたしにも手伝わせてください』県北仏婦ビハーラ活動の会。

浄土真宗本願寺派社会部社会事業担当　二〇〇九『ビハーラの歩んだ二〇年と今後――ビハーラ二〇年総括書』
http://social.hongwanji.or.jp/files/vihala_20_soukatsu.pdf（最終アクセス二〇一五年八月二四日）。
竹内美帆　二〇一三「第七章　ビハーラ活動について――そこから生まれるつながり　第三節　藤井睦代さん〔広島・県北仏婦ビハーラ活動の会〕のビハーラ活動」『二〇一二年度龍谷大学社会学部社会学科社会調査実習猪瀬班報告書』八五―九一頁。
田宮　仁　二〇〇七『「ビハーラ」の提唱と展開』学文社。
谷山洋三　二〇〇五「ビハーラとは何か?――応用仏教学の視点から」『パーリ学仏教文化学』一九、三三―四一頁。
奈倉道隆　二〇一〇「浄土真宗本願寺派のビハーラ活動とその現代的意義」『日本仏教社会福祉学会年報』四〇、二一―三〇頁。
日本仏教社会福祉学会編　二〇一四『仏教社会福祉入門』法藏館。
早島　理・横尾美智代　二〇一一「ビハーラ活動者の現状と展望――本願寺ビハーラ活動者養成研修会のアンケート調査をもとに」『浄土真宗総合研究』六、一―四二頁。
深水顕真　二〇〇一「ビハーラ活動の現状と課題」『廣島法学』二五（二）、一八九―二一〇頁。
藤井睦代　二〇〇〇「仏縁とビハーラ活動に想う」清岡隆文・藤井睦代・吾勝常行『お盆にあうこころ』本願寺出版社、一一―一九頁。
三次市　二〇一四『三次市総合基本計画』
http://www.city.miyoshi.hiroshima.jp/kikaku_m/new_sougoukeikaku/new_sougoukeikaku_2.html（目次一覧が掲載されたURL。最終アクセス日二〇一五年八月二四日）。
三次市・双三郡・甲奴町合併協議会　二〇〇三『新市まちづくり計画』
http://www.city.miyoshi.hiroshima.jp/data/open/cnt/3/530/1/shinshi-matizukurikeikaku-H2612henkou.pdf（最終アクセス日二〇一五年八月二四日）。

森田敬史　二〇一〇「ビハーラ僧の実際」『人間福祉学研究』三（一）、一九—三〇頁。

第13章　坊守がつなぐ地域——寺院は女性で支えられる

横井桃子

一　はじめに

「お寺の奥さん」という言葉から、どういう人物を想像するだろう。清貧で慎ましやかな生活をし、夫である住職・僧侶を陰で精神的・物理的に支えながら家庭内の物事を献身的にこなし、自らも信心深く仏事にも精通し、また誰にでも分けへだてなく優しく接する人物を思い浮かべる人も少なくないだろう。一方で、「俗世から離れた存在であるべき僧侶が結婚してもよいのか」という当然の疑問を抱く人もなかにはいるかもしれない。この問いについては「一八七二年（明治五）の太政官布告一三三号（僧侶の肉食妻帯は自由であると認める布告）の発令より僧侶の婚姻は自由になったし、宗派によって住職・僧侶の婚姻やその家族の扱い・規程は異なる」という端的な答えをもちあわせてはいるのだが、これだけでは「お寺の奥さん」その人自身の実態についてはいまだ不明瞭なままである。

本章では、浄土真宗本願寺派寺院の住職と「坊守《ぼうもり》」という一般的には住職の配偶者にあたる存在についてその位置づけを整理したうえで、近年興隆を見せる「ソーシャル・キャピタル」概念を援用しながら、彼／彼女らが地域コミュニティの活性化や門信徒（檀家）との関係を築き維持していくメカニズムに着目し、インタビュー調査をとおして得られた知見から寺院と地域の関係のあり方を再検討していきたい。

「坊守」の位置づけ

浄土真宗寺院においては、「住職」の配偶者について「坊守」という呼称が存在する。「住職」は寺院を管掌する僧侶であり、本章の調査対象となった浄土真宗本願寺派教団が定める宗門法規（宗法第十六条）によれば、その任務は「寺務を主宰し、教義の宣布、法要儀式の執行及び門徒の教化育成に努め、所属する僧侶及び寺族の教導」であるとされる。「坊守」とは、浄土真宗寺院における特有の呼称で、一般的には住職の配偶者を指す。宗法第二十六条の二および寺族規程第四条によれば、坊守は「寺族のうち、住職の配偶者及び住職であった者の配偶者または住職が適当と認めた二〇歳以上の寺族で、寺院備付の坊守名簿に登録された者」であり、その任務は「住職を補佐し、教化の任に当たる」ことが示されている。ただし、坊守の「住職を補佐し、教化の任に当たる」という職務について、具体的な役割については宗法や寺族規程では明記されていない。

筆者はこれまで本願寺派寺院の坊守について計量研究をおこない、その実態の解明に努めてきた。住職や坊守が参与する活動には、寺院の公的活動である法要・儀式や教化団体の指導だけでなく、境内や本堂の清掃・荘厳といった寺院の私的側面、そして地域行事や社会活動への参加という幅広い活動が挙げられる(1)。現代の本願寺派坊守の役割に限ってみてもさまざまなタイプに分かれており、いわゆる寺院活動の私的側面のみに従事する者だけでなく、法務などの公的側面にも関わりながら寺院の外で社会活動をおこなう者も存在することが明らかになっている［横井　二〇一二］。

その他、住職の配偶者に関する現代的課題の研究で散見されるのは、教義的解釈や人文学、歴史学などの側面からの住職の配偶者や女性僧侶・女性仏教徒の立場の意味づけや啓発をおこなうものである。たとえば浄土真宗に限って述べれば、注目されるのは無量寿経（大経）・第三十五願の「女人往生」や「変成男子」[2]についての親鸞の解釈や、親鸞の著述においてどのように女性の往生が記されているかという点であり、そこには二つの大きな流れが存在する。

一つは、尾畑［一九九二］や菱木［一九九一］による、女性性の否定によって往生が可能となるという議論である。仏教が女性差別を克服の対象として扱いつつも、その原因を女性であることという価値中立的・自然的事実に求め、女性性の否定によって解決しようとしている点や、親鸞や彼が師事した法然の著作から、彼らが女性差別を女性自身に原因があるものとして見、第三十五願をそのまま肯定するような女人往生観をもっていたことをフェミニズムの立場から批判している。

これに対し、平［一九九〇］や栗原［一九九一］は、時代状況や親鸞の生活史を踏まえ、女性は男性と同様に往生すると親鸞が理解していた可能性を指摘する。親鸞は当時としては非常にラディカルな肉食妻帯の生活を送ったことで知られる。妻帯によって女性を身近なところで知った親鸞だからこそ、自身（男性）の救済と女性の救済の真実が異なるのであれば、積極的にそのことを追求し語ったはずである。しかし実際には彼の著作のなかに女性がとくに取り上げて詳述されることはなく、親鸞には特別に意識して女性の往生・成仏を語る必要はなかった、というのが栗原の主張である。

しかしこれらの研究は、教義解釈から見る親鸞の女性思想を取り扱うのみであり、女性自身が往生をどのように捉えているかは検討されていない。この点を明らかにしたのが、歴史学の立場から中世仏教における女性の往生観を書簡などから検討した西口［二〇〇六］である。西口は、中世仏教において、男性僧が説く女人往生と女性自身の往生観が大きく異なっている可能性を指摘している。親鸞の妻・恵信尼が書き残した書状から、非日常的な浄土のイメージとは異なった、女性の姿のままで往《い》き、そのままの姿で会うことができる、地続きの浄土のイメージを読み取っている。仏教僧が説く変成男子による女人往生は、知識ある女性たちにも概念的に理解されるものの、彼女らの日常の意識のなかに実存的には組み込まれておらず、深刻に受け止められていなかった可能性が高い。

このように、人文学分野においていくつか仏教女性に関する研究がおこなわれているが、そこでの議題中心は教義上の解釈に限定されており、現代の仏教女性自身の役割や意識を問うものはほとんどないと言ってよい。

この問題に対して、当事者である仏教女性らによる議論が近年おこなわれつつある。一九九〇年代に発足した「女性と仏教　東海・関東ネットワーク」は、仏教における女性の問題に関心を寄せる超宗派の寺院関係者の集まりであり、仏教各派の教義や現場の寺院における性差別性を指摘し、新たな女性と仏教のあり方を当事者の視点から論じている［女性と仏教　東海・関東ネットワーク編　一九九九・二〇〇四・二〇一一］。教義や歴史において女性仏教徒や住職配偶者がどのような扱いを受けていたか、また現場の住職配偶者や寺族が寺院生活のなかで受ける性差別の告発など、多角的視点から論じられ、啓発的な内容となっている。

浄土真宗寺院の住職の配偶者である「坊守」は、その歴史的経緯から他の仏教各派の住職配偶者と比較してやや特殊な存在であるといえる。宗祖である親鸞が肉食妻帯をおこなう生活をしていた流れから、浄土真宗教団は在家仏教集団として肉食妻帯を公然のものとし僧侶が結婚し子をなすことを認めていたため、一八七二年（明治五）の太政官布告一三三号の発令より以前から、「僧侶の妻」は公に存在していたのである。

しかし僧侶の肉食妻帯が公式に認められ、僧侶の妻そして「坊守」という地位が与えられ存在が認知されているからといって、性差別が存在していないわけではない。川橋［二〇一二］は、住職の配偶者を自動的に坊守として位置づけることは、個々の主体的な選びが認められず、模範的な「坊守」像を自己の意思に関係なく課せられてしまうことだと指摘する。出家集団の寺族女性は「本来いるはずのない存在」という不安定な位置づけがなされ、彼女らのはたらきが不透明なものとされている状況に対し、在家集団の「坊守」の存在は当然視されてきたゆえに、「坊守」に与えられた役割が性差別をはらんでいるのではないかという見きわめと内省が困難になってしまった。こういった問題に対し、「女性と仏教　東海・関東ネットワーク」のように仏教に関係する女性自身が主体的に声をあげ取り組みつづけることが、男性僧侶にも覚醒をもたらし、新しい仏教教団の道筋を導きだせるエネルギーとなるという。

これらのジェンダー論からの指摘は非常に重要であり考慮しなければならない点であるし、筆者も川橋の「「社会参加」あるいは「社会問題に貢献する仏教」からジェンダーの視点が抜け落ちている」という点には非常に共感を覚える。ただし本章においては、寺族女性や坊守問題に対する真宗教団・仏教教団側の認識と、女性たち自身の認識のずれを指摘することは他の優れた論考に譲ることにし、川橋や後述する小松［二〇一四］が指摘する、社会参加する仏教への「寺族女性の一人である坊守のかかわり」をインタビュー調査から検討していくことにしたい。

「社会貢献する宗教」にかかわる女性たち

多くの宗教はその教義や理念から、互恵性や利他性を標榜してきた。この宗教的価値観を共有しているからこそ、宗教者や信仰者は社会問題に何かしらの関心をもち関与しようとする。また宗教はその儀礼的要素などが人と人との結びつきをつくり出し、コミュニティの基盤となっているという点で、「ソーシャル・キャピタル」の源泉とみなされるという［稲場・櫻井編 二〇〇九］。目に見えやすい大規模な福祉・教育サービスの提供や、宗教団体全体でおこなうボランティア活動などがすべてなのではなく、「地域での人々を支える地道な活動、人材育成」も社会貢献活動として捉えることができ、そういった地域での地道な活動こそがコミュニティを再興させる一因となることに異論はないだろう。しかしたとえば、男性住職が「開かれたお寺」として積極的に地域にかかわり、それによって地域が活性化していく裏には、多忙な僧侶に代わり寺院運営を切り盛りする妻が存在している可能性が高いのではないだろうか。あるいは、宗教施設を活動の場の中心とするとき、宗教者の家族が活動に参与している可能性は大いにある。さらに言えば、宗教者の家族が率先して活動をおこなう事例があることも確かである。男性住職の妻が中心となって寺院での子育て支援や文化教室をおこなっている事例は少なからずある。この宗教者家族の参与が「寺院・神社・教会の社会貢献活動」として一体化し、その存在がスポイルされているのではないだろうか。人手不足で社会貢献活動を断念する宗教団体が多いなか、活動をおこなうにあたっては宗教者の家族の存在にも焦点をあてるべきだと考える。

宗教とソーシャル・キャピタル

近代化が進み資本主義の経済政策により物質的困窮がほぼ解消され、そこで露呈しはじめた人々のつながりの希薄化と、それによるコミュニティ機能の衰退に危機感が示されはじめて久しい。さらにリスク社会と呼ばれる現代は、自然災害のみならず科学技術の発展など産業社会によって生みだされるリスクを正しく認知し、それに対し何らかの措置をおこなう必要に迫られている。つながり・コミュニティの再生は、このような近代化による産業や技術の発展や、個人主義・競争主義の結果生みだされる社会格差というリスクへの対処方策のひとつとして、大きく注目されるにいたった。かつての共同体はじつは「共助」としてリスクに対応できる装置であり、現代日本ではこの古い共同体が喪失しつつある。「共助」としてはたらく古い共同体に代わる別の「人々のつながり」をどうにか醸成しようと政策を打ち出しているのが現在の日本の様相である。

このようなコミュニティが直面する問題に対しての解決方略を探る視点として、「ソーシャル・キャピタル」の概念をもちいた調査研究が近年さかんである。内閣府でも二〇〇五年に調査がおこなわれ、国民の生活への安心感の向上と関連のあるソーシャル・キャピタルを検討している［内閣府　二〇〇五］。

「ソーシャル・キャピタル」とは何をあらわしている概念なのだろうか。パットナムによれば、「社会関係資本が指示しているのは、個人間のつながり、すなわち社会的ネットワーク、およびそこから生じる互酬性の規範と信頼である」とされる［Putnam 2000＝二〇〇六］。またソーシャル・キャピタルは私財であり、公共財でありうるというパットナムの説明からは、ソーシャル・キャピタルへの投資から得られる利益は投資者がリターンとして獲得することもあるが、大部分が公共財として不特定他者の手に渡ることが指摘される。このようにソーシャル・キャピタルは社会の効率性を高める性質があると言われている。

このソーシャル・キャピタル論は、宗教の社会貢献を語るうえでも重要な概念となる。前述したように、近代化の進行のなかでコミュニティ機能が衰退し、しかし政府が有効な社会保障政策が打ち出せない今、共助の仕組みづくりが必要だという認識が広がっている。では、その共助の仕組みづくりを誰が、どのようにして担うのかという問題に対して、宗教文化や宗教団体がソーシャル・キャピタルを醸成する役割を担うことができる可能性が示されている［櫻井　二〇一四］。宗教団体による社会貢献活動が当然のものと受容されている欧米と異なり、宗教団体への忌避感が高く信頼度が低い日本では、宗教が社会貢献することについての人々の認識不足が顕著である［公益財団法人庭野平和財団　二〇〇九］。また二一世紀に入って、企業の社会的責任（ＣＳＲ）という企業が社会全体とともに持続可能な未来を推進していく活動が社会から求められていることを引きあいに、宗教団体も信者や社会に対していかに貢献しうる存在であるかを主張し表明していくべきであるという考えが、宗教者や宗教研究者から巻き起こってくることは時代の流れにそくしたものとして納得できるものではある。

「宗教はソーシャル・キャピタルを作り出し、社会に貢献しうる」という議論があるなかで、宗教の公共性・公益性についてのいくつかの批判的指摘について配慮しておくべきであろう。ひとつは、ソーシャル・キャピタル概念をもちいて宗教の社会貢献を捉える際に、負の側面についての検討が不十分である点であろう。ポーツによれば、ソーシャル・キャピタルのダークサイドとして、集団内と外部とを隔てる排外性、監視による個人の自由の制限、集団成員が援助などを過度に要求すること、そして集団から抜けだそうとする成員を押しとどめる下方平準規範という四つの負の側面が存在している［Portes 1998］。とくにこの特徴は、パットナムのいう結束型ソーシャル・キャピタルにおいて見られる。緊密なネットワークは閉塞的な集団や〝しがらみ〟などを生み、個人がそのような集団にとどまるにはこういった不利益をも負わなければならない。しかし宗教の社会貢献の文脈では一部で言及されているにすぎず、詳細な検討がなされていないのが現状である。宗教の社会貢献研究が、宗教の存在意義をソーシャル・キャピタルという概念から見いだそうとする試みであるならば、負の側面にはあまり触れたくないのは当然かもしれない。しかし、どんな形態のソーシャル・キャピタルにも利益性があるのと同時に不利益性も存在しており、この二つのバランスはコンテクスト（文脈・背景）ごとに異なることから、誰がどのような利益を享受し、あるいは不利益を被っているのか、どんな社会的背景においてソーシャル・キャピタルによって得る利益が大きく、不利益が小さくなるのかは、宗教の社会貢献研究においても検討されるべきではないだろうか。この「誰がどのようなソーシャル・キャピタルを提供あるいは受領するのか」という問題は、次のジェンダー論からの指摘にも関連する。

ソーシャル・キャピタルの構成要素とされる信頼関係やネットワークを個人レベルで観察したとき、それはそれぞれの人の経済的・社会的要因に大きく影響されるという。ソーシャル・キャピタルの指標とされるコミュニティ活動やボランティア活動への参加、友人数、一般的信頼感などは、多くが社会経済的要因に規定されていることが実証的に明らかになっている。つまり、個人レベルのソーシャル・キャピタルは個人の社会階層に基づいた差異が存在しているのである。資本の形態とその蓄積プロセスに着目し、資本が階層再生産を強化することを述べたブルデューの議論からもわかるように、個人レベルで見れば、ソーシャル・キャピタルを多く持つ者はより多くの利益を得、持たざる者は利益を享受できない、さらに社会レベルで見ると、ソーシャル・キャピタルが豊かな社会はより豊かになり、ソーシャル・キャピタルが貧しい社会はさらに貧しくなるという循環性があることには留意しなければならないだろう。そしてこのソーシャル・キャピタルの不均衡のひとつとしてジェンダーが指摘されている。

シルヴィーら［Silvey & Elmhirst 2003］はインドネシア女性に対するフィールドワークから、ソーシャル・キャピタルや社会的ネットワークからもたらされるものが、男性と女性では異なっていることを示唆している。一九九七年から一九九九年のインドネシアの経済危機の時期に、若者はネットワークを通じて地方から都会へと働きに出たのだが、とりわけ女性に対してはジェンダー役割として家事労働が課され、また賃金労働によって得た経済的報酬も地方に残る家族に送金することが期待されていたという。もともと女性はネットワークの下位階層にいるため、ネットワークのなかでの発言権ももたない。こうしたジェンダーによる力関係がそのままソーシャル・キャピタルがもたらす帰結にも反映していることが示される。ソーシャル・キャピタルが公共財として集団メンバーに利益を与えるばかりではなく、ある一部の人々にとっては、社会的な制約や負担として機能すること、その格差をもたらす権力関係に十分注意しなければ、ソーシャル・キャピタルとジェンダーの関連を正しく見ることはできない。

小松［二〇一四］は、ソーシャル・キャピタル論をもち込もうとする宗教に対してジェンダー論の視点の必要性を主張している。日本の伝統仏教の女性に対する抑圧的なシステムと権力性のありようはすでにジェンダー宗教学が指摘しているとおり、とくに男性僧侶・男性住職の妻には、家庭内の家事・育児だけでなく宗教的活動にかかわる雑務を「信仰」という名目において無報酬で課され、聖化された労働に対して僧侶の妻たちが不満や疑問をもてば「信仰の欠如」として責められる［川橋　二〇一二］。このような性別役割分業体制のもとで、さらに地域社会での活動にも参与する僧侶の妻たちのはたらきが地域コミュニティの維持に役立つとだけ称揚することは、さらに僧侶の妻たちの役割を固定化してしまう問題もはらんでいる。

本調査の目的と「関係基盤」概念の導入

ソーシャル・キャピタルの階層性、とくに性別によってソーシャル・キャピタルからもたらされるものが異なるという指摘から、本章で扱う寺院の住職と坊守という対象についても同様の状況がみられるのではないかという可能性を見いだせる。つまり、住職にとってのソーシャル・キャピタルと、坊守にとってのそれは、必ずしも同じように機能しない可能性がある。ある人にとってのソーシャル・キャピタルが、人々とのつながりを充足しさらに活動を円滑にするものであるのに対し、ある人にとっては社会的統制が強く縛りの多い人間関係に生きづらさを感じるものかもしれない。宗教団体・宗教の社会貢献活動は、いったい誰が、なぜ、どのように、担っているのだろうか。ソーシャル・キャピタル論にそくして考えてみると、ソーシャル・キャピタルの蓄積プロセスにおける資源の提供者がどのような人で、どのような動機によって資源を提供しており、結果どのような利益をもたらすのだろうか。この議論にジェンダー論の視点を取り入れることは、宗教とソーシャル・キャピタル論の発展に有用であると考える。

ソーシャル・キャピタル論を調査研究に導入するにあたっては、「資本」としての計測性・蓄積性の性質を念頭においておかなければならない。そこで三隅［二〇一三］は「関係基盤」を提唱している。三隅は、実際の実証研究においてソーシャル・キャピタルをどのように扱うかという点において、個人がもつさまざまな属性が「それを共有する人々からなる潜在的なソシオセントリック・ネットワークを指標する」ことを重視し、これを「関係基盤」と呼んだ。関係基盤はつながりやネットワークを形成する拠点であり、人々はそこから得られる利益を期待して関係基盤の形成や維持に資源を投入する、というプロセスを描きだす。さらに分析においては、関係基盤の「重層性（成員が複数の関係基盤で重複しているかどうか）」と「連結性（成員が多様な関係基盤にかかわっているかどうか）」という二つの性質に注意する必要があることも指摘されている。本章ではこの「関係基盤」の概念をもちいて、住職や坊守の社会貢献に関する活動の仕組みを捉えることを試みたい。伝統仏教寺院の多くが農村部に存立すると言われ、本章の対象である本願寺派寺院も全寺院のうち七割が農村漁業地域に位置していることがわかっている。人口減少とコミュニティ機能の衰退が危ぶまれるなかで、地域とのつながりを維持しようとする寺院・住職・

坊守のはたらきがどのようなメカニズムによって作用しているのか、どのような関係基盤をもち、それに対してどのような投資をしているのかを明らかにすることは、コミュニティが直面する問題の解決方略を探る一つの手立てとなるだろう。

二　本願寺派寺院へのインタビュー調査

調査の概要

対象となったフィールドは、滋賀県の農村地帯に存立する寺院および首都圏内の市街地・地方都市に存立する本願寺派寺院である。比較的緊密なネットワークが形成されやすい農村地域と、ゆるやかにつながりが維持される首都圏市街地の二つの地域にある寺院の人々のインタビューから、社会貢献のあり方や門信徒・地域住民とのつながりの維持のされ方が地域性によって異なるのかどうかを検討することが可能となる。

二〇一三年に滋賀県Z郡の五寺院と、千葉県および埼玉県の三寺院に対してインタビュー調査をおこなった。いずれの調査も事前にアポイントメントを取り、インフォーマントの都合のよい時間にインフォーマントの所属する寺院に赴き、寺院の本堂あるいは仏間でインタビューをおこなった。千葉県・埼玉県での調査のインタビューは著者単独でおこない、滋賀県における調査では浄土真宗本願寺派総合研究所研究員、大学院生、大学生と筆者を含む複数人であった。すべての寺院において住職、坊守の二人（あるいは前住職、前坊守）がインタビューに参加した。

各寺院の基本概要を以下に示す。まず滋賀県Z郡の寺院の情報を示す。滋賀県Z郡は滋賀県東部に位置し、人口約二万人の地域である。三つの町が明治時代に合併し、現在のZ郡の区画となった。A寺は坊守がこの寺院の出身であり、住職が結婚と同時に入寺したかたちである。住職は現在六〇代で定年まで教員として勤めながら法務をおこなっていた。坊守は五〇代で民生委員としても地域に携わっている。B寺では前住職・前坊守にインタビューをおこなった。A寺と同様に前坊守がB寺院出身であり前住職が結婚と同時に入寺した。夫婦ともに七〇代であり、前住職は定年まで行政機関に勤務し、坊守も五〇代までは民間保育園に勤務していた。C寺の住職と坊守はともに七〇代、D寺の住職と坊守ともに六〇代で、この二寺院は夫婦ともに定年まで教員として勤めながら寺院の運営にかかわり、また現在は近隣の無住寺院の代務もこなしている状況である。A、B、C、D寺の夫婦には成人の子どもがおり、B寺は既に住職を息子が継承し、また他の寺院のほとんどが既に後継者が定まっている状況であった。E寺は住職が未婚のため、坊守の役割を住職の母・前坊守（七〇代）が担っていた。E寺住職は継職以降専業で寺院運営にかかわり、寺院が母体の保育園の園長を務めている。またE寺住職の母にあたる前坊守もこの保育園の副園長としてかかわっていた。千葉県・埼玉県の三寺院のうち、F寺・G寺は平成以降に建立した都市開教寺院であり、いずれも人口二〇万人以上の大都市の住宅街に位置している。いずれの住職も上京・寺院設立前に結婚しており、坊守もまた専業で寺院運営にかかわっている。F寺・G寺の住職・坊守ともに五〇代であり、彼らの子どもは高校生以上であった。H寺は人口六万人程度の中規模の地方都市に位置しており、江戸時代から代々続く寺院である。住職・坊守のいずれも四〇代で、義務教育を受けている子どもがいる。また毎日の法務に携わる法務員が複数名勤務している状況である。

滋賀県の農村部寺院と千葉県・埼玉県の都市開教寺院およびH寺とで大きく異なる寺院の特徴としては、寺院運営に専業でかかわっているか、それとも寺院以外での働き口を探し兼業で寺院運営にかかわっているかという違いがある。都市開教寺院の住職については兼職が認められておらず、寺院運営に専念することが求められている。またH寺は住職家族以外に法務員としてH寺に勤務する僧侶がいることからわかるように、毎日の法務が多く専業で寺院運営している。一方で、滋賀県は一村に一カ寺の本願寺派寺院があり、一寺院あたりの門信徒の数も少ないため、経済的資源の不足を補うために兼職をおこなう必要がある。そのため滋賀県の多くの寺院の住職・坊守が寺院以外の仕事にも携わっている（いた）のである。

以上の基本情報を踏まえながら、本章の目的にそって住職家族の社会貢献活動が地域コミュニティとどのように関連しているのかを検討し、ソーシャル・キャピタルの蓄積プロセスの一部をインタビューから描きだそう。

寺院の社会貢献活動

宗教の社会貢献活動は多岐にわたることがわかっている。そこで本章で対象となった寺院がどのような社会貢献活動をおこなっているのかを今一度確認したい。多くの寺院の住職あるいは坊守が何かしらの社会貢献活動をおこなっていた。滋賀県のほとんどの寺院においては、「当然当然、（町内会の）役もしますよ。いろんな役をしてます。婦人会のときにも役をさせてもらって、今は福祉のほうさせてもらってるんです【C寺坊守】」という言葉からもわかるように、当然のこととして地域の会合に参加しているようであった。なかでも住職は、公民館長や人権団体の役員、自治会長などを務めることが多く、坊守は老人会などの福祉サービス団体や子ども会・PTAなどの教育関連団体といったケア・教育関係の役割を担うことが多い傾向にあるようである。

首都圏寺院も同様に地域の子ども会や自治会などの持ち回りの役員をおこなっているようであった。とくに都市開教寺院であるF寺住職は、環境美化活動や国際交流活動などいくつもの活動団体に設立の際からかかわり、主要メンバーとして積極的に活動を展開していた。「まったくの無宗教です【F寺住職】」との語りから、団体メンバーは多くがF寺の門信徒ではない。しかし「無宗教ですが私が住職であることは知ってます【F寺住職】」というように、宗教者が活動団体にかかわることで、人々とゆるやかなつながりを築いていることがうかがえる。一方で同じ都市開教寺院のG寺は、坊守が子ども会・PTAや自治会に参与しているものの、F寺のように積極的に社会活動やイベントをおこなうのではなく、「やっぱりお寺は、法座でお話を聞く場所っていう、そこがね、中心なので【G寺坊守】」「多分これ（法座）が基本なんじゃないかなと私自身は思ってるんですよ【G寺住職】」と語るように、伝統仏教寺院の根底にある法務・法座活動に力を入れているようであった。地方都市にあるH寺は物理的資源が豊富にあるため、寺院に付属する会館を市民講座や町内会の会合・イベントの場として提供していることを述べていた。さらに「いわゆる一人暮らしの人をなんとか取り込んで、新しい縁づくりですね。そういう人たちと縁をつなげて、困ったときに食事ぐらいを出せるような、あるいは病気になってSOSを聞けるような、そういうようなつながりは持ちたいという思いがありますね【H寺住職】」と語るように、今後は福祉の提供をも視野に入れた活動をしていく必要性を語っていた。

宗教の社会貢献活動の背景にあるもの

ではなぜ、寺院の住職・坊守は社会貢献活動に注力するのだろうか。宗教に身近な人間であるからこそ、宗教教義にあらわれる利他性に突き動かされるという説明だけで、本当に説明しきれているのだろうか。何か別の要因もあいまって複雑なメカニズムがはたらいているのではないか。インタビュー調査からはこのメカニズムの地域差が明確にあらわれていた。

お寺に来てもらおうと思うと、やはり地域のことにも協力しないと。「お寺に来てくださいね、でも地域のことは知らないわ」という態度だと、こんなに小さな字では通らないので。一生懸命やりますよ、でもお寺にも来てくださいねっていうことで、やっぱり手抜きはできないですね。【A寺坊守】

（町内会に参加することについて）なんでかって言ったら、みなさんと一緒にいろんなことをして、その反面お寺にも協力してもらわんなですやんか。やっぱり持ちつ持たれつやからね。【C寺坊守】

このように、坊守らが地域活動をおこなう動機には、活動をおこなうことによって門徒や住民からの寺院へのさまざまな協力（＝リターン）を得ることを少なからず期待していることがわかる。ここに関係基盤の概念をあてはめることができるだろう。つまり、地域住民の関係基盤に対しておこなわれる住職・坊守個人の地域活動への参与という投資が、彼らの間の相互作用を活発化させる。その結果、互酬的義務が増すことで、門徒や地域住民は寺院に対し協力的な態度をとったり、実際に参拝したりするのである。インフォーマントの住職や坊守らはこれらの投資を「お互い様」「持ちつ持たれつ」という認識のもとに実践していたのである。

また「町内会に出えへんと、「お寺はお高くとまってる」とかな、そう言わはるんやな【C寺坊守】」と、町内会へ参加しなければ地域住民から指弾される可能性が語られ、外部からの監視、期待、批判といった外発的な要因も、寺院関係者を地域活動への参加を生起させることが指摘できる。このことは、社会的地位の高い者には果たさなければならない社会的責任と義務が存在するというノブレス・オブリージュ（高貴な者の義務）の一つの形であると捉えることも可能である。地域住民は住職や坊守といった宗教という超越的かつ高次なものに仕える人を（彼らがそう思わなくても）「社会的地位の高い者」とみなし、カリスマ性があり全人格的な性格をもつと想像する。そうした期待から、住職らが地域活動参加という一つの社会的義務を果たさなければ、地域住民から批判され指弾されることとなる。それを避けるためにも、彼らは義務として地域活動へ参加するように促されるというメカニズムがはたらいていると解釈できる。

この門信徒・地域住民からの住職家族への期待からくる社会貢献活動、そして社会貢献活動をすることによる門信徒の協力というリターン、というプロセスの背景には、門信徒の護持意識の変化が無関係ではないように思われる。「篤く三宝を敬え」という言葉にあるように、以前は寺院や僧侶は人々の畏敬の対象であり、寺院の護持のために私財を寄進する者もいた。「寺院は門信徒が全員で守り維持していくもの」という意識は強かったのである。しかし戦後の高度経済成長による近代科学主義の興隆や新宗教団体による事件、また葬式仏教への批判もあいまって、宗教団体への所属する割合は一九五〇年頃に六割だったのに対し、一九七〇年以降は三割程度で推移し、また宗教団体への信頼度も二割弱と、諸外国と比較して格段に低い数値が示されている〔石井 二〇一〇〕。このような時代の流れは次第に農村部へも波及し、護持意識の低下につながったのではないか。「「みなさんのお寺」という考えじゃないんです、「住職家もお寺も一緒くた」というのがみなさんの考え。でも、このC寺は私らのもんじゃない、宗教法人でしょう【C寺坊守】」という語りは、「寺院は門信徒が維持するもの」という護持意識が低下し、「寺院は住職家のもの」という意識へすげ替えられてしまったあらわれと捉えられる。その結果、寺院の護持費の負担も住職家への献金のように認識されてしまったり、経済的困窮が理由で住職・坊守が寺院外で就労しても、「高額収入になる、そういう先入観【D寺坊守】」をもたれてしまったりする。「高潔な身分だから社会的地位が高い」だけではなく「経済的にも豊かだから社会的地位が高い」という二つの理由づけが混濁して「住職家は社会的地位が高い」と捉えられてしまうのではないか。また護持意識の低下はもちろん実際の寺院への協力の低下をも招く。護持費の負担、寺院への参拝や年中行事での協力といった門信徒からのさまざまなリソース〔維持のための資源〕が低下すると、いよいよ寺院運営は厳しいものになる。それをつなぎとめる方法として、協力という見返りを期待した住職・坊守の地域への参与があると考えられる。

一方の首都圏寺院、とくに人口増加が激しい市街地に存立する都市開教寺院であるF寺は住職が非常に多くの社会貢献活動に携わっていたが、滋賀県寺院の住職・坊守が語るような動機はほとんど語られなかった。「檀家さんになってもらうことが主眼ではないです。その方が本当の宗教にであってほしいというのが願いですね【F寺住職】」という語りからも、寺院への大きな見返りを求めない態度が示される。同じく都市開教寺院であるG寺は法座を中心とし、寺院でのイベント等の社会貢献活動はほとんどおこなっていない状況であったが、その理由のひとつとして「イベントをやったら人は集まるでしょうけど、じゃあ法座にも来てくださいねってなると、やっぱり来ないんですよ【G寺住職】」というイベントによって法座活動が活発化するという見返りが得られないことが挙げられていた。F寺とG寺は社会貢献活動を積極的におこなうか否かで大きく違いがあるが、互酬性・見返りという観点では、イベントなどの投資をしたからといって寺院活性のリターンが見込めるわけではないことに自覚的であるという共通項が取り出せる。またG寺坊守の町内会に参加することについての「お寺の奥さんだからっていう意識は、むこう（町内会メンバー）も私もなかったですね。お寺だからって、お互いに意識することはないですね。」との語りからは、地域住民からの宗教関係者としての社会参加の期待はあまりなく、また坊守自身も何らかの見返りのための社会参加をおこなっているわけではないことがうかがえる。そもそもF寺やG寺といった大都市の寺院の環境は人口流動が激しく交通の便も発達しているため、門信徒が居住する範囲は市町村や県を越えたところにまで及ぶことも多い。そのため関係基盤「門信徒」と関係基盤「地域住民」は重層性がなく、したがって地域社会での活動参与という関係基盤「地域住民」への投資が、関係基盤「門信徒」のリターンとして得られる可能性はほとんどないのである。

坊守の人づきあい

ここまで、真宗寺院の住職と坊守の社会貢献活動の多様性と、その動機として「宗教者は社会活動すべき」という社会規範と投資によって得られる寺院活性のリターンを認識していることを確認した。本項ではこのプロセスに関連して、坊守の人づきあいのうえでの気づかいについて記述を試みる。とくに滋賀県農村部の坊守は寺院の窓口となりながら、地域のケア活動にもかかわり、住職と同じかそれ以上に門信徒や地域住民と豊かな交流をもっていることを前項までで確認した。さらに本項では、住職の語りでは見られない坊守の人づきあいのリアリティを探り、社会貢献活動のメカニズムにどのように関連するかを検討することで、より深みのあるソーシャル・キャピタルの蓄積プロセスを描きだすことが可能になると考える。

（門徒との付き合いについて）言い方はアレですけど、腹を割ってってよう言わはりますやん、大人って。でもやっぱり、（門徒には）気遣いしてる部分が多いかな。【D寺坊守】

（門徒と友人のような付き合いをすることは）ないですね。あんまり、特定の人とお付き合いをするっていうのは。…（中略）…地域の人と仲良しになるっていうのはホンマにないです。腹を割って話すっていう人もありません。【E寺前坊守】

多くの坊守の語りから見られた特徴が、坊守の門徒とのつきあいのうえでの配慮である。門徒のなかの特定の人と親密に交流することを避け、どんな人にも平等に接することで、寺院内のコミュニティおよび門信徒同士の人間関係を潤滑にするはたらきを担っている。

また滋賀県農村部の寺院は周辺住民の多くが門信徒であるが、そうでない人も一定数存在する。そうした地域でケア活動をおこなう坊守のなかには、門信徒とそれ以外の住民とのつきあい方にも多大な配慮をおこなっていることが次のA寺坊守の語りからわかる。「(民生委員の活動について)気をつけるのは、門徒さん以外の方が「門徒さんばっかり世話してはるやん」みたいに感じられるとアカンので、そっちばっかりって言われんように、できる限りの範囲で万遍なく行くようにってに心がけているんですけど。…(中略)…だからと言って、門徒さんでない人にあまりに仲良くすると、また具合悪いようになるんですよ。そのへんのつかず離れずみたいなのが難しいなあっていう【A寺坊守】」。

このように、農村部においては門信徒内での不協和や門信徒とそれ以外の地域住民との不協和を発生させないような坊守のつきあい方への配慮がみられるのだが、その背景には「みんながみんなのことを知り尽くして、なんか嫌やなっていう気もあった【A寺坊守】」という地域住民の監視の目や、「やっぱり中には、「いつも奥さんはあの人らだけと仲良くしてる」と言う人もいる。人間って、ちょっとしたジェラシーみたいな、やっぱりお年寄りはそう感じる人もある。だからおばあちゃん(義母・前坊守)は、「坊守は全てにおいてみんなと平等に接していかなあかんのやで」って【D寺坊守】」といった(とくに高齢の世代からの)坊守は平等に仲良くすべきという役割期待があることがうかがえる。住職も地域住民との交流を坊守に劣らずおこなっているはずだが、「今の門徒総代とは地域のスポーツチームに所属する先輩後輩で、一緒に飲んだり歌ったりして、文字通り裸の付き合いをしてきた【E寺住職】」とあるように、A寺・D寺・E寺の坊守たちのように細かい気配りをしている様子はあまり見受けられない。なぜ住職と坊守とでつきあい方に違いがあるのかという理由までを明らかにすることは難しいが、ともかく坊守は人づきあいのバランス感覚を身につけ、その配慮によって地域コミュニティの人間関係を潤滑にしている可能性を示すことができる。

坊守が門信徒との人づきあいに多大な配慮をしている一方で、「外部の友人との親密な関係」を築いていることもわかった。寺院の外に勤めていたころの同僚や、坊守・寺族女性という立場を共有する仲間など立場はさまざまであったが、地域住民のネットワークと重層しない立場の人物と親密な友人関係を結んでいた。こうした本音でつきあえる友人たちとの交流をとおして、坊守は精神的安定を獲得することが可能となる。「ただ、保育園の職員の中では、前から勤めてくれてる人もいますので、そういう人とは本当に腹を割って喋れます。別にね、地域での友達はなくても、職場でそういう信頼できる人と話すことができます。そんなんで私も救われてますわ【E寺坊守】」というように、慎重な気づかいをしていた門信徒との関係よりも、親密な交流をとおした喜びが生き生きと語られていることがわかる。

こうした「坊守の人づきあいのバランス感覚」は滋賀県の寺院の多くの坊守から語られたが、首都圏内のF寺・G寺では見られなかった。その理由としては、首都圏寺院が存立する地域は都市化の影響から近隣ネットワークの密度が比較的低く、坊守がもつ社会的ネットワークもまた重層的でないことが挙げられる。近隣のネットワーク密度は、近隣住民との関係の薄さやネットワーク包摂の指標でもあるが、個人のプライバシーがどれだけ確保されるかという観点からも捉えることができる。とくにF寺やG寺の大都市寺院ではこの近隣ネットワーク密度が低く、農村部よりは坊守に対する監視・期待がゆるい可能性がある。このような地域では、滋賀県の寺院の坊守が感じていたような緊密なネットワークの息苦しさを感じることが少ないのだろう。

中間的な寺院

ところで、インタビュー調査をおこなった寺院のなかでもH寺は農村部にも都市部にも分類できない特徴をもっていた。H寺が存立する都市は、人口が六万人程度ではあるものの今後ゆるやかな人口減少が想定される市であった。そういった状況下で比較的若いH寺住職・坊守は寺院の存在意義を再検討する岐路に立たされていることをしきりに強調していた。そのための新しい試みとして寺院に付設された会館の開放があったのだが、そこには将来的にH寺が地域のセーフティネットとして活動をするために必要な資源を確保しておく意図がうかがえた。「(会館を開放する理由には)お寺でそういう(貧困ケアなどの)活動をしようっていうときに、手伝ってくれないかって声をかけやすい人をどんどん作っておく、それもちょっと期待してるところもあるんですよね【H寺坊守】」といった語りからは、H寺の会館開放も確かに滋賀県寺院のように「リターンを見越した社会活動」と捉えられる。しかし、リターンを寺院の伝統行事への参拝や寺院護持の協力に振り向けようとする滋賀県寺院と異なり、新たな社会貢献活動への協力へと振り向けようとしていた。またH寺坊守はとくに女性同士のネットワークが社会活動に役立つことを強く意識しており、そのために、「普段から市内のおばさんたちのネットワークで、ざっくばらんにすぐ相談できるような、そういう間柄を作【H寺坊守】」ろうとする一方で、「坊守はランチだのお茶だのってしょっちゅう遊び歩いてるように見えて、実は仏教婦人会の方たちをねぎらって、お食事とかお茶とかをご馳走して差し上げたり【H寺坊守】」と、既にあるつながりを強化するための気づかいも見せていた。古くからの寺院を基盤としたつながりを維持する一方で新しくつながりを構築する様子は、滋賀県寺院にも都市開教寺院にも見られず、ネットワーク密度が分散的でありながらも代々この地で寺院運営をしてきたH寺に特徴的であった。

H寺の社会活動は、再び縁をつなぎなおすプロセスの途上でもあるのだろう。昔ながらのつながりがありつつも流動性がある地において、H寺住職・坊守らのさまざまな社会活動をとおして多様な人々とつながりを結ぶ取り組みは、関係基盤の連結性を強化することにほかならない。H寺の住職・坊守が連結点を多く有していれば、それはすなわちさまざまな社会的属性を有する人々から多様なリソースを得ることが可能となることを示す。農村部でも大都市圏でもなく、その中間に位置するような特徴をもつH寺は、今後人口減少を経験するであろう多くのコミュニティに対して、ある一定の方向性を示しているだろう。

三　おわりに

住職とその家族への調査をしていくなかで、「やっぱり坊守さんのはたらきは大切なんですね」という言葉を宗教研究者の口からよく聞いてきた筆者は、いいようのない違和感を覚えていた。確かに坊守は、舞台の表裏にかかわらず寺院活動にも参与しているし、本章で明らかにしたように社会活動にも参与する。その合間には、おそらく家庭内の家事・育児などの再生産労働の大部分をおこなわなければならないことも想像に難くない。ある寺院の坊守に対してインタビューをおこなっていた際、通された本堂の裏手からひっきりなしに電話を知らせるベルが鳴り、そのたびにインタビューを中断し坊守が電話対応をするという場面に出会った。また他の寺院では、盂蘭盆会の際に寺院参拝する門信徒にお茶を出し、少しばかりの間、世間話をするのは坊守をはじめとした寺族女性であった。坊守はよく寺院の窓口であると言われる。そういった一連の対応を含め「坊守のはたらきは大切」と言われるのであろう。

また宗教者の家族は小規模自営業の家族に似通っていると言われることも多い。一般的な自営業の業務を家族従業者として支える家族（その多くは女性である）の存在は、あまりクローズアップされることはない。その実態は、家族従業者に大きく依存した営業形態であり夫婦協働型の労働であると言われる一方、家族従業者に対する賃金はけっして高くはない。専従者控除の限度額の範囲内であれば配偶者に給与を支払っても経費として計上することが可能となり、所得控除を受けられるためである。家族従業者として働くものの、無給であることも少なくない。こういったジェンダー役割に基づく経済的不均衡が小規模自営業の家族のなかに存在する。本願寺派寺院においても、坊守の職務を担う者に対して給与を支払う寺院は、全寺院のうち五割程度とけっして多いとは言えず、寺院の経済状況が悪くなればなるほど無給で従事する割合が高くなるという［浄土真宗本願寺派　二〇一二］。自営業家族にも宗教者家族にも、家族であるのならば無給でも従事することが望ましい、なぜなら家族のことは家族内の自助で解決すべきであり、それは無償の愛のある家族だからこそできることである、という規範が根底にあるからなのではないか。さらに宗教者家族には、宗教という人々に救いをもたらすものに仕える人々が、俗物的に金銭的要求をおこなうことは品性に欠ける、そもそも慈悲深いおこないは金銭的価値に替えられないものである（だから無償でも喜んではたらくべきである）という規範さえ存在する。そのような規範が宗教者家族のジェンダー役割の固定化と家族間の不均衡を引き起こしている可能性は高い。そのことに注意を向けずに、「坊守の役割は大切である」といった言葉を投げかけることは、「坊守の役割は大切、だから無償でも喜んではたらくべき」という無言の暴力になりかねない。

だからこそ、宗教者家族の役割がどういった面において「大切である」のかを明らかにしていくことは、宗教者および家族が自身の生活における家族・ジェンダー問題に自覚的になる手立てとなりうるという点で重要である。本章はそのひとつとして、浄土真宗本願寺派寺院を対象とし、地域社会における仏教の社会貢献活動を取り上げ、住職と坊守のはたらきが地域コミュニティとどのように関連しあっているのかを明らかにしようと試みた。

調査の結果、多くの住職あるいは坊守が何らかの社会参加をおこなっていたが、その動機には地域のネットワークのあり方によって大きな違いが存在すること、そしてネットワーク密度が高い農村部においては坊守の人づきあいのバランス感覚が寺院と地域とを結びつける重要な要素であること、という点が示された。農村部においては、地域ネットワークの密度が高く、関係基盤の重層性も高いことが、寺院活性というリターンを得るための地域社会への参与と大きく関連していた。さらにネットワーク密度が高いことは坊守の人づきあいに一定の制約を与えているようであった。この坊守の人づきあいの機微が地域コミュニティの人間関係を潤滑にし、地域活性化に一役買っていると考えられる。

本章では、「地域社会において寺院や住職の活動はソーシャル・キャピタルを維持する役割を果たす」と述べてきた宗教のソーシャル・キャピタル論に、活動の主体としての住職家族・坊守の存在を示し、ソーシャル・キャピタルの蓄積プロセスのありようを記述してきた。それまで漠然とした役割像であった坊守について、地域社会においてそのはたらきを具体的に示し、坊守の社会参加がコミュニティに有効に作用していることを明らかにした点で意義深い。一方で、坊守は住職よりも地域住民との人づきあいに神経を遣い配慮することが求められていた点においては、坊守の有効なはたらきそれ自体がジェンダーによるソーシャル・キャピタルの不均衡をはらむ可能性も示された。それゆえに、坊守もソーシャル・キャピタルを醸成するプロセスを担う重要な人物である、と手放しに称揚することは避けられるべきであろう。しかしそれでも、坊守という「見えにくい存在」もまた地域社会におけるソーシャル・キャピタルの蓄積プロセスに大きくかかわっているという本章の結論は主張されるべきだろう。既に横井［二〇一二］が、地域社会への参加は坊守の役割満足感を高めることを指摘しており、ライフキャリアを考えるうえでも社会貢献活動は重要な要素であることがわかっている。今後はさらに、本願寺派に限らず、他の宗教における女性の社会貢献活動にも注目していく必要がある。

経済の低成長期と人口減少の時代を迎えた日本社会においては、女性の労働力は無視できないし、今後日本が女性の活躍促進という目標を掲げる方向に舵を切るのであればことさらに、どんな分野においてもジェンダー問題に真摯《しんし》に向きあうことが求められる。坊守をはじめとした住職家族・寺族女性のはたらきの（再）検討・（再）評価を当事者自身を含めて慎重かつ丁寧におこなうことは、今日における伝統仏教の存在意義を改めて考えることにほかならない。そうした作業を経ることで、寺族女性の社会活動は真に地域の力として発展性をもつものになるだろう。

註

（1）横井［二〇一二］や窪田［二〇〇六］では、寺院の公的活動として、葬儀、月忌・年忌法要、報恩講、盂蘭盆会、彼岸会などの「寺院での法要・儀式」、法話、寺だよりなどの文書・掲示などをとおして教えを伝える「布教や伝道」、子ども会、青年会、婦人会や壮年会などの「教化団体の指導」があり、寺院の私的活動として、境内や本堂などの施設内の「清掃」や、内陣の装飾などを整える「荘厳」、「門徒への相談に乗ること」、住職会や寺族婦人会などへの「会議の参加」、そして仏法を聴聞したり仏教・真宗学について勉強する「仏法聴聞や真宗学の勉強」などが挙げられていた。社会活動の種類としては「地域行事の参加」、華道やコーラスなど文化教室などの「生涯教育活動への参加や支援」、「ボランティア・NPO活動への参加」に分けられていた。

（2）仏教の成立の背景には、インドのカースト制や男尊女卑思想などのバラモン文化への批判があった。女人往生の願である無量寿経・第三十五願「設我得仏十方無量　不可思議諸仏世界　其有女人聞我名字　歓喜信楽発菩提心　厭悪女身寿終之後　復為女像者不取正覚」は、そうした背景から生まれたものであると考えられている。その結果、日本の仏教教団においても「女性はその身を男性に転じることによってのみ浄土に往生できる」という変成男子説が説かれるようになったとされる。

参考文献

菱木政晴　一九九一「仏教の性差別――大無量寿経三十五願のフェミニズムからの解釈」『日本仏教学会年報』五六：一二七―一四〇頁。
稲場圭信・櫻井義秀編　二〇〇九『社会貢献する宗教』世界思想社。
石井研士　二〇一〇「日本人はどれくらい宗教団体を信頼しているのか――宗教団体に関する世論調査から」『東洋学術研究』四九（二）：二五四―二七四頁。
浄土真宗本願寺派　二〇一一「第九回宗勢基本調査報告書」『宗報』五三三：一―二五一頁。
女性と仏教　東海・関東ネットワーク編　一九九九『仏教とジェンダー――女たちの如是我聞』朱鷺書房。
女性と仏教　東海・関東ネットワーク編　二〇〇四『ジェンダーイコールな仏教をめざして――続女たちの如是我聞』朱鷺書房。
女性と仏教　東海・関東ネットワーク編　二〇一一『新・仏教とジェンダー――女性たちの挑戦』梨の木舎。
川橋範子　二〇一二『妻帯仏教の民族誌――ジェンダー宗教学からのアプローチ』人文書院。
小松加代子　二〇一四「宗教は人々の絆をつくりあげるのか――ソーシャル・キャピタル論とジェンダーの視点から」『多摩大学グローバルスタディーズ学部紀要』六：六一―七四頁。
公益財団法人庭野平和財団　二〇〇九『「宗教団体の社会的貢献活動に関する調査」報告書』。
窪田和美　二〇〇六「真宗寺院における住職と坊守の役割――第八回宗勢基本調査からみる坊守の多面的活動」『龍谷大學論集』四六八：一一八―一四六頁。

栗原広海　一九九一「親鸞の女性観——著作にみる女性の往生・成仏の問題」『日本仏教学会年報』五六：五九—七八頁。
三隅一人　二〇一三『社会関係資本——理論統合の挑戦』ミネルヴァ書房。
内閣府　二〇〇五『コミュニティ機能再生とソーシャル・キャピタルに関する研究調査報告書』。
西口順子　二〇〇六『中世の女性と仏教』法藏館。
尾畑文正　一九九一「真宗と性差別」『日本仏教学会年報』五六：一四一—一五二頁。
Portes, A., 1998, "Social Capital: Its Origins and Application in Modern Sociology," *Annual Review of Sociology*, 24: 1–24.
Putnam, Robert D., 2000, *Bowling Alone: The Collapse and Revival of American Community*. Simon & Schuster.（柴内康文訳　二〇〇六『孤独なボウリング——米国コミュニティの崩壊と再生』柏書房）。
櫻井義秀　二〇一四「二〇一三年度学術大会・テーマセッション記録　宗教とソーシャル・キャピタル」『宗教と社会』二〇：一三七—一四六頁。
Silvey, R. & Elmhirst, R., 2003, "Engendering Social Capital: Women Workers and Rural-Urban Networks in Indonesia's Crisis," *World Development*, 31(5): 865–879.
平　雅行　一九九〇「中世仏教と女性」女性史総合研究会編『日本女性生活史』第2巻・中世、東京大学出版会、七五—一〇八頁。
横井桃子　二〇一二「はたらきかたと役割受容感——住職と坊守の寺院活動」『宗教と社会』一八：二三五—四七頁。

付記

本研究は、基盤研究（C）課題番号２４５２００６２「寺院仏教とソーシャル・キャピタル——過疎・中間・過密地域の比較」（研究代表者：櫻井義秀）の一環としてなされたものである。調査にご協力いただいた寺院関係者のみなさまに記して感謝申し上げます。

第14章　傾聴する仏教——俗世に福田を見る

櫻井義秀

一　はじめに

現代日本で充足されないもの

経済成長による社会全体の底上げが見込めない日本にあって、社会的リスクへの対応には複数のアプローチがあるように思われる。一つは、雇用の不安定化や家族による扶養力の低下を補うべく社会政策の拡充を求めるものである。子どもの貧困［貧困研究会　二〇一一・二〇一三、阿部　二〇〇八・二〇一四］、シングルマザーへの手当［岩間二〇〇三］、老後資金や年金給付額が不十分な高齢者の扶養などがそれにあたる［白波瀬　二〇〇五］。湯浅誠［湯浅二〇〇八］や雨宮処凛《あまみやかりん》［雨宮　二〇〇七］によるプレカリアート（非正規労働者）に対する手厚い社会保障を求める社会運動も方向性は同じであり、奥田知志（東八幡キリスト教会牧師）による北九州ホームレス支援機構やホームレス支援を継続してきた教会も含めることができよう［白波瀬　二〇一一］。生命や生活そのものへのリスク対応であり、もっとも基本的な人間の欲求が充足されない可能性が出てきたことへの危機意識がうかがわれる。

もう一つの方向性が、マズローの欲求段階説では四番目にあたる承認の欲求充足にかかわるものである。自分の存在・価値を認めてほしいということだが、子どもが親に目をかけてもらいたい、友だちに仲間はずれにされたくない、仕事でほめられたいなどの欲求である。筆者は勤務校で学生相談室長を任されているが、恵まれた環境にあると思われる学生たちの自己評価が不安定（根拠のない自信や過信、逆に過度の落胆や絶望におちいりやすい）であり、人からほめられた経験が少ない（親の期待が学歴・職歴にわたって高すぎ、もう十分だよとなかなか言ってもらえない）ことに驚いている。若者は疾風怒濤《しっぷうどとう》の自我形成時代を過ごすものだと昔は発達心理学や教育学で習ったものだが、今ではカウンセリングの対象になりかねないし、大学版の保健室登校というようなケースも稀ではない。こうした若者の気分障害や落ち込みの持続（軽度のうつと診断されるかもしれない）は、豊かさを失い、自信を喪失した時代を反映しているのかもしれない。

周知のように、マズローは人間の欲求願望を、㈠生理的欲求（Physiological needs）、㈡安全欲求（Safety needs）、㈢社会的欲求（Social needs / Love and belonging）、㈣承認（尊重）欲求（Esteem）、㈤自己実現欲求（Self-actualization）の五段階に分けた［マズロー　一九八七：一〇〇—一一一頁］。それぞれ排他的な欲求ではないが、下位の欲求が満たされれば上位の欲求へ関心が移行するという図式には批判があるものの、社会の発達段階を見るうえではわかりやすいものである。

日本社会は一九七〇年代から八〇年代にかけて経済的繁栄を謳歌し、国民の生理的欲求と安全的欲求を充たしたはずだった。一九八〇年代には男女雇用機会均等法が施行され、男女の別なく高等教育の機会を獲得し、職業を通した自己実現がめざされたのである。しかし、失われた二〇年と評される低成長の時代を経て、優秀な学生たちは留学も大学院進学もせず、安全な就職先を第一に考えるようになった。冒険する、リスクを取る余裕が失われた。他方で、若者世代のケータイやインターネットによるつながり願望（排除への畏《おそ》れ）と承認の簡単化（いいね！）によって同調志向が強まり、他者からの承認をもって正しさや確かさを確認したがる傾向が強くなった。家族、地域、職場といった従来型の所属集団（安全と社会的欲求を充足する）が脆弱化している時代だからこそ、承認行為によって他者との関係や自己の社会的位置を確認していこうという欲求が強まっているのかもしれない。

こうした時代にあって承認を得やすい人と得にくい人との差異が生じている。一つにメディアの利用能力、もう一つは人間関係調整能力にかかわるが、承認を希求しながら充足できていない人たちはどうしているのか。この種の「生きづらさ」が小中学生から語られ、大学生では、「(ひとり) ぼっち」を恐れて群れたり、簡単に承認を与えてくれる自己啓発セミナーやカルトの勧誘に絡め取られたりするものが出てくる。高齢者狙いの霊感霊視商法や振り込め詐欺の被害者となった人たちも肉親からの声に飢えていたのではないか。

現代宗教に求められるもの

現代日本において特有な社会的排除は二つあり、一つは労働市場や社会保障から支援が十分に受けられないために生理的・安全的欲求が満たされないことにかかわるものであり、もう一つは生活できるものの生の実感や喜びが充足されないことからくる承認欲求にかかわるものである。現代宗教はこうした人々を支援することができているのだろうか。

本章では社会政策の領域ではなく、精神的充足の領域において現代宗教が果たす役割を考察しようと考えている。その前に、筆者の研究方法論に関して簡単に説明を加えておこう。

筆者は「宗教の社会貢献」という問題意識をもって研究を続けているが［稲場・櫻井編 二〇〇九］、若い世代の宗教研究者や現場の宗教者たちと協働できるプラットホームは何かと考えている。それぞれの持ち場でできることをしながら、なんとか今の社会をよくしていきたいという素朴な願いにおいて一致できれば、論争のための論争、利害集団の勢力拡大のための活動におちいることなく建設的な議論の場を構築し（「宗教と社会貢献研究会」によるオンラインジャーナル『宗教と社会貢献』の刊行）、実践的な活動にまでいたることもできるのではないかと考えている（稲場圭信や黒崎浩行による「宗教者災害救援マップ」の運用）。

もちろん、諸宗教の諸教派・宗派はそれぞれのやり方によって独自の救済を行っているはずであるが、それが必ずしも現代社会の一般市民には助けと感じられない行為が多々ある。独善的にならず、非信者の人々からも社会的支援と受け取られるような活動領域・内容は何であるか。どのような配慮や仕掛けが必要なのか。こうした問いから始める宗教の社会貢献という研究では、宗教行為の社会的分析を第三者として客観的に行おうとするが、この研究という行為自体も現代社会の形成に参画する実践であると私は考える。

本章では、現代人の承認欲求に応えようという現代仏教による傾聴の実践から、現代宗教による社会貢献の可能性を見ていくことにする。具体的には、二節で東北大学の実践臨床宗教学講座を中心に行われている臨床宗教師養成の発想をケアの観点から見ていき、三節において現代の傾聴を伝統的な傾聴として教誨師《きょうかいし》、傾聴ボランティア、グチコレといった現代的傾聴までの特徴を見ていく。そして、最後に、承認と生活基盤の確保をともにめざそうという秋田県藤里町の実践においてキーパーソンとなっている袴田俊英住職のケースを紹介したい。

二　臨床宗教師とケア

臨床宗教師

東北大において二〇一二年四月に実践宗教学寄附講座が立ち上げられた。その経緯は次のようなものである［鈴木　二〇一三a、二〇一三b］。二〇一一年三月一一日の東日本大震災後、仙台で宮城県宗教法人連絡協議会に所属した宗教者たちが「心の相談室」を主催し、電話相談と移動喫茶 Café de Monk で傾聴活動をしていた。しかし、宗教伝統の異なる人々、特定の信仰心をもたない人々を対象に傾聴活動を行うことが多かったために、超教派・宗派的な宗教的ケアを行う場を確保することと、そのような立場を自覚して傾聴を行う人材を養成しなければいけないと思い立ち、中立的立場を確保できる宗教学研究室が中心となって三年間の時限付き講座の設置となった。医療者として設立にかかわった岡部健爽秋会《そうしゅうかい》理事長（故人）は、将来的に終末期医療・緩和ケアに宗教者がかかわるべきであると考えていたという［東北大学実践宗教学寄附講座　二〇一二］。

二〇一五年、同講座では鈴木岩弓教授が宗教学講座と兼担し、他に高橋原准教授の宗教心理学と谷山洋三准教授のスピリチュアルケア実習の授業が学生にも開講されている。高橋・谷山両氏が企画・運営の中心となって宗教者向けの短期研修「臨床宗教師研修」が七回ほど開講され、八〇名を超える修了生が送り出されている。同講座では地元に戻って活動している臨床宗教師を対象にフォローアップ研修やネットワークづくりの手伝いもしており、鈴木氏の言では宗教界に新しい風を吹き込む社会運動的な要素も強いということだった。実際、龍谷大学実践真宗学科と共同で臨床宗教師研修を開催したり、高野山大学のスピリチュアルケア学科や上智大学のグリーフケア研究所との協働も企画されたりして、二〇一四年には「臨床宗教教育ネットワーク」が発足している［島薗　二〇一五］。

臨床宗教師の言葉は英語ではチャプレンに相当する。チャプレンはミッション系の学校や病院、刑務所や軍隊に常駐し、健全育成やメンタルヘルスを宗教的立場から行う専門職を意味しており、宗教多元主義の度合いによってプロテスタント諸派やカトリックだけでなく、ユダヤ教、正教、イスラーム、仏教他のチャプレンを備えている。日本では、ホスピスや緩和ケア施設にビハーラ施設を設置した長岡西病院（一九九三年に設置）や立正佼成会付属佼成病院（二〇〇四年に設置）のようにチャプレン相当者（あるいはビハーラ僧）を雇用している先駆的病院もあるが、医療にパストラルケア（もしくはスピリチュアルケア）を導入しているところはきわめて少ない［日高　二〇一五、林　二〇一四］。

その背景的理由として、日本では対象者の大多数が無宗教・無信仰者を自認する人々であり、病者のニーズが少ない。そして、何より日本の医療においては死の直前まで医療行為が間断なく続けられるために、医療者はもちろん患者においてもスピリチュアルな次元で死に向きあう暇がないことが大きい。人が病むこと、老いること、死を迎える存在であることが病院や社会によって隠され、そういう状況に慣れきっていると、医療者からの告知は当事者にとって辛いものとなる。自分や家族のことで心配ごとを話そうにも、医師・看護師にゆっくり耳を傾ける時間はない。医療ソーシャルワーカーや傾聴の意思と能力のある人たちへのニーズは現実に高いし、「死」という事態に直面して足下を照らす明かりもないなかを歩かなければいけない人々には、「死」について考え向きあう経験が豊かな宗教者の関わりが必要ではないかというのが、緩和ケア医療を実践していた岡部医師の発想だった。

『東北大学実践宗教学寄附講座ニュースレター』一～六号を通して読んでみると、伝統宗教や新宗教の教師の方が現場で学ぶことの意義と宗教間交流がこの研修で実現されていることを異口同音に記している。実習科目となっているCafé de Monkを運営する金田諦應老師は「参禅して、勉強もして、だけどそこから一歩踏み出さないと、教科書に書いてあること、教えを自分のものとして理解できないと思う。本当に教学だとかそういうものが現地にはあるんですよ。その中でいっぱい学ぶ事はあるんです。それは学問にも言葉にもならない。でも最後は一言一句、肌で感じる事ですから」とウェブ上で語る［曹洞宗HP 二〇一五］。

東北大学の実践宗教学寄附講座でなされている臨床宗教師の養成プログラムは、傾聴が求められる被災地支援、緩和ケア、宗教間対話や無信仰者への対応を含めた柔軟な宗教的感性の涵養《かんよう》が軸になっていた。宗教の現場はまさに研修受講者が自身や受講者同士の連携から見つけていくものと思われる。おそらくプログラムに参加した宗教者が受講前に認識していた宗教の現場は宗派・教派の現場であり、自分たちの信徒との関係が主だった。その現場感覚が受講後に大いに拡大されたという声が、『東北大学実践宗教学寄附講座ニュースレター』に毎回記載されている。資格というのは専門知識を取得し、制度組織に位置づけられ、資格外の人たちを閉めだす業務独占を企図されることが多い。宗教であっても同じである。ところが、臨床宗教師という概念は逆転の発想であり、専門性よりは一般性、独占よりは解き放ちを重視しており、資格化・制度化に反する。鈴木岩弓教授が筆者に「臨床宗教師という発想は社会運動です」と語られたが、そのとおりである。既存の制度・専門家のあり方を問いなおす運動であり、宗教団体・宗教者というところの制度・専門性や信者に限定されない一般市民への社会支援のあり方を問う運動になるかもしれない。この意義を、緩和ケア医療と世俗化の議論を参照しながら確認していこう。

治すからお世話へ

緩和ケア（Palliative care）とは、病者の身体的・心理的精神的・社会的な問題への処置によって苦痛を予防し和らげることで生活と人生の質を改善する行為である。医師・看護師の医療スタッフに加えて、医療ソーシャルワーカーやケア・マネージャー、そして介護者によるチームで病者に対応し、普通の病院や在宅医療でも実施可能になってきている［前野　二〇一四］。緩和ケアは終末期医療やホスピスに限定された特殊な医療ではないにもかかわらず、医療の最終段階という認識が払拭されていない。

実際に、難病を生きる、数年・数カ月先の死期まで生きつづけなければいけない人たちは大勢いる。なぜ、自分がこの病を得たのか。なぜ、自分だけが先に逝《い》かなければならないのか。この一人称の問い、あるいは自分にとって大切な人がなぜという二人称の問いは医学の範囲を超える。人はなぜ病になるのか、人はどのように死ぬかという三人称の問いに対して答えるのが医学や自然科学だからである。精神的・人格的次元の問いに対しては、人間そのものを考察の対象に据えた学問やスピリチュアリティそれ自体を扱う宗教が適している。もちろん、正答や人生の真理をそのままに説くのであれば、宗教的教説の布教・教化活動にしかならないが、問いつづけることを人生の営みにした先人の知恵を紹介できることが人文学や宗教の強みである。

緩和ケアは、治療（Cure）による寛解が望めない状況においてなお、人に生の意義や喜びを感じてもらおうと可能な限りの苦痛を取り除くお世話（Care）の精神でなされる。宗教的救済というのは、治療・治癒に近い概念であり、生き方を鋳直して新しい生命を得るという比喩が適切である。それに対して、お世話はあくまで当人の生活の質を上げることが目的であって、生活を変えてもらうことまでは要求しない。スピリチュアルケアは、宗教的救済ではなく、お世話に近い。とはいえ、スピリチュアルケアは、日本のように七割の人々が無信仰・無宗教を自認し、自然とのふれあいや人間関係に重きをおくことが多い社会では、スピリチュアルという語感もあって一般市民が必ずしも欲するものとはなっていない。

むしろ、岡部医師が指摘していた「お迎え（先に亡くなった家族・親族が夢枕に立つような体験）」の経験のほうが、天国や極楽浄土といった宗教的話よりも、スピリチュアルな概念より、温かいものとして感じられるかもしれない。日本の場合は、家族や親しい人に気にかけてもらいたい、見守ってもらいたいという関係性の欲求が強い。そのうえで、ケアの実践者にこそスピリチュアルな次元の癒しや支えが必要ではないかと思われる。お世話をなす人が燃え尽きないためである。事実、根気強く人や世のお世話をしつづける人に宗教的信念や崇高な精神性を感じることが多い。

スピリチュアルな問題を解決するために宗教者が医療にかかわる例は日本ではまだ一般的ではないが、既に日本スピリチュアルケア学会が「日本スピリチュアルケア学会スピリチュアルケア師（指導・専門・認定の三種類）」という認定資格を出している［日本スピリチュアルケア学会　二〇一五］。スピリチュアルケア師の倫理規定には、①「ケア対象者の人間として、個人としての尊厳を尊重する」、②「有資格者自身の信仰を押しつけない（ケア対象者の信念・信仰、価値観の尊重）」、③「自己の限界の認識」、④ケア対象者に関する情報の守秘義務、⑤所属組織や同僚との良好な関係、社会における適切な振る舞いが明記され、宗教的布教や治癒と明確な一線を画している。臨床宗教師倫理綱領もほぼ同じ内容である［東北大学実践宗教学寄附講座運営委員会　二〇一五］。

臨床宗教師やスピリチュアルケア師に求められるものは、関係性への欲求に対応し、お世話しつづける強く優しいこころを維持するための自身の宗教性やスピリチュアリティだろう。そして、提供されるスピリチュアルなケアは、宗派・教派的な宗教性や霊性の次元を解き放っている。限界の認識も重要な要素であり、超越的な次元に究極の解決を委ねない（その代理を自認する個人や集団の介入を招かない）ためにも必要なことである。このような開放的な心がまえは、ある面で宗教が現実社会によりそって変わることをいとわないという積極的な世俗化の方向を打ちだすことにもなる。

世俗化と公共性

曹洞宗檀家が村落の七割方を占める東北地方において、真宗や浄土宗の僧侶が宗門の作法そのままに読経や慰霊を行って被災地域住民のケアにあたろうとしても無理がある。同様に、七割方の無宗教・無信仰を自認する一般市民への支援としてスピリチュアリティを前面に出したケアを緩和ケアとして行えば、それは引かれるだろう。そこで超教派、宗門を超えた臨床宗教師、また、対象者の尊厳に最大限敬意をはらってスピリチュアリティの次元を押しつけないスピリチュアルケア師という新しいロールモデル（資格者）が登場した。

欧米におけるパストラルケアはあくまでもキリスト教文化圏ないしは個人の霊性に宗教性が大きくかかわる文化圏において理解・支持されるケアのあり方である。他方、日本では世俗化の質や程度がかなり異なるために、資格者が宗教性やスピリチュアリティを保持しながらも、その啓蒙普及もしくは布教・伝道を対象者にしないのであるから、所属教団や寺院・教会の教勢にはほとんど関係しない活動になる。ある意味で潔いとも言える。その代わり、ケアの担い手として公共的な領域へ参画することができるのである。つまり、震災地域の復興や緩和ケアのあり方は、現代日本の大勢の市民にとって重要な問題である。そこに具体的な実践によって提言していく行為は公共性の形成に参与することになる。

ここに現代日本の宗教が公共空間にかかわっていく際の一つのあり方を見ることができるのではないだろうか。宗教と公共空間をめぐる議論において重要な論点は、どのような条件の下で宗教が公共空間にかかわることが社会的に是認されるのかということである。公認宗教制（特定の宗教や教派・宗派と政権が協定を結ぶか、庇護―正当性付与という互酬関係を維持するか）や事実上の公共宗教（公共空間への関与がマジョリティに支持されている）が存在しない社会において、特定宗教が公共空間に参与するためには世俗化せざるをえない。

ルシアン・ヘルシアの論考によれば、ドイツのキリスト教会はナチスとエリート層の庇護を求めた反省から社会の各層に広く出て行く宣教・社会活動方針に転換し、それが意識的な世俗化を生み出し、他面でドイツキリスト教民主同盟のような政党政治にも展開したという［ヘルシア　二〇一四］。日本の場合、日本の諸宗教は明治以降に皇道宗教として国家神道・天皇制を翼賛することで、消極的な形であれ公共空間に参画したが、戦後の反省や厳格な政教分離制度もあって一斉に公共空間から撤退した。創価学会のように例外的に公明党によって政治参加し、政党や政治家を後援する教団があるものの、多くの教団は政治と一線を画した社会参加をめざしている。そして、宗教団体によって担われた日本の社会事業は戦後に社会福祉として制度化されるにともない、宗教団体が学校法人・社会福祉法人・医療法人を設立して運営を宗教者以外に委ねるという形での世俗化が進んできた。伝統宗教や新宗教が宗教法人のままで社会支援活動を行う例はあるが、必ずしも世俗化した社会支援ほどの規模ではなされない。

ところが、東アジア情勢の緊迫化に呼応するように神社界・神道政治連盟・日本会議が天皇制の崇敬やナショナリズムを称揚し、他方で東日本大震災・福島第一原発事故以後は諸宗教による被災者支援、全日本仏教会・新宗教連盟による原発反対運動を行うなどして公共空間に参加してきたという［島薗　二〇一四］。筆者が見るところ、宗教団体のままで政治的領域に参画するやり方は教団の範囲を超えた支持を得ることがなかなか難しいのではないかと思われる。むしろ、世俗化した領域に公共空間への参加の糸口があり、宗教団体よりも市民運動のなかに宗教性やスピリチュアリティのよさを活かせる例がある。この観点を傾聴から深めてみよう。

三　傾聴の広がり

傾聴ボランティア

この言葉は、二〇年ほど前に京都ノートルダム女子大学生活福祉文化学部の村田久行教授（現日本傾聴塾代表）によって作られたとされる。村田は神戸大学の大学院で哲学を学んだ後酒田短期大学の教員となり、「よく生きることはどういうことか」という問題を考えているときに、カトリック新聞にパストラルケアが紹介されている記事を見つけ、それに興味を覚えて姫路聖マリア病院で実施された日本で最初のパストラルケアの講習会に参加した。しかし、学んだことを病院で実践しようとしたところ断られ、高齢者の介護施設でのみ許可されたので高齢者の話を聞くために施設に通いつづけ、オーストラリアのホスピスを見学したりしながら、一九九六年に「日本傾聴塾」（塾長）、二〇〇六年にＮＰＯ法人「対人援助・スピリチュアルケア研究会」（理事長）を立ち上げ、対人援助論、スピリチュアルケア論の専門家として後進の指導を行っている。傾聴とは、話されたことをその人にとって人生の核心に迫る重要なものとしてただただ聞かせていただくこと、話すことで語る人は人生のふり返りができ、新たな気づきを得ることができること、宗教的要素が介在しなくとも聴かれることで人は理解されたという安心を得られることであるとされる（ＮＨＫ「こころの時代」二〇一三年三月三一日）［村田　一九九八］。

高齢者への傾聴に特化した活動としては、特定非営利活動法人「ホールファミリーケア協会」がある。理事長の鈴木絹英はアメリカのシニア・ピア・カウンセリングの考え方と養成講座のカリキュラムを日本に初めて導入し、一九九九年からボランティアの育成を始めた。鈴木は、相手を受け入れて話を聴くことは、相手の存在を認めることになり（存在認知）、そのことは相手のいきがいにもつながるといい、また高齢者の個人宅、あるいは各種（高齢者）施設、病院などを訪問して傾聴ボランティア活動を行うことが相互援助に基づく高齢者福祉になると述べる［特定非営利活動法人ホールファミリーケア協会編　二〇〇九］。

このような実践に即した啓発活動に加えて、傾聴は、①スピリチュアルな次元を積極的に含めていく傾聴［鈴木　二〇〇五］、②反対に世俗的なビジネスや対人関係の技法とする傾聴（枚挙に暇《いとま》がない）、そして③カウンセリングの技法としてインテークに共通した傾聴と、複数の領域で広範な読者層をつかんでいるように見える［三島・久保田　二〇〇四］。

三島徳雄と久保田進也は職場環境の改善やストレスの軽減、メンタルヘルスのために傾聴の効用を説くが、そこでは傾聴に関してロジャースの三条件と呼ばれる共感的理解（empathy）、無条件の肯定的関心（unconditional positive regard）、自己一致（congruence）を強調する。そして、医療行為として問題の原因を取り除くことよりも、クライエントの志向性・能力に合わせて何をしたらクライエントにとってよい変化が起きるのか、解決方法をクライエント自身に探してもらうための支援をカウンセリングの肝《きも》とする。ブリーフセラピーに似たやり方であり、この点はその他の領域の傾聴にも共通しており、相手を説得しようとするコミュニケーションから相手を生かして協働できるコミュニケーションを説くのである。

ところで、傾聴ボランティアがカウンセリングと異なるのは、専門家が実施するかどうかということ以上に、治療ではないこと（契約も結ばず対価も要求しない）、当事者自身の気づきに任せて聞き手は介入しないこと（回復という言葉も使わない）、聞き手自身の成長が促されるという契機を重視していることがある。だからこそ、臨床宗教師においては被災地の人々の手助けをするということ以上に自分が成長させてもらうという体験が語られていた。現在、傾聴の意義は仏教界においても再認識され、二〇一〇年に「傾聴僧の会」といった僧侶のグループが立ち上げられている。「仏教の原点に帰り、苦しみの構造を明らかにし、援助の理論に基づいた「傾聴」を方法とし、僧の本務である対人援助の実践を目的」として、毎年（五回の講座）研修を重ねている〔傾聴僧の会 二〇一五〕。ここで僧侶による現代的な傾聴の実践例を報告する前に、仏教界が行ってきた教誨活動にふれておきたい。

教誨と内観

浄土真宗では「聞法」を仏道修行として最重視している。仏や開祖親鸞の教えに耳を傾けることでふり返りをなすということだが、傾聴には、聖人でなくとも市井の人々の生であっても、その語られる経験や思いから人間を根本的に考えるうえで重要な教えが得られるという経験則が含まれているように思われる。

浄土真宗本願寺派の僧侶で長年死刑囚の教誨師を務めた渡邉普相にインタビューしてきた堀川惠子が、渡邉の死後に『教誨師』〔堀川 二〇一四〕を著した。渡邉の生涯をたどりながら、死刑囚に対する教誨の様子、刑の執行場面を含めて詳細な情景を記述している。死刑囚の改心や刑死の場面も一様ではなく、渡邉の煩悶《はんもん》も凄まじいものがある。刑の執行に立ち会い、引導を渡し読経しなければならないという役目自体相当なストレスである。しかし、それ以上に苦しいのが、改悛《かいしゅん》を促しこころの成長を見てきた死刑囚の命を絶つ側に立たねばならないこと、それを知りながら日々の教誨にあたらなければならないことである。

東京拘置所に勤務し、死刑囚に接してきた加賀乙彦は、小説『宣告』と新書『死刑囚の記録』において、①死刑囚には前日の宣告（もしくは朝の宣告）を受けるかもしれないということから、つねに一日の単位でしか生が確保されていないという特有の時間感覚と、②それゆえの拘禁ノイローゼの諸形態があること、③冤罪《えんざい》の主張をなす受刑者が少なくないことを指摘している［加賀　一九七九・一九八〇］。渡邉のノンフィクションでは、僧侶・教誨師としての自分で死刑囚と関係を結ぼうとしてもうまくいかず（自身にものすごいストレスが蓄積される）、そのストレスを解消するためにアルコール依存症になった自分をさらけだすことで弱い人間同士の関係が結ばれたという稀有な体験が語られた。

全国教誨師連盟のウェブサイトによると、全国に一八六五人の教誨師がおり、神道系二二一人（神社本庁と金光教）、キリスト教系二五八人、諸教系一六一人（一六〇人が天理教）、そして仏教系が一二二五人と一番多い。教誨は集合教誨（期日を指定して希望者に行う）、個人教誨（個別に行う）、忌日教誨（被収容者の親族の忌日に行う）、遭喪《そうそう》教誨（被収容者の家族の訃報《ふほう》の際に行う）、棺前教誨（被収容者の死亡時に関係者と棺前で行う）などに区分される。

教誨には傾聴という側面と矯正という側面があり、罪の悔悟と社会復帰を促すための傾聴が実践されている。そして、教誨にかかわる課題としては、被収容者の社会復帰に役立つ情報の発信や、教誨師の養成（とくに女性教誨師）を組織的に行うことが挙げられている［金澤・真名子　二〇一三］。

刑務所や少年院では内観法も長らく矯正法としてもちいられてきた。浄土真宗の身調べという行法を改善して内観法を確立した吉本伊信《よしもといしん》は、七日間集中的に自分が家族・親族、友人・知人、職場や近隣の人間関係において、①してもらったこと、②して返したこと、③迷惑をかけたことの三つを調べることで、大いに内省が深まり、報恩感謝の念がわき、認知や行動に顕著な改善が見られるという。この内観は精神療法としても広まっており、私は以前日本内観学会の会員であった。

この内観法の特徴は、矯正施設や研修施設、病院であっても、内観者の語りを傾聴し、極力指示・介入はしないで、内観者自身の気づきが現れるのを待つという傾聴の姿勢にある。知情意がある程度以上に発達していない人には適用が難しい側面もあるが、大方の人には著効が認められるということになっている［村瀬　一九九六］。

　このように、日本の宗教伝統や精神療法には傾聴の伝統があることがわかる。では、現代的な傾聴にはどのような特徴があるのか。その一事例として学生たちの興味深い実践を最後に紹介しておこう。

グチコレと自己承認

　グチコレとは愚痴コレクションの略称であり、浄土真宗本願寺派の若手僧侶と龍谷大学真宗学科の学生が、大学キャンパスや京都タワー下、坊主バーなどでこの数年に行ったひとの愚痴を聞く傾聴の実践である［加茂　二〇一五］。これまで一〇〇〇人、一〇〇〇件を超す人々の愚痴を聞き、その分類・考察をネット上でアップしながら、世相の分析や傾聴のトレーニングを行ってきた［他力本願ネット　二〇一五］。来談者は傾聴を行う学生たちと同じ一〇代、二〇代が多いようだが、学校・仕事・恋愛・友人関係と愚痴の種は尽きない。

　私は日本宗教学会でなされた加茂順成の発表に対して二つの質問をした。一つは、被災者や苦難におちいっている人々、病者への傾聴に意義は認めるが、傾聴の無償提供を平時に一般市民にまで拡大する必要はあるのかということである。聞いてもらいたい人がいるのであれば、聞いてあげる人になって何の問題があろうというふうに簡単に考えてよいのか。

　つまり、人間関係は家族であれ友人であれ互酬的なものであり、傾聴を受けたいのであれば傾聴をする側に回る必要がある。それ以外は話を聞いてもらうことに対価を払うか、魂胆がある人にアプローチされるかである。ケアは本来互酬的であることを強調しておいてよいだろう［広井　二〇一三］。僧侶が行う傾聴とは、生活基盤を檀家が支えるか、僧侶自らが別途収入の道を確保できているから無償でやれる行為である。傾聴にかかる対価は別の人が払っているのだとも言える。傾聴ボランティアもまた、ボランティア自らが社会全体になす贈与的行為とも言え、おたがいさまの一般的交換に相当する。

もう一つの質問は、傾聴ボランティアや宗教者による傾聴と専門的カウンセラーによるカウンセリングの棲み分けである。臨床心理士というプロのカウンセラーの多くが非常勤の雇用を余儀なくされており、専門職として正規雇用されているカウンセラーのほうが少ない。傾聴は無償行為という認識ができあがってしまうと若い専門職が生計を立てられない状況が生じるのではないかと懸念される。対価をともなうサービス行為とボランティア行為をどう共存させていくのかに関して、傾聴行為を普及させていく仏教界は考えていく必要がある。

それにしても現代は傾聴への需要がある。話を聞いてもらいたい人、自分の存在や自分のやっていることを認めてもらいたい人のほうが、聞いてあげる人、認めてくれる人よりもはるかに多いからである。そのうえ、承認を「いいね」で簡単化する情報ツールが人々の関係をつねに承認・確認を求める関係に変えつつある。子どもから大人、高齢者、病者も健康な人も、認めてもらいたいのである。そのためには一方的でなく相互に話を聞きあう人間関係や社会関係をどのようにして形成するのかという大きな話が必要だが、現状は弥縫策として自己承認や他者からの承認を得る機会に乏しい人々への傾聴が求められ、善意のボランティアや宗教者が啓発・普及の実践を行っているのである。

ケアの実践を互酬関係として恒常的なものにしていくためにはボランティアや宗教者の社会貢献、福祉政策に加えてコミュニティの発想が必要だろうと思われる。従来のムラやマチには互酬性に基づいて人づきあいをなすコミュニティがあり、人々を人間関係のしがらみのなかで縛りもしたが、セーフティーネットの役割も果たし、互助共同の顔の見える関係のなかで相互の承認を交換しあっていたのだろうと思われる。現代は、新しいコミュニティを再創造していく時代であるとも言える。その事例として秋田県藤里町の事例を見ていこう。

四　地域コミュニティと寺院

秋田県藤里町

二〇一四年八月二五、二六日の両日、秋田県藤里町の社会福祉協議会と関連施設の視察、および曹洞宗二カ寺と町民の方を対象とした調査を学生・大学院生を五名引率して行った。寺院は梅林寺と月宗寺であったが、月宗寺住職袴田俊英氏には曹洞宗秋田県宗務所で講演した際に調査の依頼を行ったものである。袴田は「心といのちを考える会」会長として秋田県と藤里町の自殺防止の啓蒙活動に取り組んできたことで知られている。

一九九三年にユネスコの世界遺産に登録された白神山地の南側に位置する藤里町は、米代川の支流となる粕毛川と藤琴川が合流する地域にあり、一九五五年に旧粕毛村と藤琴村が合併してできた町であるが、過疎化によりこの四〇年で人口が半減し、二〇一四年現在三六三四人が居住する。小学校は二校あるが、中学校は一校、高校は奥羽本線の駅がある二ツ井高等学校か能代市内の高校（下宿）に行くことになる。林業と、山間につくった田畑の農業が主要な産業だったが、現在は林業に携わる会社は二社しかなく、マイタケ栽培などの特産品と白神山地探訪の観光拠点で地域活性化を図ろうとしてきたが、二〇一三年の台風被害により藤里町から青森側へ抜ける林道が不通となって観光客を減らしている。

藤里町の名前は教育と福祉の充実でも知られている。藤里町を含めこの数年、秋田県の小中学生の統一学力試験での成績は全国一位であり、藤里町の小中学校も少人数教育で成果を上げている。秋田県は県を挙げて生活習慣と基礎学力を接続した教育に力を入れ、その方針が「秋田わか杉っ子　学びの十か条」に表現されている［秋田県教育庁　二〇一五］。

秋田わか杉っ子　学びの十か条
一　早ね早おき朝ごはんに家庭学習　規則正しい生活がスタートライン
二　学校の話題ではずむ一家団らん　笑いが脳を活性化
三　読書で拓く心と世界　めくるページ、広がる想像力
四　話して書いて伝え合う国語　国語力は学びの基本
五　難問・難題にも挑戦する算数・数学　あきらめずやりきることで能力アップ
六　新発見の連続、広がる総合　総合の時間は脳のビタミン
七　きまり、ルールは守ってあたりまえ　落ち着いた教室で高まる集中力
八　いつも気をつけている言葉づかい　相手意識でみがく活用力
九　説明は筋道立てて伝わるように　整理する工夫が脳のトレーニング
十　学んだことは生活で学校ですぐ活用　活用できて本当の生きる力

ところが、もう一つ、一九九五年以来秋田では、自殺率が全国上位（二〇一三年で人口一〇万人あたり秋田県は二

六・五、全国は二〇・七）である［内閣府自殺対策推進室 二〇一五］。ただし、このような平均値から秋田県の子どもは日本一優秀で、秋田県人は日本一自殺しやすいといったことは言えない。秋田県の子どもの学力は中間層の得点が高く層が厚いという特徴があり、高齢化率は全国一位三〇・七で自殺者が多い中高年の層が厚いために自殺率が高くなる傾向にある。事実、六〇歳以上の自殺者が十数％全国よりも高い。

とはいえ、秋田県には中山間地域の緊密なコミュニティがあり、三世代家族が多い地域である。独居高齢者による自殺は少ないはずである。そこで、なぜ自殺が多いのかという問題に取り組んだのが袴田だった。袴田は駒澤大学を卒業後、北海道と能代市で僧侶として修行をし、二九歳の時にホスピス活動に出会う。この頃、立花隆の『臨死体験』を読み、死の問題に関心をもったという。秋田では専門家の集まりがないので、数年間上京して研究会などで研鑽を深め、何カ所も断られた後ようやく北秋中央病院で週に一度の説法を認められるようになった。しかし、ベッドサイドでのケアを含めたビハーラ活動には拡大できなかった。当時の秋田では病者側のニーズがなく、死の問題やスピリチュアルケアのことよりも一般的な仏教の話をみな聞きたがったという。

袴田はその頃に自殺とうつとの関連を社会に訴えていた秋田大学の医師に啓発されて、二〇〇〇年から約二〇名の仲間と「心といのちを考える会」を立ち上げ、毎年講師を招いて会員の勉強会、住民向けの講演会を数回ずつ開き、自殺予防につながるさまざまな情報提供を行うとともに、藤里町三世代交流館のロビーフロアの一角にコミュニティ・カフェ「よってたもれ」を二〇〇三年以来週に一度開催して、会員による傾聴と居場所提供の活動を継続してきた。活動の趣旨に賛同してくれる会員を月一回のローテーションで依頼し、毎回四、五名の女性会員がお茶の準備（一〇〇円でコーヒー何杯でも）をし、集まる人が茶菓子なども持参しながら雑談に花を咲かせる。学生たちと一時間半ほど茶飲み話に加わったが、町内・外からの参加者が半々であり、中高年女性が大半だが男性も少数いる。心配事を話したい場合は袴田や保健師が対応するが、同じ話を繰り返す高齢者への対応も会員や集まる人たちが根気よく続けていた。

こうした居場所がなぜ藤里町に必要なのか、自殺予防の観点から少し深めてみよう。

自殺予防と家族・コミュニティ

日本の自殺者数は一九九八年に前年度より約八〇〇〇人増えて約三万二〇〇〇人を超え、二〇一一年まで三万人を下回ることがなかった。政府は二〇〇六年に自殺対策基本法を制定し、自治体レベルで予防策やゲートキーパーの養成に努めた。ゲートキーパーとは、自殺の危険を示すサインに気づき、適切な対応(悩んでいる人に気づき、声をかけ、話を聞いて、必要な支援につなげ、見守る)を図ることができる人のことだが、政府はゲートキーパーを自治体職員や福祉関係者、児童委員や町内会役員にまで拡大しようとした。

ところが、こうした自殺予防運動の拡大はいくつかの難しい問題をはらむことになった。一つは、うつを患う人が希死念慮をもちやすいということから、自殺はこころの病気として治療や予防の知識は普及したものの、投薬と生活改善を並行して行うにあたってストレスを軽減する生活の実現が難しいことがある。一九九八年に急激に自殺者が増えたのは、アジア金融危機の余波を受けた経済不況による自営業者の倒産、労働者の解雇による中高年男性の自殺者が増えたからである。それ以後現在まで続くデフレ期には、地方の若者や壮年世代にとって優良な就職先であった工場が閉鎖され、人口の社会減によって商店街も寂《さび》れてきた。そして、現在増えている職場では、介護・サービス・営業関連の職種であり、コミュニケーション力が求められる。人づきあいが苦手でも堅実な仕事ぶりが評価される時代や職場ではなくなったことが、生真面目な人たちがうつになりやすい状況を促進した。

もう一つの問題は、最大のゲートキーパーである家族の責任感が強められたことである。自死者をかかえる遺族にとって、なぜ防げなかったのかという問いを自分だけでなく、外部からの視線として感じざるをえない状況が出てきた。しかし、自殺は防げるといっても、やはり、家族にとって近親者の自殺は「まさか」でしかない。気づくことは、家族や学校、職場の関係者でも難しいのが現状である。しかも、周囲の人々に心配をかけまいとして悩みを話さない人たちが少なくない。

その意味で、浄土真宗本願寺派をはじめ教団が開設している「いのちの電話」や「よろず相談受けます」の看板を掲げる寺院の役割は大きい。また、自死者遺族へのケアとして葬儀・法要などで直接対応する僧侶の役割も非常に大きく、自死者遺族に限る合同法要を行うことで、自死の事実や心情を秘してきた遺族同士の交流の機会を提供する実践もなされている。遺族が親族や近隣の人たちと関係を回復するためにこそ懇《ねんご》ろな法要が必要だし、これまでの遺族の世話や苦労を労《ねぎら》い、さらなる重荷を背負うことがないよう繰り返しのケアが求められる。

袴田は個人として教育委員会や社会福祉協議会、介護施設の運営に携わるほか、「心といのちを考える会」の会員に呼びかけてコミュニティ・カフェや出張居酒屋の開催を後押しし、地域の人々の力で茶飲み話をしたり酒を飲んで話しをする関係性を強めようとしてきた。伝統的に農村の集落においては重層的な人間関係が維持されてきたが、それはこの関係を弱めないために村落単位の儀礼・集会・互助作業などに多くの時間を費やしてきたからである。しかし、農業が兼業化・機械化して互助作業も少なくなり、通勤や娯楽で秋田や能代など町外に出ることが多くなったことで、とくに高齢者が三世代家族において孤立しやすくなってきた。ちょっとした手間仕事や人々とのつきあいそれ自体が高齢者の役割だったのだが、その価値が下がり、高齢者が役割減少感に苛《さいな》まれるようになった。しかも、若者・壮年世代においても家族や地域内における役割が減り、そのことが地域に生きる人たちの自己承認や他者からの承認を得がたくしているのである。

袴田は曹洞宗月宗寺の二〇代目住職であり、大沢集落を中心に約二〇〇軒の檀家の法務を行っている。青年期には先代住職が法務を担当していたとはいえ、藤里町を超えて秋田や全国に出かける活動を可能にしていたのは檀家の支持があったからである。檀家総代会の役員である町会議員が話すには、袴田住職の活動に刺激を受けて自分も社会保険事務所退職後に町のために力を尽くそうと議員として活動しているという。

現在、袴田の公職は、曹洞宗秋田宗務所庶務主事という宗門の仕事以外に、藤里町教育委員長、社会福祉法人「虹の会」（特別養護老人ホーム、授産施設）理事、「心といのちを考える会」会長、藤里町社会福祉協議会理事、秋田県社会福祉協議会理事、秋田県の自殺予防運動である「ふきのとう県民委員会」会長、赤十字秋田看護大学非常勤講師、「ビハーラ秋田」顧問、と地域福祉の指導的役割を担っている。袴田がリーダーシップに優れているのはもちろんだが、柔和で気さくな人好きのする人柄であり、この人ならと公職に推されるのだろうと思われる。これほどのスーパーマンにはなれないと思う僧侶も多いだろうが、袴田の足場が月宗寺と藤里町にあり、週一回のコミュニティ・カフェを大事にしていることは確認しておきたい。

引きこもり支援

藤里町の社会福祉協議会は、二〇〇六年に町内の引きこもり者と長期不就労者の調査を実施し、一一四人の支援対象者を発見した。一八歳から二九歳までが三〇人、三〇歳から三九歳まで三一人、四〇歳から四九歳まで四一人、五〇歳から五五歳まで一二人、男性は全体の六六％で、対象人数は藤里全町民の約九％に達する。この数値はあまりにも多い。

これらの人たちにはいわゆる青年期の引きこもり者も含まれるが、大半は不安定就労の後失業が長期化して就労の意欲を喪失した若者と、都市で働いた後老親の扶養や跡を取るために実家に戻ったものの、仕事を見つけられないままに年数を重ねている失業者である。

藤里は勤勉な土地柄（それは子どもたちの学習意欲にも反映されている）であるために居食いを恥じて、本人や家族はそのことを言わず、親戚や地域の人たちも話題に出さないという。引きこもりといっても、インターネットも使用するし、郊外へ車で買い物にも出かけるが、仕事がないためにさまざまな行事にも出づらく、地域における関係性を喪失して引きこもり者特有の精神的落ち込み、無力感や絶望感にとらわれる人たちが少なくないとされる。

社会福祉協議会は、二〇一〇年に地域福祉の拠点となる会館施設「こみっと」を確保し、就労支援事業として地元食を提供するレストランをはじめ、六次産業につながる白神まいたけキッシュの販売、人材バンクの登録事業など町内で働く場所の開発に取り組んでいる。就労支援事業に登録しても朝自宅を出ることができない人もいるので、その場合は社会福祉協議会（以下、社協と略す）職員が迎えに行ったり、ハローワークに付き添ったりしてもいる。

社協のケースワーカーから興味深いケースを聞いた。社協で人が転出し、職員の欠員補充をしようとしたところ、引きこもりの被支援者が私も応募してよいでしょうかと尋ねてきた。このケースワーカーは、「引きこもり」「要支援者」としてさまざまなイベントを発案して家から外へ連れ出す工夫をしつづけてきたが、一番必要なものは職場だったのだとあらためて気づかされたというのである。地元で一番大きい職場が役場であり、次に介護施設、社協と続く。都会で培ってきた知識や技術を活かせる職場はないし、いわゆるオフィスはない。そこで、ホームヘルパー二級資格取得講座を開設し、地域で職を探せるよう工夫をしている。

支援事業の成果としては、二〇一〇年からのべ六六名（うち四八人が家庭訪問から始めた対象者）が受講し、五〇人（同三六人）が就職している。講座受講希望者には相談員が伴走者としてアドバイスを行い、地域の人材になれるように各処の職場体験プログラムなども組み込んだ支援を継続している。

こうした事業は全国の自治体や社会福祉協議会の注目を集め、視察団体がひきもきらない［藤里町社会福祉協議会・秋田魁新報社　二〇一二］。社協もスタディーツアーを積極的に引き受けて、プロジェクトの視察や町内宿泊（「こみっと」会館に宿泊・研修施設を併設）自体が小さな起業になりつつある。

五　おわりに

臨床宗教と傾聴

本章では、子どもの貧困を糸口として現代社会における社会的排除の問題を考え、社会支援には生活基盤を確保するためのアプローチと精神的支援のアプローチがあることを確認した。そのうえで、現代人が求める承認欲求に応えようという傾聴の実践をさまざまな角度から捉え、臨床宗教の課題として自己承認や他者からの承認を可能にするケアの関係構築を傾聴の実践に見てきたのである。傾聴ボランティアと臨床宗教師にとって課題となることは、傾聴の実践を一方的なケアの提供者・享受者の関係にとどめることなく、互酬的な交換が可能なケアのコミュニティづくりにかかわっていくことだろうと思われる。その点で秋田県藤里町の事例は、僧侶がキーパーソンとなって地域福祉を実現する格好のケースとなるだろう。

現代仏教が臨床実践を行う場として地域社会がある。支援を必要としている人たちに傾聴を行ったり、個別の問題解決に尽力することも一つの仕事だが、地域の人たちを巻き込んでコミュニティ内のサポート力を拡充することに行政や福祉団体と協力したり、傷ついたり弱っている人たちが自分の足で立てるような仕掛けをつくることも重要な仕事になる。子どもの問題は児童相談所や社協だけで対応できるものではなく、人々が地域の活動や学校にかかわっていくことで個人や家族の力も強められるのではないか。

地域の復元力とケア

復元力（レジリアンス　resilience）が災害復興には大事だと言われる。個人や家族のレジリアンスもあれば、地域としてのレジリアンスもある。地域の人々が結束し、信頼しあって、一つの方向にまとまっていかなければ、国が巨額の復興費用を投じたとしても地域コミュニティは生まれない。東北の津波被災地で復興が遅れていると言われるのは、青年・壮年世代が生活を維持できずに転出していくことが大きい。震災が人口減少にいっそうの拍車をかけている。復興が元通りの生活や地域人口の維持を意味するのであれば、それは不可能である。地域の復元力を取り戻すというのは、人口減少をくいとどめることではなく、関係性を再構築・強化していくことなのである。こうした視点が、長期的には人口減少社会への処方箋になるのではないだろうか。

藤里町は日本の多くの中山間地域同様、産業構造の変化によって人口の過疎化と人間関係の疎遠化にみまわれた。自殺者、引きこもり者、不就労者の増加に気づいていた人は少なくなかったが、袴田のリーダーシップや社協の継続的な事業がなければ、この現象を地域の問題として認識し解決のために知恵を絞るコミュニティにはならなかったと思われる。

二〇〇一年に私が初めて藤里町を訪れた時、町では林業に代わる産業として白神山地観光をメインに町づくりが模索されていた。外部からいかに人を呼び込むかが関心事だった。ところが、台風で観光用の林道が封鎖された現在、藤里町は町内の人々の暮らしに目を向け、子どもたちの教育と高齢者や失業中の青年や壮年世代の支援活動に力を入れている。結果的に、義務教育の先進地域、社会福祉の学習の場として全国から注目を集めており、全国から訪れる視察団に商店街の人たちや社協の職員は胸を張って藤里を語る。「よってたもれ」のボランティアの人たちからは、元気な高齢者が元気を求める高齢者を支援する様子がわかる。十数年でこれだけ町が変わる。

三六〇〇人余のコミュニティだからこそ、行政・地域住民の連携によってケアを社会活動・福祉・仕事の主題に据えることができる。自殺予防や福祉の充実に多くの人がかかわる仕掛けをつくりつづけてきた袴田は、寝た子を起こすなと何度も先輩や町民から忠告を受けたということだった。しかし、今では地域から信頼の篤い僧侶として社会福祉のまとめ役を要望されている。

藤里町の復元力を活性化させたのは袴田だったが、それに応える地域への信頼が袴田にあったから続けられたのではないかと考えている。

参考文献

秋田県教育庁　二〇一五「秋田わか杉っ子　学びの十か条」
http://www.pref.akita.lg.jp/www/contents/1349940800568/index.html（二〇一五年一月二〇日閲覧）。
阿部　彩　二〇〇八『子どもの貧困――日本の不公平を考える』岩波書店。
阿部　彩　二〇一四『子どもの貧困Ⅱ――解決策を考える』岩波書店。
雨宮処凛　二〇〇七『生きさせろ！――難民化する若者たち』太田出版。
稲場圭信・櫻井義秀編　二〇〇九『社会貢献する宗教』世界思想社。

岩間暁子　二〇〇三「日本の母子世帯の社会階層と貧困に関する現状と政策的課題」『和光大学人間関係学部紀要』八（一）。
加賀乙彦　一九七九『宣告』新潮社。
加賀乙彦　一九八〇『死刑囚の記録』中央公論新社。
金澤　豊・真名子晃征　二〇一三「教誨師と更正活動」葛西賢太・板井正斉編『叢書　宗教とソーシャル・キャピタル3　ケアとしての宗教』明石書店。
加茂順成　二〇一五「信頼される宗教教団の社会貢献活動とは――浄土真宗本願寺派の傾聴活動「グチコレ」を事例として」『宗教と社会貢献』五（一）、五五―六九頁。
傾聴僧の会　二〇一五　http://www.houjuji.net/keichosou/（二〇一五年一月二〇日閲覧）。
厚生労働省　二〇〇六「平成一八年度全国母子世帯等調査結果報告」http://www.mhlw.go.jp/bunya/kodomo/boshi-setai06/02-b16.html（二〇一四年一月一三日閲覧）。
厚生労働省　二〇〇九「平成二一年度「離婚に関する統計」の概況」http://www.mhlw.go.jp/toukei/saikin/hw/jinkou/tokusyu/rikon10/index.html（二〇一四年一月一三日閲覧）。
島薗　進　二〇一四「現代日本の宗教と公共性――国家神道復興と宗教教団の公共空間への参与」島薗進・磯前順一編『宗教と公共空間――見直される宗教の役割』東京大学出版会。
島薗　進　二〇一五「日本人と現代仏教の位相（一五）――臨床宗教師の広がり」『月刊住職』一九四、一八八―一八九頁。
白波瀬佐和子　二〇〇五『少子高齢社会の見えない格差――ジェンダー・世代・階層のゆくえ』東京大学出版会。
白波瀬達也　二〇一一「韓国キリスト教によるホームレス伝道」李元範・櫻井義秀編『越境する日韓宗教文化――韓国の日系新宗教　日本の韓流キリスト教』北海道大学出版会、三七七―三九七頁。
鈴木岩弓　二〇一三a「いま宗教者に求められていることは何か」『寺門興隆』一七五、五八―六五頁。

鈴木岩弓　二〇一三b「いまなぜ臨床宗教師の養成が必要なのか」『寺門興隆』一七六、一〇八―一一六頁。
鈴木秀子　二〇〇五『心の対話者』文藝春秋。
曹洞宗HP「復興支援活動紹介（三）カフェ・デ・モンク」
http://www.sotozen-net.or.jp/teqw/j20130808.html（二〇一五年一月二〇日閲覧）。
他力本願ネット　二〇一五　http://tarikihongwan.net/（二〇一五年一月二〇日閲覧）。
東北大学実践宗教学寄附講座　二〇一二『東北大学実践宗教学寄附講座ニュースレター』二号「追悼特集　岡部健先生を偲んで」。
東北大学実践宗教学寄附講座運営委員会　二〇一五「臨床宗教師倫理綱領」二〇一三年八月二〇日改定。
特定非営利活動法人ホールファミリーケア協会編　二〇〇九『新　傾聴ボランティアのすすめ――聴くことでできる社会貢献』三省堂。
特定非営利活動法人「ホールファミリーケア協会」二〇一五
http://www5d.biglobe.ne.jp/~AWFC/（二〇一五年一月二二日閲覧）。
内閣府自殺対策推進室　二〇一五「警察庁の自殺統計に基づく自殺者数の推移等」
http://www8.cao.go.jp/jisatsutaisaku/toukei/pdf/saishin.pdf（二〇一五年一月二〇日閲覧）。
日本スピリチュアルケア学会　二〇一五「日本スピリチュアルケア学会資格認定方針」
http://www.spiritual-care.jp/（二〇一五年一月二〇日閲覧）。
林茂一郎　二〇一四「立正佼成会付属佼成病院緩和ケア・ビハーラ病棟の一〇年間――臨床医から見た生老病死」『中央学術研究所紀要』四三、五九―七八頁。
日髙悠登　二〇一五「医療と仏教の協働――長岡西病院ビハーラ病棟を事例に」二〇一四年度第二回「宗教と社会貢献」研究会　二〇一五年一月一二日口頭発表。
広井良典　二〇一三「いま「ケア」を考えることの意味」広井良典編『ケアとは何だろうか――領域の壁を越えて』ミ

ネルヴァ書房、一―三〇頁。
貧困研究会　二〇一一・二〇一三『貧困研究』第六号・一一号。
藤里町社会福祉協議会・秋田魁新報社　二〇一二『ひきこもり町おこしに発つ』秋田魁新報社。
ヘルシア、ルシアン　二〇一四「世俗化時代のヨーロッパ」島薗進・磯前順一編『宗教と公共空間――見直される宗教の役割』東京大学出版会。
堀川惠子　二〇一四『教誨師』講談社。
前野　宏　二〇一四『教えて在宅緩和ケア――がんになっても家族で過ごすために』北海道新聞社。
マズロー、A・H　一九五四＝一九八七『人間性の心理学――モチベーションとパーソナリティ（改訂新版）』（小口忠彦訳）産業能率大学出版部。Abraham H. Maslow, *Motivation and Personality*, Harper.
三島徳雄・久保田進也　二〇〇四『積極的傾聴を学ぶ――発見的体験学習法の実際』中央労働災害防止協会。
村瀬孝雄　一九九六『内観――理論と文化関連性』誠信書房。
村田久行　一九九八『改訂増補　ケアの思想と対人援助――終末期医療と福祉の現場から』川島書店。
文部科学省　二〇一四「子供の貧困対策に関する大綱」http://www.mext.go.jp/b_menu/shingi/chukyo/chukyo0/gijiroku/_icsFiles/afieldfile/2014/10/01/1352204_3_2.pdf（二〇一四年一月一三日閲覧）。
湯浅　誠　二〇〇八『反貧困――「すべり台社会」からの脱出』岩波書店。

付記

本章は櫻井義秀「傾聴する仏教」（『宗教と社会貢献』五―一、二〇一五年、二九―五三頁）を一部改稿したものである。

あとがき

本書は、日本学術振興会から助成された三つの科学研究費補助金を用いた調査研究の成果である。科研費の題目と研究内容は次のとおりである。

（一）挑戦的萌芽研究　二〇〇九―一一年「限界〈寺院・神社・教会〉の地域研究」（研究課題番号：21652005）研究代表　櫻井義秀

この研究では、北海道の過疎地域と札幌市における真宗大谷派寺院の比較調査を実施し、併せて神社とキリスト教会の過疎地域対応も補足的に調査した。その結果、宗教施設は過疎と高齢化の社会的影響を緩和する役割を果たし、地域社会の結節点として機能していることが確認された。

（二）基盤研究（C）二〇一一―一三年「過疎地域の宗教ネットワークと老年期宗教指導者に関する宗教社会学的研究」（研究課題番号：23520092）研究代表　川又俊則

この研究では、三重県で過疎地域指定されたすべての自治体を訪れ、過疎地域の多様な宗教集団の現況把握とそれが地域を維持発展させる拠点となりうるかという課題と、大勢の老年期宗教指導者について調べた。宗教集団は地域社会で一定の機能を有しており、ネットワーク機能の可能性があること、老年期指導者および家族は、地域住民に同世代を生きる者としてよい影響を与えていること、地域外とのコミュニケーションツールをもつ宗教指導者は地域住民にとって内外をつなぐネットワークの結節点であり、内側のネットワークの中心点でもあることが確認された。

（三）基盤研究（C）二〇一二―一四年「寺院仏教とソーシャル・キャピタル――過疎・中間・過密地域の比較」（研究課題番号：24520062）研究代表　櫻井義秀

この研究では、仏教寺院が過疎地域（限界集落）と中間地域（地方都市）において地域社会形成に果たす役割をソーシャル・キャピタル論によって明確化しようとした。真宗大谷派・浄土真宗本願寺派・真宗高田派・浄土宗の寺院を対象に上記の二地域で調査を行い、浄土真宗本願寺派総合研究所、浄土宗総合研究所、日蓮宗現代宗教研究所、曹洞宗総合研究センターとも研究会や研修会、共同調査などを行いながら、本書の骨格となる研究を集積してきた。

編者である櫻井と川又は宗教社会学の研究において旧知の間柄だったが、二〇一〇年頃から共通の問題意識のもとに地域社会の教団調査を実施していることを知り、二〇一一年に三重大学において共同研究会を開催し、二〇一二年からは上記（三）の科学研究費によって共同調査を始めた。二〇一四年に日本宗教学会学術大会において「人口減少社会における寺院仏教の役割――浄土真宗寺院を中心として」というパネル発表を、櫻井・川又・藤喜・猪瀬・那須で行った。同志社大学での開催ということもあって法藏館の編集者数名が参加し、そのとき名刺交換を含めて話をしたことが出版を依頼するきっかけとなった。

本書は読者として仏教学や宗教学の研究者とともに、全国に数多ある寺院の住職や寺族、宗門付設の研究所所員や仏教学科で学ぶ学部生・大学院生、宗門や教務所・宗務所で過疎対策に腐心している教団職員、そして寺院仏教の将来について思いをめぐらせている多くの方々に読んでもらえるように次のような工夫をしてみた。

一つ目は、人口減少社会という問題をわかりやすく、実証的に解説する概論を設けていること（第Ⅰ部）。二つ目に、日本の主要な仏教教団である浄土宗・浄土真宗・日蓮宗・曹洞宗に関する宗勢調査や地域の実態調査を含めた詳細な概況報告・事例報告を提供しており、読者は各宗派の比較を含めてさまざまな観点から寺院仏教の状況を分析することが可能である（第Ⅱ部）。天台宗・真言宗・臨済宗他の宗派については第二章の宗教専門紙を通じての間接的な言及にとどまったことが残念であり、機会が与えられればさらに調査を重ねたいと考えている。そして、寺院仏教を構成する地方の寺院では、住職・寺族ともに特段意識することもなく地域社会の人間関係を豊かにするさまざまな取り組みをしており、地域社会に寺院があること（Being）が地域の人々の安心感やコミュニティの連帯感に大きな影響を与えていることが確認された。もちろん、弱体化する家族や地域の連帯感をボランティア活動や傾聴活動によって維持強化するにこしたことはない。しかし、寺院仏教の将来を展望するうえで、何かしら特別なことをしないとダメなのではないかという実践型の寺院（Doing）のみが注目される現況は見なおされてしかるべきではないか。このような事例研究にもとづく、気づきや考察を盛り込んであることもこの本の特徴である（第Ⅲ部）。

とはいえ、寺院を護持してきた昭和一桁世代が亡くなった後、今後、二〇年、三〇年後に寺院がどのように護持されるかについては、現状維持の展望はまったくない。地方で農林漁業に従事している平均年齢六〇歳を超える人たちがリタイアした後を模索するのと同様に、誰もが納得するわかりやすい方法はないのだろうと思う。不活動宗教法人の解散・合併は宗務行政として取り組むべき課題である。廃寺に関して述べれば、檀家や門徒の問題は、乗客や乗組員がすべて退出した後に船長が船を離れるような格好のいい形で終わることはないだろう。なるべく多くの人が納得できるような方法をみなで考えていくべき時代である。本書がそのための情報や考える素材を提供できていれば望外の喜びである。

さて、本書は北海道大学大学院文学研究科から出版助成を得て刊行されていることを述べておきたい。編者は長年この助成に支えられ数点の著作を刊行してきたが、今年が最後の助成となることが教授会で報告された。二〇一五年六月八日に文部科学大臣は「国立大学法人等の組織及び業務全般の見直しについて」という通達の中で、教員養成課程と人文社会科学分野の学部・大学院の廃止や社会的要請の高い分野への転換に積極的に取り組むべきという内容を記した。メディアや経済界からの反発を受け、文部科学省は人文社会科学分野が要らないとは言っていないと火消しに躍起となったが、数カ月もたたないうちに半数以上の国立大学法人において第三期中期計画には人文社会科学分野の学部・大学院再編計画が並ぶことになった。教育研究を維持するために必要な基盤的経費である大学運営交付金はプロジェクトベースとなり、教員の学術図書の刊行に回す経費などは最後にならざるをえない。それもわかったうえで、日本の人文社会科学も茨の道に入ったことに気づかされる。大学人は大学バブルの経験に固執せず、多くの人たちと手を携えて学問の火を消さないようにしなければならないだろう。

最後になるが、関係者に謝意を表しておきたい。分担執筆者の協力を得て出版の企画から刊行まで約二年間で計画を進めることができた。科研のメンバーだけではカバーできない領域を宗門の関係者にフォローしてもらった。また、法藏館の今西智久氏は丁寧で的確な編集を草稿チェックの段階よりしてくださった。なによりも調査でお世話になった多くの方々に感謝申し上げて、あとがきとしたい。

二〇一五年一二月

櫻井義秀・川又俊則

執筆者紹介（掲載順）

櫻井義秀（さくらい　よしひで）＊奥付に記載

川又俊則（かわまた　としのり）＊奥付に記載

冬月　律（ふゆつき　りつ）
一九七九年生まれ。（公財）モラロジー研究所道徳科学研究センター・研究員（専任）、麗澤大学外国語学部・非常勤講師。修士（宗教学）。専門は宗教学・宗教社会学、現代社会と神社神道、過疎地域神社の研究。著書『共存学——文化・社会の多様性』（共著、弘文堂、二〇一二年）、論文「過疎地域の神社調査——高知県高岡郡旧窪川町を事例に」（『國學院大學研究開発推進センター研究紀要』九、二〇一五年）ほか。

那須公昭（なす　きみあき）
一九八〇年生まれ。浄土真宗本願寺派総合研究所教団総合研究室研究員、京都女子大学非常勤講師。著書『寺院活動事例集　ひろがるお寺——寺院の活性化に向けて』（編著、宗門長期振興計画推進対策室、二〇一三年）、論文「道綽禅師の西方浄土思想——方処の問題をめぐって」（『宗学院論集』八四、二〇一二年）ほか。

藤喜一樹（ふじき　かずき）
一九六八年生まれ。愛知大学綜合郷土研究所研究員、真宗高田派善性寺副住職。博士（学術）。専門は宗教社会学、農村社会学。論文「地域社会における宗教環境の分析——天竜川中流域一貫を事例として——」（『高田短期大学紀要』二一、二〇〇三年）、「過疎集落における地域開発への対応と生活——外部アクターの存在と役割——」（『ソシオロジ』一六一、二〇〇八年）ほか。

灘上智生（なだかみ　ちしょう）
一九六七年生まれ。日蓮宗現代宗教研究所嘱託、日蓮宗善行寺副住職。論文「死の臨床における一考察」（『現代宗教研究』三六、二〇〇二年）、「寺庭婦人のリスク——音羽幼女殺害事件より考える」（『現代宗教研究』三七、二〇〇三年）ほか。

岩田親靜（いわた　しんじょう）
一九七二年生まれ。日蓮宗現代宗教研究所研究員、日蓮宗本休寺住職。修士（文学）。専門は仏教学、とくに日本仏教。論文「葬式仏教再考——島田裕巳氏の批判を受けて」（『現代宗教研究』四五、二〇一一年）、「震災天罰論をめぐって」（『教化学研究』四、二〇一三年）ほか。

池浦英晃（いけうら　えいこう）
一九七五年生まれ。日蓮宗現代宗教研究所研究員、日蓮宗法顕寺副住職。修士（文学）。

原　一彰（はら　いっしょう）
一九六九年生まれ。日蓮宗現代宗教研究所研究員、日蓮宗護国寺住職。

相澤秀生（あいざわ　しゅうき）
一九八〇年生まれ。跡見学園女子大学兼任講師。修士（仏教学）。専門は日本宗教史。論文「天文―永禄年間期越後における使僧としての禅僧」（『宗学研究紀要』二四、二〇一一年）、「キリシタンにおける死者への対応」（『宗学研究紀要』二七、二〇一四年）ほか。

大谷栄一（おおたに　えいいち）
一九六八年生まれ。佛教大学社会学部現代社会学科教授。博士（社会学）。専門は宗教社会学、近代仏教。著書『近代日本の日蓮主義運動』（法藏館、二〇〇一年）、『近代仏教という視座――戦争・アジア・社会主義』（ぺりかん社、二〇一二年）、『地域社会をつくる宗教』（共編著、明石書店、二〇一二年）ほか。

FRIEDRICH Daniel
一九七九年生まれ。マックマスター大学大学院宗教学研究科、國學院大学外国人研究員。専門は宗教文化人類学、とくに北海道の仏教、過疎地の宗教、宗教とレジャー。論文 "Sato Masaki: The Globally Local Priest," in *Figures of Buddhist Modernity in Asia*, ed. J. McDaniel, M. Rowe, and J. Samuals, University of Hawaii Press, forthcoming. "Identity in Difference: Reading the Philosophy of Nishida Kitarō through the lens of Shin Buddhism," *Pacific World Third Series* 12, 2012.

稲本琢仙（いなもと　たくせん）
一九九二年生まれ。北海道大学大学院文学研究科人間システム科学専攻修士課程在学。

坂原英見（さかはら　ひでみ）
一九六一年生まれ。浄土真宗本願寺派総合研究所教団総合研究室上級研究員、中央仏教学院講師、浄土真宗本願寺派東光坊住職。専門は寺院調査、伝道、実践運動など。

猪瀬優理（いのせ　ゆり）
一九七四年生まれ。龍谷大学社会学部社会学科准教授。博士（行動科学）。専門は宗教社会学。著書『信仰はどのように継承されるか――創価学会にみる次世代育成』（北海道大学出版会、二〇一一年）、『越境する日韓宗教文化――韓国の日系新宗教日本の韓流キリスト教』（共著、北海道大学出版会、二〇一一年）ほか。

横井桃子（よこい　ももこ）
一九八七年生まれ。関西学院大学社会学部非常勤講師、浄土真宗本願寺派総合研究所研究助手。専門は宗教社会学。論文「はたらきかたと役割受容感――住職と坊守の寺院活動」（『宗教と社会』一八、二〇一二年）、「宗教性の測定――国際比較研究を目指して」（共同執筆、『宗教と社会』一九、二〇一三年）ほか。

編者略歴

櫻井義秀（さくらい　よしひで）
1961年山形県生まれ。北海道大学大学院文学研究科博士課程中退。文学博士。現在、北海道大学大学院文学研究科教授。専門は宗教社会学、東アジア宗教文化論、タイ地域研究。著書に『東北タイの開発僧——宗教と社会貢献』（梓出版社、2008年）、『タイ上座仏教と社会的包摂——ソーシャル・キャピタルとしての宗教』（編著、明石書店、2013年）、『アジアの社会参加仏教——政教関係の視座から』（共編、北海道大学出版会、2015年）など多数。

川又俊則（かわまた　としのり）
1966年茨城県生まれ。成城大学大学院文学研究科日本常民文化博士課程後期単位取得退学。現在、鈴鹿大学短期大学部・生活コミュニケーション学科教授。専門は社会学。著書に『ライフヒストリーの宗教社会学』（共編、ハーベスト社、2006年）、論文に「宗教指導者たちの後継者問題——昭和一ケタ世代から団塊世代へ」（『現代宗教2014』国際宗教研究所、2014年）、「人口減少時代の宗教——高齢宗教者と信者の実態を中心に」（『宗務時報』118、2014年）など多数。

人口減少社会と寺院
——ソーシャル・キャピタルの視座から

二〇一六年　三月一五日　初版第一刷発行
二〇一六年　五月二〇日　初版第二刷発行

編　者　櫻井義秀
　　　　川又俊則
発行者　西村明高
発行所　株式会社　法藏館
京都市下京区正面通烏丸東入
郵便番号　六〇〇-八一五三
電話　〇七五-三四三-〇〇三〇（編集）
　　　〇七五-三四三-五六五六（営業）

装幀者　上野かおる
印刷・製本　亜細亜印刷株式会社

ISBN 978-4-8318-5702-6 C 0015